スティグリッツ

PROGRESSIVE CAPITALISM

プログレッシブキャピタリズム

PEOPLE, POWER, AND PROFITS

PROGRESSIVE CAPITALISM FOR AN AGE OF DISCONTENT

ジョセフ・E・スティグリッツ
Joseph E. Stiglitz

山田美明〔訳〕

東洋経済新報社

スティグリッツ

PROGRESSIVE CAPITALISM

プログレッシブ キャピタリズム

孫たちに。

そしてあまりにも早くこの世を去った親友の

アンソニー・アトキンソンとジェームズ・マーリーズに。

目次

第9章 万人に仕事やチャンスを提供する力強い経済を回復する 262

第10章 万人にまともな生活を 300

第11章 市民社会を再生する

まえがき

私は、ミシガン湖の南岸にあるインディアナ州ゲイリーで生まれ育った。そのころは、資本主義の黄金時代だった。ただし、黄金時代だと気づいたのは後になってからだ。当時は、さほど黄金時代には見えなかった。ひどい人種差別があり、格差があり、労働争議があり、ときおり不況があったからだ。同級生の生活にも街の様子にも、その影響がはっきりと現れていた。

ゲイリーは、アメリカの工業化と脱工業化の歴史をそのままたどった。１９０６年に、当時世界最大の総合製鉄会社ＵＳスチールの工場の敷地として建設され、同社の創業者兼会長だったエルバート・Ｈ・ゲイリーにちなんで名づけられた。どこからどこまでも、この会社の城下町だった。私は２０１５年、高校の55回目の同窓会に出席するため、この街に帰った。ドナルド・トランプが現在のようにこの世界を牛耳る前のことだ。そのころにはもう、ぴりぴりした雰囲気が街を覆っていたが、それも無理はない。ゲイリーは、脱工業化への道を真っ直ぐ突き進んでいた。人口は子どものころの半分になり、すっかり疲弊していた。まるで紛争地帯や黙示録後の世界を描いた映画のロケ地のようだ。同級生のなかには、教師になった者もいれば、医師や弁護士になった者も、事務員になった者もいた。だがこの同窓会でもっとも痛ましいと感じたのは、高校を卒業したら地元の工場に就職したいと思っていたのに、それがかなわなかった同級生たちの物語だ。一時的に訪れた不況のせいで工場に就職できなかった彼らは、軍に入り、その後警察官になる道を選んだ。そのなかには、すでに亡くなった人もいれば、障害を負った人もいる。私はそのとき、この国での寿命や健康に格差があることを思い知らされた。やがて、２人の同級生の間でけんかが起きた。障害者給付金を頼りに生活している元警察官が口汚く政府を批判すると、年金や給付金を支給しているのはその政府だと元教師が指摘したのだ。

　私は１９６０年、マサチューセッツ州のアマースト大学に通うためゲイリーを離れた。その当時、歴史がこんな方向へ進み、私の故郷や同級生がこんな目に遭うと、誰が予想できただろう？いまの私があるのは、この街のおかげだ。格差や苦しみといったつらい記憶があったからこそ、私は大好きだった理論物理学ではなく経済学を選んだ。多くの人にとってこの経済体制が失敗だったのはなぜか、それをどう変えていけばいいのか知りたかったからだ。経済学の勉強を始めると、市場がうまく機能しなくなる理由はわかったが、その間も問題は悪化する一方だった。子どものころには想像もできなかったほど格差は広がっていった。それから数年後の１９９３年、ビル・クリントン政権の大統領経済諮問委員会（ＣＥＡ）のメンバーになり、次いで委員長になるころには、この問題は誰の目にも明らかになった。１９７０年代半ばか１９８０年代初めのどこかで格差の拡大に拍車がかかり、１９９３年になるころにはかつてないレベルに達していた。

私は経済学の研究を通じて、多くの保守派のイデオロギーが間違っていることを知った。彼らは市場の力をかたくなに信じており、経済の運営は自由市場に任せておけばいいと思っているが、それには何の理論的根拠も証拠もない。だが、そう主張するだけでは不十分だ。格差が危険なほど拡大していたばかりか、１９８０年代にレーガン政権が始めた金融自由化により経済が不安定化するおそれもあったため、それらを抑制する制度や政策を提示しなければならない。ところが厄介なことに、１９９０年代までに市場信仰はすっかり蔓延しており、政権内の同僚数名はおろか、やがてはクリントン大統領自身までもが金融自由化を推進した。[1]

クリントン政権の委員を務めている間、広がる格差に対する不安はふくらむばかりだった。２０００年以降も格差は拡大する一方で、現在ではきわめて憂慮すべきレベルにまで悪化している。世界恐慌以前まで視野を広げても、この国の最富裕層がこれほど国民所得を独占していた時代はない。[2]

クリントン政権に参加してから25年がたったいま、私はこんなことを考えている。どうしてこうなってしまったのか？　これからどうなるのか？　この進路を変えるにはどうすればいいのか？　経済学者としてこれらの問題を考えてみると、当然のことながら、少なくともその原因の一端は経済の失敗にある。製造業中心の経済からサービス業中心の経済への移行がうまくいかなかった。金融産業を制御できなかった。グローバル化やその影響を適切に管理できなかった。そして何よりも、格差の拡大に対応できなかった。その結果アメリカは、「1パーセントの、1パーセントによる、1パーセントのための経済や民主主義」へと変わりつつある。[3] だが私の経験や研究結果から言えば、経済と政治は不可分であり、アメリカのように金がものをいう政治では特にそうだ。そのため、本書の大半は経済の現状を扱ってはいるが、政治についても触れないわけにはいかない。

　本書での現状分析に登場するテーマの多くは、過剰な金融化、グローバル化の管理の失敗、市場支配力の増大など、すでになじみのものばかりだ。本文では、それらがどう絡み合っているのかを示し、これらのテーマをもとに、成長が停滞している理由や、わずかばかりの成長の果実がこれほど不平等に分配されてきた理由を説明していきたい。

　だが本書の内容は現状分析だけではない。現状を改善するために何ができるかを示す処方箋もある。それを提示するためには、富の創造と富の略奪を区別し、国富を真に生み出すものが何かを説明しなければならない。富の略奪とは、ある個人が、何らかの搾取形態を通じて他人から富を奪うことを指す。「国の富」を真に生み出すのは、富の創造であり、国民の創造性や生産性であり、その生産的な相互作用である。それを支えるのは、第1に科学の発展だ。科学が発展すれば、自然の隠れた真実を発見し、それを利用してテクノロジーを進歩させることができる。第2に、社会組織のさらなる理解だ。道理に基づいた対話を通じて理解を深めれば、「法の支配、抑制と均衡のシステム、適正な手続き」と呼ばれる制度を確立できる。本書では、トランプやその支持者が主張する政策とは真っ向から対立する進歩的な政策を紹介する。それはいわば、セオドア・ルーズベルトとフランクリン・D・ルーズベルトの政策を21世紀風に混ぜ合わせたものだ。この政策に従えば、経済を急成長させ、誰もが豊かさを共有し、大半のアメリカ人が望む生活を夢物語から現実に変えることができる。要するに、国富を生み出すものを真に理解すれば、より活力にあふれた経済を実現し、豊かさを広く共有できるようになる。そのためには政府が、現在とは違う、もっと大きな役割を担うことが必要になる。複雑化する21世紀の世界には、共同行動が必要だ。そこから目を背けてはならない。中流階級の生活は、前世紀の半ばには誰にでも手の届くところにあったが、次第に手の届かないところへ行ってしまった。しかし、まったく無理のない方法で、この生活を再びごく身近なものにすることもできるのだ。

レーガノミクスやトランポノミクスによる民主主義への攻撃

現在の状況を検討しようとすると、やはり右派が勝利を収めた40年前のことを考えずにはいられない。当時も右派が世界的に台頭していた。アメリカにはロナルド・レーガンが、イギリスにはマーガレット・サッチャーがいた。それまでは、政府が需要の管理を通じて（金融・財政政策を通じて）完全雇用を維持するケインズ経済学が主流だった。それが、サプライサイド経済学に取って代わった。これは、規制緩和や減税により経済を自由化すれば、経済が活性化され、商品やサービスの供給が増え、それにより個人の所得も増えると主張する。

ブードゥー経済学再び

サプライサイド経済学は、レーガン政権時にはうまくいかなかった。トランプ政権でもうまくはいかないだろう。共和党員は、自分やアメリカ国民にこう言い聞かせている。トランプの減税により経済が活性化されるため、税収の落ち込みは懐疑派が主張するほど大きくならない、と。それがサプライサイド経済学支持者の主張だ。しかしいまでは、そううまくいかないことは周知の事実であるはずだ。レーガンの１９８１年の減税により、莫大な財政赤字、成長の鈍化、格差拡大の時代が始まった。トランプは２０１７年の税制改革により、科学ではなく利己的な迷信に基づき、レーガン政権時よりも大規模な減税政策を実行している。ジョージ・Ｈ・Ｗ・ブッシュ大統領は、レーガンのサプライサイド経済学の摩訶不思議な主張を揶揄し、「ブードゥー経済学」と呼んだ。トランプの経済政策は、ブードゥー経済学の強化版と言える。

トランプの一部の支持者は、トランプの政策が完璧ではないことは認めながらも、こう擁護している。トランプは少なくとも、これまで無視されてきた人々に注意を向けている。彼らを尊重し、その声に耳を傾けている、と。だが私はむしろ、トランプは抜け目なく不満を見つけ、不平をあおり、それをうまく利用しているだけだと言いたい。実際トランプは、すでに平均余命が減少傾向にあるこの国で、１３００万人の国民から医療保険を奪い去り、アメリカ中流階級の暮らしを悪化させようとしている。この事実１つをとっても、トランプが彼らを尊重しているどころか軽視していることがわかる。減税政策でも、富裕層には優遇税制措置を施しているが、中間層の大半には実質的に増税となる。[4]

レーガン政権時代を経験している人は、当時と驚くほど状況が似ていることに気づくだろう。レーガンもトランプ同様、不安や偏見を巧みに利用した。「ウェルフェア・クイーン」〔訳注　政府の社会保障制度を悪用して給付金などをだまし取る女性を指す〕が、国民が苦労して稼いだ金を奪っていると主張した。わかる人にはわかるように、これは言うまでもなくアフリカ系アメリカ人を指している。また、レーガンも貧困層には目を向けなかった。経費節減のため、栄養を考慮した学校給食に必要な2品目の野菜をマスタードやケチャップで代用しようとしたのは、嘆かわしいどころか滑稽でさえある。さらに、レーガンも口では自由市場を擁護しながら、強力な保護主義政策をとった。その結果日本は、輸出を規制するか、企業に輸出削減を依頼するかの選択を迫られ、「輸出自主規制」という遠回しな表現を生み出した。トランプ政権の通商代表であるロバート・ライトハイザーが、40年前にレーガン政権下で通商代表次席代表を務めていたのは偶然ではない。

レーガンとトランプにはほかにも類似点がある。両者とも、露骨なほど企業の利益を重視する姿勢を見せている。同じ企業の利益を重視している場合もある。レーガン政権は、天然資源を格安で投げ売りし、この国に豊富にある石油を、その価値の数分の一の価格で大手石油企業に提供した。トランプは、ワシントンを牛耳る企業から見放されていた人々の声に耳を傾ける姿勢を示し、「腐敗を一掃する」ことを約束して当選を果たしたが、大統領就任後はかつてないほど腐敗を蔓延させている。

とはいえ、これだけの類似点があるにもかかわらず大きな違いもあり、それが共和党の一部の重鎮との間に亀裂を生み出している。レーガンもやはり自分を支持する政治家で周囲を固めていたが、その一方で、ジョージ・シュルツなどの著名な人物を数多く主要なポストに置いていた（シュルツはレーガン政権時代に国務長官を務めている）[5]。こうした人々は、理性と真実を重んじ、気候変動を現実の脅威として認識し、アメリカは世界を指導する立場にあると信じていた。それ以前やそれ以後のあらゆる政権のメンバー同様、あからさまなうそをつくことには抵抗を感じるタイプの人間だった。真実を覆い隠そうとしたことはあったかもしれないが、真実には何らかの意味があった。ところが、現在のホワイトハウスの住人やその取り巻きには、真実など何の意味もない。

レーガンは、少なくとも理性と論理に従っているふりをした。減税には、それを支える理論があった。先に述べたサプライサイド経済学である。それから40年がたつ間に、この理論の間違いが繰り返し証明されてきた。だがトランプや21世紀の共和党は、もはや理論を必要としていない。

減税ができる立場になったから減税をしたにすぎない。

　トランプ政権や諸外国の同様の指導者は、真実、科学、知識、民主主義を軽視するこの態度により、レーガン政権などのこれまでの保守運動とは一線を画している。実際、後に説明するように、トランプはさまざまな点で保守的というより革新的だ。その歪んだ考え方でこれほど多くのアメリカ人の心をつかんだ力量には敬服するが、それ以上の魅力があるわけでも、それ以上の危険がないわけでもない。


　トランプが２０１７年に行った税制「改革」を見れば、この国がそれまでの伝統や規範からいかに大きく外れてしまったかがわかる。一般的に税制改革は、税制を簡素化し、抜け穴をふさぎ、誰もが収入にふさわしい税金を支払い、国の支出に見合った税収を確保することを目的としている。レーガンでさえ、１９８６年の税制改革の際には税制の簡素化を訴えていた。ところが２０１７年の税制改革では、いっそう税制が複雑になり、大きな抜け穴の大半が放置されたままになっている。たとえば、未公開株式投資会社で働く人の所得税率は、多くても一般的な労働者のおよそ半分の20パーセントである。[6] さらに、個人や企業が抜け穴を過剰に利用するのを防ぎ、少なくとも最低限の所得税を支払わせるために設計されていた代替ミニマム税が撤廃された。

　確かに今回は、減税すれば赤字が減少するといった主張はなかった。それなら、減税によりどれだけ赤字が増えるかが問題になる。２０１８年末の推計によれば、アメリカ政府は翌年、１兆ドル以上という記録的な額の借金をしなければならなくなるという。[7] 戦争時や不況時を除けば、ＧＤＰに対する赤字の割合も記録的な数字となる。経済が完全雇用に近づいている状態での赤字は、間違いなく逆効果となる。連邦準備制度理事会がいずれ金利を上げざるを得なくなれば、投資や成長が阻害されることになる。それでも、不平以上の異議を唱えている共和党員は１人（ケンタッキー州選出上院議員のランド・ポール）しかいない。だが、アメリカの政治制度の外側では、あちこちから批判の声が上がっている。国際通貨基金（ＩＭＦ）はこれまでアメリカの意見に支配され、アメリカへの批判には及び腰だったが、そのＩＭＦでさえ、アメリカの無責任な財政を問題視した。[8] 政治評論家たちは、そのあられもない偽善にあぜんとした。２００８年の金融危機の際、財政支出により経済に刺激を与える必要があったにもかかわらず、共和党は政府にそんな余裕はなく、赤字が大幅にふくらむだけだと言っていたからだ。

トランプの減税法案は、政治に対する実にシニカルな考え方から生まれた。共和党が考案したこのプランは、一般市民にはわずかな減税を行っているだけだ。しかもそれさえ、今後数年という一時的なものでしかない。この共和党の戦略はどうやら、２つの仮説に基づいているらしい（それが本当ならこの国の前途は危うい）。第１に、一般市民は短絡的で、小幅ながらも減税という言葉に目を奪われ、それが一時的なことにも、中間層の大半で増税になることにも気づかないだろうということ、そして第２に、アメリカの民主主義で本当に重要なのは金だということだ。富裕層を優遇すれば、共和党に献金が雨あられと降り注ぎ、その金で政策を維持するのに必要な票を買い集められる。アメリカは、建国当時の理想からあまりにも離れてしまった。

現政権はまた、民主主義の価値を損ねるような、組織的な投票妨害や恣意的な選挙区改定（ゲリマンダー）などを試みている点でも際立っている。こうしたことが過去になかったわけではない。残念ながらそれは、もはやアメリカの伝統と化している。しかし、これほど容赦なく、綿密かつ大胆になされたことはない。

これまでの政権との最大の違いは、以下の点にあるのかもしれない。過去の指導者は、共和党であれ民主党であれ、国を統一しようとした。「われら合衆国の国民は」で始まる憲法を支持していた。その根底には、公益の原則に対する信念がある。ところがトランプは、対立を利用し、さらなる分断をあおっている。

文明を機能させるために必要な礼節は放棄され、言葉でも行動でも見せかけの良識がまかり通っている。

もちろん、現在ではアメリカもこの世界全体も、40年前とはすっかり変わっている。40年前は、まだ脱工業化が始まったばかりだった。レーガンやその後継者が適切な政策を行っていれば、アメリカ内陸部の産業も現在ほど荒廃していなかったかもしれない。また当時は、「大分裂」がまだ初期段階にあった。「大分裂」とは、アメリカの所得階層の上位１パーセントと残りの99パーセントとの間の巨大な溝を指す。私たちはこれまで、国がある発展段階に到達すれば格差は縮小する、アメリカはその理論を実証していると教えられてきた。[9] 実際、第二次世界大戦後の数年間は、アメリカ社会の隅々まで繁栄がいきわたり、最下層の人々の所得が最上層の人々の所得より速いペースで増加した。アメリカは、世界がかつて目にしたことのないような中流階級社会を実現した。だが、２０１６年の大統領選挙が行われるころには、19世紀末の「金ぴか時代」〔訳注　南北戦争後、アメリカで資本主義が急速に発展し、拝金主義が横行した時代〕以来なかったほどのレベルにまで格差が拡大していた。

アメリカの現在の状況と40年前の状況を見れば、トランプの政策は、40年前でさえ効果がなかったレーガンの政策以上に現在の世界に合わないことがわかる。レーガンの時代にはもう、アイゼンハワー政権下の一見理想的に見える時代に戻ることはできなかっただろう。当時はすでに、工業中心の経済からサービス業中心の経済へと移行しつつあった。それから40年がたったいま、そのような過去へのあこがれは、完全に現実的な意味を失ったかに見えた。

しかし、そうはならなかった。アメリカではその間に人口動態が変化し、「栄光」の過去にあこがれる人々は民主主義のジレンマに陥るようになった。「栄光」の過去とは、女性や有色人種など、かなりの人がその繁栄から締め出されていた時代だった。だがこのまま人口動態の変化が進めば、アメリカの大多数が有色人種になるかもしれないし、男性優位社会を維持できなくなるかもしれない。実際、北部であれ南部であれ、アメリカ人の大半が暮らす都心では、多様性が尊ばれるようになった。成長とダイナミズムが支配するこうした場所に住む人たちは、協力の価値を学び、豊かさを共有するために政府が何らかの役割を果たすべきだと考え、時代遅れの考え方をあっという間に捨て去った。このような状況下で、少数派が経済や政治の支配権を維持したければ、何らかの形で民主主義を抑圧するしかない。その少数派とは、消費者を搾取しようとする大企業であり、借り手を搾取しようとする銀行であり、過去にあこがれ、過ぎ去った世界を取り戻そうとする人々である。

だが、それでいいはずがない。アメリカが、日々の生活もままならない数多くの貧しい人々に支えられた豊かな国であっていいはずがない。テクノロジーの変化やグローバル化など、格差を拡大している要素は確かにあるが、国によってそのパターンは著しく異なる。これはつまり、政治が重要な意味を持つことを意味している。格差はある選択の結果でしかなく、避けられないものではない。ただし、アメリカがこのままの進路を進んでいけば、格差はますます拡大し、現在の低成長から抜け出せないだろう。世界史上まれに見るイノベーションの時代にもっともイノベーション経済を発展させた大国でありながら、そうなる可能性は高い。

トランプには、アメリカを救うプランがない。最上層の人たちが大多数の人々から略奪を続けるプランがあるだけだ。本書では、トランプや共和党の政策が、アメリカ社会に襲いかかる問題をいっそう悪化させるおそれがあることを証明する。このままいけば、経済的・政治的・社会的分断が進み、平均余命は短くなり、国の財政は悪化し、いっそう成長が鈍化した新たな時代に突入していくだけだろう。

確かに、アメリカの問題の多くはトランプのせいではないが、トランプはその問題を表面化させた。扇動政治家が利用できそうな分断はすでにあった。トランプが登場しなくても、数年の間にほかの扇動政治家が現れたに違いない。世界中を見わたしてみれば、フランスのル・ペン、ポーランドのモラヴィエツキ、ハンガリーのオルバン、トルコのエルドアン、フィリピンのドゥテルテ、ブラジルのボルソナロなど、枚挙にいとまがない。これらの扇動政治家はみなタイプは違うが、法の支配や報道の自由、司法の独立とともに、民主主義を軽視している点で共通している(オルバンは、非自由主義的民主主義の利点を誇らしげに語っている)。いずれも、「絶対的指導者」が必要だと考え、それが自分なのだと信じている。ほかの地域ではすでに時代遅れとなっていた個人崇拝である。こうした人たちは、自国の問題を外部の人間のせいにしようとする。移民排斥を主張し、自国民の内なる美徳を称揚する。この世代の専制君主は誰もが荒々しい態度を好み、露骨な偏見や女性差別をよく口にする。

これまでに述べてきた問題の大半は、ほかの先進国にも蔓延している。だが後に述べるように、アメリカはそのなかでも群を抜いており、ほかのどこよりも格差が広がり、国民の健康が悪化し、分断が進んでいる。トランプの存在は、これらの問題をあまりに長く放置しておけばどうなるかをほかの国に知らせる重要な役目を担っている。

　しかし、古いことわざにもあるように、何もなければ勝つことはできない。これは経済にもあてはまる。悪いプランを駆逐するには、代替案が必要になる。現在のような泥沼にはまり込む前から、アメリカを始めとする多くの国々には、過去30年間受け入れてきたビジョンに代わる新たなビジョンが必要だった。これまでの社会観は、経済を中心に据え、「自由」市場というレンズを通して経済を見ていた。市場への深い理解に基づいてそうしているのだと思い込んでいた。だが実際はその逆だった。過去70年にわたる経済学の発展により、自由市場の限界が明らかになった。それは、よく目を開いて見れば、誰にでも理解できることだった。時折増加する失業（世界恐慌のように大規模に増加する場合もある）、そして呼吸に適さないほど悪化した大気汚染が、その2大「証拠」だ。市場の力だけで何もかもうまくいくとは限らない。

　本書の目的は、何よりもまず、国富を真に生み出すものが何かを示し、経済を強化しながらその利益を公平に分配していくにはどうすればいいかを明らかにすることにある。

　それを実現するため本書では、かつてレーガンが、いまはトランプが提示している政策に代わる政策を提案したい。それは、現代の経済学の知見に基づく政策、アメリカ国民が広く豊かさを共有するための政策である。その過程で、自由市場に基づく新自由主義がなぜ失敗したのか、トランポノミクスがなぜ失敗する運命にあるのかも明らかにするつもりだ。トランポノミクスでは、富裕層への減税、金融の自由化、環境規制の撤廃が、移民排斥や保護貿易といった厳しく規制されたグローバル体制と、特異な形で結びついている。

本文に入る前に、私の提案のよりどころとなる現代の経済学の考え方について、ここで簡単に紹介しておこう[10]。

第1に、市場の力に頼るだけでは、豊かさを共有することも、持続していくこともできない。市場は、経済が適切に機能している場合には重要な役割を果たすが、常に成果を公平に効率よく提供できるとは限らない。生産が過剰になる場合（汚染）もあれば、不足する場合（基礎研究）もある。また、２００８年の金融危機が証明しているように、市場の力だけでは市場は安定しない。ジョン・メイナード・ケインズは80年以上も前に、市場経済が絶えず失業を生み出す理由を解き明かし、政府が完全雇用に近い状態で経済を維持する方法を提示している。

ある活動の社会的利益（社会にとっての利益）と私的利益（個人や企業にとっての利益）の差が大きい場合にも、やはり市場はうまく機能しなくなる。その好例が気候変動だ。二酸化炭素の排出によるグローバルな社会的コストは莫大なものになる。温室効果ガスを過剰に排出すれば、この惑星の存続にかかわる脅威となる。そのコストは、とうてい企業や国が負担できるものではない。そのため、規制を行うか二酸化炭素排出に課金するかして、二酸化炭素排出を抑制しなければならない。

情報が不完全で主要な市場が存在しない場合（失業を始めとする重大なリスクに対する保険など）、あるいは競争が制限されている場合も、市場はうまく機能しない。だがこうした市場の「不完全性」はどこにでもあり、金融など一部の分野ではそれがきわめて大きな影響を及ぼしている。

市場はまた、「公共財」を十分に生み出さない。公共財とは、防火や国防など、全国民が簡単に利用できるが、税以外の方法では課金が難しいものを指す。したがって、経済や社会をうまく機能させ、市民が豊かさや安全を実感できるようにするには、政府の介入が欠かせない。政府が、失業保険の提供や基礎研究などに資金を投じるとともに、誰かが他人を搾取することのないように規制を設ける必要がある。資本主義経済はいつの時代も、民間市場と政府の双方がかかわってきた。問題は、市場か政府かではない。最大の利益を引き出すために、両者をいかに組み合わせるかだ。本書のテーマに沿って言えば、急成長を伴う効率的で安定した経済を実現し、その成長の果実を公平に分配するには、政府の行動が必要になる。

第2に、国富は2つの柱を基礎にしている。1つは、知識である。国家は、生産性を向上させることで豊かになり、生活水準を高めていく。それを向上させる最大の要素が、知識の増加である。政府が基礎研究に出資し、科学的基盤を形成しなければ、テクノロジーは発展しない。もう1つは、優れた社会組織、つまり、国民が安心して交流、売買、投資できる社会である。優れた社会組織は、数十年にわたる推論や熟考、何が機能し何が機能しなかったかといった経験的観察から生まれる。それは結局、民主主義が重要であり、法の支配、適正な手続き、抑制と均衡のシステム、真実の発見・評価・伝達にかかわる無数の制度を確立しなければならないという結論に至る。

第3に、国の富と、その国にいる特定の個人の富とを混同してはならない。消費者が望む新製品で成功を収め、裕福になるのは問題ない。だが、市場支配力を利用し、消費者や労働者を搾取して成功を収めるのには問題がある。これは単なる富の再分配であり、国の全体的な富を増やすものではない。「レント（不労所得）」という経済学用語がある。富の創造が、国の経済のパイ全体を増やそうとするのに対し、レントの追求（レントシーキング）は、そのパイからの自分の取り分を増やそうとする。政策立案者は、過剰なレントが存在する市場に目を向けるべきだ。過剰なレントには搾取が絡んでおり、それが経済を弱体化させる。レントシーキングを防ぐことができれば、経済の効率を向上させ、資源を富の創造に振り向けることが可能になる。

第４に、分断の少ない社会、格差の少ない経済のほうがうまく機能する。人種や性、民族に基づく差別など論外である。これは、従来の経済学を支配してきた見解からの路線変更を意味する。これまでは、成長と平等はトレードオフの関係にあり、成長や効率を犠牲にしなければ平等は達成できないと考えられてきたからだ。現在のアメリカのように格差が極端なほど拡大している場合や、市場支配力や差別により格差が生み出されている場合には、格差を縮小することで得られる利益はことのほか大きい。所得格差を縮小しても損になることはない。

同様に、トリクルダウン理論も間違っている。これは、経済が成長すれば誰もがその利益にあずかれるという考え方を指す。レーガン以降の共和党政権のサプライサイド経済政策は、この考え方に支えられてきた。しかし結果を見れば、成長の利益が底辺にまでいきわたらないことは明らかだ。サプライサイド経済政策によりＧＤＰは増加しても、所得は数十年にわたり停滞しており、先進国に暮らす大多数の国民が怒りと失望に苛まれている。市場の力だけに頼っていては、これらの人々を助けることはできない。状況を変えるには、政府の政策が欠かせない。

第５に、豊かさを共有する政策を政府が実施する際には、市場所得の分配（当初分配と呼ばれることもある）と再分配（課税・移転後に個人が受け取る所得）双方に目を配る必要がある。市場はただ存在しているわけではない。何らかの形で構造化される必要があるが、いかに構造化されているかによって、市場所得の分配も成長や効率もその影響を受ける。たとえば、法律により、企業が独占力を悪用したり、ＣＥＯが自社の利益の大部分を着服したりできる場合には、格差が広がり、成長が阻害されることになる。公平な社会を築くには、公平な機会が必要であり、そのためには、所得や資産の格差を縮めることが必要になる。経済的優位はたいてい次の世代にも引き継がれる。ある世代の所得や資産に過剰な格差があれば、それは次の世代にもかなりの格差となって現れる。それを防ぐ手段の１つが教育だ。アメリカはほかの国に比べ、教育機会の格差が大きい。誰もが優れた教育を受けられるようにすれば、格差を縮小し、経済力を向上させることができる。教育機会の不均等とともに、現在のあまりに低い相続税率もまた、富裕階級が世襲化される一因となっている。

第６に、競争のルールなど、経済や社会のさまざまな面が政府次第であるため、政府が何をするかが重要になる。政治と経済を切り離して考えてはいけない。経済的格差はそのまま政治力の差となって現れ、政治力のある人がそれを利用して有利な立場を手に入れる。１人１票ではなく

１ドル１票の世界になってしまったいまでは、政治のルールを改革しなければ、まがいものの民主主義しか生まれない。富裕層の権力乱用を防ぐ効率的な抑制と均衡のシステムを生み出すには、資産や所得の格差を縮める経済を確立しなければならない。

第７に、不幸なことに、１９７０年代初め以来信奉してきた経済制度（アメリカ流の資本主義）に基づく価値観が、アメリカやその国民のアイデンティティとなり、それがより高い価値観との衝突を引き起こしている。貪欲、利己心、モラルの崩壊、他者の搾取、金融危機の際に金融産業が見せた不正などがそうだ。これらはアメリカに限らず、ほかの国にも見られる。どんな行為が好ましく、どんな行為が好ましくないかを決める規範が変わり、社会の結束や信頼関係、果ては経済活動までも阻害している。

第８に、トランプを始め、移民排斥や保護主義を主張する人たちは、現在の苦境を他人（移民や貿易協定）のせいにしようとする。脱工業化の影響を受けている人々の苦境については特にそうだ。しかしその原因は、実のところ私たち自身にある。テクノロジーの変化やグローバル化に適切に対処していれば、職を失ったとしても、ほかで新たな仕事を見つけられたに違いない。未来を明るくするためには、もっとうまく行動する必要がある。その方法を本書で紹介しよう。何より重要なのは、孤立主義という選択肢はないということだ。私たちは緊密につながり合った世界に暮らしているのであり、政治面でも経済面でも、これまで以上に国際関係の管理に取り組んでいかなければならない。

第9に、包括的な経済政策が、成長の回復や豊かさの普及をもたらす。包括的な経済政策とは、成長や格差縮小の障害（過大な市場支配力を持つ企業がもたらす弊害など）の除去と、バランスの回復（労働者に大きな交渉力を与えるなど）とを組み合わせたものだ。これにはまた、基礎研究へのさらなるサポート、レントシーキングの抑制および富の創造の推進も含まれる。

言うまでもなく経済は目的達成のための手段であって、目的そのものではない。第二次世界大戦後の数年間にはアメリカ人の生まれながらの権利だと思われていた中流階級の生活は、いまや大半のアメリカ人にとって手の届かないものになってしまった。だがこの国は、当時よりはるかに豊かになっている。大半の市民にその生活を提供するだけの力は十分にある。本書ではその方法を提示していきたい。

そして最後に、いまこそ大々的な転換を遂げるときである。目の前にある課題に対処するには、政治・経済制度に少しずつ微調整を加えていく漸進主義では不十分だ。本書が求めるような劇的な変化が必要になる。だがこうした経済の転換は、過剰な富がもたらす政治力に対抗できるほど力強い民主主義がなければ実現できない。そのため経済を改革するためには、政治も改革する必要がある。

第1部

迷走する資本主義

家が内輪で争えば、その家は成り立たない。

マルコによる福音書第3章25節
〔訳注 共同訳による〕

エイブラハム・リンカーン

第1章

分断された世界

現在、アメリカなどの先進国で事態がいい方向へ進んでいないというが、それどころではない。世界中に不満が蔓延している。

過去四半世紀にアメリカを支配していた経済学や政治科学の考え方によれば、こんなふうにはならないはずだった。１９８９年11月９日にベルリンの壁が崩壊すると、フランシス・フクヤマは「歴史の終わり」を宣言した。ついに民主主義と資本主義が勝利を収め、これからは経済がかつてないほどの速さで成長を遂げ、豊かさが全世界に広がるだろうと考えられた。アメリカはその先頭に立っているはずだった。[1]

だが２０１８年になるころには、この高邁な理想も地に落ちて砕け散ってしまったようだ。２００８年の金融危機により、資本主義がかつて思われていたほど完全ではないことが明らかになった。資本主義は効率的でもなければ、安定しているわけでもなかった。その後の相次ぐ調査により、過去四半世紀の成長の恩恵を主に受けていたのは、最上層にいる人たちだということがわかった。それから間もなくして、大西洋の両側で反体制派が勝利を収めた。イギリスでは国民投票でＥＵ離脱が確定、アメリカではドナルド・トランプが大統領に就任し、一般有権者の見識が疑問視された。

　評論家はこれに対し、わかりやすい説明を行っているが、それはそれで間違いではない。エリートたちは大多数のアメリカ人の苦境など気にすることなく、金融市場を始めとする市場の自由化やグローバル化を推進し、その「改革」があらゆる国民の利益になると約束した。だが、ほとんどの市民から見れば、この約束は実現されなかった。グローバル化により脱工業化が加速し、市民の大半が置き去りにされた。とりわけ辛酸をなめたのが、教育を受けていない人たち、そのなかでも特に男性だ。さらに、金融市場の自由化により２００８年には金融危機が勃発した。１９２９年に発生した世界恐慌以来最悪の不況である。これにより、世界中で何千万もの人々が職を失い、アメリカでは数百万人が家を失った。ところが、世界経済を破滅の淵に追い込んだ大手金融企業の幹部たちは、誰１人として責任を問われなかった。刑に服するどころか、巨額のボーナスを受け取っていた。銀行家は救済され、それまで銀行家の餌食になっていた人々は救済されなかった。そうすることでさらなる不況を避けることができたのかもしれないが、こうしたアンバランスな救済は当然、政治にも影響を及ぼした。[2]

ヒラリー・クリントンが２０１６年の大統領選の際に、産業力を失った地域に暮らすトランプ支持者を「嘆かわしい人々」と呼んだのは、致命的な過ちだった（それ自体が嘆かわしい発言だった）。トランプ支持者にはその言葉が、エリートの無神経な態度を反映しているように見えた。Ｊ・Ｄ・ヴァンスの『ヒルビリー・エレジー』[3]やアーリー・ホックシールドの『壁の向こうの住人たち』[4]といった書籍には、脱工業化を経験した人や、同じような不満を持つ無数の人々の気持ちがつづられており、彼らがエリートからかけ離れた存在であることを明らかにしている。[5]

１９９２年の大統領選では、ビル・クリントンが「経済こそ重要だ」というスローガンを掲げたが、これは問題をあまりに単純化している。上記の書籍を見ればわかるように、市民が求めているのは敬意であり、自分たちの声に耳を傾けてくれているという実感だ。[6]実際、共和党が30年以上もの間、政府にはいかなる問題も解決できないと主張してきたため、市民はもはや、政府に自分たちの問題を解決してもらおうとは思っていない。彼らはこう思っている。政府にはどんな形であれ、自分たちの「味方」になってほしい。ただし、味方についてくれるとしても、自分たちのことを「置き去りにされた人々」と非難しないでほしい。それはあまりにひどい。この不公平な世界で厳しい選択をしてきたのだから。せめて多少なりともこの不公平に対処してほしい、と。ところが２００８年、エリート主導の金融市場自由化政策により金融危機が発生すると、政府はエリートだけに味方しているかのような態度をとった。少なくとも一般市民にはそう受け止められているが、後に本書で明らかにするように、そこにはかなりの真実が含まれている[7]。

ビル・クリントンは経済がすべてだと主張することで問題をあまりに単純化していると述べたが、実はそれほど単純化していたわけではないのかもしれない。アメリカの経済は、大部分の国民にとってうまく機能していない。その一方で、最上層にいる人たちが莫大な報酬を得ている。実際のところ、アメリカの現在の苦境、あるいはほかの先進国の苦境の根底には、この深い亀裂がある。

もちろん、失敗しているのは経済だけではない。政治もそうだ。経済的分断は政治的分断を生み、その政治的分断が経済的分断をさらに強化する。富や権力を持つ人たちが、その政治力を駆使して、自分たちに有利になるように政治や経済のルールを書き換えてしまう。

アメリカでは、ごく少数のエリートが経済を支配しており、日増しに増える底辺層にはほとんど資源がいきわたっていない[8]。ある調査によれば、アメリカ人の40パーセントは、子どもが病気になったり車が故障したりして４００ドルが必要になったとしても、それをまかなう力がないという[9]。その一方で、アメリカでもっとも裕福な３人、ジェフ・ベゾス（アマゾン）、ビル・ゲイツ（マイクロソフト）、ウォーレン・バフェット（バークシャー・ハサウェイ）の資産の合計は、アメリカの所得階層の下位半分の資産の合計よりも多い。これは、最上層にいかに多くの富が集まり、最下層にいかにわずかな富しかないかを示している。[10]

伝説的な投資家であるバフェットはその点を理解し、こう述べている。「階級闘争があると言えばそうかもしれないが、闘争を仕掛けているのは私たち富裕層であり、その富裕層が勝利を収めようとしている」[11]。バフェットがこんなことを言ったのは、決してけんかを売るためではなく、それがアメリカの現状を正確に描写していると思ったからだ。バフェットはこの言葉に続けて、こうした事態は間違っており、アメリカ的ではないと思うと述べている。

アメリカは、議会制民主主義の国として始まった。建国の父たちは、多数派が少数派を抑圧する可能性を憂慮し、政府権限の制限などの予防措置を憲法に盛り込んだ[12]。しかしそれから２００年以上が過ぎ、事態は変わった。現代のアメリカでは、政治的少数派が、多数派を抑圧しているとは言わないまでも、少なくとも支配し、国全体の利益になる多数派の行動を妨害している。有権者の大多数は、最低賃金を上げ、銃規制や金融規制を強化し、多大な借金を抱えなくても医療や大学教育を受けられるようにしてほしいと思っている。実際、大統領選の得票数は、ジョージ・W・ブッシュよりもアル・ゴアのほうが、ドナルド・トランプよりもヒラリー・クリントンのほうが多かった。下院議員選では、民主党の得票数のほうが多いことが何度もあったが、ゲリマンダーなどにより、たいていは共和党が支配権を維持している（２０１８年には民主党が圧倒的な勝利を収め、ようやく支配権を奪回した）。上院議員選でも、アメリカ人の圧倒的多数が民主党に投票しているのに[13]、ワイオミング州など人口の少ない州の定数がニューヨーク州やカリフォルニア州など人口のきわめて多い州と同じ2人であるため、やはり共和党が支配権を維持している。上院は最高裁判所の判事を承認する権限を持つため、これは重大な意味を持つ。残念ながら現在の裁判所は、公平な仲裁者、憲法の公平な解釈者としての立場を放棄しており、政治的駆け引きが展開される戦場と化している。もはや憲法の番人は多数派のものではなく、少数派に支配されている。

こうしたいびつな体制の影響は、経済の分野を超えて広がり、政治どころか、社会や国民の性質にまで影響を及ぼしている。アンバランスで、利己的で、近視眼的な経済や政治は、アンバランスで、利己的で、近視眼的な個人を生み出し、政治・経済制度の欠陥をさらに悪化させる。[14] 2008年の金融危機は、アメリカの銀行家のモラルが崩壊していたことを明らかにした。彼らはきわめて不誠実で、弱者を喜んで利用しようとした。わが国のこの数十年間の政治議論が「望ましい価値観」を中心に展開されてきただけに、こうしたモラルの崩壊にはなおさら驚かされる。

成長を万人にいきわたらせるためにはまず、国の富を真に生み出すものが何かを理解しなければならない。富を真に生み出すものとは、第1に、国民の生産力・創造力・活力、第2に、過去2世紀半の間に見られたような科学やテクノロジーの進歩、そして第3に、その同じ期間に見られたような経済・政治・社会組織の発展である。経済・政治・社会組織の発展には、法の支配、規律正しい競争市場、抑制と均衡により制御され、「真実を語る」機関を幅広く備えた民主主義体制の確立が含まれる。これらの発展が、過去2世紀にわたり生活水準の大幅な向上を支えてきた。

だが次章で述べるように、40年ほど前から憂慮すべき2つの変化が見られるようになった。成長の鈍化と、大多数の国民の所得の停滞または減少である。それとともに、最上層にいるごく少数の国民と残りの大多数の国民との間に、巨大な溝が生まれた。

しかし、アメリカの経済や社会がたどった道筋を描写するだけでは、十分とは言えない。この40年間アメリカをひどく間違った方向へ導いてきた考え方にはどんな力があるのか、それがなぜこれほど長い間アメリカを支配してきたのか、なぜ根本的に誤っているのかを理解する必要がある。これまでは、企業の利益に沿う形で経済政策や政治方針が定められてきたせいで、経済力や政治力の集中が進んだ。このまま放っておけば、今後もそれは続くだろう。国民が経済や政治から見捨てられた理由をまず理解することが、この世界を変えるための出発点となる。

ここで、希望に満ちた一言を加えておこう。豊かさの共有を推進できる簡単な改革案がある。政治的には必ずしも簡単ではないかもしれないが、経済学的には簡単な改革案である。後に述べるように私たちは、広く共有されている基本的な価値観（銀行家が示してきたような貪欲や不誠実ではなく、政治・経済・宗教の指導者がよく口にするようなもっと高い価値観）と一致する経済を生み出せる。そのような経済は、私たち個人や社会を望ましいものに変えてくれるに違いない。それは、大多数の市民が望みながらも、手の届かないものになってしまっていた「中流階級」

の生活を市民に提供する、より人間味のある経済である。

国の富とは何か

国民の繁栄を理解するための出発点として、まずはアダム・スミスが１７７６年に発表した名著『国富論』を取り上げよう。一般的にはこの本が、近代経済学の始まりを告げたと考えられているからだ。スミスは、重商主義を批判した点で正しかった。重商主義とは、ルネサンス時代から工業化時代の初期にヨーロッパで主流だった経済学派で、製品を輸出して金《きん》を蓄積することを推奨する。それにより経済が豊かになり、国家の政治力が増すと考えられていたのだ。こうした政策はばかばかしい以外のなにものでもない。金庫にいくら金をため込んでも、生活水準は向上しない。だが、現代にも似たような誤解は蔓延している。輸出は輸入を上まわらなければいけないと考え、それを実現するために誤った政策を推進している人たちがそうだ。

真の国富の基準となるのは、全国民に高い生活水準を持続的に提供できる能力である。この能力は、持続的に生産力を向上させていけるかどうかにかかっている。そのためには工場や設備への投資も必要だが、何より重要なのは、知識への投資、そして、資源を無駄にしない完全雇用経済への投資である。これは、財産や金の蓄積とはまったく関係がない。実際、後に述べるように、財産の蓄積は逆効果をもたらす。財産の増加は、真の国富を犠牲にして成り立つ。金融化が進んだ時代に成長が鈍化した理由も、それで説明がつく。

スミスは産業革命の黎明期の人間であり、現代において真の国富となるものを十分に理解できなかったに違いない。当時からおよそ1世紀にわたり、イギリスの富の大半は植民地の搾取によるものだった。だがスミスは、輸出や植民地の搾取ではなく、工業や商業の役割を重視し、市場の規模が大きくなれば専門化という利点が得られると主張した。[15] それはそれで正しいのだが、結局スミスは、近代経済における国富の基盤には触れなかった。つまり、研究や開発、体験を通じた知識の発展（経済学者が言う「経験による学習」）である。[16] その理由は言うまでもない。18世紀の経済では、テクノロジーの進歩や学習の果たす役割が小さかったからだ。

スミスが『国富論』を執筆するまでの数世紀の間、生活水準は停滞したままだった。[17] スミスの少し後にはトマス・ロバート・マルサスが、人口が増えれば賃金は最低生活水準にとどまると主張した。賃金が最低生活水準を超えて上がっても、人口が増えれば最低生活水準に戻る、というわけだ。これでは、生活水準が向上する見込みはない。結局、マルサスの考え方は間違っていた。

啓蒙主義とその影響

スミスは、啓蒙主義と呼ばれる18世紀後半の知的運動の渦中にいた。啓蒙主義は科学革命と関連づけられることが多いが、実際にはそれまでの数世紀にわたる発展（宗教改革など）に基づいている。16世紀にマルティン・ルターが宗教改革を始めるまでは、真実を明らかにしたり定めたりするのは権力者だった。だが、宗教改革により教会の権威が疑問視されるようになり、1618年前後に始まった三十年戦争では、ヨーロッパが別のパラダイムをめぐって戦った。

こうして権威が疑問視されるようになると、こんな問題が発生した。これからはどうやって真実を知ればいいのか？　周囲の世界についてどう学べばいいのか？　この社会をどう組織すればいいのか？

その結果、精神世界を除く人生のあらゆる側面を支配する新たな考え方が生まれた。それが科学である。科学は、検証を伴う信頼のシステムであり、その進歩はすべて、それ以前の研究をもとに、あるいは以前の進歩を発展させることによって生まれる。[18] それから間もなくして、真実を判断し、世界の性質を発見する大学などの研究機関が現れた。現在私たちが当たり前のように利用している電気、トランジスタやコンピューター、スマートフォン、レーザー、現代医学などはすべて、基礎研究に支えられた科学的発見の賜物である。ハイテク機器ばかりか、道路や建物でさえそうだ。科学の発展がなければ、摩天楼や高速道路がひしめく近代的な都市は生まれなかっただろう。

社会組織のあり方を規定していた王侯や教会の権威が失われると、新たに社会を組織する方法を考えなければならなくなった。もはや地上の権威にも天の権威にも頼ることなく、統治のシステムを編み出さなければならない。社会の幸福や安寧を保証する社会制度を見つけるのは、自然の真実を見つけるよりも難しい。こうした制度は一般的に、制御された管理下での実験ができない。だが、過去の経験の綿密な研究が役に立った。これからの社会体制は、論理的思考と討論に基づかなければならない。社会組織のあり方を独断的に決定する権利は誰にもない。こうした論理的思考から、万人に対する正義、個人の自由といった基本的価値観に支えられた、法の支配、適正な手続き、抑制と均衡のシステムを重視する認識が生まれた。[19]

統治システムが万人に公平な扱いを約束するためには、真実を確かめることが必要になる。[20]そんな機能を備えた統治システムが実現すれば、公平で正しい判断を下す可能性が高まる。完璧ではなかったとしても、不備があれば是正できる可能性も高まる。

やがて、真実を語る機関、真実を発見する機関、真実を検証する機関が数多く生まれ、それが経済や民主主義の発展に欠かせないものとなった。[21]その中心を占めるのが、活発なメディアだ。メディアも、ほかの機関同様に誤りを犯すおそれがないわけではない。だがその調査は、この社会の抑制と均衡のシステムになくてはならないものであり、重要な公共の利益を提供する。

啓蒙主義による社会・政治・経済組織の変化、およびテクノロジーや科学の発展[22]により、人口の増加を上まわるペースで生産が増加した。その結果、間もなく１人あたりの国民所得が増加し始めた。また、人口が抑制される仕組みについての理解も進んだ。先進国では、生活水準が向上するにつれ、次第に家族の規模を制限するようになる。マルサスののろいはようやく解けた。過去２５０年の間に、生活水準は急激に向上していった（図１を参照。生活水準は数世紀の間ほぼ

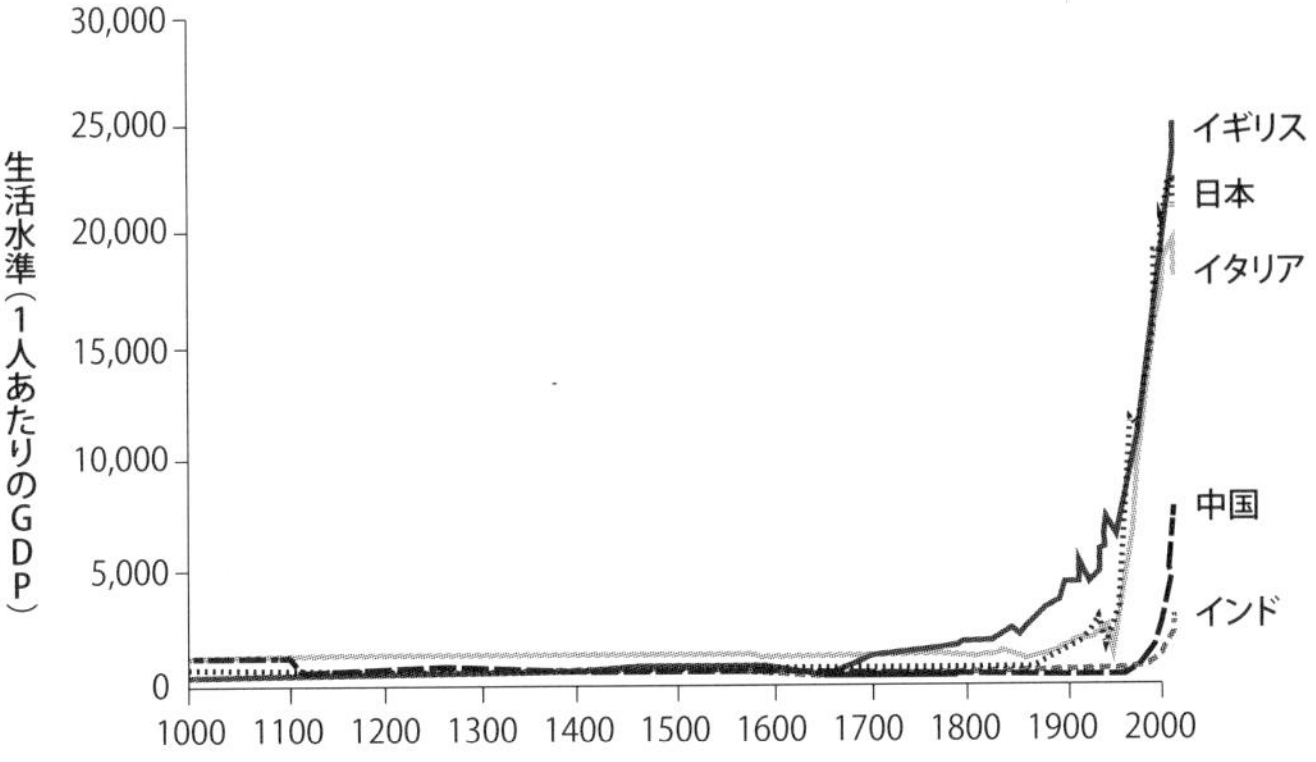

図1　生活水準の推移（出典：INET）

停滞していたが、18世紀末か19世紀初めのころから、まずはヨーロッパで急激な向上を始めた。第二次世界大戦後には、ほかの地域もこれに続いた[23]。また、それとともに寿命も伸長し、人間はその多大な恩恵を受けた[24]。こうして人類の富は劇的に変化した。それまでは最低限の生活必需品をまかなうためだけに大半の労力が費やされてきたが、いまではそれが、1週間にわずか数時間の労働で手に入るようになった[25]。

しかし19世紀には、この進歩の果実はきわめて不平等に分配されていた[26]。実際、多くの人にとっては生活が苦しくなっているようにさえ感じられた。トマス・ホッブズが1世紀以上前に「人生は悪意に満ち、残忍で、短い」と述べていたように[27]、産業革命により事態は悪化したかのように見えた。チャールズ・ディケンズの小説には、19世紀半ばのイギリスでの苦しい生活がありありと描写されている。

アメリカでは、19世紀末の「金ぴか時代」や「狂騒の20年代」に格差が新たなピークに達した。だが幸運なことに、この増大する格差に政府が対応した。進歩主義時代の法整備やニューディール政策により、市場支配力を利用した搾取を抑制し、もはや容認できないレベルに達した格差やそれが生み出す不安など、これまでに明らかになった市場の失敗に対処しようとした。[28] フランクリン・D・ルーズベルト大統領は、高齢者・障害者向けの公共事業（老年・遺族・障害者保険、略称ＯＡＳＤＩ）を始めた。20世紀の後半にはリンドン・B・ジョンソン大統領が、高齢者に医療を提供し、貧困の撲滅に取り組んだ。ただし、イギリスを始めとするヨーロッパ諸国では、国民全員が医療を受けられるよう政府が保障しているが、アメリカは主要先進国では唯一、医療を受ける権利を基本的人権と見なしていない国と化している。20世紀半ばになると、先進国は「中流階級社会」を実現した。大多数の市民に進歩の果実が、少なくともある程度はいきわたった社会である。人種や性に基づく排他的な労働市場政策がなければ、この進歩はさらに広く浸透したことだろう。それでも市民は、長い寿命や健康な生活を享受し、以前よりもいい家や衣服を入手できるようになった。政府はまた、子どもに教育を施して機会の均等を図り、将来的に生活を向上させられるチャンスを与えた。さらに、わずかながらも高齢者の生活を保障し、失業や障害などのリスクに対する社会的なセーフティーネットを整備した。

　ただし、18世紀から発展してきた市場や政治体制が、必ずしもスムーズに進歩してきたわけではない。一時的に経済危機に見舞われることもあった。その最たるものが、１９２９年に始まった世界恐慌である。アメリカは第二次世界大戦が始まるまで、この恐慌から完全には回復できなかった。そのため戦争前には、政府が一時的に失業した人々に失業保険を提供した。この経験から、戦後にはほかの先進国も、完全雇用状態の維持を目標とするようになった。

同様に進歩の果実の平等な分配も、必ずしも着実に進んでいったわけではない。先にも述べたように、19世紀後半や１９２０年代には事態が悪化したが、第二次世界大戦後の数十年間で著しく改善された。あらゆる階層で所得が増えたが、最下層の人々の所得は最上層の人々の所得よりも急激に増加した。だがその後、１９７０年代末から１９８０年代初頭にかけて、事態はきわめて憂慮すべき方向へ向かった。最下層の所得が停滞または減少し始めたのに、それ以外の人々の所得は増加を続けたのだ。平均寿命も、富裕層では上昇を続けたが、教育を受けられない貧困層ではやがて下降へと転じた。

保守派による反撃

啓蒙主義による進歩には、常に反対者がいた。たとえば、宗教保守派である。彼らは進化などの概念を嫌い、啓蒙主義が勧める寛容や自由主義を快く思わない「注　ここで、保守派と反自由主義は必ずしも結びつかない点を強調しておきたい。概してそのような傾向が見られるが、寛容を旨とする傑出した保守派も多い」。反対者にはまた、自分たちの経済的利益が科学的知見と対立する人々もいる。たとえば、地球温暖化や気候変動の張本人とされ、閉鎖を余儀なくされる可能性が高い石炭会社のオーナーやその従業員がそうだ。しかし以前は、こうした宗教的・社会的な保守派と、自身の利益が科学的知見と真っ向から対立する人々との間には、政治的な力を獲得できるほど幅広い結束が生まれなかった。政治的な力を獲得するには、経済界の幅広い支援が必要だ。経済界の支援を受けたければ、規制緩和や減税といった見返りを与えればいい。現在のアメリカで、この結束を強固なものにしているのが、まさかのドナルド・トランプ大統領だ。偏狭な考えを持ち、女性を蔑視し、移民を嫌い、保護主義を奨励する大統領を経済界が黙々と支持するのを見ているのは苦痛でしかない。大統領の価値観は、経済界の多くの企業が表明・支持している価値観に反しているが、大統領を支持さえすれば、規制がほとんどない有利な環境や、自身や企業に対する減税を手に入れられる。どうやら金もうけ、すなわち貪欲がほかのあらゆる価値観を凌駕してしまったらしい。

選挙戦が始まって以来（特に大統領になって以来）のドナルド・トランプの政策は、従来の「保守派」の経済政策をはるかに超えている。先にも述べたように、ある意味では革新的でさえある。たとえば、知識を獲得し、真実を検証する役割を担っている中心的な機関や制度を執拗に攻撃する。具体的には、大学や科学機関、司法制度などだが、なかでも激しい攻撃にさらされているのが、権威あるニュースメディアだ。トランプはこれを「フェイクニュース」と呼ぶ。だが皮肉なことに、メディアの中心的な役割は事実の検証にある。それによれば、定期的に臆面もなく大仰なうそをついているのはトランプのほうだ。[29]

こうした攻撃は、アメリカに前例がないだけでなく、その民主主義や経済をむしばみ、弱体化させる。このような場合、1つひとつの攻撃の内容はともかく、その攻撃にはどんな動機があったのか、何を目的にしていたのかを理解することが欠かせない。また、それがトランプだけの問題ではないときちんと把握しておくことも重要である。真実を語る機関をトランプがいくら攻撃しても、それに誰も共鳴しなければ何の影響もないはずだ。同様の攻撃は、トランプ以外にも見られる。トランプが攻撃を仕掛けなかったとしても、ほかの誰かが攻撃を仕掛けたことだろう。

このような状況のなかで経済界がトランプを支持していることに、大いに悲観し、落胆せざるを得ない。1930年代のファシズムの台頭をわずかでも覚えている人は、特にそうだろう。歴史学者のロバート・O・パクストンによれば、トランプの富裕層優遇政策と、ドイツでナチスが台頭を果たした戦略との間には類似点があるという。[30] トランプの中核的な支持基盤は明らかに少数派であるように、ファシストの中核的な支持基盤も、民主的に権力を獲得するにはあまりに少なく、とても過半数の票を集められなかった。それでもトランプが勝利を収めたのは、かつてのファシストと同じように経済界と手を組んだからだ。ファシストも、経済界を含む幅広い保守連合の支持を得て初めて、政権を掌握することができた。

大学や科学への攻撃

大学への攻撃は、メディアへの攻撃ほど注目されていないが、この国の経済や民主主義の未来にとって同様に危険である。大学は、あらゆるものが生まれる源泉となる。シリコンバレーが現在のようなアメリカのイノベーション経済の中心地になったのは、スタンフォード大学とカリフォルニア大学バークレー校という2つの優れた大学がテクノロジーの発展を促したからだ。マサチューセッツ工科大学やハーバード大学は、ボストンにバイオテクノロジーの一大中心地を生み出している。アメリカがイノベーションで世界をリードしている背景には、大学から生まれた知識という基盤がある。

アメリカの大学や科学研究センターは、単に知識を発展させるだけではない。諸外国から一流の起業家を引き寄せてもいる。優れた大学で勉強したいという思いから、多くの人がアメリカにやって来た。実際、1995年から2005年までの間にシリコンバレーに設立された新たな会社の52パーセントが、移民によるものだ。[31] また、2017年にフォーチュン500に名を連ねた企業の40パーセント以上が、移民が設立した会社である。[32]

だがトランプは2018年予算で、基礎研究に対する政府の資金援助を削減しようとした。[33] さらに、おそらく史上初めてと思われるが、2017年に共和党が提出した税制法案により、一部の非営利の私立大学にも税が課されることになった。その多くは、アメリカの生活水準や競争力の向上に欠かせない知識の発展において、中心的な役割を担ってきた大学である。

共和党員のなかには、政治的に公正で、偏狭な考え方や女性差別に不寛容だという理由で、大学を批判する者もいる。確かに、どの教育機関もたいていは気候変動はうそ偽りのない真実であると教え、多くはサプライサイド経済学に疑問を投げかけている。また、世界平面説や、化学におけるフロギストン説、経済学における金本位制推進論には、さほど重きを置いてはいない。だが、高等教育で重視されない理論があるのは、当然と言えば当然である。[34] 科学的方法で繰り返し誤りが証明されている時代遅れの理論を教えても意味がない。

これまでのところ、大学はこうした攻撃に耐えてきた。だが、トランプのような人物がこの闘いで勝利を収めれば、アメリカの経済や世界におけるその立場はどうなるだろう？　イノベーションをリードしている現在の立場は、瞬く間に失われてしまうに違いない。すでにトランプの反移民・反科学的姿勢に乗じて行動を起こしている国もある。たとえばカナダやオーストラリアでは、優秀な学生の募集や学術機関や研究所の設立を積極的に推進し、シリコンバレーに代わる新たな成長拠点を確立しようとしている。

司法制度への攻撃

どんな社会にも意見の相違はある。個人間であれ、企業間であれ、個人対政府であれ、意見が分かれたときに、可能な範囲で真実を評価するのが、司法の役目である。こうした意見の相違は、簡単には解決できない。簡単に解決できるのであれば、当事者同士で解決すればよく、コストも時間もかかる裁判に頼る必要はない。それはわかるのだが、裁判所がトランプの気に入らない判決を下すと、トランプは「あの判事と呼ばれる人たち」と言って裁判官を非難する。トランプがいかに司法制度を軽視しているかは、まったく判事にふさわしくない人物を判事に指名している点によく表れている。たとえば、コロンビア特別区連邦地方裁判所の判事に指名されたマシュー・スペンサー・ピーターセンには、裁判経験がまるでなかった。ピーターセンは結局、公聴会での不面目な質疑応答の後に指名を辞退した。この人物ほどではないにせよ、トランプが指名した判事のなかには、とてもふさわしいとは思えない人物がほかにもたくさんいる。

攻撃の理由――自己防衛

これにはパターンがある。真実を語る機関や制度はいずれも、トランプやその取り巻きや共和党の偏見とは相反する見解に至るおそれがある。そのため攻撃を仕掛けたり、別の真実を生み出したりしようとする。こうした態度は、ゲッベルスの「大きなうそ」以来、ファシズムに欠かせない要素となっている。[35]トランプは、現実（気候変動など）に一致するよう見解を修正するのではなく、真実を明らかにする仕事をしている人々を攻撃する。その攻撃がこれほど共感を得ているというのは、この国の教育制度に欠陥があることを部分的に証明している。だが、現状をそれだけのせいにはできない。行動経済学やマーケティング理論の発展により、人の感じ方や考え方は操作できることがわかっている。たばこ会社は、この方法をうまく利用して、喫煙は健康に悪いという科学的知見に疑問を投げかけることに成功した。また、そのほかさまざまな企業が、何も見聞きしなければ決して買わなかったような製品、よくよく考えてみればまったく必要ない製品を、消費者に購入させることに成功している。悪い製品や危険な製品を売ることができるのなら、悪い考え方や危険な考え方を売り込むことも可能である。しかもそれは、経済的な利益につながる。実際、スティーヴ・バノンやＦＯＸニュースは、この理論を大々的に駆使して、気候変動や政府の非効率性など、さまざまなテーマに関する大衆の考え方を変えた。

富裕層に都合のいい政策を多数派に売り込む

トランプやその取り巻きが真実をゆがめることに熱心なのは、何も驚くべきことではない。だが、こんな疑問が浮かんでくる。過去２５０年の間に発展・向上してきた民主主義や生活水準が危機に瀕しているにもかかわらず、この文明に多大な貢献をしてきた機関や制度や思想に対する一斉攻撃が、なぜこれほど多くの共感を得ているのか？　私が本書を執筆しようと思ったのも、１つには、こうした機関や制度が重要だという認識が広がれば、攻撃にさらされている機関や制度に味方する人が増えるのではないかという期待があったからだ。

しかし、現在の政治に関する謎はこれに限らない。たとえば、こんな疑問もある。民主主義社会でこれほどの格差の拡大がなぜ容認されているのか？　最上層にいる人々はごくわずかなのに、その人数に不相応なほどの富や政治的影響力を握っている。そのなかにはもちろん、はっきり言って貪欲で近視眼的な人もいる。こうした人たちは、ほかの人を犠牲にしてでもトップの座を守りたがる。ゼロサム思考に陥り、裕福になるには下位の者から富を奪うしかないと思い込んでいる。

だが、最上層にいるこうした人々でさえ、何が自分の利益になるのかを真に理解すれば、もっと平等主義的な政策を支持すべきことがわかるはずだ（現在格差に苦しんでいる下位99パーセントの人々がそうすべきことは言うまでもない）。たとえば、所得階層の上位10パーセントにいる人たちは、格差拡大による成長の鈍化をまのあたりにし、これまでの地位を維持できないのではないかと不安を抱いている。上位1パーセントの人たちでさえ、格差拡大の悪影響を被っている。実際ほかの国では、富裕層はゲーテッドコミュニティ〔訳注　門や柵で囲われ、安全を確保された住宅地を指す〕で暮らさざるを得なくなり、絶えず子どもの誘拐を心配している。[36] 成長が鈍化すれば、彼らもその被害を受ける。その富の大半は、下位の者からすくい上げた富で成り立っているからだ。下位の者の富が減れば、すくい上げる富も減る。現代の経済学の見解によれば、格差が拡大した国では（格差がアメリカ並みに拡大している場合や、現在のアメリカのような形で格差が生じている場合は特に）、経済が悪化する。[37] 経済はゼロサム・ゲームではない。成長は経済政策の影響を受ける。格差を拡大する行為は成長を鈍化させる。長期的には特にそうだ。

要するに、これほどの格差が容認されている合理的な理由が見つからない。アメリカの経済政策には、このようにうまく説明できない部分がほかにも存在する。民主主義がきちんと機能しており、市民１人ひとりが合理的に考えて自分の利益になる政策を支持すれば、大多数の利益を反映した政策が行われるはずだ。たとえば、石炭・ガス・石油会社のオーナーを除けば、気候変動に対して何らかの行動をとることが国民全体の利益になると考えられる。

だが金が、アメリカの政治だけでなく、市民１人ひとりの考え方にまで悪影響を及ぼしている。コーク兄弟や石油・石炭会社、支配的な利益団体などが、大半のアメリカ人をだまし、気候変動に疑問を抱くようにしてしまった。50年ほど前にたばこ会社が策を弄し、喫煙は健康に悪いという科学的知見に疑念を抱くよう仕向けたのと同じだ。石炭会社は、温室効果ガスが気候変動に関係している証拠を認めようとしない。これもまた、たばこ会社が、喫煙ががんや肺病や心臓病の原因になる証拠を認めなかったのと同じである。[38] たばこ会社がそれを認めていれば、何十万もの人々がもっと長生きできたことだろう。

同様に富裕層も、大半のアメリカ人の考え方を操作し、相続税がなければこの国はもっとよくなると信じ込ませることに成功したようだ。だが、相続税がなくなれば、富裕階級の世襲化が進む。これはアメリカの理想に反する。それに、ほとんどのアメリカ人にとって、遺産税や相続税にかかわる可能性はないに等しい。事実上１１００万ドルまでの遺産は課税されないからだ。

もはやイデオロギーが、科学や合理的な議論に取って代わってしまった。それが、資本主義的な貪欲さを追求するための新たな手段と化している。一部では、科学的理性とはほぼ正反対の文化が形成されている。その理由は、先に述べたとおりだ。たばこにせよ、化学製品にせよ、石炭にせよ、科学が疑問視する方法で利益をあげている人々には、科学事業全体に疑問を投げかけようとするインセンティブがある。この状況が続き、この考え方を支持する共和党が政権を維持していくとなると、これまで科学を基盤にしてきたアメリカの富創造マシンが今後も稼働を続けていけるかどうかわからない。

エリートの失敗

経済や民主主義の発展の核となる機関や制度への攻撃がこれほど多くの国民に支持されている理由については、理解しにくい側面がある。だが、大半の国民が「エリート層」に背を向け、グローバル化や金融化、ひいては経済に関する彼らの見解に異を唱えた理由なら、簡単に理解できる。エリートは（共和党・民主党を問わず）過去40年の改革で成果を約束したのに、その成果が実現されなかったからだ。

エリートは、富裕層に減税を施し、グローバル化を進め、金融市場を自由化すれば、経済成長が促進されるとともに経済が安定し、誰もがその恩恵を受けられると約束していた。だが、約束していたことと実現したことの間には、紛れもない相違があった。そのため、トランプが「不正に操作されている」と言うと、多くの国民がそれに共鳴したのだ。

自由化やグローバル化は、ごく少数の人々に富をもたらしただけで、そのほかの国民は停滞や不安や不安定な生活に苛まれた。このような経済政策の失敗があった以上、エリートやその知恵を生み出してきたとされる学術機関への疑念がふくらんだとしても無理はない。だが、この結論は間違っている。優れた学術機関は、政府が強力な是正措置をとらないかぎり、グローバル化により未熟練労働者の賃金は、彼らが購入する製品の価格の下落に合わせて低下すると指摘していた。また、金融を自由化すれば経済が不安定になるとも主張していた。だが、グローバル化や金融市場の自由化を推進する人たちが、こうした主張をかき消してしまった。[39]

どんな理由であれ[40]私たちは、アメリカが脱工業化に向かって進んでいた時代に苦しんでいた人々をなおざりにした。彼らの賃金や収入が停滞し、絶望感が広がっていたのに、それを無視した。住宅バブルのため一時的に建設関係の仕事が生まれ、工業関係の仕事を失った人々がその穴を埋めると、それで事態が解決すると思った。

要するに、共和党のエリートも民主党のエリートも、ＧＤＰを重視すれば国民を重視することにもなると思っていた。だが実際には、国民の大部分を軽視していた。この軽視が、彼らに襲いかかった経済的悲劇に勝るとも劣らない苦しみをもたらしたのだと思われる。

国富に関する別の理論

すでに述べたように、国富を真に生み出すのは、第1に、基盤となる科学や知識、第2に、平和に共存し、公益のために協力し合えるような社会制度である。トランプやその取り巻きは、この土台に対する脅威となっている。彼らの非合理的な信念は、近視眼的な富の略奪者（レントシーカー）の経済的利益にかなうだけで、それ以外の点では現実と何の接点もない。そんな信念で勝利を収めるために、真実を語る機関や民主主義そのものに全面的な攻撃を仕掛ける必要があったのだ。

国富を生み出すものについては、この社会に以前から浸透している別の理論がある。残念ながらそれが、過去40年にわたりアメリカを支配してきた。経済は、何もかも自由市場に任せておくのがいちばんいいという理論だ。だがこの理論の支持者も、トランプのように真実の原則を粉々に打ち砕くようなまねはしなかった。むしろ一流のマジシャンのように、私たちの目をそらすことに専念していた。グローバル化により多くの市民が置き去りにされ、レーガンの改革により貧困が広がり、大半の市民の収入が停滞するようになると、彼らは貧困に関するデータの収集をやめ、格差について話をするのをやめた。市場を支配するわずかばかりの企業が権力を握っているのではなく、相変わらず市場では活発に競争が行われているという印象を与えた。

たとえば、大学で一般的に使われている経済学の教科書を見てみるといい。「競争」という単語はどの章にも十分すぎるほどちりばめられているが、「権力」という単語は1章か2章に現れる程度だ。「搾取」という単語となると、ほとんど存在しないどころか、ずいぶん前から一般的な経済学者の頭から抜け落ちてしまっている。アメリカ南部の経済史を見ても、綿花や奴隷の

（競争）市場の話はよく目にするが、あるグループが権力を乱用してほかのグループの労働の果実を搾取していた事実、そのグループが南北戦争以後も搾取を続けるために政治力を利用していた事実には触れていない。またこの国では、性、人種、民族の間で賃金にきわめて大きな格差があるが（このアメリカ経済の中心的特徴については次章で取り上げる）、それを話題にすることがあったとしても、「差」といった比較的穏当な言葉を使う。現状の説明に「搾取」や「権力」といった言葉が用いられるようになったのは、つい最近のことだ。

ごくわずかの企業が多大な権力を握り、ほとんど競争が行われていないというのは、市場があまりうまく機能していない理由の１つにすぎない。市場が機能していないのは明らかだ。大多数の国民が、とてもまともな生活が送れそうにないほどの収入で生活している。アメリカ人１人あたりの医療費はほかのどの国よりも多いが、平均余命はほかの先進国より短く、そのうえさらに低下を続けている。もはや空き家とホームレスが、アメリカ経済の代名詞と言ってもいい。市場の失敗がもっとも劇的に現れるのは、仕事もあり労働意欲のある人もいるはずなのに、大量の失業者が生まれるときだ。その最たる例が１９３０年代の世界恐慌と２００７年に始まる金融危機だが、資本主義が始まって以来、市場経済では一時的ではあれ、深刻な失業が絶えず繰り返されてきた。

このような場合に政府が対策に乗り出せば、完璧ではないにせよ、何もしないよりは事態を改善できる。実際これまでも、不況時に政府が金融政策や財政政策を通じて経済を刺激し、失業を抑えてきた[41]。

　完全雇用を確保するほかに政府の役目はあるのだろうか？　それとも、あとは市場に任せておくべきなのだろうか？　この質問に答えるにはまず、市場はそれ自体が目的なのではなく、目的を達成するための手段だということを認識する必要がある。その目的とは、より豊かな社会である。すると、こんな疑問が浮かんでくる。市場はいつになったら、上位1パーセントだけでなく社会全体に豊かさを提供してくれるのだろう？　アダム・スミスの言う「見えざる手」（自己の利益を追求していれば、結果的に社会の福利が向上するという考え方）は、近代経済学のもっとも重要な考え方かもしれないが、そのスミスでさえ、市場の力には限界があり、政府の行動が必要になることを認識していた。実際、これまでの経済研究により、理論的にも経験的にも、政府には市場経済に対して果たすべき基本的役割があるという認識が高まっている。市場が手をつけようとしないこと、市場には対処できないことを行い、市場を理想どおりに機能させるには、政府の介入が必要だ。

　市場を適切に機能させるためには、無数の条件が満たされていなければならない。活発な競争が行われていること、情報が完全であること、個人や企業の行動がほかに危害（公害など）をもたらさないこと、などがそうだ。だが実際のところ、こうした条件はほとんど満たされておらず、大きく逸脱している場合も多い。そのような場合には、市場は豊かさを提供できない。環境規制が行われる前、アメリカの空気は呼吸に適さないほど、アメリカの水は飲むのにも泳ぐのにも適さないほど汚れていた。環境規制が緩い、あるいはその適用が甘い中国やインドなどでは、いまもそうだ。

政府のサポートにより活力あるイノベーション経済が生まれれば、民間企業はもはや自力で基礎研究に投資する必要がなくなる。同じことは、幅広い公益にかかわるほかの投資分野（インフラや教育など）にもあてはまる。政府の支出によりこれらを実現することで得られる利益は、コストをはるかに上まわる。だがその支出のためには財源がなければならず、当然課税が必要になる[42]（もちろん民間企業が行う応用研究も重要だが、その研究は政府がサポートする基礎研究を土台にしている）。

私はかつてスウェーデンの財務大臣に、なぜスウェーデンの経済がこれほどうまく機能しているのか尋ねたことがある。すると大臣は、高い税金を課しているからだと答えた。つまり、国の発展には、インフラや教育、テクノロジー、社会保障などへのかなりの公的支出が不可欠であり、政府にはこの支出を持続的にまかなうための収入が必要だと、スウェーデン国民が理解しているということだ。こうした公的支出は、民間支出を補完する役目を担う。政府の融資によりテクノロジーが発展すれば、それが民間投資を促すきっかけになる。労働者の教育水準が上がり、インフラが整備されれば、投資収益は向上する。高成長を実現するには、知識の発展が欠かせない。したがって、その土台となる基礎研究を政府がサポートすることが重要になる。

だがこうした見解は、レーガン流の「サプライサイド」経済学と真っ向から対立する。サプライサイド経済学は、規制緩和による自由化、および減税による活性化により経済は成長するという前提に基づいている。だが実際には、レーガン政権の改革後、成長は鈍化した。金融市場を中心とする規制緩和により、１９９１年と２００１年に不況が発生し、２００８年の金融危機に至った。減税も、サプライサイド経済学支持者が主張するほどの経済活性効果をもたらさなかった。トマ・ピケティらの実証的な研究によれば、最高税率の引き下げに伴い、世界中で成長が停滞あるいは鈍化したという。[43] レーガン政権による富裕層の減税でも、その後のジョージ・W・ブッシュ政権による減税でも、減税を批判していた人たちの予想どおり、労働力の供給や労働者の貯蓄が増えることはなかった。[44] したがって、成長が促進されることもなかった。[45]

「サプライサイド」経済学や、市場を自由化すれば成長するという信念が、見掛け倒しであることはもはや明らかだ。減税や規制緩和よりも経済成長を促進する手段はたくさんある。

レーガノミクスに回帰する危険性

トランプがこれまでの規範や制度を攻撃すると、左派どころか保守派の多くも愕然とした。グローバル化を進める闘争の最前線にいたのは保守派だった。恥ずべきことに、それを身内が否定したのだ。しかし、こうしたトランプに反対する保守派（「ネバー・トランパーズ」と呼ばれる）にしても、過去に失敗した政策しか持ち合わせがない。富裕層や企業へのさらなる減税、規制のさらなる緩和、政府の役割のさらなる縮小など、レーガノミクスの21世紀版である。

現在のアメリカ経済は、規制が不十分な独占市場にあまりにも支配されており、富の創造ではなく搾取が横行している。その一方で、ポピュリズム［注　トランプのような扇動政治家はよく（非難の意を込めて）ポピュリストと呼ばれるが、本書ではこの言葉を使うのをなるべく避けた。場合によっては、教育や医療などに対する大衆の要求に応えようと、経済的な制限の範囲内で努力している正直な政治家も、ポピュリストと言えるからだ。だがたいていは、規制緩和、自由化、民営化といったエリート主義的な方針を批判する人がポピュリストと呼ばれる］や移民排斥主義がアメリカに広がっているが、それをあおるのは、問題の核心から大衆の目をそらす以上に危険な行為だ。アメリカで起きている問題の原因は、不公平な貿易協定や移民ではない。トランプがこの分野で提案している政策を実現すれば、脱工業化に苦しんでいる人々の苦境など、現在の問題がさらに悪化するおそれがある。それに、予算の制約を無視して高成長や持続可能な成長を達成できた国はない。だがトランプは、２０１７年12月に予算を破綻させる税制改革を行い、２０１８年１月に歳出を拡大している。

後に説明するように、アメリカで起きている問題は、自らが招いたものでしかない。教育やインフラやテクノロジーへの投資を怠り、市場の問題解決能力を過信し、必要なところで規制を行わず、必要のないところで過剰な規制を行った結果である。だが日々繰り返されるトランプ劇場のせいで、こうした根本的で重大な問題が陰に隠れてしまっている。

民主主義の危機

本書では主に経済を扱い、現在の状況は過去の誤った選択から予測できた結果であることを示し、事態を改善する代替案を提示している。だが、本書で繰り返し述べるように、政治と経済は密接に絡み合っている。経済力の格差が政治力の格差となり、これらの格差をさらに悪化させるルールを生み出す。それに、経済の失敗は政治にも影響を及ぼす。トランプの登場がその証拠だ。私が先行きを深く心配する理由がここにある。

所得階層の上位１パーセントにいる貪欲で近視眼的な人たちも、大多数のアメリカ人がグローバル化や金融化など、現在の経済のルールを支持していないことにようやく気づいたようだ。これは、上位１パーセントの人たちにとっては由々しき事態だ。このまま成り行きに任せておけば、多少なりとも道理をわきまえている有権者が、別の進路を選択するに違いない。そのため超富裕層は、ひたすら自分の利益を追求するため、３つの戦略を駆使するようになった。欺瞞、権利の剥奪、無力化の３つである。[46] 第１の欺瞞では、２０１７年の税制改革は富裕層をさらに豊かにするだけなのに一般的なアメリカ人の利益にもなると述べたり、中国との貿易戦争により脱工業化の流れを食い止められると主張したりする。第２の権利の剥奪では、進歩的な政策を支持しそうな有権者の選挙登録や投票を困難にするなど、その投票行動をさまざまな形で妨害する。第３の無力化では、政府の活動に十分な制約を設け、ほかの戦略が失敗して革新政権が誕生したとしても、政治や経済を改革できないようにする。偏った判事の指名によりイデオロギー的に偏った最高裁判所が課す制約が、その好例である。

　このまま進路を変更しなければ、何も変わらない。経済や政治や社会はますます機能不全に陥っていく。これまで数世紀にわたり進歩を支えてきた科学や機関や制度、[47]とりわけ真実を語り評価する機関への攻撃が続けば、成長はさらに鈍化し、格差はさらに拡大するばかりだろう。

このまま進み続けるのか、それとも第3の道を選ぶのか？

　かつてジョン・F・ケネディ大統領は、「国が自分にしてくれることではなく、自分が国のためにできることを考えよう」と述べた。[48]だがもはや、この時代から遠くかけ離れてしまったようだ。レーガンはアメリカの経済の方向性を変えると同時に、価値観もより実利的で利己的な方向へ変えてしまった。そしてこのアプローチが、約束した果実を生み出すことに失敗しても、期待された軌道修正は行われず、誤った考え方がさらに強化されただけだった。

　経済体制の修正について考える際には、冷戦におけるアメリカの勝利はアメリカの経済体制の勝利だったという考え方を捨てる必要がある。アメリカが冷戦に勝利したのは、自由市場資本主義が優れていたからではなく、[49]共産主義が失敗したからにほかならない。

　アメリカが共産主義と闘い、世界中の人々を味方につけようとしていたころは、アメリカの経済体制なら万人に豊かさを提供できることを証明する必要があった。だがソ連が崩壊すると、もはや競争相手はいなくなり、もはや万人に豊かさを提供するインセンティブはなくなった。

現在では、発展途上国や新興市場の数十億もの人々に対し、中国が独自の「中国型社会主義市場経済」を売り込み、アメリカのビジョンに代わる活力あるビジョンを提供している。アメリカの立場は、２００８年の金融危機で大打撃を被り、いまやトランプの登場でさらなる打撃を受けた。アメリカ流の資本主義は富裕層を潤すだけであり、大多数の国民は十分な医療も受けられないでいることが世界的に認知され、アメリカのソフトパワーにマイナスの影響を与えている。

民主主義の価値を信じている人は、これが実に憂慮すべき事態だと気づくべきだ。いまでは代わりの社会・政治・経済体制をめぐって、理念の争いが起きている。そんななかで、世界の大半がアメリカの体制の利点から目を背けている。

幸いアメリカ流の資本主義は、民主主義的市場経済のさまざまな形態の１つにすぎない。前述したスウェーデンのように、高度経済成長を実現し、大多数の市民の福利を向上させていく別の形態の民主主義もある。

私たちアメリカ人は、アメリカの経済体制にまつわるおごりを捨てる必要がある。もはやその体制に重大な欠陥があることは明らかだ。これでは豊かさをいきわたらせることはできない。別の形態の市場経済にも学ぶべき利点があることに気づけば、考慮すべき興味深い選択肢は無数にある。

いびつな経済はいびつな個人や社会を生む

以上のことを考え合わせると、社会を組織する最良の方法をめぐる理念闘争を隠れみのにした利益を求める闘いは、すぐには終わりそうにない。企業は、ほかの市民を犠牲にしてさらなる利益をあげようとするだろう。

だがこの理念の争いは、スポーツ競技とは性質が異なる。私たちはなぜ、経済の欠陥を修正し、自分たちの価値観に合った経済を生み出す方法を探し求めるべきなのか？　それは、市場や民主主義に関する私たちの考え方を世界に広めるためではない。そのような経済が市民や国に与えてくれるものを望んでいるからだ。

一般的な経済学の講義は、人間には生まれ持った不変の性向があるという前提から始まる。好きなもの、嫌いなものは、いつでも現在のまま変わらないと考える。だが、趣味嗜好が変わらないというのは、実にばかばかしい考え方だ。たとえば私たちは、親として子どもの悪いところを直そうとする。常にうまくいくとは限らないが、うまくいく場合もあると信じている。また、マーケティングを職業としている人は、私たちが購入したいと思うものを変えようとする。私たちは、社会や文化により形成され、社会や文化を形成する。この形成において、経済の仕組みは重要な役割を果たす。他者との関係の大半は経済と関係しているからだ。これは、行動経済学の研究により証明されている。銀行家のモラルが崩壊するのは、決して偶然ではない。実験によれば銀行家は、自分が銀行家だと自覚している場合は特に、ほかの人より不誠実で利己的な行動をとる。[50] 職業によりそのように形成されるのだ。これは経済学者にもあてはまる。経済学を勉強していると、ほかの人より利己的になる傾向があり、経済学を勉強している期間が長ければ長いほど、利己的になっていく。[51]

これと同じように、アメリカ型の市場経済は利己的で実利的な人間を生み出した。それは、私たちが自国や諸外国に提示してきた理想の姿ではない。だが経済のあり方を変えれば、協力的な人間を生み出せる。あらゆる人間は利己的な側面と利他的な側面を兼ね備えており（スミスもそう述べている）[52]、経済や社会のあり方が両者のバランスを変える。[53] また、利己的、実利的、近視眼的で、道徳的指針の欠けた人が増えれば、社会にもこうした性質が反映されていく。

政治においては、それがきわめて重大な影響を及ぼすおそれがある。市場における勝者総取りの考え方は、政治の世界にも浸透し、規範を破壊し、妥協や意見の一致に至る力をむしばんでいく。まさに現状がそうだ。このまま放置しておけば、国民の結束が断たれてしまう。

だが私たちには、そうならないようにする知恵がある。１人ひとりが求めているものは、細かい点では違いがあるかもしれない。経済学者がよく言うように、どこにでもトレードオフはある。しかし核となる基本的な部分では、幅広い意見の一致がある。それに基づいたビジョンを実現するには、共同行動が欠かせない。経済の分野で言えば、市場を規制するとともに、市場の力だけでは対処できないことに対処する必要がある。そのためには、市場は自己調整機能を持ち、効率的で、公平で、安定しており、政府は何の役にも立たないという時代遅れの考え方を克服しなければならない。それは、自らの首を絞める資本主義を救うということだ。資本主義は、金銭志向の民主主義と結びつくと自己破壊的な力を生み出し、公平な競争市場も有意義な民主主義もすべて破壊してしまうおそれがある。それらを守っていくためには、体制や制度の軽い微調整では足りない。私たちは、それではすまないほど遠くまで間違った道を歩んできてしまった。この裕福な国にいる誰もがまともな中流階級の生活を実現できるような、新たな社会契約を打ち立てる必要がある。

本書のテーマは、このもう1つの道を提示することにある。この世界ではない別の世界を実現することは可能だ。それは、市場原理主義やトリクルダウン理論に基づく世界ではない。私たちをこの苦境に追い込んだのは、こうした主義や理論である。それはまた、トランプ流の移民排斥主義やポピュリズムに基づく世界でもない。こうしたトランプ流の経済は、法の支配という国際的ルールを無視し、グローバリズムを「クラブ」に置き換え、アメリカをさらに悪い方向へ導いていくに違いない。私は、長期的には真実が勝利を収めると信じている。いずれトランプの政策は破綻し、トップ企業であれ、トランプが救済を約束している労働者たちであれ、トランプの支持者はその失敗をまのあたりにするだろう。そのときにどうなるかは誰にもわからない。だが、本書で提示しているようなもう1つの道があれば、それが指針となるかもしれない。

第2章

悪化が進む経済

１９８０年ごろから、アメリカの力強い経済に何かが起こり始めた。成長が鈍化するとともに所得の伸びも鈍化し、低下傾向さえ示すようになった。だが私たちは、それにほとんど気づかなかった。実際、経済がもはや大多数の国民に豊かさを提供できなくなっていたころでさえ、金融化やグローバル化、テクノロジーが発展した新時代を擁護していた人たちは、「新たな経済」がかつてないほどの豊かさをもたらすと吹聴していた。だがそれは、ＧＤＰの数値が上がることだけを意味していたようだ。当時の経済界の指導者たちは、連邦準備制度理事会の歴代理事長を含め、「大平穏期」〔訳注　ＧＤＰやインフレなどの経済指標の変動がほとんどない期間〕を実現したと豪語していた。とうとう私たちは、資本主義につきものだった生産活動や雇用の変動を抑え、景気循環を制御できるようになった、と。[1]

だが、２００８年の金融危機により、このうわべだけの繁栄がもろい土台の上に築かれていたこと、もっと正確に言えば、借金の山の上に築かれていたことが露呈した。経済の実像を分析するデータが増えるに従い、かなり前から根深い問題があったことが明らかになった。盛んに吹聴されていた成長は、第二次世界大戦後の数十年の成長に比べれば、はるかにペースが遅かった。それ以上に憂慮すべき事実もわかった。その成長により生まれた富は、最上層にいる少数の人々の手に渡っていた。ほかの人の所得は停滞しているのに、ジェフ・ベゾスら富豪の所得が増えたからＧＤＰが増えたのなら、経済が成功しているとは言えない。だがこれは、アメリカが現在置かれている状況に近い。この40年間を見ると、アメリカの所得階層の下位90パーセントの平均税引前所得はほとんど変化がないのに、上位１パーセントの平均税引前所得は急増している（図２参照。下の線が下位90パーセントの平均税引前所得、上の線が上位１パーセントの平均税引前所得を表す）。

経済学者のなかには、格差など話題にする価値さえないと考える人もいる。[2]彼らの言い分はこうだ。経済学者の仕事は、経済のパイの規模を増やすことにある。それに成功すれば、誰もがその恩恵を受けられる。ケネディ大統領が述べたように、上げ潮はあらゆる船を押し上げる、と。私も、それが本当ならいいと思う。だが、実際にはそうならない。上げ潮は、あまりに急激に起

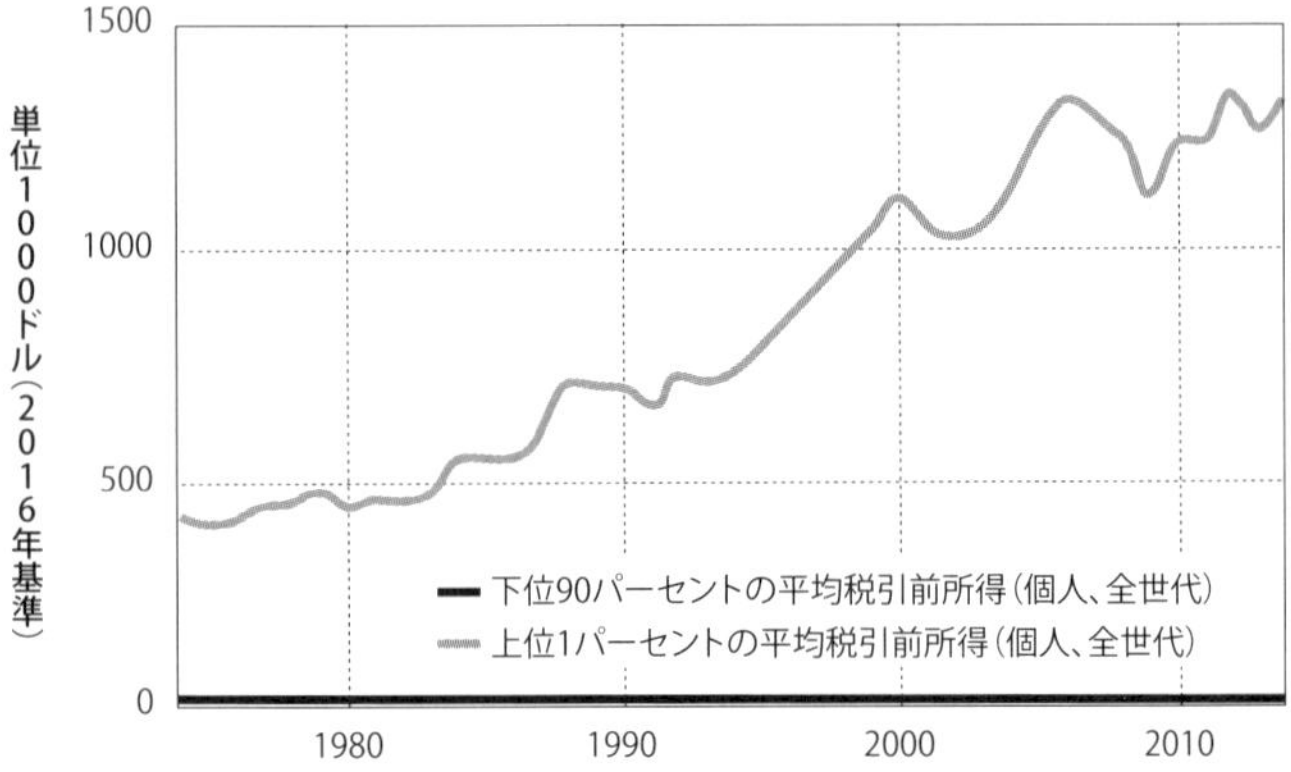

図2　アメリカの平均税引前所得の推移（1974～2014年）
（出典：World Inequality Database）

こると、小さな船を粉々に砕いてしまう。

また、GDPが増えても、その一方で環境が悪化し、資源が枯渇しつつあるのであれば、これもやはり経済が成功しているとは言えない。過去に頼り、未来に投資しない、あるいは子どもたちに遺すべき環境を破壊するのは、現在の世代のために未来の世代を犠牲にしているのと同じである。

過去のアメリカや現在の諸外国と比べると、現在のアメリカはどちらの点でも成功していない。多くのアメリカ人は、これを意外に感じるかもしれない。アメリカはあらゆる点でほかの国より強く、優れており、偉大だと思い込んでいるからだ。政治家は執拗にそう大衆に訴えている。だが、トランプに傾倒しているのでもないかぎり、データを信用しないわけにはいかない。そのデータによれば、アメリカはもはや最高の成績を収めている国ではない（情報源とするデータによって、アメリカが最高位からどれだけ離れているかに違いはあるが）。
経済におけるこの病弊の原因はさまざま考えられるが、根本的な原因は、国富を真に生み出すものについて前章で述べたことを国民が理解していなかった点にある。あまりに多くの国民が、利益は常に善であるという考え方にとらわれていた。利益は、富を創造しなくても搾取を通じて増やせる。[3]だが、不動産の投機取引をしたり、ラスベガスやアトランティックシティでギャンブルをしたり、営利大学を運営して学生の財産を略奪したりすれば、ごく一部の人間の懐は潤うが、社会全体の持続的な福利の基盤はつくれない。アメリカは過去40年間、インフラにも、人間にも、テクノロジーにも投資してこなかった。投資率さえ低く、国民生産に追いついてもいない。[4]
富の創造から搾取へと流れが変わると、その変化は、グローバル化、金融化、独占など、さまざまな形態をとって現れた。これについては、後の章で詳しく取り上げる。その前にまずは、何が間違っていたのか、「アメリカを再び偉大な国にする」というトランプの主張がこれほど多くの共感を得ているように見えるのはなぜなのかを理解しなければならない。

成長の鈍化

第二次世界大戦後からの30年余り、１９４７年から１９８０年にかけて、アメリカの経済は年率３・７パーセントのペースで成長した。一方、その後の30年余り、１９８０年から２０１７年にかけての平均成長率は2・7パーセントしかなく、まる1ポイント低下している。[5] これは、およそ30パーセントに相当するかなりの低下である。

さらに、2008年の金融危機により、それまでの数年間に記録された成長の大半は、持続可能なものではなかったことが判明した。その成長は、無謀な投資に支えられていた。住宅市場における供給過剰がその好例である。

生活水準の国際比較

アメリカ例外主義ではこう考えられている。アメリカは諸外国より生活水準も成長率も高い（あるいは、そう思い込まされてきた）。アメリカはどこよりも効率的で生産的だ（あるいは、そう思われている）。こうした考え方は当然、次のような結論に行き着く。アメリカは誰にも負けない。それなら、諸外国がアメリカの製品を買う量のほうが、アメリカが諸外国の製品を買う量より多くなるはずだ。アメリカの製品が市場を「支配」していないのなら、それはほかの国が不正を働いているからに違いない、と。こうしたシンプルな考え方に従い、「不正をやめさせろ」という声が上がる。国際貿易のルールでそれをやめさせることができないのなら、そのルール自体がおかしいに違いない。これが、輸入品に課税する関税や、輸入する製品の量を制限する割当制などの貿易障壁を課すに至った論理の道筋である。自国の生産業者を外国との競争から守る保護貿易主義の精神は、いまだ生き残っている。

この論理の道筋は、どこをとっても誤りがある。だがここでは、根本的な前提を取り上げたい。それは、アメリカが最高の生活水準を誇るもっとも生産性の高い経済大国だという前提である（論理の道筋のほかの部分の誤りについては、グローバル化を扱う第4章で取り上げる）。

現実を見てみよう。幅広い要素を考慮した生活水準の指標とされる人間開発指数で見ると、アメリカは13位で、イギリスのすぐ上にあたる。格差を考慮すると、この順位は24位まで後退する。[6]

２０１８年には世界銀行が、教育や医療、生存能力などの要素を組み合わせ、社会が市民にどれだけ投資しているかを反映させた「人的資本指標」を導入した。[7]これによるとアメリカは24位であり、シンガポールや日本、韓国、香港などのアジア主要国・地域より低く、隣国のカナダ（10位）やヨーロッパ諸国よりも低い。現段階で人的資本への投資が少なければ、当然将来の生活水準は低くなる。

また、先進国の公的シンクタンクであるＯＥＣＤ（経済協力開発機構）は数年ごとに、世界中の生徒を対象に共通テストを実施しており、一部の発展途上国もこれに参加している。それによると、アメリカの生徒の数学の成績は平均以下で、テストに参加した72カ国中40位だった。読解力（24位）や科学（25位）も、それより多少いい程度である。[8]こうした悲惨な成績はどの調査にも見られ、アメリカでは基準値を満たしていない生徒の割合が平均より多く、成績優秀者の割合が平均より少ない。また、25歳から34歳の大学卒業率でもアメリカは、カナダ、韓国、日本、イギリス、ノルウェー、リトアニア、オーストラリアに負けている。カナダとは25パーセント以上、韓国とは50パーセント近い差がある。[9]

人的資本や物的資本への投資が少なければ、それは当然、生産性の上昇率の低下となって跳ね返ってくる。国ごとの生産高を比較する際には、労働時間の相違を考慮しなければならないが、アメリカ人の労働時間はほかの先進国より多い（年間１人あたりの平均労働時間はアメリカで１７８０時間、そのほかの先進国で１７５９時間だが、一部のヨーロッパ諸国と比べるとその差は歴然としている。フランスでは１５１４時間、ドイツでは１３５６時間である）。[10] これは、週間労働時間を短くするより休暇を長く取る傾向があるからだ。この長い労働時間が、１人あたりの国民所得を押し上げる大きな要因となっている。実際、生産性（１時間あたりの生産高）の観点から見ると、金融危機後の２０１０年から２０１６年までのアメリカの生産性の上昇率は、先進国全体の平均値の半分以下である。[11]

過去30年のアメリカの成長ペースは、中国の成長ペースよりはるかに遅い。いまや中国は、こうした比較に使われる標準的な指標で見れば世界最大の経済大国となり、[12] 貯蓄でも生産でも貿易でもアメリカを上まわっている。[13]

私はよく中国で講演を行うが、こうした統計を持ち出し、ごく少数の富裕層を除く大半のアメリカ人の実情を説明すると、聴衆は信じられないといった顔をする。中国は40年前には貧困国であり、60年前には極貧国だった。１人あたりの年間国民所得は１５０ドルほどであり、[14] 世界銀行により「極度の貧困」に分類されていた。だが、アメリカの富裕層以外の所得の伸びがほとんど停滞していた40年の間に、中国の所得は10倍以上に増え、[15]７億４０００万人以上が貧困から脱した。[16]

格差の拡大

アメリカは成長に失敗する一方で、格差を拡大させた。アメリカの所得格差はほかのどの先進国よりも大きく、機会の均等ランキングではかなりの下位に位置している。これが、チャンスの国というアメリカのアイデンティティに反していることは言うまでもない。[17]

アメリカ経済のパイに対する労働者の取り分は減少しつつあり、そのパイ自体の成長ペースも鈍化しているため、労働者の所得の伸びは停滞している。ちなみに、ここで言う「労働者」には、銀行家やＣＥＯなど、所得階層の上位１パーセントの人々を含めていない。この層は統計上は「労働者」として扱われるが、一般的な「労働者」のイメージからはかけ離れているからだ。この層を除いた労働分配率は、前例のないほど急激に減少している。１９８０年に75パーセントだった労働分配率は、２０１０年には60パーセントになり、わずか30年で15ポイントも下落した。[18]

対照的に、所得階層の上位10パーセント、上位１パーセント、上位０・１パーセントといった比較的少数の人々の取り分はどんどん増加している。過去40年で、アメリカ経済のパイに対する上位１パーセントの取り分は2倍以上、上位０・１パーセントの取り分はおよそ4倍に増えている。[19]

富裕層の多くは、最上層に富が渡れば、誰もがその富の恩恵を受けられると主張する。恩恵が上から下へ滴り落ちてくる（トリクルダウン）というのである。だが、ほとんどそうはならなかった。１９８０年代以降そうなっていないことは間違いない。前述したように、下位90パーセントの所得はほぼ停滞している。ほかの統計もこれを裏づけている。アメリカではとりわけ男性の不満が激しいように見受けられるが、それも無理はない。男性の常勤労働者のインフレ調整後所得の中央値は、この40年間ほとんど変わっていない（それでも常勤の仕事がある人は幸せだ。働き盛りの男性のおよそ15パーセントが現在無職である）[20]。最底辺層になると、事態はもっと悪くなる。この層のインフレ調整後の賃金は、60年前のレベルとほぼ同じだ[21]。これは、アメリカの所得全体が停滞しているからではない。１人あたりのＧＤＰはこの60年で2倍以上になった。また、アメリカの労働者の生産性が停滞しているからでもない。生産性の伸びはそれ以上に大きく、同じ期間に７倍も向上している。となると、１９７０年代半ばから１９８０年代半ばまでのどこかで、この国に何かが起きたのだ。それまでは、報酬の増加と生産性の向上は歩調を合わせていた。生産性が１パーセント向上すれば、それに合わせて給与も１パーセント増加していた。だがそれ以後になると、両者の間の隔たりが広がった。給与の増加率は、生産性の向上率の５分の１以下でしかない。ということは、労働者以外の誰かが取り分を増やしていることになる。[22]

同じ労働者の間でも賃金格差は拡大しており、それがあらゆる形態をとって表面化している。下層の労働者の賃金は停滞または減少し、中間層はいなくなり、上層の労働者の賃金は急増している。企業内では、平均的な労働者の給与に比べて、ＣＥＯの給与が大幅に増えた。企業間の平均給与の格差も広がっている。賃金格差が拡大した原因は複数あり、それらが相互に関連し合っている場合も多い。その原因については後に取り上げるが、基本的には以下が考えられる。グローバル化とテクノロジーの変化により、未熟練労働者の需要が低下した。また、賃金を均一化する役割を担っていた労働組合の力が弱まった。さらに、市場支配力の集中が進み、それに伴って市場支配力を持つ企業と持たない企業の収益力の差が拡大し、高い収益力を持つ企業がその収益の一部を従業員に分配した[23]。

私は以前から、この富裕層と貧困層の大分裂は決していつまでも続けられるものではなく、所得を公平に分配したほうが、長期的には富裕層の利益にもなると警告してきた[24]。

オックスフォード大学のサー・アンソニー・アトキンソン[25]、パリ経済学院のトマ・ピケティ、カリフォルニア大学バークレー校のエマニュエル・サエズ、ハーバード大学のラジ・チェティらもまた、豊富なデータを提示して現在何が起こりつつあるのかを実証してきた。彼らの主張は、さまざまな分野で反響を呼んだ。たとえば、バラク・オバマ大統領はある重要な演説のなかで、格差を最大の緊急課題と表現し、こう述べている[26]。

格差の拡大傾向に流動性の低下傾向が重なり、アメリカンドリームやアメリカ人の生活様式、世界中で私たちが支持してきた信念が重大な危機に陥っています。これは、モラルだけの問題ではありません。格差の拡大と流動性の低下は、実際的な影響も及ぼしています。

だが、当時のアメリカの政治や経済には、さらに急を要する問題があったようだ。金融危機からの回復が、オバマ政権が期待していたほどのペースで進んでおらず、議会では共和党が、政府を閉鎖させないための法案以外の法案の可決を認めない反抗的な姿勢を示していた。そのためオバマ政権は、格差問題の重要性を認識していたにもかかわらず、この問題に手をつけなかった。おそらく、それだけの余裕がなかったのだろう。それでも、オバマの医療費負担適正化法（通称オバマケア）は称賛に値する。格差は、まともな医療を受けられないというきわめて残酷な状態をもたらす。オバマケアはそれに対処しようとするものだったからだ。しかし当然ながら、格差の問題が自然に解決することはなく、さらに悪化の一途をたどった。

人種・民族・性における格差

これまでに述べてきた格差だけでは、アメリカに見られる深い分裂を十分に表現してはいない。この国は、人種、民族、性に基づく格差にも引き裂かれているからだ。これらの格差の大部分は、容赦のない差別から生まれている。そのような差別をなくすために公民権法が制定されてから50

年以上がたっているにもかかわらずである。この国の歴史を考えれば、アメリカが1つの国にまとまるためには、この分断への対応が欠かせない（実際、さまざまな形で、人種や性による労働市場からの排除や、多様性を高めようとする試みへの反発がある。これらは、アメリカの労働市場における格差を理解するうえで欠かせない要素である）。

公民権法が制定されてから数年の間は、いくらか改善もあった。だがやがて、分離や差別を推進していた勢力が反撃を始め、進歩を止めてしまった。逆行してしまった部分さえある。

およそ50年前の1968年、アメリカ全土で人種暴動が発生した後、ジョンソン大統領はその根本原因を突き止める委員会を設立した。その委員会の結論は、残念ながら現在にもあてはまる。「私たちの国は2つの社会に向かっている。黒人の社会と白人の社会は分離しており、同等ではない[27]」。この国では、アフリカ系アメリカ人が一貫して差別を受けており、十分な教育も受けられず、満足のいく住宅にも住めず、経済的な成功をつかむ機会にも恵まれていない。つまり、彼らにはアメリカンドリームがないということだ。その根底にあるのは、「黒人アメリカ人に対する白人アメリカ人の人種差別的な態度や行動」である。「人種的偏見がアメリカの歴史を決定的に形成してきた。それはこの国の未来に悪影響を及ぼすおそれがある[28]」

差別をなくす闘いを始めてから50年がたったいまも、女性の賃金は男性の賃金の83パーセント、黒人男性の賃金は白人男性の賃金の73パーセント、ヒスパニック男性の賃金は白人男性の賃金の69パーセントでしかない[29]。

アメリカにはほかにも、医療や資産など、さまざまな面で格差がある。何より問題なのは、チャンスにも格差があることだ。これらの格差は所得格差より大きい。

医療における格差

医療に関する統計ほど、多くのアメリカ人が陥っている苦境をみごとに表現している統計はない。アメリカ人は、大半の先進国の市民より平均余命が短く[30]（日本より5年以上短い）、死ぬ年齢が次第に早まっている。疾病管理センターの報告によれば、２０１４年以降、毎年平均余命が短くなっているという[31]。医療が進歩しているにもかかわらず、減少しているのである。ちなみにほかの国ではたいてい、そのおかげで死亡率が減少し[32]、平均余命が延びている。アメリカではさらに、富裕層と貧困層の間で平均余命の差が大きく、年々その差が拡大している。ブルッキングス研究所のゲイリー・バートレスは、１９７０年と１９９０年における50歳の女性の平均余命について、こう述べている。「この20年の間に、所得階層の下位10パーセントの女性と上位10パーセントの女性の平均余命の差が、３・５年強から10年以上に増えた[33]」

アメリカとほかの先進国との間、アメリカ国内の富裕層と貧困層との間にこうした医療格差が存在するのは、当然といえば当然だ。オバマケアが登場するまでアメリカでは、あらゆる国民に医療を受ける権利があるとは考えられていなかった。ほかのほとんどの先進国では、その権利が認められている。

アン・ケイスとアンガス・ディートン（２０１５年のノーベル経済学賞受賞者）は、公的に利用可能な死亡統計を詳細に調査し、驚くべき事実を明らかにした。大学教育を受けていない中年白人男性の死亡率が、１９９３年から２０１３年（この調査の対象となった最終年）の間に著しく上昇したという。これにより、この集団の死亡率の減少傾向は逆転した。アメリカ人の大半の年齢集団や民族集団、あるいは大半の工業国とは逆の傾向である。[34]

さらに気がかりなのが死因だ。アルコール依存症や薬物の過剰摂取、自殺が増えており、ケイスとディートンはこれを「絶望の病」と呼んでいる。すでに述べたように中間層と下位層の所得は停滞しており、そのうえさらに金融危機で莫大な雇用と住宅が失われたことを考え合わせれば、これも驚くべきことではない。[35]

戦争や感染症の流行（ＨＩＶなど）もないのに平均余命がこれほど低下したのは、近年の歴史を見ても一度しかない。ソ連崩壊後のロシア国民がそうだった。当時のロシアは経済や社会そのものが崩壊し、ＧＤＰはおよそ３分の１も減った。

これほどの絶望が支配する国、これほど多くの市民がアルコールや薬物におぼれている国に、健全な労働力などあるはずがない。社会が良質な仕事や健全な労働者を生み出しているかどうかを示す指標に、労働に参加している労働年齢人口の割合を示す労働参加率がある。アメリカは、この割合がほかの国よりかなり低い。これは、少なくとも部分的には医療統計の悪化と関係がある。大統領経済諮問委員会（CEA）の委員長を務めたこともあるアラン・クルーガーの最近の研究によれば、就労していない「働き盛りの男性」のおよそ半数が深刻な健康状態に苦しんでおり、その3分の2が鎮痛薬を処方してもらっているという[36]。だが、アメリカ人の健康が悪化しているのは、健康によくない気候が原因でもなければ、病気の移民がアメリカに押し寄せているからでもない。感染症の流行により、アメリカ人の寿命がヨーロッパ諸国の人々より短くなっているわけでもない。因果関係は、むしろその逆だと思われる。少なくとも部分的にはそうだ。アメリカ経済がまともな賃金を提供する良質の仕事を生み出せなかったために、市民はもはや希望を持てなくなった。その絶望感が、アルコール依存症や薬物依存といった社会的な病を引き起こしている[37]。

資産の格差

アメリカにおける資産の格差は、所得の格差よりはるかに大きい。上位1パーセントがアメリカの資産の40パーセント以上を所有しており、これは所得の取り分のおよそ2倍にあたる[38]（所得は個人がある年に得た額を指す。資産はその人が所有している財産全体を指し、大半のアメリカ人の場合、これは主に住宅と自動車から成るが、住宅ローンや自動車ローンにより相殺される）。資産は、チャンスや影響力を手に入れようとする際に重大な意味を持つ。

最上層の人々のイメージは、世界中で悪化している。国際NGO団体のオックスファムは毎年、格差の広がりを示すデータとして、最上層の人々が何人集まれば、その合計資産が世界の下位50パーセントの人々（およそ39億人）の総資産に匹敵するかを公表している。この数字は年々急速に低下しており、２０１７年にはたった26人である。[39]数年前には、下位50パーセントの総資産を最上層の人々から集めようと思ったら、大型バス数台分の人数は必要だった。それがいまでは、信じられないことに20人余り（ほとんどが男性）ですんでしまう。これだけの人たちだけで、中国とインドとアフリカの全人口に匹敵する経済力を持っているのだ。

私は先に、裕福になる方法を2つ紹介した。富を生み出すか、他人から富を奪うかだ。だが資産の場合には、第3の方法がある。富を相続するのである。

ウォルトン家（ウォルマートの資産の相続人）やコーク兄弟など、最上層にいる人々がこの地位を獲得できたのは、必死に働いたからというより、莫大な資産を相続するという幸運に恵まれたから、という場合が多い。[40]アメリカ人はこうした資産格差を、旧ヨーロッパの資産格差とは別物だと考える傾向があるが、そうではない。かつてのヨーロッパの資産格差は、貴族階級が所有する土地の相続に基づいていた。21世紀にはそれが、富裕階級が所有する資産の相続に代わったにすぎない。

チャンスの格差

所得、医療、資産の格差を見ているだけで憂鬱になってくるが、いっそう気を滅入らせるのが、アメリカにおけるチャンスの格差だ。それを懸念する理由の一端は、この格差が、アメリカのイメージ、公平な社会というアメリカの信念に大きく反する点にある。

ウォルトン家やコーク兄弟の例からもわかるように、ある世代の所得や資産は、次の世代の資産になる。だがこうした利益だけでなく、不利益もまた、世代を通じて継承される。アメリカでは子どものおよそ5人に1人が貧困家庭に暮らしており、容易に貧困の罠に陥ってしまう。貧困家庭に生まれた人は、そこから脱け出す可能性も低い。そのためアメリカでは、適切な家族のもとに生まれ、適切な地区で育つことが、ますます人生の成功に欠かせない要素となっている。[41]チャンスの平等を謳うアメリカンドリームなど、もはや神話にすぎない。アメリカではほかのどの先進国よりも、若者の将来の展望が両親の所得や教育水準に左右される。いまや適切な親を持てるかどうかが人生を決める重大な要素となっており、それに失敗すれば将来の展望が荒涼としたものになりかねない。

もちろん、少数ながら最下層から最上層に上り詰めた人たちもいる。だが、こうした事例がよくマスコミに取り上げられることからもわかるように、これは例外であって一般的なケースではない。実際アメリカでは、ほかの国よりも「低所得の罠」に陥る場合がはるかに多い。所得階層の最下層の家庭に生まれた人は、たいていそのまま最下層で人生を終える。学校の成績が悪くても最上層の家庭の子どもであれば、学校の成績のいい最下層の家庭の子どもより恵まれた人生を送れる可能性が高い[42]。

成長の鈍化と流動性の低下が重なると、悲惨なことになる。ハーバード大学の研究プロジェクト「オポチュニティ・インサイツ（チャンスに関する知見）」は、「色あせるアメリカンドリーム」と題する報告書のなかでこう指摘している。「子どもが両親以上の収入を獲得する見込みは、（中略）１９４０年生まれの子どもではおよそ90パーセントだったが、現在の労働市場に参加する子どもでは50パーセント前後にまで低下している[43]」。ピュー財団が支援する研究プロジェクト「ピュー流動性プロジェクト」も同様に、両親と同じ年齢になったときに、両親より多くの資産を所有できる子どもは半数しかいないと結論している[44]。

結論

アメリカの経済も、ほかの多くの先進国の経済も、うまく機能していない。とりわけ問題なのが、大半の市民はまじめに働いても生活水準が向上しないという点だ。成長の鈍化、所得の停滞、格差の拡大は、言うまでもなく相互に深く絡み合っている。それらはいずれも、少なくともある程度は、およそ40年前にレーガン政権下で始まった政策に原因がある。その政策は、力強い経済を生み出す要因について深く広く蔓延していた誤解に基づいている。当然のことながら、極端な格差、しかもチャンスの少なさに起因する格差は、経済発展を大きくむしばむ。チャンスが少ないということは、貧しい家庭に生まれた人がその能力を活かせないということだ。これは道徳的に間違っているだけでなく、若者の才能というきわめて貴重な資源を無駄にしていることにもなる。

「市場に任せる」というスローガンはもはや意味を成さない。かつて右派はこう考えた。市場を再編し、それに伴い政治も変えていかなければならない。こうしてレーガン政権時代から、最上層の人々に有利な市場の再編が始まった。だがそこには、大きな過ちが４つあった。第１に、格差の拡大が多大な影響を及ぼすことを理解していなかった。第２に、長期的な思考の重要性を認識していなかった。第３に、共同行動の必要性に気づかなかった。公正で持続可能な成長を実現するには、政府がそれを推進していかなければならない。そして第４に、これが何よりも重要な点だが、イノベーション経済を推進しながら、知識の重要性や、テクノロジーの基盤となる基礎研究の重要性を十分に理解していなかった。つまり、過去二百数十年にわたり資本主義の成功を支えてきた重要な要素を軽視した。その結果、当然予想すべきだったことが起きた。成長の鈍化と格差の拡大である。

それでは、問題の深刻さを理解できたところで、次章ではこの悲惨な結果をもたらした主な要因のうちの２つをさらに深く掘り下げてみよう。私たちはこれまで、個人が豊かになる２つの方法を混同してきた。国の経済のパイ全体を増やす富の創造と、そのパイのなかの取り分を増やす搾取の2つである。また、搾取には市場支配力を始め、さまざまな側面があることに気づかなかった。アメリカは、この搾取にあまりに多くのエネルギーを費やし、真の富の創造にはほとんどエネルギーを費やしてこなかった。

第3章

搾取と市場支配力

標準的な経済学の教科書を見ると、競争の重要性が強調されており、政治家もよくそのようなことを口にする。だが、過去40年の間に経済学的な理論や証拠が積み重ねられ、大半の市場ではおおむね自由競争が行われているという主張や、アメリカ経済はある種の「競争モデル」と言えるといった考え方は崩れてきた。[1] かなり前の時代であれば、アメリカ経済では、なるべく低いコストでなるべくよい製品やサービスを消費者に提供しようとする無数の企業が容赦ないイノベーション競争を展開している、と言えたかもしれない。しかし現在のアメリカ経済では、ごく少数の企業が莫大な利益を独占し、何年にもわたり支配的な地位を悠々と維持している。

テクノロジー業界の新たなリーダーたちはもはや、競争を支持する姿勢さえ見せない。短期間トランプ政権の顧問を務めたこともあるシリコンバレーの大企業家の1人、ピーター・ティールはあからさまにこう主張している。「競争は負け犬がするものだ」[2]。アメリカ最大の富豪にも数えられる抜け目のない投資家、ウォーレン・バフェットもそれをよく理解していた。2011年には、金融危機調査委員会[3]でこう述べている。

　企業を評価する最大の基準となるのは、価格決定力だ。価格を上げても競合企業に負けない力があれば、きわめて優秀な企業と言える。独占的な力を持つ新聞社やテレビ局など、優秀な企業であれば、ばかでも運営できる[4]。

さらに以前には、参入障壁は周囲を囲う堀のようなものだと投資家に説明している。

　その堀を広げれば、渡ってくることはできなくなる。私たちは経営者に、年々その堀を広げてほしいと伝えている[5]。

バフェットの判断は、それはそれで間違ってはいない。だが、彼が率直に述べているような非競争社会は、憂慮すべき状態である。問題は、競争に対する障壁が至るところにあることだ。後に述べるように、これまでの間に、市場支配力を創造・利用・維持するイノベーションが無数に積み重ねられてきた。経営者はそのツールを使って周囲の堀を増やし、その結果手に入れた力を利用して市民を搾取し、利益を増やしている。ビジネスリーダーたちが競争を好まないのは無理もない。競争があれば利益が減る。企業はリスクを恐れ、事業への投資を辛うじて続けていける程度の利益しか得ようとしなくなる。だが彼らは、もっと多くの利益を求める。そのためには、より大きな堀をつくって競争を防ぐことが必要になる。だからそのためのイノベーションが無数に生まれたのだ。

　現在必要なのは、このイノベーションに対抗するイノベーションだ。競争を回復し、よりバランスのとれた経済を生み出すイノベーションである。本章の後半で、それを実現する方法を提示しよう。

市場支配の全体像

　単純な疑問から始めよう。アメリカの通信（ブロードバンドなど）はなぜ、ほかの国よりはるかに費用がかかるうえにサービスが粗悪なのか？[6]　通信のイノベーションの大半は、アメリカで生まれた。アメリカ政府が公的に支援する研究機関や教育機関により、通信の知的基盤が整備された。その結果、通信はいまや世界規模のテクノロジーと化しており、労働力をほとんど必要としないため、高費用の理由が高い賃金のせいだとは考えられない。実は、この疑問の答えは簡単だ。それは市場支配力である。世界一イノベーションが進んでいるように見えるアメリカ経済がこれほどの低成長を記録し、その成長の果実が一般市民にまでほとんどいきわたらないのはどうしてなのか？　前章で提示したこの疑問に対する答えのかなりの部分を、市場支配力の増大で説明できる。[7] 市場支配力がある企業は、その力がなければできないような高い価格を設定するなど、さまざまな方法で消費者を搾取できる。こうした高価格は、低賃金同様に労働者を苦しめる。市場支配力がなければ、競争の力により超過利潤はゼロになるはずだ。これから見ていくように、アメリカの格差拡大の根底には、この超過利潤がある。[8]

市場支配力のある企業は、その力がなければできないような低い賃金を設定するなど、さまざまな方法で労働者を直接搾取することもできる。市場支配力はまた、政治力につながる。アメリカのように金権政治がはびこる国では、企業は市場支配力により生み出した莫大な利益を元手に影響力を手に入れ、利益や権力をさらに高めることができる。たとえば、労働組合の力を弱める、競争政策の実施を抑制する、銀行に一般市民を搾取する自由を与える、労働者の交渉力をさらに弱めるような形でグローバル化を進める、といったことが可能になる。

富の創造と富の略奪

国家を豊かにする方法は2つある。かつて植民地の宗主国が行っていたように、ほかの国から富を略奪するか、イノベーションや学習を通じて富を創造するかである。世界全体を真に豊かにするのは、後者だけである。

個人についても同じことが言える。個人は、他人を搾取することで豊かになれる。具体的には、法に支配されていない社会で暴力を用いて搾取する、不正な法が支配する社会で奴隷制度により搾取する、といった例が考えられる。だが現代のアメリカ経済では、それよりはるかにわかりにくい方法で搾取が行われる。たとえば、市場支配力を行使して高い価格を設定する。医薬品産業のように不透明な価格構成を採用する。略奪的な貸付、市場操作、インサイダー取引など、金融産業の特徴となっている悪辣な行為（第5章で詳しく取り上げる）を行う。[9] なかでも「富の略奪」行為としてもっともよく見られるのが、汚職である。発展途上国では、無地の白封筒で直接現金が手渡される場合もあるが、「アメリカ流の汚職」はもっと洗練された形態をとる。一例を挙げれば、政府が購入するものを不当に高い価格で販売したり（防衛関連企業や製薬会社など）、国民の所有物である天然資源を不当に低い価格で購入したり（石油・鉱業会社や、公有地を利用する製材会社など）できるような法律を成立させる。[10]

また個人は、イノベーションにより新製品を生み出すことで豊かになれる。他人がそれをまねしたり、さらなるイノベーションにより付加価値をつけたりするまでの間、高い利益を得られる。こうした富の創造は、国の経済のパイの規模を大きくする。私たちに必要なのは、こうした豊かさである。

搾取的な方法により豊かになるのは、単に富を再分配しているだけだ。しかもたいていは、富がピラミッドの最下層から最上層へと流れていき、その過程で富が破壊されてしまうことも多い。アメリカの金融産業は、略奪的な貸付、クレジットカードの乱発、市場操作、インサイダー取引を通じて、それを行ってきた。富裕層はそのほかにも他者を搾取する方法を身につけたが、それについては後述する。

市場支配力と国民所得のパイの配分

自由市場を信奉する経済学者はよく、国民所得のパイの配分は、公正な市場原理により決まると言う。つまり、私たちの体重が物理学の法則により決まるのと同じ、というわけだ。誰も、重力の法則に異議を唱えようとはしない。体重計に乗って太りすぎだと表示されたら、それは重力のせいではなく、その人の食習慣の問題でしかない。だが経済学の法則は、物理学の法則とは性質が異なる。市場は政策により形成されており、大半の市場は自由競争からほど遠い状況にある。誰がどれだけの市場支配力を持つかは、この政策により決まる。

自由市場の信奉者はまた、アダム・スミスの言葉を引き合いに出し、個人や企業が自己の利益を追求すれば、見えざる手の力により社会の利益も促進されると言う。だが彼らは、スミスが以下のように警告していたことを忘れている。「同業者が集まれば、それがたとえ遊興や娯楽を目的としていたとしても、必ず大衆に対する謀議や価格を上げる計略の話になる[11]」。この絶えずつきまとう危険を認識していたからこそ、連邦議会はおよそ１２５年前に、競争を妨げる陰謀を防ぎ、反競争的行為を制限する反トラスト法を可決したのだ。[12]

国民所得のパイは、労働所得、資本所得、その他に分類できる。このその他の大半を、経済学者は「レント（不労所得）」と呼ぶ。地代はその好例だが、天然資源から得られる利益、独占による利益、知的財産（特許権や著作権）から得られる利益も、「レント」と考えられる。労働所得とレントとの間には、大きな違いがある。労働者が働けば働くほど、パイの規模は拡大する。完全市場では、労働者はこの労働に対する見返りとして、パイに追加された分の所得を受け取る。それとは対照的に、土地など、レントを生み出す資産の所有者は、その土地や資産を所有しているというそれだけの理由で利益を得ている。土地の供給量は固定されている場合もあり、その所有者はパイ全体の規模を増やすようなことを何もしていないのに、多大な所得を受け取ることができる。これはつまり、本来であればほかの人の手に渡っていたであろう所得を受け取っていることになる。独占についても同じことが言える。独占企業の力が増せば、それだけ多くの利益（独占レント）を手にできる。だがこの場合には、パイが縮小するおそれがある。独占企業が市場支配力を行使するため生産を制限し、その製品の供給を減らすかもしれないからだ。

このようにレントは、成長や効率の向上に役立たないどころか、害になる場合もある。経済をゆがめたり、富の創造の基盤となる「良質」な経済活動を「阻害」したりしかねない。レントにより所得を増やそうとする行為を「レントシーキング」という。優秀な人材がレントシーキングに魅せられ、独占力を行使して収入を増やしたり、他人の資産をだまし取ったり、ギャンブルに他者を誘惑したりするようになれば、どうなるだろう？　基礎研究に従事したり、本当に必要とされている製品やサービスを提供したりといった、国の富を真に増やす活動に従事する優秀な人材が減少してしまう。また、退職後の生活のため、あるいは子どもや孫に遺産を残すため貯蓄していた人が、土地などレントを生み出す資産に投資するようになれば、どうなるだろう？　労働者の生産性を高める工場や設備など、真に生産的な資産の需要が減ってしまう。

したがって、レントが増えているなら憂慮したほうがいい。独占力が増す、一般消費者の搾取が進むなど、レントを生み出す活動が害をもたらす場合はなおさらだ。しかし残念ながら、それがアメリカ経済の現状である。

労働所得や資本所得の割合の減少、レントの割合の増加

格差拡大には、労働者の手に渡る国民所得の割合が減少するという過酷な側面があることは前章で述べたが、資本所得の割合も減少しつつある。

資本所得の割合とは、機械や建物、あるいは知的財産（無形資本と呼ばれることもある）などの形で富を蓄積した人の手に渡る国民所得の割合である。これについては、簡単に参照できる明確なデータはないが、かなりの精度で推測できる。たとえば、国民所得のデータを見れば、資本ストックの増減を追跡できる。１年ごとの投資の増加分と古い資本の損耗分を考慮し、各年の資

本の純増分を割り出せば、どの時点の資本総額も推計できる。

「資本所得」の合計を計算するには、この資本総額に利益率を掛ける。この「資本利益率」についても残念ながら、簡単に参照できるデータはない。実際の利益率に関するデータは一般的に、資本（貯蓄や投資）による実際の利益と市場支配力による利益とを混同しているからだ。ではここで、その２つを分離してみよう。方法は簡単である。安全な資産に対する利益率は容易に確認できる。政府が国債に対して支払う利率がそうだ。あとは、リスクを相殺するのに、その利率にどれほどの割り増し（「リスクプレミアム」）が必要かを考えればいい。無リスク資産の利益率は、中国などの新興国からの貯蓄の供給が世界的に増えたことにより減少している。とりわけ２００８年の金融危機により下落し、世界各地で実質金利（インフレ調整後の金利）はゼロかそれ以下にまで下がった。同様にリスクプレミアムも全体的に、リスク管理能力の向上により減少している。[13] この安全資産の利益率とリスクプレミアムを足せば、全体的な資本利益率が得られる。現在では、両要素とも以前より低くなっているため、全体的な資本利益率も低い。先に算出した資本総額に、この資本利益率を掛ければ、それが資本所得の合計となる。

こうして算出した資本所得が国民所得に占める割合を見ると、著しく減少している。これは、複数の研究により確認されている。民間企業を詳細に調べた研究でも、製造業に的を絞った研究でも、経済全体を調査した研究でも、同じ結果が出ている。[14]

労働所得の割合も資本所得の割合も減っているのなら、レントの割合が著しく増えていることになる。実際アメリカでは、土地や知的財産によるレントもある程度増えているが、レント増加の最大の要因は、超過利潤、すなわち競争経済で手に入れられる利益をはるかに超過した利益にある。[15]

　問題を別の見方でとらえても、まったく同じ結果が得られる。国富（国の資産）とは、国の資本ストック（工場、設備、商業不動産、住宅用不動産など）、土地、知的財産などの総価値である。複数の調査によれば、先進国の国富は、資本の増加をはるかに上まわるペースで増加している。実際アメリカなど一部の国では、資本・所得比率が減少しているのに、資産・所得比率が増加している。[16]資産と、資本ストックの実質価値との決定的な違いは、資産にはレントを生み出す財産が含まれる点にある。この財産の価値は、ＧＤＰさえ上まわるペースで大幅に上昇している。[17]

「レント資産」の内訳を調べてみると、その増加の大部分が、市場支配力による超過利潤の増加によるものだ。また、その利潤の資本化価値の増加の大半を、ハイテク企業が占めている。スタンフォード大学のモルデカイ・クルツが最近行った研究によれば、上場企業の時価総額のおよそ80パーセントはレントによるものであり、それが付加価値総額の4分の1近くを占めており、その大半がＩＴ部門に集中している。そしてこれらすべてが、30年前から起きた著しい変化の結果だという。[18]

市場支配力と利益が増大した原因

これほど利益が増加するのも、当然と言えば当然である。この現象には２つの理由がある。第１に、労働組合が弱体化したことにより、そして何よりもグローバル化により、労働者の力が骨抜きにされた。[19] これについては次章で扱う。第２に、ますます多くの市場で、競合企業の数が減るか、上位２、３社が販売に占める割合が増えている（その両方が同時に起きている場合もある）。つまり、市場の集中が進んでいるということだ。[20] 実際、１９９７年から２０１２年までの間に、実に75パーセントの産業で集中度が高まっている。[21] 市場の集中が進めば、市場支配力は増大する。[22] 企業はこの市場支配力を利用して、価格を吊り上げ（原価に加えられる利幅を「マークアップ」という）[23]、利益を増やす。その結果、大企業が手にする国民所得のパイの割合はどんどん増え、企業の利益率は過去最高を記録しつつある。利益率はかつて平均して10パーセント前後だったのに、ここ数年は16パーセントに達している。[24] また、ある推計によれば、S&P500のわずか28社が、２０１６年の企業利益の50パーセントを占めているという。これも、市場支配力の集中が進んでいる現状を反映している。[25]

市場が集中し、市場支配力が増大しているさらなる証拠

アメリカで競争が廃れつつある証拠は、至るところにある。なかには、一見して明らかな証拠もある。たとえばアメリカでは、ケーブルテレビやインターネットや電話のサービスの選択肢が限られている。また、各市場における上位3社のシェアを見ると、ソーシャルネットワーキング・サイトでは89パーセント、ホームセンターでは87パーセント、ペースメーカーの製造では89パーセント、ビール市場では75パーセントに及ぶ。上位4社まで広げると、ドライキャットフード市場では97パーセント、ゼリー市場では85パーセント、国内線航空市場では76パーセントである。[26]そのほか、ドッグフード、電池、棺など、どんなニッチ市場でも、競争が廃れている証拠を見つけられる。[27]その一方で、市場の集中がわかりにくい場合もある。たとえば、単一の企業が大半の薬局を所有しているが、複数の店名を採用して運営しているようなケースである。

ある経済環境に企業が1社しかない場合、それを独占という。多くの企業が存在し、どの企業にも価格を設定する力がない場合、それを完全競争という。完全競争の場合、ある企業が市価よりわずかでも価格を上げようとすると、その企業の売上はゼロに落ち込んでしまう。だが、現実世界ではほとんどの場合、十分な数の企業が存在しないため、競争モデルの理想から離れてしまう。とはいえ、競合企業がまったくいないという状況もほとんど存在しない。現実世界は、完全競争と独占との間のあいまいな領域にある。そのような場合、多少競合企業が存在したとしても、企業はある程度、価格を設定する力を持つことができる。生産費を超えて価格を上げれば、ある

程度売上は減るが、それほどの落ち込みはなく、まだ利益をあげられる。[28] 一般的には、競合企業が少なくなり、競争が弱まるほど、コストに対して価格が上昇する。[29] コストより高い価格を維持できるのであれば、そこに市場支配力が存在していることになる。

大手ハイテク企業の市場支配力に対する批判に対し、こんな反論を耳にすることがある。グーグルはオンライン検索市場を独占しているかもしれないが、広告費をめぐってフェイスブックと競争している、同様にアップルも、スマートフォン市場でサムスンと競争している、と。前述したように、市場では1社が絶対的な力を握ることはほとんどない。そのような状況は常に抑制される。だが、ある程度の競争があるからといって、だから市場支配力など存在しないということにはならない。そして、ある程度の市場支配力があるかぎり、搾取や超過利潤の余地は存在する。[30]

市場支配力が、価格や利益の上昇とは別の形で現れる場合もある。たとえば、顧客の扱い方などである。民主主義社会の各個人には、紛争が起きた際に、その裁定のため公的な司法制度を利用する権利がある。だが多くの企業は、顧客が司法制度に訴えるのをあきらめ、その企業に有利な極秘の仲裁委員会を利用するよう強制している。[31] 大半の消費者は、知らないうちにこうした権利を放棄する署名をしている。クレジットカードを利用するとき、銀行口座を開設するとき、インターネットに申し込むとき、通信プロバイダーを選ぶときなど、ほとんどの場合に同様の規定がある。競争市場経済の利点は、選択できることにあるはずだ。しかし現実にはこのように、事実上選択の余地がない場合が多々ある。[32]

市場支配力の存在やその大きさを物語る例はほかにもある。競争市場では、企業は同じものについて、顧客ごとに価格を変えることはできない。価格は限界生産費により決定されるのであって、顧客がその製品に見出す価値によって決定されるわけではない。だがアメリカのデジタル産業では、このような価格差別がありふれたものになっている。これについては第6章で詳しく論じる。

市場支配力を生み出すイノベーション

一部の企業の市場支配力が増大しているのはほぼ間違いない。では、なぜ増大しているのだろう？　前述したように、かつてウォーレン・バフェットは、企業が利益を確実に維持したければ、参入障壁となる堀で周囲を囲い、新規参入企業との競争により利益が損なわれないようにするのがいちばんいいと述べた。実際アメリカでは、きわめて収益性の高い最新の「イノベーション」として、この堀をつくり、広げる能力、その結果手に入れた市場支配力を利用する能力を高めるイノベーションが生み出されている。

標準的な経済モデルでは、従来のものより優れた製品をつくったとしても、その利益を維持していくことはできない。他社が参入し、競争によりその利益を奪ってしまう。いずれは、投下資本に対する通常の利益を得るだけになるはずだ。つまり、使用した資金と負担したリスクを相殺するのに必要なだけの利益であり、それ以上の超過利潤は生まれない。だが当然、企業はそのような結果を好まない。そのため、参入障壁（バフェットの言う「堀」）を築くことが、創造力に富む企業の戦略の最重要ポイントとなる。他社が参入してきて、競争により自社の利益を奪うことがないようにするのである。

たとえばマイクロソフトは、新たな形態の参入障壁や、既存の競合企業を追い払うずる賢い方法を生み出す能力に長けていた。20世紀末の時代に、競争を制限しようとしたかつての大企業を手本に、そのような面で先進的なイノベーションを築き上げたのだ。その好例が、１９９０年代のインターネットブラウザーをめぐる闘いである。当時はこの分野で、ネットスケープが際立った活躍を見せていた。パソコンのオペレーティングシステム（ＯＳ）でほぼ独占状態を築いていたマイクロソフトは、この新興企業に利益が侵害されるのを恐れ、同社を追い払おうと考えた。だがマイクロソフトが当時開発していたインターネットエクスプローラーには、ネットスケープほどの魅力がなく、その実力だけでネットスケープに勝てる見込みはない。そこでマイクロソフトは、パソコンのＯＳ市場での市場支配力を利用して、アメリカのほとんどのパソコンにインターネットエクスプローラーを組み込んだ。ＯＳと抱き合わせ、無料で提供したのだ。無料で提供されるブラウザーに対抗できるブラウザーなどあるだろうか？　しかし、これだけでは不十分だったため、マイクロソフトはさらに、ネットスケープは相互運用性に問題があるというＦＵＤ（恐怖・不安・疑念）戦術を展開した。ネットスケープをインストールすればパソコンの機能が損なわれるおそれがあるとユーザーに警告したのだ。[33] 結局マイクロソフトは、そのほかさまざまな反競争的行為を通じてネットスケープを市場から追い出した。21世紀の初めには、ネットスケープを利用する人はほとんどいなくなっていた。こうして独占状態を確立すると、その反競争的行為が3つの大陸で規制機関により禁止されても、マイクロソフトの市場支配は続いた。ブラウザー市場に新規参入者（グーグルやファイアフォックスなど）が割り込んでくるのは、その後の話である。

現在でも、市場支配力を乱用するテクノロジー系の大手企業はあとを絶たない。たとえば、ヨーロッパの競争監視機関は繰り返し、グーグルが反競争的行為を働いていると指摘している。インターネット検索において自社のサービスを有利な立場に置いている、携帯電話市場で市場支配力を乱用している、といった内容である。ＥＵはこれらの行為に対し、それぞれ28億ドルと51億ドルという記録的な制裁金を科している。

また、特許制度を悪用して競争を制限する手もある。特許は一時的な参入障壁になる。他社はどこも、特許が取得された製品と同一の製品はつくれない。大半のアメリカ人は特許について、か弱い発明家に法的保護を与え、そのアイデアが大企業に盗まれるのを防ぐための制度だと考えているかもしれない。だが近ごろでは、それほど単純な状況ではなくなっており、特許が事実上の参入障壁と化している場合が多い。現在のイノベーションでは、数千とは言わないまでも、数百もの特許が必要になる。そのため、ある会社が新製品（新しいチップなど）をつくれば、無数にある特許のどれかを知らないうちに侵害しているおそれがある。これら既存の特許すべてを調査する能力を持ち合わせているのは、大企業だけだ。さらに大企業は、いつまでも終わらない特許訴訟により窮地に陥るのを防ぐため、大企業同士で取引を行い、それぞれの特許を共有するようにしている。新規参入者にはこれが問題となる。新規参入企業は、この大企業クラブの会員ではない。そのため、何をしようが、どれほど革新的であろうが、いかに慎重に行動しようが、訴訟を起こされるおそれが常にある。こうした企業には、裁判で勝てるほどの資金がない。多額の費用のかかる訴訟を起こされれば、それが妥当であろうとなかろうと破産してしまうおそれがある。それを考え、才能を秘めたイノベーターたちは新規参入をためらってしまう。[34]若いイノベーターの出鼻をくじくには、特許訴訟を起こされるかもしれないというおそれさえあれば十分なのである。

　実際、「特許侵害」で検索してみれば、クアルコム対アップル、アップル対サムスンなど、数億ドル規模の訴訟が無数にあることがわかる。これらの訴訟で得をするのは、弁護士だけだ。そして損をするのは、競争に参加できない小企業や消費者である。これが、21世紀のアメリカ流資本主義なのだ。

　反競争的行為を推進する「イノベーション」はこれだけにとどまらない。大企業は、市場支配力を利用して新たな契約規定を生み出した。たとえばクレジットカード業界では、新たな契約規定により、加盟店がカード会社に支払う手数料をまかなうため、カードを使用する顧客から手数料を徴収することを禁じている。この規定によりクレジットカード会社は、事実上価格競争を回避している。[35]競争がないと、市場を支配している会社（ビザ、マスターカード、アメリカン・エキスプレス）が、サービスを提供するためのさまざまなコストと称して、任意に加盟店手数料を徴収できる。[36]すると当然、そのコストは、顧客がクレジットカードで購入する製品やサービスの価格に転嫁される。となると、クレジットカードが何らかの特典を提供していたとしても、必ずしも顧客が得をしているとは言えない。またこれは、現金で支払いを行い、クレジットカードの特典を享受していない人たちが、アメリカン・エキスプレスなどの高級クレジットカードを利用している高所得者を間接的に支援していることにもなる。[37]取引費用の1、2、3パーセントと聞けば、わずかな額に思えるかもしれない。だがそれが積もり積もって数兆ドルの取引になれば、そのわずか数パーセントが数百億ドルになる。それだけのお金が、消費者のポケットから直接、金融企業の金庫へ流れているのである。[38]

　どの産業も、市場支配力を維持する独自の方法を見つけようと創意工夫を凝らしている。たとえばアメリカの製薬企業は、ジェネリック医薬品企業の締め出しにイノベーションを発揮している。ジェネリック医薬品企業は、医薬品の価格を下げ、大手製薬企業の利益を減少させる存在だからだ。大手製薬企業はかつて、新規参入しないようジェネリック医薬品企業に賄賂を贈っていたが、これは当然、反トラスト法に抵触する行為だった。[39]それが発覚すると、今度は特許権の存続期間を延長する方法を考案した。エバーグリーニングと呼ばれる手法である。[40]

市場支配力の維持に創意を発揮したさらなる事例としては、テクノロジー系の大手企業が採用している「先制合併」という手法もある。これは、将来競争相手になりそうな企業を、競争上の脅威になる前に買収することを指し、政府がその買収を反競争的行為として問題視するようになる前に行われる。相手の若い起業家も、夢のような大金を提示されれば、グーグルやフェイスブックと競争するリスクを負うよりも、買収に喜んで応じる。[41]

市場支配力が増大しているさらなる理由

企業の市場支配力が増大するのは、企業が創意工夫の才を発揮して市場支配力を創造・維持する方法を考案しているからだけではない。そのほかにもさまざまな理由がある。たとえば、単にアメリカ経済の変化に起因する場合もある。これには、地域での評判により地域的な市場支配力が著しく高い部門に需要がシフトした場合も含まれる。ある地域にフォードの取次店しかない、あるいは農機具メーカーのジョンディアの代理店しかない場合を考えてみよう。そうなると顧客は、アフターサービスが必要な際にはそこへ車やトラクターを持っていくしかないため、それが地域的な市場支配力となる。フォードやジョンディアは、競争により製造部門の利益や価格が押し下げられたとしても、この地域的な市場支配力から利益の大半を生み出せる。

同様に、「自然」独占が発生する産業では大企業の力が増す。自然独占は、単一の企業に市場を支配させておけばコストの節約になる場合に生じる。たとえば、生産規模の拡大とともに平均コストが低下する場合などである。[42]どのような場所であれ、電気や水道の供給は1社に任せておいたほうが効率的だ。１００年前は、製鉄や自動車など、主要産業の多くが同様に、ごく少数の大企業に支配されていた。このように競争が制限されていたのは、新規参入企業には、コストを低く抑えられるほどの生産規模を達成できなかったからだ。ところが、グローバル化により市場規模が大幅に拡大した。その結果、たとえば自動車メーカーの場合、競争力を維持するには数十万台以上の生産量が必要になるのに、それだけの生産規模を達成できる企業が増えている。[43]

このように、現在の「ニューエコノミー」では競争が制限されている。このイノベーション経済で求められているのは、経営に関する研究開発費だ。顧客を増やすために余分なコストを費やす必要はない。[44]

ルールを変える

だが、市場支配力が増大した大半の原因は、暗黙のルールを変更したことにある。ルールのなかでも重要なのが、市場の自由競争を維持することを目的とした反トラスト法だ。現在ではこの反トラスト法の基準が低下し、以前よりも容易に、市場支配力を生み出し、利用し、悪用できるようになった。[45]それに、現行のアメリカの反トラスト法は、変わりゆく経済に対応できていない。

取り締まりが緩いことも一役買っている。[46]ジョージ・Ｗ・ブッシュ政権下では、反トラスト訴訟の件数が記録的に少なかった。これはオバマ政権下でもほとんど変わっていない。２０１５年には、合併・買収（複数の会社が一体となって規模や力を増すことになる）の規模が、史上最高の4兆7000億ドルに達した。これらのすべてが競争に悪影響を及ぼしたわけではないが、有害な影響を及ぼした合併・買収もたくさんある。不適切な競争政策により、グーグル、フェイスブック、アマゾンなどある程度の市場支配力を持つ企業は、その力を高め、広げ、利用し、持続させていくことが可能な状況にある。

成長と市場支配力

市場支配力の増大が格差の拡大につながることは、比較的わかりやすい。だがそれは、経済成長の鈍化や経済成績の悪化にもつながる。独占が行われれば、当然市場システムはゆがみ、経済の効率は悪くなる。[47] ロンドン・スクール・オブ・エコノミクスのデヴィッド・バカイーとハーバード大学のエマニュエル・ファーリの最新の推計を見れば、それによる経済への悪影響がどれほど大きいかがわかる。競争の不足に起因するマークアップを取り除けば、アメリカ経済の生産性はおよそ40パーセント向上するという。[48]

参入障壁は、市場支配力と一体化している。競争が盛んな経済では、企業の参入（および退出）が活発で、一般的に新しい企業の割合が高い。だがアメリカでは、ほかの国に比べて若い企業の割合がきわめて低く、「旧世界のヨーロッパ」諸国（スペイン、スウェーデン、ドイツなど）よりも、ブラジルなどの新興国よりも少ない。過去のアメリカと比べても減少している。これは、競争が衰退しているという見解と一致している。成功した企業が周囲を広く深い堀で囲み、巨大な参入障壁を築いているのである。[49]

市場支配力が著しく増大すると、経済の生産性が損なわれる。また、消費者の需要にも多大な影響が出る。ピラミッドの最下層から最上層へ金が流れると、総消費量が減少する。最上層の人々は、消費にあてる所得の割合が下層の人々よりも少ないからだ。下層の人々は、生きていくだけのために所得のほとんどを消費している。

さらに、投資が弱まる。独占が増すと、生産量を増やすことで得られる利益が減るからだ。独占状態では、生産量が増えれば価格は下がる。そのため、競争市場ほど利益は増加しない（競争市場では原則的に、いずれかの企業の生産レベルが価格に影響を及ぼすことはない）。ここ数年の異常事態は、これで説明できる。最近では、利益率はきわめて高いのに、投資率（ＧＤＰに対する割合）は減少している。１９６０年代や１９７０年代には17・２パーセントだったが、２００８年から２０１７年の平均投資率は15・７パーセントである。民間投資が減少すれば、将来の成長はおぼつかない。[50]

悪影響はまだある。すでに述べたように、より優れた製品をより効率的に生産するために行われるべきイノベーションが、市場支配力を増大・維持したり消費者を搾取したりするために行われるようになる。それに長けているのは、金融産業だけではない。ジョージ・アカロフとロバート・シラー（両者ともにノーベル経済学賞受賞者）の２０１５年の著作『不道徳な見えざる手』が、それを如実に証明している。[51] 本書でもすでに述べたように、アメリカのたばこ会社や製薬会社、食品会社は、依存性のある製品、不必要なだけでなく有害でもある製品を生産して利益をあげている。

私たちはこれまで、高収益をあげられるのは、アメリカ経済の仕組みがうまくいっているからであり、優れた製品やサービスを提供しているからだと思っていた。だが、うまく消費者を搾取したり、価格を差別化したり、「消費者余剰」（消費者が支払ってもよいと考える額から競争市場で支払わなければならない額を差し引いた額）を引き出したりしても、高収益は得られる。こうした搾取が進めば、消費者から超富裕層へ、あるいは彼らが所有・運営する企業へと、所得が再分配されることになる。

労働者の市場力の低下

企業によるこうした形での市場支配力の乱用は、問題の半面でしかない。現在のアメリカでは、買い手独占の問題も日増しに高まっている。企業は、自社が購入する財やサービスを提供してくれる人々、特に労働者に対しても、市場支配力を行使している。[52] 買い手独占とは、市場に買い手が１社しかない、あるいは雇用主が１社しかない状況を指す。売り手が１社しかない（独占）市場がほとんどないように、買い手が1社しかない市場もほとんど存在しない。だが売り手独占の場合、それほど極端な状況にならなくても、一部の企業が過剰な市場支配力を持つようになれば、競争市場のレベルをはるかに超える価格を設定して利益をあげることも可能になる。アメリカでは経済のさまざまな変化により、数多くの重要な経済分野で市場支配力が増大した。買い手独占についても同じことが言える。その結果、労働者の交渉力が弱まり、それとともに労働者の賃金が減少している。

標準的な競争モデルにおける労働市場では、労働の需要と供給に見合う形で賃金が決まり、誰も市場を操作する力を持っていない。ある労働者が仕事を辞めても、企業には何の影響もない。労働市場から同等の労働者を見つけ、同じ賃金で雇えばいい。同様に、ある労働者が解雇されても、その労働者には何の影響もない。それまでと同等の仕事を見つけ、同じ賃金で雇ってもらえばいい。

だがアメリカではもはや、そうはならない。企業は容易に代わりの労働者を見つけられる。多少は能力が落ちるかもしれないが、ほぼ同等の労働者だ。しかし、一般的に見て労働者のほうは、それほど早く簡単に、代わりの同等の仕事を見つけられない。失業率が高い場合はなおさらだ。仕事があったとしても、それが別の街であれば、そこへ移動しなければならない。こうした事態は、労働者やその家族に多大な犠牲を強いる。また、長期間無職でいることもできない。住宅ローンや自動車ローンなど、毎月多額の支払いがある。つまり、市場力に大きな偏りがあり、雇用主側に有利になっている。[53]

製品市場（財やサービスの市場）において市場支配力を持つ企業は、生産費をはるかに超える価格を設定できる。同様に、労働市場において市場支配力を持つ企業は、賃金を低く抑え込むことができる。

主要企業の多くは、違法行為であるにもかかわらず、たいていは秘密裏に結託して賃金を低く抑えている。こうした不正行為が明るみに出るのは、訴訟を起こされたときだけだ。スティーヴ・ジョブズ時代のアップルは、グーグルやインテル、アドビと共謀し、それぞれの従業員の「引き抜き」を禁止する合意を交わしていた。つまり、競争しないという合意である。それが反競争的共謀として訴えられた際には、４億１５００万ドルで和解している。ディズニーなど数多くの映画会社も、引き抜きを禁止する不正な共謀を行っているとして告訴され、多額の和解金を支払った。ファストフードのフランチャイズ契約にも、引き抜き禁止の規定がある。競争を認めれば賃金が跳ね上がることがわかっているからだ。競合企業の仕事の引き受けを禁止する契約も多い。これも、競争を制限し、賃金を抑制する効果がある。[54]

アダム・スミスは、会社が共謀して価格を上げる危険を理解していたように、会社が結託して賃金を抑制する可能性にも懸念を抱いていた。[55]

> 経営者はいつでも、労働賃金が現在のレベルを超えることのないよう絶えず密かに結託している。（中略）労働賃金を現在のレベルからさらに引き下げようと結託する場合もある。これらは常に極秘裏に行われる。

スミスは当時すでに、シリコンバレーやハリウッドにいる21世紀のビジネスリーダーの行動を予想していたようだ。

雇用主の市場支配力が増大しているさらなる証拠

雇用主の市場支配力が増大している証拠は、誰もが毎日のように目にしている。たとえば雇用主は、労働者に分断勤務（午前に4時間働き、3時間休み、午後に4時間働くなど）を強制している。医療保険を提供しなくてすむように、フルタイム勤務を希望している労働者をパートタイムで雇用している。週ごとに労働者のシフトスケジュールを変え、前週の終わりにならなければスケジュールを通知しない（オンコール・スケジューリング）。労働者に残業を要求する際にも、標準的な残業手当を支払わない場合が多い[56]。こうした雇用主の方針は、労働者に無力感を抱かせ、その家庭生活を崩壊させる[57]。

労働者の交渉力の低下には、組織（労働組合の弱体化[58]）、ルール、規範、慣習の変化など、さまざまな要因がある。たとえば、ある工場の労働組合が労働者に有利な契約の交渉に成功すれば、労働組合に所属していない労働者も含め、その工場のあらゆる労働者がその恩恵を受ける。そのためなかには、組合費を払わないで労働組合の恩恵を享受しようとする労働者が出てくる。いわゆる「フリーライダー（ただ乗り）」である。それを防ぐため、労働組合は「ユニオンショップ」制をとる場合が多い。労働者全員に、組合費を払って労働組合を支援するよう要請するのである。そうすれば、労働組合が何を重視し、どのような立場で交渉を行うべきかといった問題の票決に、誰もが参加できる。

会社は当然、労働者をなるべく安く雇いたいため、労働組合の存在を嫌う。意のままに労働者を解雇したい、従順な職場環境をつくり、労働者に景気変動のコストを負担させたいと思っている。労働者は1人だけでは会社やその経営者に対する交渉力を持たないが、多くの労働者が集まれば交渉力が生まれる。[59] したがって雇用主は当然、どんな手を使ってでも労働組合を弱体化させようとする。簡単に労働組合を弱体化させるには、組合費を徴収しにくくすればいい。労働者に、組合費を払わずに労働組合の恩恵を享受する「フリーライダー」になることを勧めるのである。こうして労働組合が資金や人的資源を失えば、労働者の要求をかなえる活動もこれまでのようにはできなくなる。そのため多くの州で企業は、働く権利を守る法律でユニオンショップを禁止するよう政府に働きかけている。働く権利を守る法律どころか、フリーライダーの権利を守る法律である。[60]

労働組合が弱体化すれば、労働者の賃金の低下を招くだけでなく、[61]経営陣の暴走を食い止める能力も削がれる。経営者が法外な給与を受け取れば、労働者の賃金がその影響を受けるだけでなく、会社への投資も減り、将来に禍根を残すことになる。ジョン・K・ガルブレイスは20世紀半ばの経済を拮抗力に基づく経済と呼んだが、それはいまや、大企業と金融機関、あるいはそのCEOや経営幹部の支配に基づく経済と化している。[62]

市場支配力を抑制するには――反トラスト法を改正する

19世紀末のアメリカは、市場支配力が増大し、格差が拡大するなど、現在と似たような状況に直面していた。そこで連邦議会は、市場支配力やその乱用を制限する無数の法律を可決してこれに対処した。１８９０年にシャーマン法が成立すると、それから25年の間に、市場の競争を確保するための法律が次々に登場した。ここで重要なのは、これらの法律が成立した背景には、経済力の集中は必ず政治力の集中をもたらすという考え方があったことだ。反トラスト政策は、精緻な経済分析の結果生まれたわけではない。アメリカの社会と民主主義を守るために生まれたのだ。[63]

しばらくの間、反トラスト法はきちんと機能した。大規模な独占は崩され、新たな独占を生みかねない合併は制限された。だが、それから数十年がたつうちに、反トラスト法は保守的な経済学者や法学者に乗っ取られ、その適用範囲が狭められてしまった。こうした人たちは、アメリカの経済や民主主義に市場支配力の影響が広がることに不安を感じなかった。ただ、企業が自由に利益を追求できるようにしたいとしか思わなかった。

この支配力の増大を論理的に擁護する経済学者もいた。シカゴ大学のミルトン・フリードマンは、意見を同じくする経済学者とともにこう主張した。経済は本来、競争的な性質を持っているため、独占を心配する必要はない[64]。イノベーション経済では独占は一時的なものであり、独占者になろうとする競争によりイノベーションが促進され、消費者の福利も向上する、と[65]。その主張の中心には、政府は悪であり、民間企業は善であるという思考がある。彼らは、市場の優れた機能を邪魔しようとする政府の試みは、たとえそれが独占を制限しようとするものであれ、不必要であり、逆効果をもたらすおそれさえあると主張する。それを真に受けた反トラスト法の執行者たちはやがて、非競争的に見える行為も、市場の複雑な仕組みを反映したものにすぎないのではないかと考え、それを非競争的と糾弾するのをためらうようになり、非競争的な行為を存続させるリスクを顧みなくなっていった[66]。

このシカゴ学派は、アメリカの政治や司法に過大な影響を与えた。その主張により反トラスト法は弱体化した。裁判所が、市場は常に競争的で効率的であり、反競争的に見える行為はいずれも、複雑な市場に対する効率的な反応にすぎないと思い込むようになったからだ。その結果、反競争的行為で企業を訴えようとする告発者には、多大な立証責任が求められるようになった。連邦取引委員会（市場の競争を確保するための政府機関）の元スタッフは言う。「誰の目にも明らかなことを証明するために、全精力を注ぎ込まなければなりません。そのため、現実的な問題を攻撃している余裕がありません」

一般的によく見られる反競争的行為である略奪的価格設定を例に考えてみよう。市場を支配する大企業は、ライバル企業を締め出すため、価格を下げるなどの行動をとることがよくある。こうした行為は、短期的には利益を失うが、長期的にはその損失を埋め合わせる以上の利益をもたらす。たとえばアメリカン航空は、新興の航空会社が参入してくると、独占したいルートで定員を増やし、価格を下げた。すると新会社は間もなく音を上げ、その市場から去っていった。その後アメリカン航空は定員を減らし、価格を吊り上げた。「略奪」と呼ばれるずる賢い手法である。

シカゴ学派の理論によれば、コストより高い価格を設定すれば、即座に新企業の参入攻撃を受けることになる。したがって、競争市場レベルより高い価格を設定して当初の損失を埋め合わせることなどできないため、企業が略奪的価格設定をしても得にはならないという。裁判所もこの理論を受け入れ、略奪行為で企業を訴える告発者に多大な立証責任を課すようになったため、略奪的価格設定の訴訟で勝利を収めるのはほぼ不可能となった[67]。

いま必要なのは、市場は基本的に競争的であるという仮説に基づくこうした前提と、それに伴う立証責任の考え方の修正である。反競争的行為（市場の競争を抑制する行為）は違法だと見なされなければならない。例外が認められるのは、（a）それにより効率が大幅に向上し、効率向上による利益の大半が当の企業以外のものになる、なおかつ（b）その効率の向上が競争的な方法では実現できない、という強力な証拠がある場合のみである。[68] ほかにも修正すべき前提は無数にあるが、それについては後に述べる。

政府もまた、合併を制限するなど一部の反競争的行為を禁止するだけでなく、もっと幅広いツールを積極的に活用していく必要がある。政府はかつて、スタンダード・オイルのような独占企業を分割した経験があるが、それと同じように、フェイスブックからインスタグラムやワッツアップを分離させるべきかどうかを考えたほうがいい。大規模な利害の衝突をもたらす合併は禁止するべきだ（インターネットプロバイダーが娯楽コンテンツを提供している会社を買収する場合など）。そのような合併がすでに行われているのであれば、いまからでもまた分割すべきである。同様に、市場支配力を持つ企業に対しては、その企業の既存の顧客と利害が衝突する事業活動に参加するのを禁止したほうがいい。[69] こうした新たな政策を構造改革と呼ぶこともある。

すでに述べたように、市場支配力はいったん確立されると、その影響がいつまでも持続する場合があるため、競争市場が回復するまでは政府が規制を行い、市場支配力の乱用を防ぐようにする必要があるかもしれない。その具体例となるのが、ドッド・フランク金融規制改革法のダービン修正条項である。これにより連邦準備制度理事会は、デビットカード会社が加盟店に課していた手数料を規制する権限を手に入れた。ただし、クレジットカード会社が課している高額の手数料については、いまだ規制されないままである。[70]

いかなる市場支配力も抑制する

次いで必要になるのは、いかなる過剰な市場支配力も抑制し、競争市場を回復するという新たな決意である。どのような形で獲得した市場支配力であれ、それを乱用するのは反トラスト法違反と見なさなければならない。買い手独占によるものであれ売り手独占によるものであれ、反競争的行為は違法とするべきだ。

アメリカでは、反競争的行為を行わず合法的に市場を独占した企業については、高い価格を設定したり反競争的な契約を押しつけたりするなど、市場支配力を行使しても大目に見る傾向がある。一方ヨーロッパでは、そのような企業でも、市場支配力を乱用すれば告発される場合がある。

たとえば、大手製薬企業のバリアントは、特許が切れた医薬品シプリンの製造を食品医薬品局から唯一認められた企業となった（ちなみにシプリンとは、ウィルソン病という珍しい肝疾患を患う人々にとっては命を守ってくれる薬である）。同社は２０１５年、その市場支配力を行使し、一部の国では１錠１ドルで販売されているその薬の価格を大幅に吊り上げ、患者が負担する年間経費を30万ドルに増大させた。[71] 医療業界には、市場支配力を乱用した同様の事例が無数にある。[72]

反トラスト法に関する最近の標準的な見解では、市場は競争的な性質を備えているという前提に立ち、短期的な視点で消費者をとらえている。そのため裁判所は、略奪的な行為を検証する際に、一時的な消費者価格の低下という短期的な利益ばかりを見て、長期的な弊害に目を向けない。略奪的な企業は、一時的に価格を下げて競合企業を締め出し、独占的な地位を確保すると、その地位をもとに価格を吊り上げる。

この短期的な視点は、買い手独占の場合にも問題となる。ウォルマートほどの大企業になると、その力を利用して、仕入業者に支払う額を引き下げることができる。また、失業率が高く雇用主が少ない地域では特に、賃金や労働条件のレベルを低く設定できる。ウォルマートは、買い手独占により得た利益の一部を顧客に還元するかもしれない。だが、たとえそうであったとしても、こうした事態は経済に悪影響を及ぼす。消費者への影響という視点のみで市場支配力を判断するのは間違っている。ウォルマートは、容赦なく利益を追求することで経済をゆがめている。それがもたらすマイナスの影響は、プラスの影響（顧客への還元など）よりも大きい。

合併

アメリカ経済の変化に伴い、標準的な反トラスト行為とされる合併に挑む企業も増えてきた。かつての反トラスト法は、合併や買収を通じた市場支配力の獲得に目を光らせていた。だが最近では、産業を問わず、市場の集中が危険なレベルに達する場合でさえ合併が認められている。その好例が航空産業や通信産業だ。この規制を強化する必要がある。

企業は当然、合併や買収を行えば事業の規模や範囲が拡大し、経済を潤すことになると主張する。会社が大きくなれば生産性も上がる、というわけだ。しかし、水平的合併（同じ業種の企業間の合併）であれ垂直的合併（サプライヤーや顧客企業との合併）であれ、合併の本当の理由は、たいてい市場支配力を高めることにある。そのため、企業が合併を行う際には、それにより効率が向上することを明確に論証するよう義務づけるべきだ。合併後に製品の価格が上がった場合には、市場支配力を高めるために合併を行ったと考えて間違いない。[73]

　合併により発生する利害の衝突も、慎重に考慮する必要がある。たとえば、インターネット会社が娯楽コンテンツのプロバイダーと合併する場合、たとえ合併前に「中立」を約束していたとしても、その会社がインターネット市場における支配力を利用して、競合する娯楽コンテンツのプロバイダーより優位な立場に立とうとすることが予想される。活力に満ちた競争的な経済を推進したいのであれば、利益の衝突が発生するこのような合併は禁止したほうがいい。反競争的行為による長期的な悪影響に比べれば、こうした企業が主張する効率の向上など一時的かつわずかなものでしかない。[74]

　また、合併を規制する際には、合併により市場が今後どうなるかを考慮する必要がある。現在では、市場は現状のまま変わらないと考え、その市場で著しく競争が減少する場合にかぎり、合併を禁止している。だが動きが激しい市場では、市場は変わりうると見なし、合併がそれにどんな影響を及ぼすかを考えることが重要になる。大手テクノロジー企業はこの点を理解し、巧妙な手段を使って合併が問題化するのを避けてきた。先に述べた先制合併がそうだ。これは、競合企業がまだ小さく、買収しても反トラスト法に抵触しないころに買収を行い、将来的な脅威を未然に取り除く手法である。たとえばフェイスブックは、２０１２年にインスタグラムを10億ドルで、

２０１５年にワッツアップを１９０億ドル（ユーザー１人あたり40ドル以上に相当）で買収した。フェイスブックは、同様のプラットフォームを開発する技術的なノウハウを持っていた。持っていなかったとしても、ノウハウを持っているエンジニアを雇うことはできたはずだ。それでもわざわざ大金を払って買収に及んだのは、競争を未然に防ぐためだとしか考えられない。

こうした先制合併は禁止すべきだ。近い将来の競争を抑制するおそれが十分にある場合には、合併を認めるべきではない。[75]

新たなイノベーションと新たな課題

百歩譲って、20世紀後半に変化した反トラスト法に何らおかしな点はなかったとしても、経済の変化が引き起こす問題に対処できていなかったことについては、誰も異論はないだろう。反トラスト法は、市場支配力を獲得・拡大する新たなテクノロジー、新たな契約条項、新たなイノベーションに対応しなければならない。

どのような行為や契約規定が競争を損なうかは、すでに述べたとおりだ。独占的な企業がどんな競合企業の価格にも対応できるほどの力を身につければ、新規参入は難しくなる。もはや新規参入企業に勝ち目はないからだ。また、労働契約のさまざまな規定も、労働者をめぐる競争を妨害する。[76]仲裁条項は、搾取された労働者や顧客が適切な救済を受けるのを妨げる。クレジットカード会社と加盟店の契約、航空会社とコンピューター予約システム会社の契約は、競争を損ない、一方に法外な利益をもたらす。こうした行為はすべて反競争的と見なし、違法とすべきだ。

大手テクノロジー企業は、さまざまな場面で市場支配力が利用できることを心得ている。[77]たとえばアマゾンは、同社が第2の本部を設立すればその街に何千もの雇用が生まれることをちらつかせ、その誘致をアメリカ中の都市に競わせる際に、減税などの優遇措置を求めた。だが地方政府がそれに応じれば当然、減税のしわ寄せがほかの市民に行くことになる。また、小企業にこのようなまねはできないため、アマゾンは地方の小売企業よりはるかに有利な立場を手にすることになる。こうした「底辺への競争」〔訳注　政府が企業の誘致や産業振興のため、減税や労働基準などの緩和を競うことで、社会福祉や労働環境などが最低水準に向かうこと〕を防ぐ法的な枠組みが必要だ。[78]

知的財産権と競争

政府が独占を認めている領域が1つある。特許権が与えられたイノベーターは、一時的に独占力を手に入れられる。この社会が知識型経済に移行するにつれ、知的財産権はますます重要な役割を担うことになるだろう。

独占状態になると、知識が効率的に活用されず、価格が本来より高くなる。だが知的財産権制度が問題なく設計されていれば、その制度によりイノベーションへのインセンティブが高まり、活発に生み出される利益によりこうしたコストも相殺される。だが近年、このバランスが乱れている。企業は知的財産権制度を変更するロビー活動を行い、その市場支配力をますます増大させている。その結果いまでは、アメリカの知的財産権制度がイノベーションを刺激しているのか阻害しているのかわからない状態にさえなっている。[79] 著作権の延長は、その好例だと言っていい。著作権は著作者の死後70年間にまで延長されたが、それによりイノベーションが促進されるという保証はない。1998年の著作権延長法に見られるこの条項は、「ミッキーマウス」条項と呼ばれている。ミッキーマウスの著作権を管理するディズニーが強く主張したからだ。この規定は、企業の利益にはなっても社会の利益にはならず、知識の自由な流れを大きく阻害する。[80]

実際、アメリカの現在の知的財産権制度により、価格が高くなるだけでなくイノベーションが阻害されていることを示す証拠がある。最高裁が自然発生遺伝子については特許を取得できないという判決を下すと、劇的な影響が見られた。乳がんにかかわる重要な遺伝子は、かつては特許が取得されていたが、それが無効と判断されると、この遺伝子の検査がはるかに安価になり、検査の効率も大きく向上したのだ。[81]

従来、独占を監視する機関は、特許により企業が市場支配力を獲得・増大させることのないよう注意していた。1956年にはAT&Tに対し、パテントプールを形成して同社の特許に他社がアクセスできるようにすべきだと指導している。マイクロソフトの独占を抑制するため、同社の特許の保護期間を制限する提案を行ったこともあった。[82] このような形で知的財産権を制限すれば、競争だけでなくイノベーションも促進できる。

製品市場を超え、思想市場にも反トラスト法の適用範囲を広げる

市場の集中について考える際、特に注意を払わなければならないのがメディア産業だ[83]。従来メディアの集中度は、狭義の広告市場における市場支配力をもとに計測されてきた。メディア企業同士（テレビ局と新聞社など）が合併すれば、異なる見解へのアクセスが著しく妨げられることになるが、関連する広告市場では競争が行われているというそれだけの理由で、合併が認められてきた。だが、このような考え方は間違っている。思想市場ほど競争が重要な領域はない。民主主義を適切に機能させるためには、市民が十分な情報を手に入れられる環境が欠かせない[84]。ごく少数の企業や資産家がメディアを独占すれば、そのメディアの意見が国民の議論を支配することになる。

有権者の大半は、ごくわずかのニュースソース（一般的にはテレビ）から政治情報を手に入れる。現在のアメリカには、メディアがきわめて保守的な論調に支配されているコミュニティが多すぎる[85]。

だが、競争が行われれば様相は一変する。ある街に別の新聞が現れれば、その街の市議会や大手新聞の暴走を抑制する力になる。また、合併統合されたメディアは資産家の手に渡りやすい。そのため、メディア企業の合併やその市場支配力の乱用については、ほかの産業よりも厳しい基準で対処する必要がある[86]。

市場支配力に関してとりわけ不愉快な事例を提供しているのが、寡占状態にある学術出版産業

である。第1章で述べたように、市民の福利を向上させるうえで知識は重大な役割を担っている。知識を発展させるには、情報やアイデアの普及が欠かせない。だが市場ベースの経済を信奉するアメリカでは、それを市場に任せてきた。その結果、集中が進み、寡占企業が高い利益をあげている。実際、現在では5つほどの出版社が、全論文の半数以上、社会科学系の論文の70パーセントを出版している。こうした出版社は、論文を無料で手に入れる（出版料を受け取る場合さえある）が、その論文に記載された研究は一般的に政府が資金を提供している。さらに出版社は、編集作業の大半（論文の評価など）を学術関係者に無料で行わせているのに、その出版物を、教育機関や図書館（多くは政府が資金を提供している）に有償で販売している。言うまでもなく、こうして出版社の超過利潤が増えれば増えるほど、研究費が減ることになる。[87]

結論

市場に任せておけば製品やサービスの生産を効率的に管理できるという思想が、これまで深い影響を及ぼしてきた。それが資本主義の理論的基盤とされてきた。だが2世紀にわたる研究の結果、私たちはようやく、アダム・スミスの言う「見えざる手」がなぜ見えないのかを理解した。そんなものは存在しないからだ。[88] たいていの場合、企業のインセンティブは、より優れた製品をつくることにではなく、市場支配力を獲得することにある。アメリカの企業はそれを巧みに行い、市場支配力を利用して消費者、労働者、政治制度を搾取してきた。その結果、イノベーション経済と呼ばれている時代にさえ成長は鈍化している。そのわずかばかりの成長の果実も、ごく一部の国民にしかいきわたっていない。実際のところ、アメリカの企業経営者は自社の株主さえ搾取している。コーポレート・ガバナンスのルールの不備を巧みに利用し、過大な報酬を手に入れている[89]。

　アメリカの経済は、反トラスト法が最初に導入されてからどころか、シカゴ学派の考え方が優勢になってからでさえ、大々的な変化を遂げている。それに伴い、経済に対する私たちの認識も変わり、現在では、既存の法的枠組みに不備があることも理解できるようになった。しかし、反トラスト法を導入した当時に見られた市場支配力や搾取に関する政治的・経済的懸念は、いまだ存在している。いやむしろ、当時より高まっている。反トラスト法は過度に制限され、市場は競争的だという前提に過剰な影響を受けている。いまこそ、アメリカの反トラスト法や規制のあり方を見直し、21世紀の現状や現代の経済学の知見をそこに組み込む必要がある。

　市場支配力は、価格を上昇させ、賃金を低下させるなど、消費者や労働者を搾取する。だがこれは、経済だけの問題ではない。すでに繰り返し述べているように、市場支配力は政治権力と化す。現在のアメリカのように市場支配力や富が偏在していては、真の民主主義は実現できない[90]。市場支配力はまた、社会にも影響を及ぼす。権力の反対側には無力感がある。医療保険会社、インターネットプロバイダー、旅客航空会社、電話会社、銀行に対して、多くのアメリカ人が無力感を抱き、それに憤りを感じている。こうした状況は、私たち個人に、政治に、社会のあらゆる面に深い影響を及ぼす。[91] 選択肢がまるでない場面は無数にある。たとえば、銀行の従業員や顧客は契約の際、司法に訴えて紛争を解決する権利を放棄する以外の選択肢がない。紛争が発生した際には、企業側に有利な仲裁者を受け入れなければならない。

本章では、市場支配力を抑制する簡単な方法があることを示し、製品・サービス市場の競争を活性化する方法について重点的に論じた。だが、企業が労働者に振るう権力を抑制するには、法的枠組みも変える必要がある。何よりも重要なのは、労働者が団結して労働者の利益を高めていけるようにすることだ。同様に、企業が消費者を搾取している場合には、消費者が協力して救済を求められるような制度も必要である。裁判所や議会はこれまで、集団訴訟の範囲を狭めてばかりいたからだ。[92] また、株主や従業員、会社が存在する地域のコミュニティなど、企業の未来にかかわる当事者を犠牲にして自分の利益を高めようとする企業経営者の力を抑制することも必要になる。[93] たとえば、経営幹部の報酬について透明性を高める、その決定に対する発言権を高めるといった方法が考えられる。[94]

こうした改革で私たちが求めているのは、完璧な資本主義を生み出すことではなく、21世紀に極端化したアメリカの資本主義を抑制することである。カーターやレーガン、およびその後の大統領は、資本主義のルールを書き換え、より不安定で非効率的な、公平でない経済を生み出した。一部が巨大な市場支配力を握る経済である。[95] いまこそ、もう一度このルールを書き改めるときである。これは、簡単な作業ではない。経済力の格差が政治力の格差を生み出してきたように、この変更には政治が絡むからだ。この点については、第2部で詳しく取り上げる。その前にまずは、アメリカ経済のグローバル化や金融化により市場支配力の獲得や搾取が進み、テクノロジーの変化により事態がいっそう悪化した経緯を詳しく見ておこう。

第4章

グローバル化により自らの首を絞める国家

アメリカの現在の経済危機の中心的理由の1つが、グローバル化である。グローバル化を批判する人は、アメリカの中流階級の苦境をこのグローバル化のせいにする。トランプ大統領もこう主張している。アメリカは貿易交渉でほかの国にだまされている。アメリカに不利な協定を結んでいるから、アメリカの仕事が失われているのだ、と。[1] このような批判は、産業の空洞化を経験した地域では特に、多大な共感を得ている。

一方、グローバル化を支持する人はこう主張する。そんな主張はまったくのナンセンスだ。アメリカはグローバル化の恩恵を受けてきた。保護主義政策は、貿易を通じて手に入れてきたあらゆるものを危険にさらす。そんな政策をとっても、グローバル化のせいで仕事を失った人や賃金が急減している人を救うことにはならない。むしろ、アメリカはおろか全世界の経済が悪化するだろう、と。グローバル化を支持する人は、産業が空洞化したアメリカの病弊の原因をほかに求める。未熟練労働者の仕事がなくなり、賃金が低下した真の原因はテクノロジーの発展にあり、グローバル化は無実の罪を着せられているだけだと考える。

私は20年以上前から、これらとはまったく異なる視点から、グローバル化への対処の仕方を批判してきた。世界銀行のチーフエコノミストという当時の私の立場から見れば、世界的なルールが偏っているのは明らかだった。そのルールは、アメリカなどの先進国に不利どころか有利な内容になっており、発展途上国の犠牲のうえに成り立っていた。貿易協定は、アメリカやヨーロッパに利益を、発展途上国に損害をもたらす不公平なものだった。

貿易交渉でアメリカがだまされているなどというのは、ばかばかしい言いがかりだ。アメリカは20世紀後半の貿易交渉で、自国の希望をほとんどかなえてきた。[2] 発展途上国の反対を押し切って、知的財産権を徹底的に保護した。それも、先進国の知的財産は保護し、発展途上国の知的財産は保護しないという形でだ。さらに、アメリカの金融企業に市場を開放するよう諸外国に強要し、きわめてリスクの高い金融商品さえ受け入れさせた。金融危機の中心的理由となったデリバティブなどである。

確かに、アメリカの労働者は不利な状況に置かれている。未熟練労働者の賃金が減少した理由の一端は、グローバル化にある。だがそれだけではない。アメリカがこれまで、求めるものを手に入れてきたからでもある。問題は、アメリカがグローバル化にいかに対処してきたか、アメリカがこれまで何を求めてきたかにある。貿易協定は、先進国および発展途上国の労働者を犠牲にして企業利益を推進するだけのものだった。政府は、グローバル化の被害を受けている人を救うために行うべきことを何もしてこなかった。グローバル化の恩恵を誰もが受けられるようにすることもできたのに、企業の利益欲があまりに強すぎた。勝者は敗者に利益を分配しようとはしなかった。むしろ企業は、発展途上国の労働者との競争により、アメリカの労働者の賃金が押し下げられることを喜んだ。その結果、企業利益はますます増加した。

　こう言うと、トランプ大統領と私は反グローバル化で意見が一致しているように見えるかもしれないが、そうではない。私は基本的に、法の支配を重視している。国際貿易はルールに基づいて管理されるべきである。国内の経済に法の支配が必要なように（それがなければ社会は機能しない）、国際経済もルールに基づくシステムが必要だ。[3]一方トランプは、この世界をジャングルの掟に引き戻そうとしている。2国間で貿易紛争があれば、決着がつくまで殴り合い、強いほうが勝つ、という考え方である。トランプの見解はこうだ。アメリカはどの国よりも強い。だから、どんな紛争にも勝てる。それを続けていけば、アメリカの利益にかなう国際貿易体制を樹立できる、と。だがトランプは、2つの重要なポイントを見逃している。第1に、ただ利用されるだけのために、そのような体制に参加する国があるだろうか？　諸外国はむしろ、自国を丁重に扱ってくれる相手国との貿易・経済関係を重視するに違いない。第2に、諸外国が結束して対抗してくる可能性もある。アメリカの経済規模は、中国やヨーロッパの経済規模とさほど変わらない(間もなく中国の経済規模は、アメリカを30パーセント以上超えると予想される)。その両者が協力してアメリカに対抗したり、どちらかが「第三世界」を味方につけたりしたら、アメリカの優位も瞬く間に消え失せてしまう。

トランプが不公平な貿易ルールや迷惑な移民を問題視し、アメリカの苦境をグローバル化のせいにするのは間違っている。またその一方で、国民の大半の所得が停滞・減少している現状は、グローバル化とは一切関係がなく、テクノロジーの進歩にその原因があると主張するグローバル化支持者の言い分も間違っている。この苦境の真の原因は、アメリカ自身にある。私たちは、グローバル化についてもテクノロジーの進歩についても、その影響への対処を誤った。この両者にうまく対処できていれば、両方の支持者が主張するような恩恵を受けることもできたに違いない。

現状のルールよりも優れた、公平な国際的ルールが必要なことは言うまでもない。だが現在のアメリカにいちばん必要なのは、グローバル化やテクノロジーがもたらす変化に対処する能力である。それを高める方法はある。その進歩的な政策については後に紹介する。

本章では、まずは簡単に、グローバル化がなぜ期待どおりの成果をあげていないのか、トランプ大統領の政策はなぜそれをいっそう悪化させるだけなのかを解説し、次いで別のグローバル化プランを提示する。このプランは、裕福な国にも貧しい国にも、そのどちらの労働者にも有利な内容と言えるが、これまでグローバル化で利益を得てきた多国籍大企業にとっては、必ずしも有利な内容ではない。

グローバル化の弊害

グローバル化の影響は、雇用にも賃金にも現れている。わかりやすいのが、未熟練労働者への影響だ。アメリカのような先進国が、高い技術を必要としないが多くの人手を必要とする製品を輸入するようになれば、アメリカでそのような製品はもう生産されなくなるため、アメリカの未熟練労働者の需要は低下する。その結果、完全雇用状態であれば、未熟練労働者のインフレ調整後賃金は減少する。[4] 賃金が十分に下がらなければ、失業者が増える。至ってシンプルだ。需要と供給の法則が正しいと信じている人なら誰でも、グローバル化により（その影響を改善する政策がなければ）未熟練労働者が被害を受けることは理解できるだろう。

同じことは労働者全般にも言える。アメリカが多くの人手を必要とする製品を輸入し、貿易の自由化（関税などの貿易障壁をなくし、外国の製品に対してアメリカ市場を開放すること）を推進すれば、労働者全体の需要が減り、それに伴い（実質）賃金は減少する。また同様に、賃金が下がらなければ、失業が増える。

だが自由貿易を支持する人は、自由貿易により比較優位（産業の特化や天然資源の有無など）を活かせるようになるためＧＤＰが増加し、トリクルダウンという摩訶不思議な理論により万人の生活が向上すると主張する。だがこれは、国全体が豊かになれば国民全体も豊かになる可能性がある、と言っているにすぎない。勝者が得た利益を敗者と分かち合えば、誰もが豊かになれる。しかし、勝者が利益を分かち合うとは限らない。アメリカ流の利己的な資本主義では、そうはならない。

また、グローバル化を支持する人は、輸出により雇用が生まれることを強調するが、輸入により失われる雇用については触れない。貿易がほぼ均衡を保ち、なおかつ輸入品が輸出品より人手を要する場合、全体的に見れば雇用は失われる。

金融政策により金利を下げ、それにより投資や消費が増えれば、完全雇用は回復するかもしれない。だがこうした金融政策がうまく機能せず、完全雇用を達成できない場合もある。実際、２００１年に中国が世界貿易機関（ＷＴＯ）に加盟し、中国からアメリカへの輸入が増えると、輸入品と競合する製品を生産していた地域で失業が増え、賃金が低下した。[5]

金融・財政政策が機能し、最終的には完全雇用が回復するとしても、それまではグローバル化により雇用が失われる可能性が高い。輸入品攻勢により雇用が失われるペースのほうが、輸出の増加により雇用が生まれるペースより速いからだ。新たな貿易協定などにより生まれたチャンスを活かそうとする新興企業に、銀行があまり融資をしようとしない場合はなおさらである。[6]

さらには貿易協定や税制により、企業にとって、海外へ製造拠点を移したほうが都合がよくなると、本国の雇用が失われる。そうなるのは、本国よりも海外のほうが法人税が低い場合だけではない。貿易協定によりアメリカの企業は一般的に、本国より海外に拠点を置いたほうが資産を守ることができる。[7]その協定に、規制の変更から企業を保護する規定があるからだ（アメリカ本国ではそのような保護は受けられない）。規制の変更により企業の現在または将来の収益に悪影響がある場合には、標準的な投資協定の規定に基づいて訴訟を起こすことができる。しかもその訴訟は、企業に有利な仲裁委員会により処理される。[8]かつて企業は、賃金が低くてすむ発展途上国よりもアメリカ本国に拠点を置いていた。というのは、本国のほうが「安全」だと考えたからだ。アメリカ政府は、企業の資産を気まぐれに奪うようなまねはしない。財産権が守られているというのがアメリカの強みだった。ところが、こうした貿易協定により状況は一変した。アメリカの投資家は、同様の規定が適用されているメキシコなどに投資したほうが、資産を守ることができる。外国政府は、その資産を何の補償もなく奪うことができないだけでなく、規制を変更することさえできない。対照的にアメリカ政府は、何の補償もなく規制を変更できる。つまりアメリカは、法の支配や財産権の保護から生まれる制度的に優位な立場を手放してしまったのだ。

アメリカはなぜ、いとも簡単にそれほどの比較優位を手放してしまったのか？　それは、企業が短期的利益を見込んで、そのような規定を要求したからだ。この規定があれば、海外で安価な労働力を手に入れられるだけでなく、それにより本国の労働者の交渉力が弱まるため、本国でも安価な労働力を手に入れられる。企業はいまや、海外に拠点を移すと脅しをかけることができる。労働者の交渉力を弱めるのにこれほどいい方法はない。[9]

グローバル化はまた、国から税収を奪うという形でアメリカ市民に害を及ぼす。企業は、収益に対する課税が二度（操業している外国で一度、アメリカ本国で一度）行われないようにすることに成功した。だが、その一度の課税も十分には行われていない。グローバル化により企業は、国同士を競わせ、法人税を下げなければ外国に拠点を移すと政府を脅すことさえ可能になった。一部の行動的な企業がそれを本当に実行すると、こうした威嚇が現実味を帯びたものになる。[10]こうしてある国で法人税の引き下げに成功すれば、ほかの国にも目を向け、同様の威嚇を繰り返す。言うまでもなく企業は、このような「底辺への競争」を好む。[11]

共和党は、外国に負けないようアメリカも法人税を引き下げなければならないと主張し、２０１７年に法人税率を35パーセントから21パーセントに削減した。[12]２００１年および２００３年のキャピタルゲイン課税や配当税の減税の際にも、同様の主張をしている。しかしこれまでの減税は効果がなく、貯蓄や労働供給量の増加、成長率の向上には結びつかなかった。[13]２０１７年の減税でこうした効果が期待できる根拠は何もない。むしろ減税の結果、10年後のアメリカ人の所得が下がる可能性のほうが高い。[14]企業を呼び込むうえで本当に重要なのは、教育の行き届いた労働力や優れたインフラであり、そのためには税金が必要になる。企業は、誰かがこうした基本的な公共投資を行ってくれることを期待しており、その成果にただ乗りしたいと思っている。

　アメリカの企業は、「底辺への競争」がまだ十分ではないと言わんばかりに、税法上の複雑な規定（たいていは企業のロビー活動により税法に組み込まれたもの）を悪用し、実際に支払う税率をさらに下げている。その結果、実際の税率は「公式」の税率を大きく下まわり、ゼロ近くに至っている場合さえある。実際、多国籍企業に対するアメリカの実効税率（総利益に対する実質的な税負担率）は急落しており、２０１２年には公式の最高税率の半分近くだった。[15] グーグルやアップルは、利益の大半はアイルランドで働く少数の従業員が生み出していると主張しており、その利益に対する税率はわずか０・００５パーセントだったという。[16] こうした抜け穴を一掃するのは簡単であり、２０１７年の税制改革の際にも当初はそれが約束されていた。しかし、企業がこの新税法作成のハンドルを握っていたため、その約束が実現されることはなく、むしろ事態はさらに悪化した。以前は、企業が税制を悪用できる範囲を制限する、代替ミニマム税と呼ばれる規定があった。この規定のさらなる強化が必要だったのに、この規定を削除してしまったのだ。

　だがアメリカの企業や超富裕層には、低税率や巨大な抜け穴だけではまだ足りなかったようだ。彼らは租税回避のため、パナマやイギリス領バージン諸島といったタックスヘイブンを生み出した。[17] こうしたタックスヘイブンを閉鎖するのも簡単である。アメリカの金融機関に適用される透明性などの規制に従わない銀行を、アメリカの金融制度から除外すればいい。だがこうした改革は、経済学的には簡単だが、繰り返し述べているように、政治的には難しい。富裕層が自らの

「利益」を守るために、その影響力を行使してできるかぎりのことをするからだ。アメリカやヨーロッパの銀行は、富裕層の顧客への「サービス」を通じて自行の利益を確保しようと、こうしたタックスヘイブンの設立を支援していた。[18]

グローバル化やテクノロジーの発展が真の原因なのか？

だがすでに述べたように、グローバル化を擁護する人は、労働者の賃金が低下し、仕事が失われたのは、テクノロジーが発展したせいだと主張する。確かに、テクノロジーの進歩により労働者（特に未熟練労働者）の需要が減ったことも、低賃金や高失業率の原因なのかもしれない。[19] 経済学者は、高失業率や低賃金の何割がグローバル化によるものであり、何割がテクノロジーの進歩によるものかを明らかにしようと努力しているが、私が思うに、両者は密接に絡み合っており、そのような区分は本質的に不可能だろう。重要なのは、たとえテクノロジーの進歩がなく、グローバル化だけしかなかったとしても、アメリカの労働者は大打撃を受けたに違いないということだ（政府の支援がなければの話である）。テクノロジーの進歩により労働者が苦境に陥っていたところへグローバル化が進み、その苦境をさらに悪化させたというのが実情だろう。

だがアメリカ政府は、労働者を助けるどころか、さまざまな形でまったく逆のことをしてきた。グローバル化により労働者の交渉力は弱まったが、労働組合や労働者の権利に関する法制により、交渉力はさらに弱まった。経済の成長に合わせて最低賃金を上げていれば、最下層の人々を保護できたかもしれないのに、インフレに合わせて最低賃金を上げることさえしなかった。[20] 要するに、政策、テクノロジーの発展、グローバル化すべてが一体となって現在の問題を生み出している。労働組合は、テクノロジーの進歩やグローバル化に対して何もできなかった。そのせいで、労働組合の力は大いに弱まったに違いない。実質賃金の低下を食い止めることもできない労働組合に、組合費を払う必要がどこにある？　こうして労働組合の力が弱まった結果、アンバランスな貿易協定が締結され、最低賃金が停滞した。もはや労働者のために闘おうとする者、企業の巨大な力に対抗しようとする者は誰もいない。経済力のアンバランスが拡大すれば、それが貿易協定にも反映され、そのような貿易協定がさらにこのアンバランスを拡大する。そのような形でグローバル化が進められ、テクノロジーの進歩による産業の空洞化に苦しんでいた労働者の状況は、さらに悪化の一途をたどったのである。

21世紀の貿易協定

関税は、過去60年の間に大幅に削減されてきた。現在の貿易交渉では一般的に、それ以外の問題、たとえば、規制などの「非関税」障壁[21]、知的財産、投資などが重視される。その好例が、環太平洋パートナーシップ協定（ＴＰＰ）である（世界の貿易の44パーセントを包含するこの協定は、２０１６年に署名が行われたが、トランプが大統領就任初日に離脱を表明した）。この名称には、

「貿易」という単語が使われていない。これは、一般的なイメージとは違い、この協定が貿易を中心としたものではないことを示唆している。[22] 政府の推計によれば、この協定が完全実施されたとしても、アメリカの経済成長への純効果は、ＧＤＰのわずか0・15パーセントにすぎない。もっと中立的な推計によると、これほど低い数値でさえ高すぎるという。[23]

ＴＰＰなど最近の協定が貿易を中心としたものではないとすると、いったい何に関する協定なのだろう？　それは、投資、知的財産、規制、そのほか企業が憂慮するさまざまな問題に関する協定である。こうした新たな問題をめぐる交渉は、関税をめぐる従来の貿易交渉とは著しく性質が異なる。関税の引き下げをめぐるかつての貿易交渉は、一方の国の生産者の利益（保護を受けたい）と、もう一方の国の生産者の利益（新規市場に参入したい）との争いであり、消費者はこれにより価格の低下という大きな恩恵を受けることができた。だが最近の交渉は、一方の国の商業的利益と他方の国の商業的利益の争いではなく、双方の国における消費者と商業的利益の争いという場合が多い。一般市民は、環境に悪い危険で有害な製品から保護されたいと思っている。一方企業は、どこの国の企業であれ、利益を最大化したいと思っている。大胆な企業になると、その交渉に自社を参加させるよう政府に要求し、さらなる「底辺への競争」を推進する。その結果、規制の調和（規制に共通の「基準」を設けること）はたいてい最低レベルに落ち着く。こうした調和の利点は多少あるかないかで、むしろ弊害のほうが多い。共通の基準が緩く、企業がわがもの顔にふるまえる場合はなおさらだ。たとえば、ヨーロッパの住民の多くは遺伝子組み換え作物に不安を抱いている。できればそれを禁止してほしい、あるいは少なくとも明確にラベル表示してほしいと思っている。ところがアメリカ側は、そのようなラベル表示は、ヨーロッパ人のアメリカ製品購入を抑制することになると主張する。確かにそのとおりだ。しかし、だからラベル表示は貿易障壁になるというアメリカ側の主張は間違っている。どんな国にも、その国の市民や環境や経済を、適切と思われる方法で守る権利がある。遺伝子組み換え作物のラベル表示を要求するのは、保護主義ではない。市民の心からの関心を反映しているにすぎない。同様に、アメリカは過去25年の貿易政策を通じて、デリバティブ（２００８年の金融危機で中心的役割を果たした金融商品）に対して市場を開放するよう諸外国に強要してきた。それが諸外国の経済にもたらす多大なリスクよりも、アメリカの金融企業の利益を優先したのである。これに対して、多くの国がデリバティブを制限しようとするのは、保護主義ではない。きわめて危険な金融商品から自国の経済を守ろうとしているだけだ。政府には、こうした保護を行う権利がある。私としては、こうした形で政府の行動を制限しようとする貿易協定に反対する国の肩を持ちたい。

知的財産

最近重視されている貿易問題の１つに、知的財産の問題がある。高価なブランド薬を製造している大手製薬会社は、貿易協定の知的財産規定を利用して、はるかに安価なジェネリック医薬品の参入を強引に遅らせるなど、競合製品を抑制しようとしてきた。

多国籍企業は以前から、知的財産に関する強力な国際協定を夢見てきた。１９９５年には「知的所有権の貿易関連の側面に関する協定（ＴＲＩＰＳ協定）」が締結され、その夢が部分的にかなった。[24]この協定の目的は、イノベーションの推進ではない。第3章で述べたように、知的財産権は独占力を生み、利益を高める。知的財産権制度の設計が悪ければ、イノベーションは推進されない。ＴＲＩＰＳ協定の真の目的は、大手製薬企業やそのほかの産業の企業の利益を増加させることにある。[25]つまり、貧しい発展途上国や新興市場の資金がアメリカに流入するようにしたのである。[26]当然のことながら、この協定はバランスのとれたものではなかった。実際、豊かな生物多様性のなかに存在する遺伝的資源や伝統的な知識など、発展途上国の知的財産権は認められていない。[27]

保護主義では解決しない

グローバル化（特に貿易の自由化への対処の失敗）が、産業の空洞化、失業、格差の一因となったことは否定できない。しかし、だからと言ってトランプが行っているような保護主義政策をとっても、こうした問題は何一つ解決しない。それどころか、ルールに基づくグローバルシステムを無分別に解体しようとするその政策により、一部の問題はいっそう悪化するかもしれない。貿易協定の再交渉をしても、貿易赤字が減ることも、製造業の仕事が戻ってくることもない。というのは、貿易赤字は主にマクロ経済学的要素により決まるのであって、貿易協定により決まるわけではないからだ。マクロ経済学的要素により、為替相場（他国の通貨に対する自国の通貨の価値）が決定される。この為替相場が、輸出や輸入に決定的な影響を及ぼす。ドルの価値が上がれば、輸出が減り、輸入が増える。[28]

アメリカのような国は貯蓄がほとんどないため、わずかな投資をするだけで貯蓄がなくなってしまう。そのため赤字を補填するには、海外から資金を呼び込まなければならない。海外から資金が入ってくると、為替相場は押し上げられる。投資家が自国の通貨をその国の通貨に換金するからだ。つまり、資金がアメリカに入ってくると、たとえばユーロに対するドルの価値は上昇する。すると、ヨーロッパではアメリカの製品やサービスが高くなるので、アメリカの輸出がそれだけ減る。また、ヨーロッパの製品が安くなるので、アメリカの輸入が増える。ここに問題がある。アメリカの輸入が増えれば、輸入品と競合する産業の仕事がなくなる。そのため「保護」が求められるようになる。輸入できる量を制限したり輸入品に関税をかけたりして、輸入品から保護してもらおうとする。競争が激しい市場では、わずかな関税を設定するだけで、輸入品を締め出すことができる。[29]

貿易赤字の総計は、国内投資に対する国内貯蓄の不足分と等しい。そのため、国内貯蓄や国内投資の総額に影響を与える政策が、貿易赤字を左右する。そういう意味で、２０１７年の税制改革は、どんな2国間貿易協定にも増して、貿易赤字に影響を及ぼすことになるだろう。つまり、こういうことだ。２０１７年の減税法案が可決されたことで、政府の今後の赤字が大幅に増え、その赤字を補填するために外国から導入しなければならない資金も増える。それによりドルの価値が押し上げられるため、貿易赤字も増える。財政赤字と貿易赤字の間にはシンプルな関係が成り立つ。一般的には、財政赤字が増えれば、貿易赤字も増える。[30] トランプが貿易交渉に成功したとしても、それに変わりはない。

貿易協定を修正したとしても、貿易のパターンが変わるだけで、貿易赤字は解消されない。貿易のパターンが変われば、ある「２国間」の貿易赤字については改善が見られるかもしれない。だが、「多国間」の貿易赤字（貿易赤字の総計、つまり輸出の総計と輸入の総計の差）はほとんど変わらない。たとえば、アメリカが中国に25パーセントの関税をかけたとしよう。するとアメリカでは、中国からの衣料品の輸入が減り、ほかの国（たとえばマレーシア）からの衣料品の輸入が増える。マレーシア製の衣料品は中国製の同等の衣料品に比べてやや高いため（そうでなければ、すでにマレーシアから衣料品を輸入しているはずだ）、アメリカで衣料品の価格が上がる。その結果、アメリカの生活水準が低下する。

また、トランプが貿易協定の再交渉に成功するかどうかにかかわらず、今後アメリカに戻ってくる製造業の仕事はごくわずかだろう。[31] 製造の仕事が戻ってきたとしても、巨額の資本が投入されたハイテク工場で製造が行われ、労働者はほとんど必要とされないと思われる。さらに、雇用が失われたのと同じ場所で新たな雇用が生まれる保証もない。このように保護主義では、製造の仕事を失った人々の問題は解決しない。

アメリカとカナダとメキシコの間で締結された新たな貿易協定を見てみよう。この協定は、メキシコからの自動車部品の輸入の削減を意図している。だが、たとえ目論見どおりになったとしても、アメリカの車の価格が上がり、魅力を失うだけだろう。確かに、自動車部品を製造する仕事は多少増えるかもしれないが、アメリカ製の車の販売が減少するだろうから、車を製造する仕事がなくなることになる。

もう1つ、2018年に話題になった、アメリカが中国のソーラーパネルに関税をかけた事例について考えてみよう。この政策は、石炭産業の復興に結びつかないどころか、アメリカにソーラーパネル産業を生み出すことさえないだろう。中国はすでに、ソーラーパネルの生産の効率化で大きくリードしており、アメリカがそれに追いつくのは難しい状況にある。アメリカの労働コストを考えればなおさらだ。したがって、今後もアメリカで使用されるソーラーパネルは中国で製造されることになるだろうが、関税のせいで価格が上昇し、アメリカの消費者も企業もソーラーパネルに魅力を感じなくなる。その結果、ソーラーパネルを設置する仕事が失われる。この仕事はまだ生まれたばかりでありながら著しい成長を遂げており、例の関税が課される前には、炭鉱作業員の2倍以上のアメリカ人がこの仕事に従事していた。関税により、こうした再生可能エネルギー関連の仕事が減ることはほぼ間違いない。つまり、環境に優しいエネルギーの生産が減るということだ。

グローバル化により雇用が失われたうえに、トランプが提案する無鉄砲な非グローバル化により、さらに雇用が失われるだろう。この世界はこれまで、効率のいいグローバルなサプライチェーンを構築してきた。賢明な国はそれをうまく活用している。アメリカがこのサプライチェーンに背を向ければ、アメリカの企業の競争力は落ちる。何より重要なのは、順応に多大なコストがかかることだ。グローバル化に順応するのは簡単ではなく、私たちアメリカ人（特に労働者）は多大な犠牲を払ってきた。非グローバル化に順応しようとするなら、またしても大きな犠牲を払わなければならない。[32]

21世紀の国際協力

保護主義はアメリカのためにならない。産業の空洞化に苦しむ人々を助けることにさえならない。それどころか、アメリカの貿易相手や世界経済に深刻な影響を及ぼすおそれがある。国際社会は、過去70年にわたってルールに基づく制度をつくり、通商や協力を推進してきた。アメリカはこの制度の形成において中心的な役割を担ったが、それは利他主義からではない。アメリカを含め、世界全体にとってそのほうがいいと考えたからだ。通商や交流は、国境を越えた理解を促進し、平和をもたらす。前世紀に猛威を振るった戦争を抑制する。それに、この制度は経済的にもプラスになる。グローバル化は、ルールに基づいて管理を適切に行えば、あらゆる国がその恩恵を受けられる。実際、全体として見れば、アメリカの経済はその恩恵を受けた。問題は、その成長の果実を公平に分配しなかった点にある。

貿易戦争と国際協力

現在、このルールに基づく世界貿易体制が攻撃にさらされている。トランプ大統領が初めて中国との貿易戦争を示唆したときには、アメリカ内外の誰もが、実際にそんなことになるとは思っていなかったに違いない。結局のところ貿易戦争など、どちらの国の利益にも著しく反すると思われるからだ。何よりも、長らくアメリカの国際経済政策を支配してきた企業利益が損なわれる。だがトランプは、理性もなければ一貫性もなかった。２０１８年の鉄鋼、アルミ、洗濯機、ソーラーパネルの貿易紛争を皮切りに、本格的な貿易戦争に突入した。アメリカが２０００億ドル分以上の中国製品に関税をかけると、中国も報復関税を発動した。トランプは、どうせアメリカが勝つと思い込んでいる。アメリカから中国への輸出より、中国からアメリカへの輸入のほうが多いからだ。しかし、そのような考え方はさまざまな点で間違っている。ここで重要になるのは、双方が利用できる手段、決意、相手に損害を与える能力、相手に与えられた損害を相殺できる能力、そして国内の支援である。中国の経済はいまだ政府により統制されているため、アメリカより攻撃のターゲットを絞りやすいうえ、損害を受ける産業に効果的に相殺措置を施すこともできる。また中国は以前から、輸出依存の経済から脱却したいと考えていた。この貿易戦争はそれを後押しし、テクノロジー能力を高めようとする中国の決意をさらに高めるだけだろう。さらに、中国の輸出品のうち実際に中国で製造されている部分の割合は、アメリカの輸出品に比べるときわめて少ない。そのため、中国の輸出が1ドル減少した場合に中国経済が受ける影響は、アメリカの輸出が1ドル減少した場合にアメリカ経済が受ける影響に比べると、かなり小さい。[33]

それに中国では、政府の指導のもと、貿易戦争に関する国民の見解が比較的統一されている。一方アメリカでは、かなりの割合、場合によっては過半数の国民が、貿易戦争に反対している。[34]なおかつ中国には、中国で操業しているアメリカ企業の圧迫、南シナ海での示威活動など、可能な経済的・非経済的措置が無数にある。

もちろん、保護主義の悪影響が直接的な経済チャネルを超えて広がり、最終的に誰もが敗者になる可能性もある。国際社会では、貿易以外のさまざまな面で協力が必要になる。たとえば、北朝鮮問題に対処するには、韓国と中国の支援が欠かせない。ロシアに対処するにはヨーロッパの支援が必要になる。貿易戦争に従事していれば、そのような支援を受けられる可能性も低くなる。

多様な価値体系を認めるグローバル化

貿易戦争の脅威の背景には、世界貿易体制への根深い不満がある。この不満は、グローバル化への対処の仕方を誤った結果苦しんできた人々だけのものではない。これまでグローバル化支持者は、まったく異なる価値体系を持つ国でも自由貿易体制に組み込むことができると思い込んできた。だが価値観は、経済や競争力に広く深い影響を及ぼす。たとえば、人工知能（ＡＩ）などの領域は、あまり自由でない社会のほうが有利かもしれない。こうした領域にはビッグデータが欠かせないが、中国にはデータの収集・利用を阻害する要因が少ない。同様にアメリカは、最低賃金をはるかに下まわる賃金で受刑者を働かせている（受刑者はアメリカの産業労働力のおよそ５パーセントを占める）。また、炭素排出量に規制をかけてもいない。ヨーロッパはこれらの事例を挙げ、アメリカが不当に有利な立場にあると不満を訴えているが、こうした不満は妥当なのだろうか？

欧米諸国（特にアメリカ）は、中国との貿易を拡大した25年ほど前には、それにより中国の民主化が進むのではないかと期待を抱いていた。共産主義の崩壊により、西欧の政治経済体制が勝利したのだと確信し、北朝鮮のような一部の無法国家を除き、間もなくどの国も正しい道を理解し、アメリカ流の民主主義や資本主義を採用するだろうと思っていた。

だが、２００８年に金融危機が勃発し、アメリカ流の資本主義の限界があらわになった。さらにトランプが大統領に就任し、アメリカ流の民主主義の限界があらわになった。中国では習近平が国家主席の任期制限を廃止し、中国の民主化が期待されていたほどのペースでは進んでおらず、むしろ逆方向に向かっていることが明らかになった。その一方で中国は、ほかのどの国よりもうまく２００８年の金融危機を切り抜け、独自の経済モデル（国家資本主義と呼ぶ人もいるが、中国はこれを「中国的社会主義市場経済」と呼ぶ）が著しく力強いことを証明してみせた。中国の成長率は、現在はやや鈍化しているものの、ヨーロッパの3倍以上、アメリカの2倍に及んでいる。どの経済モデルを採用すべきか悩んでいる第三世界諸国には、こうした中国の成功が、その大規模な対外支援プログラムとあわせ、きわめて魅力的に見えているに違いない。

40年前に中国が市場経済への移行を始めたころには、この貧しい国が半世紀もたたないうちにアメリカに匹敵するＧＤＰを生み出すようになるとは、誰も想像できなかったことだろう。中国はさらに、人工知能やサイバーセキュリティなど、一部の先進分野で成功を収め、経済競争ばかりか国の安全保障に関する懸念まで引き起こしている。外国の企業ももはや、中国に強い関心を示さなくなった。以前は宝の山に見えたこの国も、現在では賃金が上がり、環境などの規制が厳しくなり、中国企業との競争も激しくなるなど、もう以前ほど利益にならず、前途に明るい兆しは見えない。

中国はまた、市場参入の条件として、合弁事業を要求する（これには、知的財産の共有も含まれる）。アメリカの企業はこれに不満を訴える。だが中国側は、企業に中国市場への参入を強制しているわけではなく、企業は条件を承知のうえで参入しているのだと主張する。[35]中国はいまだ発展途上国であり（かなり巨大な発展途上国ではあるが）、1人あたりの国民所得はアメリカの5分の1でしかない。そのため、先進国との差（特に知識の差）を埋めようと懸命になり、きわめて重要ないくつかの分野では実際にそれを成し遂げてきた。その手段として合弁事業を利用してきたのであって、合弁事業やそれに伴うあらゆる事項を禁止する国際法や規範は存在しない。[36]

だが、中国の現在の成功は、欧米の企業との合弁事業や知的財産の盗用にのみ頼っているわけではなく、幅広い基盤の上に成り立っている。ソーシャルメディアや人工知能といった分野はすでに最前線にあり、取得している特許の数も劇的に増加している。[37] ほかの分野でも、先進国との知識の差はすでにほぼ埋まっている。トランプ政権がいまさら中国と貿易戦争をしても、後の祭りである。[38]

中国との貿易により中国の民主化が進むというばかげた考え方を捨てれば、本当の問題が見えてくる。経済体制の異なる国との間に完全な自由貿易は成り立つのか？　プライバシーを考慮せず、政治的に不都合なサイトを閉鎖したり検閲を行ったりする国と「公平な環境」をつくり上げるというのは、どういうことなのか？　この問題は、あまり目立たない形ではあるが、以前から議論されていた。発展途上国や新興市場は、アメリカやＥＵが農業への助成にこだわるかぎり、公平な世界貿易体制はあり得ないと訴える。世界には、農業で生計を立てている貧しい人々が何十億といる。一方アメリカは、中国経済には密かな助成が蔓延していると主張する。それに対して中国は、そのような助成はどこの国の経済にもあると主張する。農業に多額の助成を施し、金融機関に大々的な緊急支援を行い、防衛産業に巨額の研究費を投じ、その利益の一部を消費者製品に還元している（ボーイングの旅客機など）、と。ヨーロッパもこうした航空機産業への密かな助成に反対しているが、それに対してアメリカは、ヨーロッパもエアバスに対して不透明な支援を行っていると抗議している。

私たちは現在、国が違えば経済を構成する方法もまったく異なるという現実に直面している。経済は、その国の価値観や信念を反映している。企業の力が増大し格差が拡大するアメリカ流の資本主義を、誰もが望んでいるわけではない。また、中国レベルの経済介入やプライバシーの侵害を、誰もが望んでいるわけでもない。価値観を伴わない自由なグローバル体制では、うまく機能しない。だが、いずれかの国がルールを支配するシステムも、やはりうまくはいかない。私たちは、グローバル化の新たな形を見出す必要がある。平和的に共存しながら、経済体制が著しく違っていても、広い範囲で実り豊かな通商ができるようなグローバル化である。最低限のルールは必要になるだろう。基本的な交通規則のような、何らかの形での法の支配は欠かせない。だが、自国の規制制度を他国に強制したり、その逆があったりしてはならない。こうしたルールが地球規模で広がり、あらゆる国がそれに同意できれば、誰にとってもこの世界ははるかによいものになるだろう。

グローバル化を修正する

保護主義は、アメリカやそのほかの国が直面している問題の解決策にはならない。だからと言って、これまでのようなグローバル化をさらに推進しても解決にはならない。過去30年余りの間にしてきたことを繰り返しても、今後数十年で問題が改善する見込みはない。さらなる苦難、さらなる政治的混乱を引き起こすだけだろう。

　これまでのグローバル化は、間違った前提に基づいて進められてきた。誰もが勝者になるという前提（政府の介入がなければ、無数の敗者が生まれる）、そして、グローバル化は経済によい効果をもたらすという前提（実際には、グローバル化への不適切な対応により企業に有利な政策が推進され、労働者の交渉力が低下し、特に一部の産業で企業の力が増大した）である。グローバル化の名のもとに、労働者は国の競争力を維持するため、賃金の低下、労働条件の悪化、必要な行政サービスの削減を受け入れるよう強いられてきた。そんな政策により労働者の生活水準が向上することなどあるだろうか？　これまでは、先進工業国の成長ばかりが誇張され、分配が軽視されてきた。

　もちろん、グローバル化にうまく対応し、大々的な成功を収めた新興市場もある。中国は、短期的な資本移動（短期的に流入・流出するホットマネー）にまつわる不安定状態を回避すると、海外からの投資を奨励して先進国との知識の差を埋めた。さらに、ほぼ安定した為替相場を維持し、発展の初期段階では（近年はそうでもない）自国通貨の価値を本来の価値よりやや引き下げることで、輸出を促進した。そして何より重要なことに、確かに格差は拡大したものの、ほとんどの国民がグローバル化の恩恵を受けられるようにした（７億４０００万人が貧困状態から脱した）。

こうした新興市場は先進国を犠牲にして成長したのだと言う人がいるかもしれないが、それは間違っている。一般的に、貿易は「双方」に利益をもたらす。だが政府がリスクやチャンスにうまく対応できなければ、大勢の市民の生活が悪化するおそれがある。アメリカでは、政府が必要な措置をとらなかった。その結果こうなることは予想できたはずだ。[39]

グローバル化の影響は、経済をはるかに超えたところにまで及ぶ。グローバル化により医学知識が普及したため、世界的に平均余命が延びた。ジェンダーの思想が普及したため、ジェンダーの権利が世界的に認知されるようになった。しかしその一方で、世界規模の租税回避が横行し、基本的な公共サービスに必要な収入を奪われる国が増えた。グローバル化はまた、対応を誤ればコミュニティや社会を荒廃させる場合さえある。地元の商店は、コミュニティを支える役目を担っている。だが、こうした商店は現在、海外から安い製品を仕入れられる強みを持つ大規模チェーン店により、コミュニティから締め出されつつある。大規模チェーン店の経営者の場合、コミュニティを思う気持ちよりも自社への忠誠心のほうが大きい。それに、1カ所に長くとどまることもあまりないため、地域に根づかない。

これまでのグローバル化のルールは、理想にはほど遠いものだった。労働者や消費者、環境、経済を犠牲にして、企業の利益を保護してきた。大手製薬企業は、世界中の人間の命を犠牲にして、自社の高価な医薬品を保護している。大企業は、小企業より大企業に有利な知的財産制度を手に入れ、生活や環境、あるいは長期的な成長やイノベーションを犠牲にして、利益をあげている。多国籍企業が簡単に租税を回避できるようになったため、それだけ労働者や小企業の税負担が増えている。投資協定により、自国よりも資産を保護できる外国への投資が増えている。このような状況はおかしい。

改革点を簡単に列挙すれば、まず投資協定では、アメリカの企業が差別されないようにすることを重視すべきだ[40]。また貿易協定では、知的財産の規定で大手製薬会社の利益を確保するのではなく、ジェネリック医薬品を利用できる機会を確保すべきだ。さらに、租税回避にグローバル化を利用する問題にも対処したほうがいい。

もっと開放的で民主的なプロセスを通じて交渉を行えば、ほぼ確実に国際的な貿易ルールを改善していける。現在アメリカでは、アメリカ通商代表部（ＵＳＴＲ）が密室で協定の交渉を行っている。だがそれは、完全な密室ではない。事実上、企業の代表がそこに入り込んでいると言っていい。ＵＳＴＲは、交渉すべき点について企業の代表と協議しているからだ。その一方で、連邦議会議員はその場から締め出されている場合が多い。ＵＳＴＲは、どのような立場で交渉するのかということさえ教えようとしない[41]。

しかし何より大切なのは、いかなるルールであれ、変わりゆく経済に一般市民が適応できるよう支援していく必要があるということだ。それは、グローバル化による変化についても、テクノロジーの発展による変化についても言える[42]。市場の力だけでは、変わりゆく経済に合わせた社会の移行がうまく進まない。北欧諸国（スウェーデンやノルウェーなど）のように、経済の変化に合わせて国民を支援してきた国では、力強い経済、変化を受け入れやすい政治、国民全体の高い生活水準を実現している。必要になるのは、国民の再教育や再就職を支援する積極的な労働市場政策であり、雇用の喪失に劣らないペースで新たな雇用を創出するとともに、大規模な雇用喪失に苦しむ地域の新たな経済的発展を支援する産業政策である[43]。また、万人に行き届く優れた社会保障制度も欠かせない。グローバル化やアメリカ経済を主導してきた人々は、グローバル化した世界で競争に勝利するためと称して、こうした社会保障プログラムがもっとも必要とされているときに、その縮小を要求してきた。

少なくとも経済学的視点から見れば、グローバル化のルールを書き換え、グローバル化への対応を改善していくのは簡単だ。本書の第9章で、グローバル化やテクノロジーの変化に適切に対応する方法を解説する。これにより、少なくとも大半の市民がその恩恵を受けられるようになり、取り残される人はほとんどいなくなるだろう。

第5章

金融が引き起こした危機

現在の経済的・社会的・政治的低迷が生まれたもう1つの主要な原因が、金融である。10年近く続いた経済危機を引き起こし、格差を拡大し、成長を鈍化させる一因となった。優秀な若い人材など、さまざまな資源が金融へ流れ、実体経済の強化がおろそかになった。製品やサービスの生産の効率化という目的を達成するための手段でしかなかった金融産業が、目的そのものと化した。現代の経済は、社会に奉仕する適切な金融市場がなければ機能しない。だからこそ、社会が金融産業に奉仕するのではなく、金融産業が社会に奉仕するようこの産業を改革する必要がある。

アメリカには建国以来、銀行が力を持ち、大衆民主主義をむしばむのではないかという不安があった。その証拠に、多くの市民が第一合衆国銀行の設立に反対し、設立された後も、１８３６年にその公認期間の20年が過ぎると、アンドリュー・ジャクソン大統領がさらなる延長を拒否している。この不安は最近になって、実に妥当なものだったことが証明された。それは、２００８年の金融危機の再発を防ぐため、銀行を規制しようとする取り組みが始まったことからも明らかだろう。実際、強力な規制が必要だと考えるアメリカ人は4分の3以上に及ぶ。だが、アメリカの主要十大銀行は、議員1人あたり5人ものロビイストを抱えており、2億５０００万人以上の市民に匹敵する影響力を持っている。そのため、金融危機を引き起こした問題点の是正を目的とするドッド・フランク法の可決に2年を要したばかりか（２０１０年に成立）、その内容も期待とはかけ離れたものとなった。しかも、この法律のインクもまだ乾かないうちから、ロビイスト軍団が見直しを求める運動を始めた。２０１８年にはその運動が大々的な成功を収め、この法律による監視強化の対象から大半の銀行が除外された。[1]

　そもそも２００８年の銀行救済策そのものが、銀行の力を如実に示している。銀行は、金融危機を引き起こした張本人だった。それなのに政府は、その危機に対する責任感などかけらもない銀行や銀行家に、多額の資金を提供した。その一方で、銀行家の金もうけ競争の巻き添えを食らった労働者や住宅所有者には、微々たる支援しかしなかった。経済復興計画が作成されていたころにオバマ大統領やティム・ガイトナー財務長官と面会した人々の記録を見ると、その作成に誰が参加し、誰が参加していなかったかがわかる。被害にあって苦しんでいる一般の住宅所有者は参加せず、大手金融企業が参加していたのである。[2]

確かに、銀行を救う必要はあった。経済に不可欠な信用の流れは維持しなければならない。だが、銀行家や銀行の株主や債券保有者を救わずに、銀行だけを救うこともできたはずだ。資本主義のルールに従えば、銀行を含め企業が負債を返済できないときには、まずはその株主や債券保有者がすべてを失わなければならない。納税者が何らかの負担を求められるのはそれからである。[3]

また、銀行に資金を注ぎ込み、その株主や債券保有者を救う際に、銀行に条件をつけることもできたはずだ。その資金は、住宅所有者や小企業を支援するために使い、銀行家に多額のボーナスを支給するために使用してはいけない、という条件である。ところが、それもしなかった。オバマ政権は銀行家を信用した。過去10年間を見れば、銀行家を信用できない理由などいくらでもあった。それなのに政権は、銀行やその株主や債券保有者に十分な資金を与えれば、何らかの形でそれがトリクルダウンし、万人のためになると思い込んだ。だが実際には、そうはならなかった。回復へ向かう最初の3年間、成長の果実の91パーセントが、所得階層の上位1パーセントの手に渡った。数百万人が住宅や仕事を失うなか、危機的状況を引き起こした銀行家たちは、数百万単位のボーナスを受け取っていた。そのような社会は、効率的でもなければ公正でもない。だが、重心が銀行のほうに傾いている民主主義では、当然予想されたことだった。

金融産業が社会に与える損害を食い止める

欧米の金融改革の取り組みはたいてい、銀行が社会に与える損害を食い止めることを目的としている。銀行は、無謀な融資を行うだけでなく、略奪的な融資、クレジットカードの乱発、市場支配力の悪用などを通じて、社会に多大な損害を及ぼしてきた。2008年の金融危機以後、銀行が想像以上の悪事を働いていたことが明らかになっている。資産額でアメリカ第3位の銀行であるウェルズ・ファーゴは、当人の同意もなく個人口座を開設していた。複数の銀行が、外国為替市場や金利市場の操作に手を染めていた。信用格付会社や投資銀行の多くが、詐欺行為を大々的に行っていた。

モラルの崩壊が蔓延するこうした状況に目を向けると、きわめて困難だが重要な課題が浮かび上がってくる。金融産業の規範や文化の変革である。[4] 銀行家は、アメリカの法制度が大規模な詐欺や契約違反に対処する能力を備えていないことに気づいていた。そのため、自ら署名した契約をまったく守ろうとしなかった。[5] 彼らは、告訴したいならすればいい、と言っていたらしい。正義を求める人々から告訴されても、訴訟手続きには時間がかかる。それに、銀行家に甘い判事がもっともらしい言い訳を広めてくれるかもしれない。裁判で負けたとしても、支払うべき金銭を支払えばいいだけだ。しかし、おそらくは銀行家が勝つ。だまされた側には大手銀行ほどの資金がないため、いずれはあきらめ、損害の数分の一の金額で和解する。つまり、銀行家のほうが一方的に有利なのだ。契約保障に頼らざるを得ない人から見れば、正義の判断が遅れることは正義が否定されることを意味する。

何より重要なのは、信用がなければ経済は機能しないということだ。銀行はそれを肝に銘じなければならない。私たちは、好きなときに預金を引き出せると信じて銀行にお金を預ける。まさかだまされることはないだろうと信じて銀行から複雑な金融商品を購入する。だが銀行家は、自分たちが信用に値しない人間であることを繰り返し証明してきた。それが、経済全体の機能をむしばんでいる。銀行家は近視眼的思考に陥るあまり、「よい評判」を手に入れようとするふりさえしなくなった。「競争は負け犬がするものだ」と言ったピーター・ティール同様、ゴールドマン・サックスのCEOロイド・ブランクファインもこう述べている。誠実で信頼できるといった評判は、かつては銀行のもっとも重要な資産と見なされてきたが、いまではもう古くさい過去の遺物にすぎない、と。ゴールドマン・サックスは、価値の下落を見込んだ証券をつくっていた。その証券を顧客に販売しながら、実際にはその価値が下落するほうに賭けていた（これを「空売り」という）。もちろん顧客には、その証券の価値が下落する見込みであることも、同社がこの知識を利用して反対のポジションをとっていることも伝えない。99パーセントの人間が、これを不正と思うだろう。だがそのような人間は、過去の時代にこそふさわしい。これを不正とするのは、どうやら時代錯誤的な考え方のようだ。ブランクファインの言葉は、銀行家は信用を大切にするべきだという考え方に終止符を打った。その言葉は事実上、銀行家を信じる者はばかだと告げている[6]。

次の四半期のことしか考えない金融産業の近視眼的思考もまた、経済を弱体化させる要因となった[7]。近視眼的な銀行家は、長期的な評判など意に介することなく目先の利益だけを追求し、投資家にうそをついたり（ゴールドマン・サックス）、一般預金者をだましたり（ウェルズ・ファーゴ）した。投資銀行や信用格付会社が詐欺を働いたのも、こうした近視眼的思考（あるいは、処罰を免れられるという期待）による。

機能不全の金融産業、機能不全の経済

金融産業の中心的機能の1つに、仲介がある。余剰資金を持つ人と、資金を必要としている人との間を取り持つ機能である。このプロセスの歴史は古い。原始的な農業経済では、種の余った人が、隣りの人に種を分け与えていた。現代の経済では、退職後の生活、住宅購入の頭金、子どもの大学教育費などのために貯蓄している家庭から金銭を預かり、投資すべき企業にそれを提供するという形をとる。

ところが銀行業務が進化するにつれ、銀行は次第に、規模の拡大や雇用の創出を目指す企業と貯蓄者との仲介業務から離れていった。そして、実際に稼ぐ金額以上に消費したいと思う家庭と貯蓄者とを仲介するようになった。たとえば、クレジットカード融資である。この融資は、かなりの利益になる。高い金利や延滞料（延滞していないのに払わなければならない場合もある）、当座借越手数料など、消費者を利用して金をもうける方法は無数にあるからだ。規制の撤廃が進み、銀行の略奪行為に対する制約がない場合には、市場支配力を行使して消費者と加盟店双方に同時に高い手数料を課すなど、あらゆる方面から利益をかき集めることもできる。つまり、同じ融資をするなら、企業よりも消費者のほうが搾取しやすい。中小企業に融資するより消費者に融資するほうが、楽に多くの利益をあげられる。そのため中小企業は次第に、大手銀行から融資を受けられなくなった。実際、金融危機から数年が過ぎた２０１６年になっても、中小企業への融資（インフレ未調整）は依然として、２００８年より14パーセントほど低いレベルにある。一部のヨーロッパ諸国では、さらに減少幅が大きい。[8]

同様に銀行は、仲介が必要とされるある重要な領域の仕事に失敗した。それは、長期的な貯蓄者と長期的な投資家との仲介である。どこの国でも、貯蓄者の多くは長期にわたって貯蓄を行う（年金基金、大学基金、将来世代のために国の資金を保管する政府系ファンドなど）。一方、きわめて重要とされる投資も、たいていは長期にわたる投資である（インフラへの投資、気候変動の現実に合わせて世界のエネルギー体制を改良する投資など）。だが、この長期的な貯蓄者と長期的な投資家との間には、近視眼的な金融市場しかない。銀行家には、長期的な資源配分を判断する能力などない。彼らは、ただちに利益を生み出す短期的なプロジェクトだけを望んでいる。長期的なリスクの管理に役立つ金融商品をつくることなど、とうていできない。

最近では、世界銀行、アジアインフラ投資銀行、新開発銀行（ＢＲＩＣＳ開発銀行とも呼ばれる）[9]、アフリカ開発銀行など、長期的な開発を重視する公的な多国籍開発銀行が、この仲介の仕事を引き継いでいる。だが資本が十分でないため、機能不全に陥った民間の金融制度を十分に補うには至っていない。

仲介業務の減少、市場支配力を獲得する取り組みやギャンブルの増加

銀行はまた、仲介業務よりもはるかに実入りのいい業務に手を染めている。たとえば、大規模なギャンブルである。ラスベガスでは単に「賭け」と呼ばれているものが、ウォール街では金融業界らしい名前をつけられ、「デリバティブ」（金利や為替相場、石油の価格などがどうなるかに賭ける）や「ＣＤＳ（クレジット・デフォルト・スワップ）」（企業やほかの銀行が破産またはそれに近い状態になるかどうかに賭ける）などと呼ばれている。これらがスロットマシンの賭けと違うのは、そこに数百万ドルが賭けられることだ。このようなギャンブル市場が存在するのは、部分的にではあれ、事実上政府が損失を補填してくれるからだ。損失があまりに大きくなれば、政府が銀行の救済に乗り出す。ここでも銀行は一方的に有利な立場にある。利益が出ている間は

利益を持ち去るが、損失が出たときには政府に助けてもらう。銀行が進んでギャンブルに身を投じるのは、政府が守ってくれるからであり、何が起ころうとその契約が守られると知っているからにほかならない。

ドッド・フランク法は、政府が損失を負担するこのギャンブルをやめさせるために可決された。そのギャンブルのコストがあまりに大きいことが証明されたからだ。実際、ＡＩＧ１社を救済するためだけに、１８００億ドルもの資金が使われた。つまり、児童向け助成プログラムを通じてアメリカの貧困層に提供される10年分の助成金を超える額が、企業助成のために一挙に失われたのだ。[10]

この公費によるギャンブルを抑制しようとする試みに対し、銀行がとった対応は驚くほど厚かましいものだった。２０１４年、シティグループのロビイストは、銀行がこのギャンブルを行う権利を回復する規定を作成すると、どうしても可決しなければならない政府予算法案の修正条項のなかにそれを紛れ込ませたのだ。[11]

驚くべきことに銀行は、住宅ローン発行にかかわるリスクを負うことさえ拒否している。金融危機から10年、住宅バブルの崩壊から12年がたったいまでも、政府は大部分の住宅ローンの損失を補填している。銀行側にしてみれば、住宅ローン発行の手数料は欲しいが、審査が誤っていたときの責任は負いたくない。だから、不良貸付による損失は政府に埋めてもらいたい、というわけだ。資本主義を信奉しているとされる国の民間企業が、自らつくった住宅ローンのリスクを負うことさえしないというのは、何とも皮肉な話である。銀行には住宅ローン発行にかかわるリスクを負う能力も意思もないという銀行側の主張のせいで、住宅ローン市場を改革しようとするあらゆる提案が頓挫している。

仲介業務よりも実入りのいい銀行業務には、ほかに「合併・買収」もある。銀行は合併を促進し、大企業がさらに規模を増すのを支援することで、すでに進んでいる市場の集中や市場支配力の増大をさらに悪化させている。一度の合併や買収だけで、銀行に数億ドルの手数料が入る場合もあるからだ。だが第３章で述べたように、こうした市場支配力の増加は、経済や社会に多大な影響を及ぼす。銀行がこうした経済の変質の主犯とは言えないまでも、共犯であることは間違いない。

実入りのいい銀行業務が、さらにもう１つある。この業務はほかの業務にも増して、社会に何の生産性ももたらさない。それは、多国籍企業や富裕層が支払うべき税金を支払わなくてすむよう支援する仕事だ。税金の高い地域から低い地域へ資金を移動させ、脱税ではなく租税回避を促すのである。[12] それと同時に銀行は、世界規模で租税・金融制度を改革しようとする取り組みを妨害している。その結果、年間数百億ドルが租税を免れている。

銀行が租税回避を促進している具体的な事例を１つ紹介しよう。アップルは金融産業と手を組み、その創意工夫の才を、大衆に愛される製品を生み出すために使うだけでなく、租税を回避するためにも利用した。あるときアップルの一部の株主が、同社が多大な利益をあげていることを知り、ただちにその分け前を要求した。２０１７年以前の税法では、現金が海外にあるかぎり、税金を支払う必要はない。だがそれを本国アメリカに持ってくると、利益に対して法人税を支払わなければならない。そこでアップルは、金融市場に目を向け、そこで資金を借りて配当を支払うことで、あらゆる問題を解決した。つまり、利益を本国に戻さないようにして、支払うべき税金を回避すると同時に、株主が要求していた配当を提供したのである。

前述したようにアップルには、租税回避のためアイルランドに利益を移転していた事例もある。いずれの場合も、企業の良心はかけらも見られない。アップルは、アメリカ政府が開発・資金援助したテクノロジーをもとに成長してきたにもかかわらず、銀行同様に奪うことばかりに熱心で、与えようとしない。その一方で、企業の責任を声高に訴えている。私に言わせれば、企業の社会的責任のなかでもっとも重視すべきは、納税である。

廃れゆく仲介業務

金融産業は現在、家庭から預かった資金を企業に提供する従来の仲介者の役割を果たしていないどころか、まったく逆のことをしている。企業から資金を奪い、それを家庭に提供することで、富裕層の富をますます増やしている。たとえば、税制上のさまざまな利点を挙げ[13]、銀行が資金を提供して企業の自社株の買い戻しを支援する（やはりアップルがいい例である）。しかしそうすると、現金が企業から流出し、企業が投資にまわせる資金が少なくなり、創出できる雇用も減る。

利益を受け取ることになるのは、言うまでもなく株式の所有者だ。株式の所有者は、超富裕層が圧倒的に多い[14]。こうした買い戻しが大規模化し、近年では一貫して、非金融企業の投資額（資本形成）を上まわっている。第二次世界大戦後の数年間にはわずかな買い戻ししかなかったことを考えれば、大変な差である[15]。２０１７年12月に共和党の税制改革法案が可決されると買い戻しが急増し、２０１８年は記録的なペースで買い戻しが進んでいる[16]。

従来の銀行業務から機能不全の金融制度へ

金融産業はこれまで、現在ほど機能不全に陥っていたわけではない。１９４５年にＧＤＰの２・５パーセントを占めていたにすぎない同産業は、金融危機時にはＧＤＰの８パーセントを占めるまでに成長していたが、経済全体はそれほどの成長を示してはいない。むしろ成長は鈍化し、経済は不安定化し、結果的にこの75年間で最悪の危機を引き起こした。

金融産業の欠陥は、過去四半世紀の間に少しずつ表面化してきた。金融産業が、従来の銀行業務から離れていったのだ。前述のように、従来の銀行業務とは、個人から貯蓄を預かり、それを企業に貸し出すことを指す。企業はその資金を使って、労働者を雇ったり機械を購入したりする。以前は、現金は資金をうまく利用できる人のところへ流れていた。また銀行は、借り手から最後の１銭まで搾り取ろうとはしなかった。高い金利を課せば、借り手の返済意欲を損ない、過剰なリスクを負うことを理解していた。[17] さらに銀行は、借り手と長期的な関係を築き、よいときも悪いときも企業を支援してきた。これを、リレーションシップ・バンキングという。

現代の銀行ではこれが、さまざまな点で変わってきた。これまでの銀行家は、退屈ではあるがきちんとした人間であり、コミュニティの柱でもあった。彼らはほかの人から、他人の金銭を預かれるほど信頼できる誠実な人間だと思われるよう努力していた。不良貸付があれば、自分でその尻ぬぐいをした。審査に誤りがあり、資金を借りた人が返済できなければ、自分でその穴埋めをした。

ところが21世紀になると、売却を前提にローンを組成する「オリジネート・トゥー・ディストリビュート」モデルが支配的になった。[18] このモデルでは、銀行は組成したローンを他社に売却してしまうため、そこが不良貸付のリスクを負うことになる。いまや銀行は、借り手が銀行に払う金利と銀行が預金者に払う金利の差で利益をあげるのではなく、その業務のあらゆる段階に手数料を課すことで利益をあげている。

政府に保証された貸付

現在では、銀行が貸し出せるローンの総額は、銀行に預けられている預金の総額に限定されない。そういう意味で、前述した単純な農業経済とは大きく異なる。当時は、ある人が種を借りるには、ほかの人が貸し出せる種を持っていなければならなかった。だが、それから数百年後、銀行は無数の口座（種）を生み出せることに気づいた。銀行が預金額すべての返金を求められることはなく、一度に返金を求められるのは常に預金額のごく一部にすぎないからだ。こうして、部分準備銀行という制度が生まれた。もはや銀行は、預金された総額のごく一部のみ準備しておけばいい。現在この制度が機能しているのは、準備金が十分にあること、準備されていない分についても慎重に管理されていることを政府が保証し、不足がある場合には政府が手を貸してくれるからだ。

　貸付は銀行業務のなかでもあまり利益になる業務ではないが、それでもこの貸付でかなりの利益をあげていた。それは、預金金利よりも高い貸出金利を設定していたからだけではない。事実上何もないところからローンを生み出していたからでもある。たとえば銀行が、実際には何の預金もないのに、ある人には10万ドルの預金があると帳簿につけたとする。これは、銀行がその人からそのお金を借りていることを意味する。だが、そのお金をその人に貸せば、銀行はそれと同等の価値の資産を生み出せる。それがローンである。ここで預金が重要になるのは、その人が書いた小切手を他社が受け取ることになるからだ。だが他社がその小切手を進んで受け取るのは、アメリカ政府が銀行を支援しているからにほかならない。銀行は事実上、アメリカ政府への信頼を利用して（それにつけ込んで）利益をあげている。これはつまり、銀行が失敗したときには、納税者がその尻ぬぐいをするということだ。銀行は貸し出せば貸し出すほど利益になるため、必要とされる準備金を減少させる方向へ政府を誘導しようとするインセンティブが生まれる。[19]

２００８年の金融危機以後の世界では、これが大きな争点の１つになった。しかし、準備金が少なければ少ないほど銀行の利益は大きくなるが、それだけ納税者が負うリスクも大きくなる。社会的見地から見て、リスクを銀行から政府へ移転するだけの問題ではすまない。必要とされる準備金をもっと増やし、危険にさらされるおそれのある銀行の資産を増やすようにすれば、銀行も貸出にもっと慎重になり、ローンの質も向上し、経済の成績もよくなるだろう。

個人の利益と社会の利益のずれ

銀行は当然、経済全体の成績になど関心を抱いていない。ただ利益をあげようとしているだけだ。ここでもまた、個人の利益と社会の利益はうまく一致しない。連邦準備制度理事会の元議長アラン・グリーンスパンは、金融危機の原因について連邦議会で証言した際、銀行家ならもっとうまくリスクを管理できると思っていたと述べた。こうした誤解は、グローバル経済に数兆ドル規模の損害をもたらす致命的な「傷」となった。[20] 彼は現実を知って驚いたというが、私は彼が驚いたことに驚かずにはいられない。経済学や当時の銀行の状況を理解している人なら誰でも、異常にリスクの高い冒険へ向かうインセンティブが銀行にあったことは容易に理解できたはずだ。グリーンスパンも気づいていたに違いない。[21]

金融業界は、レーガン政権時代に流行した考え方の犠牲者と言える。企業は株主の利益を追求すべきだ、そうすれば、あらゆる関係者の福利の向上、ひいては経済全体の成長につながる、という考え方である。[22] この「株主」という言葉はやがて、数年あるいは数十年先の企業の資産を考慮する長期的な投資家ではなく、短期的な投機家を意味するようになった。短期的な投機家は、その日の株価のことだけを考え、長期的な影響など考慮せず、短期利益を1銭残らず搾り取ろうとする。こうした短期的思考を奨励するインセンティブ構造が生まれ、定着した結果、過去75年間で最悪の金融崩壊が起きたのである。

経済のほかの分野への悪影響

金融業界の病弊は、それだけでも大いに問題がある。だが残念なことに、金融業界を模倣している業界は数知れない。こうした業界は、金融業界の高報酬やインセンティブ構造を見習い、長期的な成功よりもその日の株価実績を重視するなど、近視眼的行動を発展させている。また、企業はどうしても、出資者の考え方に影響を受けざるを得ない。出資者が近視眼的なら、企業もそうなる。つまり金融業界は、アメリカ流資本主義の病弊を広めるうえで、重大な役割を果たしてきた。四半期の利益が基準では、人材やテクノロジー、工場へ長期的な投資などできない。そのため、短期的な視点に立つ経済では、成長率が鈍化する。

結論

金融業界はさまざまな意味で、アメリカ経済のあらゆる欠点を体現している。この業界は、レントシーキングの好例である。社会のほかの部分を犠牲にして富を増やす銀行家たちの行為は、当然のごとくマイナスの影響をもたらした。社会のほかの部分が失ったものは、銀行家が手に入れたものをはるかに上まわる。彼らは、金融に精通していない人々を搾取しただけではない。泥棒の間には仲間に対する道義心もないのか、同業者をも搾取した。経済への悪影響はさまざまな点に現れている。富の創造にあてられるべき資源が、搾取に利用された。金融産業が成長し、規模を拡大するにつれ、アメリカの多くの優秀な人材がこの業界のとりこになった。その結果が、成長の鈍化であり、経済の不安定化であり、格差の拡大である。それにより、自由市場が正解ではないことも明らかになった。銀行家が自由に自己の利益を追求しても、社会の福利の向上には結びつかなかった。それどころか、過去75年で最大の金融危機を引き起こした。

金権政治が支配するアメリカでは、銀行家がその富を駆使して規制を撤廃させるなど、他人を犠牲にして利益をあげられるようなルールをつくり上げた。そして、そんなやり方が無残にも失敗すると、やはり同じ力を行使して、世界史上類例のない公的救済を実現させた。住宅所有者や労働者など、金融産業の餌食になった人々は、ほぼ自力で何とかするほかなかったにもかかわらずである。

　金銭欲があらゆる悪の根源というわけではないが、金融産業がアメリカの多くの病弊の根源であることは間違いない。金銭のことばかり考える銀行家に見られる近視眼的思考やモラルの崩壊が、経済や政治や社会に広まり、それらを毒している。その結果、アメリカ人はさまざまな点で変わった。実利的になり、利己的になり、近視眼的になった。

　いまではアメリカの有権者は、政治的傾向を問わず、大手銀行や金融業界の不正行為にうんざりしている。オバマ政権は、銀行にその悪事の責任をとらせることができなかったばかりか、1兆ドル近い救済資金を提供した。そんな政府への幻滅から、ティーパーティ運動が生まれ、トランプ政権が生まれた。[23]トランプの「腐敗を一掃する」という選挙スローガンは、何よりもウォール街の影響力を排除することを意味していた。だが結局、トランプ政権の閣僚には、金満家が前例のないほど名を連ねている。

　大衆が大手銀行に激怒するのも無理はない。銀行は市場支配力を行使して社会を害し、経済に悪影響を与えてきた。市場支配力や政治権力がなければ、これだけの不正行為をして罰を免れることなどできなかっただろう。効率的な競争市場では、アメリカの大手銀行並みに評判を落とした企業は生き残れない。ところがこれらの銀行は、生き残っただけでなく、記録的な利益をあげつつある。[24]さらに銀行家は、不正行為を罰せられるどころか救済され、場合によっては報酬さえ受け取った。銀行も銀行家も、過去数十年間の非難されるべき無謀な行為について、その責任をとらなければならない。アメリカ政治は現在、金融業界の不正行為にうまく対処できなかった報いを受けているとも言える。共和党の政治家も民主党の政治家も、政治・金融制度が本来支えるべき人々ではなく、銀行家にばかり目を向けてきた。

それでも、経済にとって金融がすこぶる重要なことに変わりはない。事業を開始・拡大したり雇用を創出したりするには、資金がいる。金融は決定的に重要だ。しかし金融産業は、これほど巨大化しなければ機能できないわけではない。現在のアメリカでは、あまりに巨大化した金融産業が、行うべきでないことばかりを行い、行うべきことをほとんどしていない。その力を、社会に奉仕するために使うのではなく、利益をわがものにするために使っている。

金融産業が社会を害する方法はこれまでも無数にあったが、さらに創意に満ちた新たな手法やモラル崩壊の新たな事例が毎日のように現れている。直接的な搾取や無謀な融資を通じて金融産業が社会にもたらしている弊害を抑制するのに、規制が効果的だという点では広い合意がある。規制を行うこと自体は、さほど難しいことではない。[25]必要になるのは、破綻させることができないほど銀行が巨大化し、相互関係を深めることを防止する規制であり、過大なリスク負担、市場操作、市場支配力の悪用、略奪的な不正行為を防止する規制である。

だが銀行の最大の失敗は、他人をだまし搾取する無数の方法を開発したことでもなければ、グローバル経済を危機に陥れるほど過大なリスクを負ったことでもなく、銀行が本来の仕事を行わなかったことにある。銀行の本来の仕事とは、経済成長に必要な投資をしようとする企業に対し、妥当な条件で資金を提供することだ。こうした投資の多くは長期的である。だが銀行家は短期的な思考に陥り、目先の利益にばかり関心を向けた。銀行による被害を防止するこれまでの取り組みの多くは、この重大な問題を見逃している。金融産業が本来の仕事を行うようにしていかなければならない。

金融産業がリスクの高い不正な方法で利益をあげるのを抑制すれば、銀行にもっと本来の仕事をするよう仕向けることもできるだろう。だが、それだけでは不十分だ。金融産業の競争を促進する必要もある。

そのためには、どの国でも政府が先頭に立って、小企業や新興企業、インフラなどへの長期投資計画、リスクの高い技術プロジェクト、十分なサービスを受けていないコミュニティへの資金提供を積極的に行っていくべきだ（アメリカの銀行は、反差別法があっても差別を行っている）。アメリカは世界有数の資本主義国でありながら、政府が以前からこうした資金の提供を積極的に行ってきた。だが、さらなる積極果敢な行動が必要だ。どれだけ積極果敢になれるかで、規制の強化や銀行の改革がどれだけ成功するかが決まる。たとえば住宅ローンなど、公共セクターを通じて資金を提供すれば、民間セクターの競争を促すことにもなる。金融産業の搾取を抑制するには、規制を通じて競争行為や責任のある行為を強制するよりも、こちらのほうが効果的かもしれない。

しかし、ここでもやはり問題になるのは政治だ。金権政治体制では、資金源（すなわち金融業界）が、どうしても政治権力を増大させることになる。残念ながら銀行は、悪質な行為を抑制する規制にも、良質な行為を奨励する規制にも、猛烈に反対するだろう。経済学的には簡単なことも、政治的にはそういかない。建国当時のアメリカには、金融産業が巨大化して過大な政治的影響力を持つのではないかとの懸念があったが、その不安はみごとに的中した。そのため本書の第2部では、これを中心テーマに取り上げている。必要な経済改革を実現するには、政治を改革する必要がある。

第6章

新たなテクノロジーが提示する課題

シリコンバレーやそこにまつわるテクノロジーの進歩は、アメリカのイノベーションや起業家精神の象徴となっている。スティーヴ・ジョブズやマーク・ザッカーバーグといった伝説的な人物は、大衆に愛される製品、私たちの結びつきを深める製品を世界中に提供した。インテルは、世界最高の頭脳よりも高速に「思考」（計算）できるチップを生み出した。人工知能（ＡＩ）はいまや、チェスなどの簡単なゲームだけでなく、囲碁のような複雑なゲームでも人間に勝てる（囲碁の合法な局面の総数は、宇宙の原子の総数よりも多い）[1]。ビル・ゲイツに至っては、最高のアメリカ精神を体現する人物と見なされている。推定１３５０億ドルもの富を蓄積したゲイツは、莫大な額を慈善団体に寄付し、世界中の病気の根絶やアメリカの教育の改善に精力を注いでいる。

だがこれらの進歩にはすべて、プラスの側面ばかりでなくマイナスの側面もある。たとえば、雇用を奪うのではないかというもっともな懸念がある。またこの新たな産業も、市場支配力の獲得、プライバシーの侵害、政治的操作など、さまざまな不正行為に手を染める傾向がある。

ハイテク化された世界における完全雇用

雇用市場は大きな不安に包まれている。20世紀になり、私たちは人間より力の強い機械をつくった。いままでは、決まりきった作業であれば人間より効率よく仕事を行う機械もある。最近では、ＡＩがさらなる課題を人間に突きつけている。機械はもはや、プログラムされた作業を人間よりうまくこなせるだけでなく、少なくとも一部の領域では、人間より優れた学習能力さえ備えている。

機械は現在、数多くの重要な仕事において人間を超える成果をあげている。労働者に教育や職業訓練を施せば、一時しのぎにはなるかもしれない。だが、コンピューターが次第に放射線科医の仕事を奪いつつあるように、いまでは博士号を取得していたとしても安全とは言えない。数年以内には、自動運転の車が運転手を一掃するとも予想されている。それが本当なら、大変な問題が発生する。現在トラックの運転手は、高卒以下の男性の雇用のかなりの部分を占めているからだ。

　このように人間の仕事を機械が行うようになれば、労働者（特に未熟練労働者）の賃金が減少し、失業率が上がるおそれがある。これまでは、これに対処しようと労働者のスキルを向上させてきた。だが今後は、それだけでは解決しない分野が増えていくだろう。ＡＩを備えたロボットは、十分な教育や訓練を受けた人間よりも迅速に複雑な作業を学習し、それを適切に実行に移す。

　そんな心配は無用だと言う人もいる。彼らはこう主張する。歴史を見てみるといい。新たなテクノロジーが現れるたびに経済は再構成され、市場は常に新たな雇用を生み出してきた。それに、不安をあおる人は変化のペースを誇張している。実際には、そんな変化はマクロデータに現れてさえいない。ここ数年の生産性の向上率は、１９９０年代と比べても、第二次世界大戦後の数十年間と比べても、著しく低い。ノースウェスタン大学のロバート・ゴードンも、ベストセラーとなった著書『アメリカ経済　成長の終焉』のなかで、イノベーションのペースは鈍化してきたと述べている。[2]確かに、フェイスブックやグーグルは画期的だが、電気の発見の重要性に比べると見劣りがする。屋内トイレや上水設備でさえ、健康や寿命の向上に重要な役割を果たしたという点で、最近のイノベーションを上まわる、と。

　しかし今後の世界では、こうした過去の経験はあまりあてにならないかもしれない。50年以上前、20世紀半ばの主要数学者の１人ジョン・フォン・ノイマンは、人間を雇用して訓練するより、人間に代わる機械を製造したほうが安あがりになるとき[3]が来ると主張した。こうした機械もまた、その製造方法を学んだ別の機械により製造されるようになる。人間の労働者を機械に置き換えれば、生産性が向上するだけではない。労働力の設計・管理が比較的容易になり、コストもかからなくなる（たとえば、機械はストライキなどしない）。機械は感情に左右されないため、労働者の不満に対処する人事部も必要なくなる。フォン・ノイマンの予想は、一部の作業ですでに現実化している。前述のように、放射線科医の仕事ではもはや人間より機械のほうが上だ。過去5年のＡＩの進歩を考えると、人間よりも機械に任せたほうがいい作業の範囲が今後急速に広がり、人間から機械に置き換わる仕事が急増していく可能性もある。[4]

ＡＩの進歩には、人間の仕事を奪うのではなく、人間の能力を向上させる側面もある。これは、知能支援（ＩＡ）イノベーションと呼ばれる。このイノベーションは、労働需要を増加させ、賃金を押し上げる。過去のＩＡイノベーションの大半がそうだった。だが、今後もそうなるという保証はない。これまでも深刻だった雇用問題がさらに悪化するおそれもある。テクノロジーが、経済学で言う「両極化」の方向へ発展していくかもしれない。つまり、きわめて高いスキルを必要とする仕事は相対的に増えるが、ほとんどスキルを必要としない仕事は相対的に減り、それに伴い賃金も低下する。[5]

人間の仕事が機械に置き換われば、失業率が高まる。その状況を説明するのに、こんな作り話がよく紹介される。フォード・モーターの幹部と自動車産業労働組合の幹部が、新たな工場のフロアを見下ろしている。そこでは、ほとんどの仕事をロボットが行っている。フォードの幹部がからかうように言う。「ロボットが組合費を払ってくれるかね？　あのロボットたちは組合には入らないよ」。すると組合の幹部はこう答える。「あのロボットたちがフォードの車を買ってくれますかね？[6]」

　仕事がなくなれば労働需要もなくなり、経済は（政府の積極的な介入がなければ）長期停滞と呼ばれる状態に陥る。実際にそうなれば、より豊かな社会を生み出すはずだったテクノロジーの進歩が、逆に経済的苦境をもたらすことになる。何とも皮肉な話である。実際、世界恐慌前のアメリカがまさにその状態にあったと主張する研究者もいる。[7]当時、農業のイノベーションが急速に進み、世界恐慌が始まる数年前に一部の農産物の価格が一気に下落した。[8]その結果、農家の純利益（経費を差し引いた後の所得）は、１９２９年から１９３２年の間に実質ベースで70パーセント以上減少した。[9]すると、農村の土地や家屋の価値も下がり、農家の資産も減少した。この所得と資産の急減は、さまざまな方面で大々的な影響を及ぼした。農民は都市に引っ越す余裕もなくなり、減少した所得を補おうと必死に働いて生産量を増やしたため、さらに農産物の価格は下落した。また、所得が減ったため、自動車など都市で生産される製品を購入できなくなった。[10]その結果、農村の苦境が瞬く間に都市にも影響を及ぼし、その影響がまた農村に跳ね返ってきた。都市でも所得が減り始めると、農産物の需要も減り、その価格が下がり、さらに農家を苦しめた。こうして経済は低いレベルでの均衡状態に陥った。そこから脱け出せたのは、いわば第二次世界大戦のおかげである。戦争努力という名のもと政府が大規模な介入を行い、大衆を農村から都市へ移動させ、都会で新たな仕事につけるよう訓練を行った。それが、第二次世界大戦後の豊かな時代を生み出したのである。

この経験から言えるのは、イノベーションは適切に管理されなければ、万人を豊かにするどころか、まったく逆の効果をもたらすということだ。経済学が発展した現代では、イノベーションに直面した経済を管理する方法について、以前より多くのことがわかっている。何より重要なのは、完全雇用を維持することである。金融政策（金利の引き下げや信用供給の増加）でそれを実現できなければ、財政政策（減税や支出の増加。公共投資を増やせば効果的に経済を刺激できる）を利用すればいい。どちらの政策も総需要を刺激する。十分な刺激があれば、必ず完全雇用に戻る。[11]

つまり、テクノロジーの進歩による「雇用」問題も、政治問題なのである。盲目的なイデオロギーがたちの悪い政治活動と絡み合うと、十分な財政刺激策を行うのが政治的に難しくなる。[12] 金融危機の際には、それが現実となった。連邦準備制度理事会は金利をゼロにまで引き下げたが、完全雇用を回復するにはそれだけでは足りなかった。そんなときでさえ共和党などの緊縮財政派は、十分な財政刺激策の実行を妨害した。この妨害ほど腹立たしいものはない。当時、政府は（物価の上昇を考慮すると）実質的にマイナス金利で資金を調達でき、ぜひとも必要な公共投資を行うには絶好のタイミングだったからだ。

金融政策にあまりに頼りすぎると、別の問題が発生する。資本コストがきわめて低い場合、企業は労働力の機械化に投資すれば利益になる。企業は、わずかばかりの研究・投資資金をどこに割り当てるべきかを判断する際、コストの大部分を占める要素に着目する。連邦準備制度理事会が長期にわたりきわめて低い金利を維持した結果、資本コストが労働コストに比べて著しく低下した。そうなると当然、企業の関心は労働コストの削減に向かう。その結果、完全雇用を維持するにはまだ不足していた労働需要が、さらに弱まった。[13]

賃金の低下と格差の拡大

完全雇用が実現したとしても、それだけでは足りないかもしれない。人間の労働者を機械に置き換えれば、当然あらゆる賃金レベルの労働需要が減る。その状況で完全雇用に戻せば、賃金はどうしても下落する。需要と供給の法則を適用すれば、そうならざるを得ない。これは、政府の介入がなければ、経済の大部分が悪化することを意味する。[14]

もちろん理論上は、グローバル化の場合と同じように、テクノロジーの進歩により万人の生活を向上させることもできるはずだ。国の経済のパイは拡大している。その富を広くすみずみまでいきわたらせることができれば、誰もが自分の取り分を増やせる。だが、人間の労働者が機械に置き換わる状況では、自然にそうはならない。労働者（特に未熟練労働者）の需要が減れば賃金は下がり、国民所得が増加しても労働者の所得は減る。やはりグローバル化の場合と同じように、トリクルダウン理論は実現しない。

だが政府が介入すれば、市民全体の生活を向上させられる。そのためには、少なくとも以下の4つの政策が必要になる。第1に、経済のルールを公平化し、労働者に不利にならないようにする。何より重要なのは、大手テクノロジー企業が新たなテクノロジーを駆使して市場支配力を増大させることがないようにすることだ（この市場支配力の増大については、本章で後に述べる）。労働者の交渉力を高め、企業の独占力を弱めれば、格差の少ない効率的な経済が生まれる。第2に、テクノロジーの進歩の果実が広く共有されるような知的財産権制度を設計する。進歩の大半は、政府が資金提供した基礎研究を土台にしていることを忘れてはならない。第3に、累進税や財政政策により所得の再分配を支援する。

そして第4に、政府が、製造業中心の経済からサービス業中心の経済へと、経済の再編を支援する。この再編は、農業中心の経済から製造業中心の経済へ移行した1世紀前の再編と似ていなくもない。だが今回の再編では、かつて以上に政府の役割が重要になるかもしれない。医療や教育など、拡大するサービス業の多くの分野では、政府の財政がきわめて重要な役割を果たしているからだ。高齢者や病人や障害者の世話、あるいは子どもの教育のために、政府がより多くの労働者を雇い、その人たちに妥当な賃金を支払えば、[15] それが経済全体の賃金を押し上げることになる。国民全体が子どもや病人、高齢者を大切にするようになれば、彼らに費やす資金も増える。たとえば、子どもによい教育を受けさせたいと思えば、教師を増やす必要がある。その際、教師の給与を増やせば、適切な人材をより多く教育の世界に引き込める。それを実現するためには、税収を増やす必要があるが、テクノロジーの進歩により国民所得は増え、経済のパイは拡大している。そのため累進税を課しても、資本家やイノベーターの生活の質はそれほど変わらない。それどころか、現在より向上する可能性さえある。

要するに、テクノロジーの進歩により、失業や賃金の下落など労働者の生活が悪化したとしても、それには簡単に対処できる。対処しようとする政治的意思がありさえすればいい。その最良の方法については、本書の第2部で取り上げる。

市場支配力とＡＩ

これまでの章で述べてきたように、経済のさまざまな分野で企業の市場支配力が増大しており、それが経済全体の成績不振や格差の拡大を引き起こす要因になっている。こうした問題やその影響がとりわけ顕著なのが、新たに生まれてきたテクノロジー産業である（その理由については第3章を参照）。

ビッグデータ（アマゾンやグーグル、フェイスブックなどの企業が各ユーザーについて収集する膨大な量のデータ）やＡＩにより、この産業の企業の市場支配力がさらに増大するのではないかとの懸念が高まっている。グーグルやフェイスブックやアマゾンといった企業が、データを収集できる分野で支配的な地位を占めるようになれば、個人に関する情報を他社よりも多く入手することになる（他社と情報を共有しなければの話だが、共有するインセンティブはない）。ビッグデータを支持する人は、こうした情報を利用すれば、顧客の希望にマッチした製品を設計することも、顧客のニーズに合わせて製品を修正することもできると主張する。提供された情報により、患者１人ひとりに適した医療が提供できるという期待もある。検索エンジンを運営している企業によれば、データを使えば広告のターゲットを絞りやすくなるため、顧客にとって有益な情報を提供できる可能性も高まるという[16]。ビッグデータには、確かにこうしたプラスの側面がある。だが、ＡＩを駆使すれば、市場支配力を高めるため、あるいは顧客を犠牲にして利益を増やすためにこのデータを利用することもできる。

新たに登場した大手テクノロジー企業は、その市場支配力で、１世紀以上前に存在した独占企業以上に広く深い影響を及ぼすことになるかもしれない。かつて、スウィフト、スタンダード・オイル、アメリカン・タバコ、アメリカン・シュガー・リファイニング、ＵＳスチールといった企業は、その市場支配力を行使して、食料品や鉄鋼、タバコ、砂糖、石油の価格を吊り上げた。だが、現在の大手テクノロジー企業の問題は、価格だけに限らない。

その市場支配力がもっとも顕著に現れるのが、たとえばフェイスブックがそのアルゴリズムを変更するときだ。このアルゴリズムにより、各ユーザーが目にするもの、目にする順番が決まる。このアルゴリズム次第で、あるメディアをたちまち失墜させることもできる。大衆の心に訴える新たな手段（フェイスブック・ライブなど）を生み出すこともできれば、それを絶つこともできる。

これほどの市場支配力があるため、大手テクノロジー企業に対しては、規制当局の十分な監視が欠かせない。標準的な監視ツールを活用するだけでなく、革新的な方法で市場支配力を拡大・行使する企業にも対抗できる新たなツールを開発する必要もあるだろう。前述したように、少なくともワッツアップとインスタグラムはフェイスブックから分離させるべきだ。また、利害が衝突する余地を制限することも忘れてはならない。たとえば、グーグルがオンラインストアを開設すれば、そのプラットフォームに広告を出している企業と利害の衝突が発生する。

だが、それだけですまないことはほぼ間違いない。データへのアクセスやその利用法を制限することも必要になる。以下に、有望な規制のアイデアをいくつか紹介しよう。

ビッグデータと顧客ターゲティング

消費者はそれぞれ重視する製品が異なるため、同じ製品でも消費者によって支払ってもいいと思う価格は異なる。ＡＩやビッグデータを利用すると、消費者１人ひとりが特定の製品に対していくら払ってもいいと思っているかを判断できる。そのため、企業は価格を差別化し、その製品を特に重視する顧客や、ほかに選択肢がない顧客に対して、高い料金を設定することが可能になる。[17]こうした価格差別は、不公平なだけでなく経済の効率も損なう。一般的な経済理論は、差別的な価格設定がないことを前提にしている。[18]つまり、誰もが同じ価格を支払う。だがＡＩやビッグデータは、消費者により支払う価格が異なる状況を生み出す。

その結果テクノロジー企業は、社会が生産した製品やサービスからより多くの利益を搾り取れるようになり、一般消費者の生活を悪化させる。たとえば、小売企業のステープルズは、地域ごとに特定の製品を販売する店舗があるかどうかを調べていた。店舗がなければ、その製品をインターネット販売する際に、高い価格を設定できる。[19]保険会社も、顧客が暮らしている地域を調べれば、その地域の住民特有のリスクだけでなく、その地域における自社の市場支配力をも加味して料金を設定できる。実際の事例では、消費者製品であれ保険であれ、高い価格や料金を課されていたのは、主にマイノリティが暮らす地域だった。このようにＡＩやビッグデータは、人種差別の新たなツールになっている。

21世紀に発展したデジタル経済のせいで、企業はまた別の形で搾取可能なターゲットを獲得できるようにもなった。[20]いまや企業は、消費者の弱みにつけ込むことができる。たとえば、ＡＩを使えば、ギャンブルにはまりそうな性格の人を見つけ、その人を近場のカジノやラスベガスに誘い込むことが可能だ。社会学者のジーナップ・トゥフェックチーが指摘しているように、企業は消費者のあらゆる弱み（新しい靴やハンドバッグが欲しい、南国のビーチへ行きたいといったやむにやまれぬ欲求など）を利用し、浪費につながる情報を提供する。こうして消費者の感情的な自己が、理性的な自己に勝利するよう仕向けているのである。[21]ノーベル経済学賞を受賞したリチャード・セイラーも同様に、無数の消費者のなかで、これら異なる自己同士の闘争が行われていると述べている。新たなテクノロジー企業は、この闘争において弱い自己に加勢する。ビッグデータやＡＩにより、企業がこうした状況を推進する完璧に近い力を身につければ、それを活用して利益を最大化しようとするおそれがある。

ビッグデータは、さまざまな研究分野でかけがえのない価値を持つ。たとえばバイオテクノロジー企業の場合、データが増えれば増えるほど、個人のＤＮＡの分析能力が高まり、特定の遺伝子の存在を検知できるようになる。そのため利益の最大化を目指す企業は、個人に関するデータをできるかぎり集めようとするとともに、そのデータを共有しようとしない。こうした利益の追求により、命の危機に直面した人がいる。かつてこんな事件があった。１９９０年、ヒトの遺伝子配列を解読する「ヒトゲノム計画」という大規模な国際プロジェクトが始まった。このプロジェクトは成功し、２００３年に作業を終えている。だが当時、一部の民間企業はこう考えた。このプロジェクトよりも先に遺伝子を解読し、解読した遺伝子の特許を取得すれば、それにより多大な利益をあげられる、と。実際、ユタ州のミリアドという企業は、ＢＲＣＡ１とＢＲＣＡ２という２つの遺伝子の特許を取得し、この遺伝子を持っているかどうかを調べる検査法を開発した。この遺伝子がなぜ重要なのかというと、この遺伝子を持つ女性は乳がんを発症しやすいからだ。ミリアドはこの検査に対し、２５００ドルから４０００ドル（全ゲノム配列を解析する場合）という法外な価格を設定した。しかもこの検査は、多くの大衆の手の届かない価格でありながら、不完全なものでしかなかった。すると間もなく、イェール大学の科学者がもっと精度の高い検査法を開発し、それをはるかに安い価格で提供すると発表した。ミリアドは特許の「所有者」として、それを認めようとしなかった。利益を失うだけでなく、データも奪われることになるからだ。しかしこの事件は、結局ハッピーエンドに終わった。分子病理学会がミリアドを告訴し、自然に生まれた遺伝子の特許は取得できないと主張した。２０１３年６月13日、最高裁は全員一致で原告側の主張を認める画期的な判決を下した。それを機に、この検査の価格は下がり、検査の質も向上した。この事例は、特許がイノベーションに悪影響を及ぼす場合があることを如実に証明している。[22]

言うまでもなく、企業がこうした搾取を実現するためには、個人に関する膨大なデータが必要になる。これは、プライバシーが失われることを意味する。プライバシーが失われる心配をしなければならないのは悪事を働いた人だけだ、と思っている人がいるかもしれないが、それは間違っている。他人について大量のデータを持っている人は、その情報を部分的に公開できる力を持つことになる。これは、情報の完全性を損ないかねない。独裁者や権力者は、古くから情報の力を理解していた。実際、旧東ドイツのシュタージやシリアの秘密警察などのシークレットサービスは、政治的に関係のある人間について広範な資料を作成することを最優先にしてきた。スパイの巨大ネットワークが必要だったのは、そのためである。ビッグデータや情報テクノロジーを利用すれば、企業であれ政府であれ、シュタージが想像もできないほどの量の電子資料を容易に作成できる。このような状況では、権威主義的な政府が全体主義化する可能性が高くなる。

ビッグデータを入手しているのは政府ではなく民間企業（グーグルやフェイスブックやアマゾン）なのだから大丈夫ではないかと考える人もいるが、私はそうは思わない。サイバーセキュリティの問題について考えてみれば、公共機関と民間企業との間の壁など、ほとんど存在しないことがわかる。エドワード・スノーデンの暴露事件により、政府がすでに国民1人ひとりに関する膨大な量のデータを収集していること、国家安全保障局が民間企業のデータを容易に入手していることが明らかになった。[23] フェイスブックが顧客のデータをいかに利用してきたか（選挙コンサルティング会社ケンブリッジ・アナリティカへのデータ提供など）、そのデータ保護対策がいかにお粗末かを考えれば、とても安心してはいられない。

ジョージ・オーウェルのディストピア小説『一九八四年』や、デイヴ・エガーズが最近発表した『ザ・サークル』には、独裁政府が国民を支配する恐怖が描かれている。ビッグデータにより政府は、オーウェルの想像をはるかに超えるものまで支配する力を手に入れるおそれがある。[24]

要するに、私たちはもっとプライバシーの侵害に懸念を抱いたほうがいい。プライバシーを握れば、力が手に入る。ビッグデータを収集している企業はそれをよく理解しているが、その餌食になっている人々がそれを理解しているようには見えない。

その力を利用・悪用する方法はいくらでもある。フェイスブック、アマゾン、グーグルなど、膨大な量の情報にアクセスできる企業は、その情報優位を利用して市場での地位を高めることもできれば、その市場支配力によりほかの分野へ進出することもできる。すると、新興企業の参入が難しくなり、ほとんど不可能になる。経済理論を見ても歴史を見ても、独占が確立されると、イノベーションを推進するインセンティブは下がる。労力の大半が、大衆の生活の向上ではなく、市場支配力の維持・拡大に向けられるようになるからだ。[25]

何よりも気がかりなのは、フェイスブックが自社のデータを政治操作のために利用していたことだ。アメリカの脅威となるのはロシアだけではない。

データの利用を規制する

少数の企業が膨大な量のデータを入手しているような状態は、市場支配力、プライバシー、安全性といった面で、社会に多大な影響を及ぼす。私たちはもっと不安を抱いたほうがいい。その対処法について考えてみると、データに対して所有権を割り当てる、データの利用法を規制するなど、政府が果たせる役割は無数にある。[26]

ヨーロッパはすでに最初の一歩を踏み出している。[27] 大手テクノロジー企業は、ヨーロッパがこうした行動を起こしたのは反米意識のせいだと苦情を訴えているが、それは間違っている。そうではなく、競争市場を維持することが法により義務づけられているからであり、ヨーロッパ全体にプライバシーに対する健全な懸念が浸透しているからだ。アメリカはなかなか同様の措置を講じられないでいるが、少なくともその一因は、大手テクノロジー企業の政治的影響力にある。[28]

現在の大手テクノロジー企業の権力やその乱用を抑制する手段としては、たとえば、国民１人ひとりに自分の個人データの所有権を与える、といった方法が考えられる。そうすれば、データを利用したい企業は相当の代価を払ってそれを手に入れなければならず、その搾取的利用を個人が禁止することも可能になる。また、データの価値の少なくとも一部は、テクノロジー企業に奪われることなく、当人の手に渡ることになる。このように個人に、自分のデータに対する管理権限を与える試みは、すでに存在している。ヨーロッパでは、グーグルがユーザーのデータを利用する際には、当人から明確な形で許可を得なければならない。自由市場擁護派も、当人に判断させることになるこの取り決めを支持している。そのため一部のインターネット会社では、データの利用を許可してくれたユーザーにはわずかながら割引を行っており、大半の顧客がその制度を利用している。ある企業の幹部は、自社にとってきわめて価値のあるデータを安価なコストで手に入れ、それをうまく収益に結びつけていると誇らしげに語っていた。

１人ひとりが、他人に自分のデータを使わせるかどうかを自由に判断する。それだけで十分だと言う人もいるだろう。だが、個人の自由な判断に対して社会の介入が認められている領域はたくさんある。たとえば、ネズミ講に参加したり自分の臓器を売ったりするなど、自分を害する行為に従事することは禁じられている。こうした考え方をデータにも適用すべきだ。しかも、それらよりはるかに強力に、である。というのは、データが積み重なるほど企業の搾取能力は高まるからだ。消費者は、自分のデータで何が行われているのか、悪人の手に渡ったときにどう使われるおそれがあるのかをよく理解していない。自分のデータを持っている企業がどれほどのセキュリティ対策を講じているのか知らない。賠償法がどんな内容なのか、データが漏洩したときにどんな影響があるのかもわかっていない。アメリカの偏った法制度では、裁判で正義を勝ち取るにもコストがかかる。それに、アメリカの民間企業はいつも顧客をだまそうとする。その好例が、消費者信用情報会社エキファックスの事件である。個人データをほとんど当人の許可なく収集していた同社は、２０１７年に大規模なデータ漏洩事件を引き起こした。１億５０００万人ものアメリカ人の情報が一挙に盗まれたのである。だがエキファックスは、データを守れなかったばかりか、その漏洩事件を利用して利益をあげようとした。また、自分のデータが漏洩したかどうかを消費者が確認できるサイトを設置したが、そのサイトを利用すると自動的に訴訟の権利を放棄する仕組みになっていた。[29]

企業のデータ利用の規制については、さまざまな形態が考えられる。透明性の確保を義務づけたり、企業が公開しているプライバシー方針やセキュリティ方針が適切かどうかを検証したりするだけの緩い規制もあれば、データの利用や販売の一部を禁止するなど、より強力な監視を伴う厳しい規制もある。たとえば、こんな規制が考えられる。企業がデータを使って何をしているのかを消費者が理解できるようにする。企業が持つデータが増えれば増えるほどプライバシーが侵害されたり消費者が搾取されたりする危険が高まるため、データの取りまとめ（「集積」）を制限する。消費者１人ひとりが、自分のデータの利用について「インフォームド・コンセント（状況をよく理解して同意すること）」を与えるよう義務づける。要は、規制する意味を明確にし、個人の意思が尊重されるようにすることだ。フェイスブックのユーザーの多くは、プライバシーを高めに設定していたはずなのに、同社がこれほど広く自分たちのデータを利用していたことに衝撃を受けている。

さらに踏み込んだ対応も可能だ。たとえば、個人データを利用する企業に対し、最低限の対価の支払いを求めたり、現行の取引に必要な時間を超えて個人データを保管することを禁止したりしてもいい。[30]

調査プロセスを設けるという方法もある。個人に関するデータを大量に保有している企業には、その情報の利用方法を調査委員会に開示するよう義務づける。一部の大手テクノロジー企業で著しい不正が行われる可能性を考慮し、虚偽には厳しい罰則を設ける必要もある。

もっと規制を進めることも可能だ。たとえば、データの利用や保管に課税する（データの収集・保管・利用に使われるテクノロジーを利用すれば、課税も容易にできる）。あるいは、個人を特定できない形式でのみデータの保管を可能とする（「匿名化データ」と呼ばれる）。そうすれば、行動パターンの研究に関する情報を収集することはできるが、個人をターゲットにすることはできなくなる。[31]

そこからさらに踏み込み、データを公共財として扱ってもいい。保管されたあらゆるデータ（加工されたデータであれ未加工のデータであれ）を誰もが利用できるようにすれば、大手テクノロジー企業が情報優位を利用して独占力を高めることもできなくなる。だがこの場合は、プライバシーの問題が発生する。少数の大手テクノロジー企業がビッグデータを支配すれば、その市場支配力が高まる。そこで、データを誰もが利用できるようにしてこの市場支配力を抑制しようと、大規模なデータの共有プールをつくるとする。だが、このようなプールは、プライバシーを大きく損なううえ、搾取の機会を増やす。企業がこの情報からより多くの利益を引き出そうと競い合い、前述したような方法で消費者を搾取するようになるなど、データが乱用される可能性を広げてしまう。そのためこの規制策を採用する場合には、データの利用や集積を制限することも必要になる。

民主主義を脅かす新たなテクノロジー

新たなテクノロジーは、経済やプライバシーにとって脅威となるだけではない。それ以上に気がかりなのが、民主主義に対する脅威である。新たなテクノロジーは諸刃の剣だ。テクノロジー擁護派は、プラスの面を強調する。テクノロジーは、誰もが自分の意見を聞いてもらえる広大な公共スペースを生み出した、と。だが、それをはるかに超えるマイナスの側面もある。たとえばロシアは、西欧民主主義の信頼を突き崩そうとしてか、民主的な選挙に繰り返し干渉している。新たなテクノロジーは、経済的な利益を高めるために利用できるだけでなく、特定の見解を広め、それ以外の見解に疑問を投げかけるなど、人心の操作にも利用できる。資金力が豊富な人ほど、それが可能だ。実際、ロバート・マーサー一家らはケンブリッジ・アナリティカに資金を提供し、2016年の大統領選挙を極秘裏に操作しようとした。新たなテクノロジーにより、金と権力がさらなる金と権力を生む新たな構図が生まれたのである。

この点についても、これまでにさまざまな改革が提案されてきたが、納得できるほどの効果が見込めるものは1つとしてない。たとえば、プラットフォーム企業にこれまで以上の責任を求める改革案などだ。ドイツでは、ヘイトスピーチの流布に厳しい姿勢を示しているが（その歴史から見れば当然だろう）、場合によっては、単に情報を遅らせるだけでも効果があるかもしれない。インターネットを減速させれば、偽情報が広まる可能性は低くなる。その間に事実確認を進め、問題の情報が事実確認されているかどうかがわかれば、デマの拡散防止に役立つ。

ソーシャルメディアの有料広告を使って広めようとしているニュースについて、その情報源を開示するよう義務づける、あるいは、外国が出資する選挙広告を禁止するという手もある。たとえフェイスブックやツイッターが多少利益を失うことになっても、そうしたほうがいい。銀行には、テロリズム関連の資金の移動やマネーロンダリングに利用されることを防止するため、「顧客確認」が義務づけられている。フェイスブックやツイッターなどのプラットフォーム企業にも、同様の義務を課すべきだ。それだけの改正でも、適切に執行すれば、ロシアの選挙干渉を防ぐのに大いに役立つ。

ソーシャルメディアを運営するプラットフォーム企業は事実上、出版社や新聞社のようなものだ。どちらもニュースを配信し、広告を掲載している。だが、新聞社には公表した記事に対する責任があるが、大手テクノロジー企業は政治的影響力を行使してこの責任を回避している。[32]こうした企業にも同等の責任を課せば、配信する情報に注意を払い、審査に資金を費やすようになり、インターネット環境をより安全で誠実なものに改善できる。[33]

また、消費者の情報判断能力を高めるという方法もある。イタリアなどでは、公的なメディア教育（ソーシャルメディアを含む）を拡充し、明らかに誤った主張を識別する力の育成に努めている。[34]

公的支援を受けるメディアを発展させ、アメリカの政治に干渉しようとするロシアの試みなどを積極的に公表する役割を担わせることもできる。ロシアの活動がこれほど効果を発揮したのは、単にそれが目に見えなかったからだ。前述したように、国民の共同行動において何より重要なのは、国民が判断を下すプロセスや、その判断を合理的に行うための情報に瑕疵がないようにすることだ。このような公益にかかわることには、公的な支援を行うべきである。スウェーデンやイギリスなどでは、公的な支援を受けてはいるが独立したメディアが積極的な活動を行い、大衆の信頼を勝ち得ている。ところがアメリカの右派には、こうしたメディアの縮小を望む声が多い。おそらくは、真実が露見するのを恐れているからであり、富裕層が支配するメディア（ルパート・マードックが運営するＦＯＸニュースなど）のほうが自分たちの味方になってくれるからだろう。こうした右派の行動には、断固として抵抗すべきだ。十分な資金を持つ独立した公共メディアを持たない国は、そのような機関の設立を検討したほうがいい。

　残念ながら、新たなテクノロジーを人心操作に利用しようとする人たちは、その国の規制の枠組みに限界があることを知り、あらゆる抜け穴を巧みに悪用する。これはまさに戦争であり、現段階では、民主主義を損なおうとする人々が勝利を収めつつあるようだ。

　その理由は主に、私たちが言論の自由を守ろうとするあまり、身動きがとれなくなってしまっているからだ。しかし、言論の自由の原則に従っているアメリカの最高裁でさえ、混雑する劇場で「火事だ」と騒いではいけないとの判決を出している（１９１９年のシェンク対アメリカ合衆国裁判）。大衆が正確な情報に基づき、民主主義を損なおうとする偽情報の腐食作用から身を守ろうとするこの闘いにおいては、前述した対策などささいな妥協案にすぎない。それ以上の行動が必要になるだろう。

　社会福祉という観点から見れば、フェイスブックなどのプラットフォーム企業の市場支配力やそれを乱用する力は、あまりに大きすぎる。スタンダード・オイルが巨大化し、あまりに強力になりすぎたときには、この会社を分割した。だがこの場合は、さしたるスケールメリットもなかったため、それに伴う経済的コストも限定されていた。一方フェイスブックは、自然独占とも考えられる。[35]となると、分割するのも規制するのも難しくなる。分割すれば、規制がより難しくなるおそれもある。フェイスブックを公益事業として、公的に厳重な監視を行う以外の選択肢はないのかもしれない。[36]

こうした対策に批判的な人は、イノベーションに悪影響が出ることを懸念する。私自身は、厳しい規制を行いながら、イノベーションのインセンティブを高めることは可能だと思う。逆に規制などの対策がないほうが、イノベーションに悪影響が出るおそれがある。これまで述べてきたように、シリコンバレーの企業家が主張するほどイノベーションが社会全体に利益をもたらすとは限らない。むしろ、公的な監視を強化したほうが（あるいは公営化したほうが）、イノベーションをより建設的な方向へ向かわせることができる。企業にとっては、ターゲットを絞って消費者に広告を提示する方法や、なるべく多くの消費者余剰を搾り取る方法を見つけることのほうが重要だからだ。これもまた、社会の利益と民間企業の利益が一致しない好例である。実際のところ、差別的な価格設定などの消費者搾取は、社会にマイナスの利益しかもたらさない。[37]

アメリカなど民主主義の伝統が根強い国では、ソーシャルメディアによるプライバシーの侵害や政治的操作、市場支配を防ぐためにどんな対策をとるにせよ、それを議会や司法が厳しく監視し、そのプロセスに市民社会を参加させれば、かなりの効果があると思われる（公共機関の力が弱い国や、民主主義への関心が低い国では、権力の乱用が懸念される）。またそうすれば、規制を効果的に運用しながら、重要な分野でイノベーションを維持することもできる。[38] これらは数年後に、私たちの国の民主主義や社会の存立にかかわる問題になるかもしれない。

ＡＩ時代のグローバル化

今後のグローバル化にとって最大の障害となりそうなのが、プライバシーやサイバーセキュリティの考え方の違いである。世界は「スプリンターネット（splinternet）」〔訳注　「ばらばら」を意味する「splinter」と「internet」をつなげた造語〕に向かいつつあると主張する研究者もいる。これは具体的には、中国とアメリカとヨーロッパがそれぞれ異なる法的枠組みに向かおうとしていることを意味する。[39]一部の人が主張するほどビッグデータやＡＩが重要だとすると、プライバシーに配慮する必要のない中国がきわめて優位に立つことになる。おそらくアメリカの企業は、プライバシーに配慮しなくていい中国の企業に比べると不利な立場にあるため、何らかの保護が必要だと訴えることになるだろう。するとヨーロッパの企業も、プライバシーやセキュリティの規制が緩いアメリカの企業に比べると不利な立場にあると主張し、保護を要求してくるかもしれない。

トランプ政権は大手テクノロジー企業の望むまま、どの国もアメリカの基準に従うべきだと訴え、ヨーロッパに対してプライバシー保護規制[40]を撤廃するよう要求している。しかしこれは、きわめて視野の狭い見方と言わざるを得ない。ヨーロッパがプライバシーに配慮しているのには、それなりの理由がある。アメリカ政府の要求がアメリカ市民の声を代弁したものであろうと、アメリカの政治に大きな影響力を持つテクノロジー企業の声を代弁したものであろうと、ヨーロッパがそれを受け入れるいわれはない。だがもちろん、中国の方向へ向かうことも容認できない。こちらは、独裁に陥るおそれがある。アメリカはむしろ、ヨーロッパ側に立ってプライバシー保護を強化し、必要とあれば、ビッグデータに自由にアクセスできる諸外国の情報優位を相殺する方法を探したほうがいい。[41]

結論

本章では、新たなテクノロジーにより、これまでの章で示してきたあらゆる問題が悪化するおそれがあることを説明してきた。とりわけ憂慮すべきなのが、雇用や賃金、格差や市場支配力の問題である。新たなテクノロジーはまた、プライバシーやサイバーセキュリティの問題など、新たな課題も生み出す。これらの問題に対する明確な解決策はないが、市場に任せておけないことだけははっきりしている。

前の章では、市場経済（アメリカの資本主義体制）がアメリカ国民の性格を変えつつあるとも述べた。少なくともかなりの国民が、以前よりも利己的になり、モラルを低下させている。新たなテクノロジーはこの点でもまた、国民１人ひとりや社会のあり方を変えつつある。

新たなテクノロジーが、さまざまな形で個人やその相互交流に影響を与えている証拠は山ほどある。たとえば、集中力が持続する時間が短くなり、十分な時間をかけて難しい問題を解決できなくなった。他者との交流も少なくなった。交流するにしても、同じような趣味や考え方を持つ人とだけだ。その結果、社会が分裂し、誰もが同類の人たちと暮らしている。そのような社会では、共通の地盤を見つけるのが難しくなり、社会的に協力し合えなくなる。すると、弱い者いじめが増える。1人ひとりが自分の最悪の部分を表面化させ、社会的な矯正機能が働かない場所でこっそりと行動を起こす。うわべだけ見れば他者との交流は増えているかもしれないが、社会的な交流の質や豊かさは劣化している。

いまでは、テクノロジー業界にいる人でさえ不安を感じ始めている。これからどうなるかは誰にもわからない。だが、すでにはっきりしていることもある。アメリカで分断・対立が広がり、国民それぞれがまったく異なるレンズを通して世界をながめ、「もう1つの真実」まで主張している。その結果、政策的な合意を形成するのも、成長可能な政治を実現するのも、次第に難しくなっている[42]。

本書の中心テーマは、こうした事態を改善することにある。少なくとも、現在見られるようなレベルまで問題を悪化させてはならない。テクノロジーの進歩は本来ありがたいものであるはずだ。それをうまく利用すれば、まともな生活に最低限必要なものを誰もが手にできる。だが私たちが積極的な共同行動をとらなければ、そのテクノロジーの進歩により、大多数の国民が悲惨な状態に陥るおそれがある。次の章では、私たちがなぜ一緒に行動する必要があるかを解説しよう。市場や国民1人ひとりの力だけでは、問題は解決しない。

第7章

なぜ政府の介入が必要なのか？

協力すれば、単独で行動するよりもはるかに多くのことができる。人間は古くから、この基本原則を知っていた。大規模な「共同行動」が必要だと最初に気づいたのは、古代稲作社会だろう。稲作では灌漑が必要になる。用水路をつくり、管理すれば、誰もがその恩恵を受けられる。そのためにはみなが協力し、資金を出し合わなければならない。また、水がわずかしかない地域では、利用できる水を公平に分けるルールが欠かせない。この場合も、共同行動が必要になる。略奪者から町や村を守る防衛でも、古くから共同行動が見られた。町や村が一丸となって行動すれば、単独ではとても不可能な防衛も可能になる。

アメリカ合衆国憲法を見ると、独立を宣言した州の市民が共同行動の必要性を理解していたことがわかる。序文にはこうある。

> 私たち合衆国国民は、より完璧な連合を形成し、正義を確立し、国内の平穏を守り、共同防衛に備え、一般の福祉を促進し、私たちや子孫に自由の恩恵を保証するため、ここにアメリカ合衆国憲法を制定する。

これらすべてを実現するには、共同行動が必要だった。任意の団体を通じて一緒に行動するだけでなく、必要な権限を持つ政府を通じて一緒に行動することが、公益につながる。実際、社会福祉は、自由主義者が言うように、農民や商人の私的な利益の追求だけを通じて向上してきたわけではない。明確に規定された権限を持つ強力な政府の介入を通じて向上してきたことも忘れてはならない。

共同行動は、アメリカの個人主義と対立すると考えられる場合がある。アメリカの個人主義とは、私たち（特に多大な成功を収めた人）は自力で立身出世したのであり、政府による制約さえなければもっと成功できるという考え方である。だがこうした考え方は、ほとんど妄想である。文字どおり自力で出世した人などいない。そもそも生物学的に無理だ。それに、人類史に残る天才たちでさえ、自分の業績は先人の業績の上に成り立っていることを認めている。[1]たとえば、自分がパプアニューギニアやコンゴの辺鄙な村に生まれていたら、何を成し遂げられただろう？そう考えてみれば、謙虚な気持ちが湧いてくるに違いない。アメリカの企業はいずれも、数世紀をかけて形成されてきた法制度、インフラ、テクノロジーの恩恵を受けている。スティーヴ・ジョブズも、それまでの無数の発明がなければｉＰｈｏｎｅを生み出せなかったはずだ。その発明の大半は、過去半世紀の間に公的資金により行われてきた研究に基づいている。

　このように、社会をうまく機能させるには、個人の行動と集団による共同行動とのバランスが必要だ。ソ連や中国は、共産主義革命から数十年の間にこのバランスを失った。一方、現代のアメリカは、このバランスが逆方向に傾きつつある点に問題がある。

　本章では、共同行動の必要性とその限界について解説する。これまでの章では、グローバル化や金融化のどこが間違っていたのかを説明してきた。その結果、企業の力は増大し、労働者の立場は弱くなった。それにより、成長は鈍化し、格差は拡大し、大多数の国民の生活が次第に悪化した。テクノロジーの進歩は、さらに事態を悪化させる可能性を秘めている。しかしこうした問題は、いずれも避けられないものではなかった。この変化に対処する方法はほかにもあった。別の形で対処していれば、勝者がもっと増え、敗者がもっと減っていたことだろう。市場はこれまで、経済のルールが認めること、奨励することを行ってきたが、そのルールの変更が必要だ。そのためには、共同行動が欠かせない。これまでの章ではそれぞれ具体的な提案を行ってきたが、本章では、共同行動の役割を考える指針となる一般原則をもとに、これまでの提案を１つに結びつける。この変わりゆく経済のなかでは、右派の多くが望むような政府の役割の縮小ではなく、政府の役割の拡大こそが求められている。

共同行動の必要性

経済学者は過去50年の間に、社会的目標を確実に達成するためには何らかの共同行動が必要であり、市場の力だけに任せていては効率的で公平な成果は生まれないことを理解するようになった[2]。本書でも、社会の利益と個人や企業の利益が一致しない場合が多々あることを繰り返し述べてきた。たとえば、規制がなければ、企業は汚染のコストを考慮しようとしない。市場だけに任せておくと、汚染や格差や失業は過剰なほど増えるが、基礎研究はまるで進まない。

国防のように、誰もがその恩恵を受けられるものがある。これは「公共財」と呼ばれ[3]、社会全体に提供されなければならない。だが公共財を民間の提供だけに頼っていると、供給不足に陥る。個人や企業は私的な利益のみを考え、社会的な利益まで広く考えようとしないからだ[4]。

国防はきわめてわかりやすい例だが、公共財はほかにもたくさんある。稲作社会が優れた用水路インフラの恩恵を受けているように、私たちは誰もが、道路、空港、電気、水道、下水処理などの高品質インフラの恩恵を受けている。

発展する知識もまた、公共財である。第1章で述べたように、知識の発展は、生活水準を向上させるきわめて重要な要素になる。トランジスタやレーザーといったイノベーションがいい例だ。だからこそ、基礎研究には政府の出資が必要になる。

なかでも忘れてはならない重要な公共財が、効率的で公平な政府である。私たちは1人残らず、この公共財の恩恵を受けている。[5] 優れた政府を実現するには、公益に従事する個人や機関（独立したメディアやシンクタンクも含む）への公的な支援が欠かせない。

市場が果たすべき役割を果たせない分野、共同行動で福利を向上させられる分野は無数にある。たとえば、社会保険制度にはさまざまな種類があるが（退職年金、高齢者向けの医療保険、失業保険など）、その理由は簡単だ。これらのリスクは、個人の福利に多大な影響を及ぼすおそれがあるのに、政府による制度が登場するまで、市場はそのリスクに備える保険を提供してこなかったか、きわめて高い価格でのみ提供してきたからである。[6]

活力に満ちた経済は常に変化しており、市場の力だけではこの変化にうまく対応できない。この世界は現在、製造業中心の経済から、グローバル化・都市化したサービスやイノベーション中心の経済に移行しつつあり、それに伴い人口動態も著しい変化を示している。

また、巨大化・複雑化した経済をまとめるのは難しい。政府の積極的な政策によりマクロ経済を管理するようになる以前は、長期にわたり高い失業率が持続することが頻繁にあった。それがケインズ主義政策により、景気の低迷期間が短くなり、拡大期間が長くなった。現在では、どの大国にも政府が運営する中央銀行があり、ほとんどの国が経済を安定させるのは政府の役目だと考えている。

市場が効率的で安定していたとしても、その成果が社会的に受け入れられるとは限らない（実際には受け入れられない場合が多い）。あまりに多くの国民が飢餓の瀬戸際にまで追い詰められ、あまりに多くの国富がごく少数の手に渡ってしまう場合もある。政府の根本的役割は、万人にチャンスや社会的正義を保証することだ。資本市場に欠陥があれば、貧しい家庭に生まれた不幸な人は、親や自分の資産が少ないせいで才能を発揮できなくなる。それは不公平であり、非効率的である。

これらいずれの問題にも、政府の介入が欠かせない。そこに議論の余地はないはずだ。しかし、政府がこれらの問題にどう対処すればいいかとなると、話が難しくなる。一部の分野では、民間企業よりも政府が行ったほうがはるかに効率がいいことが証明されている。たとえば、社会保障制度を通じた年金の給付や、メディケア〔訳注　高齢者や障害者向けの公的医療保険〕を通じた医療保険の提供などである[7]。

また、官民連携により効率よくサービスを提供できることが証明されている分野もある。たとえば、インフラの提供である。まずは民間企業が、資本を提供して公有地に道路をつくり、30年ほど管理を行った後、それを公共のものとする。ただしこのような連携は、政府が損失を被り、民間企業が利益を持ち逃げすることになる場合が多い。民間企業の場合、入札に負ければ、その請負から手を引くだけでいい。コストよりも高い額で入札に成功すれば、それだけ利益を確保できる。民間企業のほうが一方的に有利である。[8]

したがって、原則的に政府は、サービスの生産や提供の仕組みを考える際に、先入観に縛られないようにする必要がある。そこかしこに見られるイデオロギーは何の役にも立たない。いついかなるときも政府よりは民間企業に任せておいたほうがいいというほとんど宗教に近い信念は間違っており、危険でさえある。[9]

規制の強化とルールの書き換え

もちろん、民間企業に任せておくのがいちばんいいという分野もたくさんある。しかし、だから民間企業は何でも好きなことをしていいということにはならない。やはり規制は必要になる。規制について考える際には、どんな場面でなぜ規制が必要なのか、規制プロセスをどう管理すればいいのか、多くの分野で過剰規制ではなく規制不足が問題になっているのはなぜなのかを理解することが重要になる。

相互依存社会に規制は欠かせない。[10]その理由は簡単だ。ある人の行動はほかの人に影響を与えるが、規制がなければ、誰もその影響を考慮しなくなるからだ。[11]汚染物質を放出している企業は、空気を吸うあらゆる人の寿命を縮め、肺病にかかるリスクを高めている。たとえそれがごく少量だったとしても、数百万もの企業が同じことをすれば、汚染は積み重なっていく。しかし、道徳心のかけらもなく、利益ばかりを追いかけている企業は当然、汚染の抑制に資金を費やそうとはしない。

聖書の十戒は、単純な社会で人間が平和に共存していくための一種の規制だった。信号も、わかりやすい規制システムの１つである。これにより、異なる方向へ向かう車を交代で走らせることができる。この規制がいかに効果をあげているか知りたければ、発展途上国の大都市に行ってみればいい。信号がないために交通が混沌としている。

だが現代社会を機能させるために必要な規制となると、やはりもっと複雑になる。銀行は、略奪的な不正貸付により借り手を搾取しようとする。また、たとえ問題が発生しても政府が救済してくれる（巨大化しすぎて破綻させられない）ことを知っているため、平気でとてつもないリスクを冒す。２００８年の金融危機がいい例だ。だから政府は当然、銀行がとてつもないリスクを冒したり借り手を搾取したりするのを防ごうとする。ところが銀行は、こうした規制の撤廃を主張した。そして、借り手の搾取やあまりにリスクの高い行為を防ぐ規制の解除を実現したばかりか、破産した場合には何よりもデリバティブの支払いを優先するという法律まで成立させた（２００８年の金融危機では、このデリバティブが多大な影響を及ぼした）。こうして銀行は、望みのものを手に入れた。ほかの誰よりも銀行を優先する法律や規制である。先の金融危機にかぎらず、銀行は危機に陥るたびに、政府に救済を求めている。

つまり、銀行が大いに推進した規制撤廃運動は実際のところ、大銀行に有利な規制構造を構築するためのものだった。しかし、どんな場合であれ考えるべきは、「どんな規制を行うか」であって、「規制の撤廃」ではない。法や規制がなくてもうまく機能する国や経済など存在しない。銀行が要求していたのは、他人の搾取やあまりにリスクの高い行為を自由に行いながらも、その結果には責任を負わない権利であり、それを認める規制や政策にすぎない。

ある人に「自由」を認めれば、ほかの人が「不自由」になる場合がある。誰かに汚染物質を放出する権利を認めれば、ほかの人が持つ汚染で死なない「権利」と衝突することになる。金融市場の自由化により、銀行は他人を搾取する権利を手に入れた。これはある意味、国民全員から金銭を巻き上げる権利を認めたに等しい。その結果発生した金融危機により、国は1兆ドルもの税金を投入せざるを得なくなったからだ。

あらゆる社会が、これまでの苦い教訓を経て、1つの事実を学んできた。優れた製品を発明したり社会に貢献したりするのではなく、市場支配力を行使したり、情報の不完全性を悪用したり、弱者や貧しい人や教育水準の低い人を搾取したりして、金もうけを企む人がいる。そんな例は無数にある。かつて精肉業界は消費者をだまし、腐った肉を販売していた。アプトン・シンクレアが1906年に『ジャングル』という書籍でその事実を暴露すると大騒ぎになり、精肉業界は精肉への信頼を回復するため、規制の強化を求めざるを得なくなった。また、たいていの親は、子どもを餓死から救うため、子どもに必要な薬を手に入れるためなら何でもする。すると、そのような状況を利用して、法外な金利で金を貸す者が出てくる。だからこそ多くの国や宗教には、高利貸しを禁じる法律や教えがある。市民が他人に搾取されそうな危うい状況に陥るのを防ぐためだ。一般的に、交渉力にあまりに大きな差がある場合には、こうした懸念が生まれる。

規制に反対する人は、現行の法制度は十分に搾取を抑止していると訴え、バーナード・マドフを始め、実際に他人を搾取した人間は有罪判決を受けていると主張する。しかしこれでは不十分だ。そもそもこうした不正行為を生み出さない規制が必要である。問題が発生したあとでそれに対処するより、不正を未然に防いだほうがいい。いったん問題が起きれば、その損害が完全に補償されることはない。マドフの事例を見ればそれは明らかだろう。同様に、略奪的な行為を防止する規制も必要だ。営利目的の大学は、出世したいという個人の自然な欲求を利用して金もうけをしながら、価値ある内容を一切提供していない。金融危機前の住宅ローンや現在のペイデイローン〔訳注　給料を担保に提供するローン〕も、略奪的な貸付行為である。

要するに、市場が本来求められているとおりに機能できるような規制がなければならない。十分な情報を持つ当事者同士で取引を行い、一方が他方を利用することがないような、競争的な市場を実現する規制である。市場が適切に規制されていると思えなければ、市場は消失してしまうかもしれない。詐欺だという可能性が高い株式など、誰が買うだろう？

規制プロセス

効率的で機能的な規制制度を設計するのは難しいが、アメリカでは抑制と均衡のシステムをうまく利用してこれに対処してきた。たとえば、規制制度が政治問題化することは、できるかぎり避けたい。そこで連邦議会は、規制の目的と目標を定めると、規制にかかわる詳細は独立した機関に委ね、その機関が議会の意図するところを可能なかぎり公平に、責任を持って実現するようにした（少なくとも建前上はそうである）。また、規制を公平かつ効率的に作成・実施するための法整備も行った。たとえば、重要な規制をつくる際には、費用対効果分析が義務づけられている。その規制の効果とコストを比較検討するのである（一般的には、効果がコストを何倍も上まわる場合が多い）。さらに、規制を作成したら、それを告知して意見を求めなければならない。規制に関心のある人は、この場で異議を唱え、改善や修正を提案できる（一般大衆よりも利益団体が口を出し、結果的に理想よりも企業寄りの規制になってしまう場合もある）[12]。規制を提案した機関は、これらの意見を参考に、最終的な規制を公布する。それでもこの規制が気に入らないという人は裁判に訴え、議会で提示された目的に沿っていない、政府のほかの規則や規制、原則に反している、あるいは規制公布のプロセスが適切でないといった主張を行える。つまりアメリカでは、規制プロセスに民主的な安全策を無数に組み込んできた。だからと言って、どの規制も理想的だというわけではない。市場の将来に関する情報は不完全な場合が多く、実際に世界は予想とは違う方向へ進んでいる。世界が変われば、それまで妥当とされていた規制が妥当ではなくなる場合もある[13]。だが、人間がつくる制度にこうした不備はつきものである。アメリカは、効果的な枠組みをつくるという点では立派な仕事をしてきたと言える[14]。

個別の規制を進め、規制の原則を回復する

　現在のアメリカ経済には、少なくとも一部の主要な分野でさらなる規制が必要だ。経済は急速に変化しているため、規制もそれについていかなければならない。20年前は、二酸化炭素がもたらす危険に気づいていなかった。それに気づいたいまでは、その危険を反映した規制が必要だ。20年前は、現在ほど肥満が問題化していなかった。それが問題化したいまでは、依存性を高めて肥満を助長する、糖分や塩分の多い食べものから子どもを守らなければならない。20年前には、オピオイド依存症〔訳注　麻薬性鎮痛薬やその関連合成鎮痛薬による依存症状〕もなかった。それが生まれた責任の一端は製薬産業にある。20年前には、営利目的の教育機関もこれほどなかった。こうした教育機関は、学生やその政府系学資ローンを食いものにしている。[15]

　ネットワーク中立性をめぐる争いを見ると、なぜ規制が必要なのか、企業の利益になるように制度がいかに操作されているのかがよくわかる。

　ネットワーク中立性とは、インターネットの管理者（アメリカの主要なインターネットプロバイダーはコムキャストとチャーターとＡＴ＆Ｔの3社だが、競争はほとんど行われていない）は、インターネット利用を希望する人すべてを公平に扱わなければならないという考え方を指す。とりわけ、インターネット速度において誰かを優遇するようなことがあってはならない。[16] ２０１５年には、連邦通信委員会（ＦＣＣ）がオープンインターネット命令を発し、ネットワーク中立性が国法になった。インターネットを公益事業として規制するこの命令は、ユーザー間の差別を禁

じている（「中立」とはそういう意味である）。だが、それからわずか2年後の２０１７年12月、トランプ政権のＦＣＣ委員長アジット・パイが、オープンインターネット命令を撤回した。その結果いまでは、プロバイダーが何の法的制約もなく、オンライン企業に提供するインターネット速度を自由に調整できるようになった[17]。

　ネットワーク中立性が廃止されてからまだ日が浅いため、ここでその影響を論じることはできない。だが、多くの消費者や、インターネットを事実上の公益事業と見なしている経済学者は強い懸念を抱いている。ジャングルの掟が支配するようになれば、力の強い者が勝つことになるからだ。これからは大企業のほうが、インターネットプロバイダーと有利な契約を結べるようになる。また、インターネットプロバイダーが有利な立場を獲得する。インターネット市場における支配力を利用して、インターネット上で提供されるコンテンツ（エンターテインメントなど）市場でも支配力を増大させていくに違いない。

　ネットワーク中立性が失われると競争が阻害され、大手とされる有力企業でさえ不利益を被るおそれがある。その好例が、動画ストリーミング配信サービスだ。このサービスを提供するネットフリックスは、膨大な量のデータを扱う。同社の売りは、迅速かつシームレスな動画の配信にあり、そのためには大量のデータを迅速に家庭に届ける必要がある。したがって、ネットフリックスがアクセスできるインターネット速度が落ちれば、同社のビジネスにとって深刻な打撃となる。インターネットプロバイダーが独自の動画ストリーミング配信サービスを始め、ネットフリックスと競合するようになった場合、そのプロバイダーが自社のサービスに有利になるように、ネットフリックスのインターネット速度を抑制することも可能になる。

また、ネットワーク中立性が失われれば、独占的なインターネットプロバイダーが、ネットフリックスなどのユーザーから利益を巻き上げることもできるようになる。高速アクセスに対して割増料金を要求すればいい。ネットフリックスがそれに異議を唱え、身代金を支払おうとしない場合には、提供するサービスを抑制することも可能だ。容量の問題など関係なく、そのような行為が自由にできる。

ネットワーク中立性を批判する人は、この種の問題は市場が解決してくれると主張する。ネットフリックスの動画が満足に見られない消費者は、その動画を高速かつ確実にストリーミング配信してくれる別のインターネットプロバイダーに乗り換えるはずだ、と。だが現在のアメリカには、全国的な主要インターネットプロバイダーは3社しかなく、消費者の選択肢は限られている。選択肢が1社しかない地域も多い[18]。ケインズが別の文脈で述べているように、長期的には信頼性の高いインターネットサービスを提供する新規参入者が現れるかもしれないが、それでは遅すぎる。ネットフリックスもそこまでは待てないだろう。インターネットプロバイダーがそれほどの力を持っているとわかれば、関連産業全体のイノベーションの勢いがそがれる。その結果、格差は拡大し、イノベーションは停滞し、成長は鈍化する[19]。

政府の失敗

これまで説明してきたように共同行動は必要だ。とはいえ、それが簡単にできるわけでも、常に成功するわけでもない。共同行動にはさまざまな形態があり、さまざまな段階がある。実際、数多くの非政府組織や慈善団体が公共財を提供しようと努力している。ハーバード大学やコロンビア大学といった非営利教育機関は、有志の寄付に支えられ、知識を生み出し後世に伝える機関として大成功を収めている。

それでも、共同行動における最重要機関はやはり政府である。[20] しかし、社会福祉を向上させるために政府に与えられた権限が、他人を犠牲にして利益を増やそうとするグループや個人に悪用される場合もある。これは、市場の失敗に対して「政府の失敗」と呼ばれる。政府の活動を批判する人は、政府に頼って市場の失敗を正そうとしても、病弊が悪化し、政府の失敗が蔓延するだけだと主張するが、これは間違っている。本書でこれまで述べてきたように、政府なしですませることなど不可能だ。ジャングルに戻ることはできない。政府の行動が必要である。問題は、政府の行動が国民全員の利益にかなうようにするには、どうすればいいかということだ。成功している国は、この問題に対する正しい答えを理解しており、効果的で力強い政府を持っている。たとえば、数十年の間に貧しい発展途上国から力強い新興市場へと劇的な転身を遂げた東アジアの国々では、政府がそれを実現する重要な役割を担ってきた。[21]同様にアメリカでも、その経済発展の歴史を通じて、政府が中心的な役割を果たしてきた。[22]

経済学者はこれまで、政府の介入が希望どおり成功した事例や失敗した事例を調べ、政府の失敗を防ぐ方法を学んできた。それによれば、失敗の多くは「キャプチャー（虜）」と呼ばれる行為と関係している。これは、民間企業や富裕層がその資金力や影響力を駆使し、自身の利益になるよう政府を誘導することを指す。私たちはその可能性を絶えず警戒し、それを防止する規則や制度を構築する必要がある。

また、アメリカ建国の父たちは、健全な民主主義を維持するには独立した批判的なメディアの存在が欠かせないことを認識していた。民主主義を成功させるためには、透明性も欠かせない。

本書の見解に批判的な人は、政府に疑念を抱き、市場に全面的（かつ不当）な信頼を寄せている。先に、市場原理主義（新自由主義とも言われる）の考え方を紹介した。自由市場は効率的で安定しているため、市場に任せておけば、そのすばらしい働きにより経済は成長し、誰もがその恩恵を受けられる（トリクルダウン理論）という考え方だ。しかしこれまで説明してきたように、この考え方は誤っている。それは、２００８年の金融危機、気まぐれに上昇する失業率、格差の拡大を見れば十分わかるだろう。これらの問題はいずれも、政府の大規模な介入がなければ、さらに悪化する。

まずはごく基本的な段階として、市場にルールや規制を設けなければならない。少なくとも、一部の個人やグループが他人を搾取したり他人に損害（汚染など）を負わせたりするのを防ぐ、公的に定められたルールや規則が必要である。

だがほかにも、市場の力だけでは対処できないことがたくさんある。環境保護、教育や研究やインフラへの投資、重大な社会的リスクに対する保険の提供などだ。

政府の役割について現在行われている議論

21世紀のアメリカに現実的に求められているのは、以下のようなことだ。アメリカの生活水準を維持し、本書で述べた価値観を守っていこうとするなら、アメリカが現在たどっているコースよりも国民の利益や価値観に一致する別のコースがあることを、全国民に説き聞かせなければならない。アメリカが現在たどっているコースとは、トランプが主張する排外主義や保護主義、あるいは40年ほど前にレーガンが推進した「市場原理主義」である。だがあいにく、格差のない成長をどう実現するかという基本的な経済問題に対処しようとして、中絶やゲイの権利といった社会問題に邪魔されてしまうことが往々にしてある。[23]

だが現在、それよりも大きな障害となっているのが、政府への不信感である。共同行動が必要とされているにもかかわらず、右派は熱心に政府への不信感を広めている。

政府への信頼を醸成するには、政治制度が公平であり、指導者が私利を追わず公益を図っているという確信がなければならない。公約を守らない偽善的な態度ほど、信頼を傷つけるものはない。アメリカのエリートや（両党の）政治指導者は、トランプが登場するはるか以前から、私利のためとしか思えないような政策を推進して不信の種をまいてきた。１９８０年代および１９９０年代に推進された政策を通じて成功を収めたのは、エリートだけだった。誰もが恩恵を受けられるというのは、実に虫のいいナンセンスな主張でしかない。こうした政策が原因となって発生した２００８年の金融危機でも、救済されたのはやはりエリートだけだ。銀行家はボーナスも仕事も失わずにすんだが、そのほかの数百万人が家を失い、千数百万人が仕事を失った。[24] これはひどく間違った方向へ進んだゆえの災難であって、１０００年に一度の天災などではない。だが、銀行や銀行家の不正が毎日のように明るみに出ているにもかかわらず、誰もその責任をとろうとしない。こうした不正が違法でないなら、違法にすべきだ。それなのに政府は、小規模な中国の銀行や中間職の銀行家など、わずかばかりの企業や人間を「見せしめ」に槍玉にあげるだけで、数十億ドルもの利益をあげていた銀行で十分すぎるほどの報酬を受け取っていた経営者たちには、何のとがめもなかった。彼らは、銀行があげた利益については自分の功績を主張しながら、銀行が犯した罪については口を閉ざしている。[25]

アメリカはいわば、所得や資産や権力に格差があるだけでなく、正義にも格差がある制度をつくり上げてきた。大多数の国民が怒りの声をあげるのも無理はない。

だが大衆の怒りがこのような形をとったのは、偶然でしかない。中流階級が直面する苦境にもっとも責任があるのは、自由なグローバル化や金融化を推進しながら、それにより被害を受ける労働者の支援・救済プログラムや累進課税制度には反対してきた人たちである。[26] 彼らに怒りの矛先が向かうのではなく、ある程度中流階級と同じ立場にいるエリート労働者に怒りの矛先が向かった理由については、今後数年にわたる議論のテーマになるだろう。その理由はもしかしたら、クリントン政権やオバマ政権の民主党がきわめて偽善的に見えたからかもしれない。少なくとも共和党は、一般労働者に配慮するふりさえしなかった。あるいは、単に運が悪かっただけなのかもしれない。トランプという扇動政治家が登場し、「賢い」エリートが一般大衆を裏切ったという物語を伝え、それを利用して強引に共和党を乗っ取った。だが厳密には、強引とは言えない。共和党員の大半は、トランプの主張する偏狭な考え方、女性を蔑視する態度、排外主義、保護主義に同調し、富裕層や企業への減税や規制撤廃など、望みのものを手に入れるために、戦時でも不況でもないのに赤字を増やすという前例のない政策に同意した。彼らは悪魔と取引をすることで、その価値観や優先事項を明らかにしてみせたのである。

　ある考え方がどのように広がり、ある場所、ある時代にどのように定着するかという問題は、さまざまな要素が絡んでいて解明するのが難しい。特定の結果に至りそうな前提条件があったとしても、必ずそうなるとは限らない。ドイツが経験したヒトラーの悪夢も、必然の結果とは言えない。ビジネスエリートがヒトラーに抵抗するチャンスはいくらでもあった。実際にそうしていたらどうなっていたかはわからないが、少なくとも歴史が別のコースをたどっていた可能性はある。いまから50年後には、アメリカの現在の実業界について同じことを言う人が現れるのだろうか？

ますます必要とされる政府

21世紀の経済は、20世紀の経済とはまったく違う。アダム・スミスが『国富論』を書いた当時の経済とは、それ以上に大きく異なる。そのため政府は、以前よりもはるかに大きな役割を担わなければならなくなった。以下に挙げる現代の経済の6つの特徴それぞれにおいて、これまで以上の共同行動が求められている。

イノベーション経済　知識の生産は、鉄鋼などの一般商品の生産とは違う。市場の力だけに頼っていては、基礎研究に十分な資金がいきわたらない。基礎研究はあらゆる進歩の源泉である。だからこそ政府はこれまで、少なくとも基礎研究への投資では中心的な役割を果たしてきた。

都市型経済　工業化が進み、脱工業化時代に移行していくにつれ、都市化が進んでいる。都市集積には際立った利点があるが、適切な管理が難しくなる。密集地域では、1人の行動が他人に及ぼす影響も大きい。たとえば、交通規則がなければ渋滞が発生し、無数の事故が起きる。環境規制や衛生基準がなければ、都市は以前のような住みにくい場所になり、住民の寿命は短くなり、病気が蔓延する。騒音公害により不快な生活を強いられることもある。新興市場の「無計画」な都市を見れば、建築規制のない都市がいかに耐えられないものになるかがわかる。

地球の限界に制限された経済　アダム・スミスの時代には、地球環境が壊れやすいという意識がほとんどなかった。現在、地球の生物圏は限界に近づきつつある。これまでの経験から証明されているように、市場の力だけに頼っていては、都市に人が住めなくなってしまうおそれがある。ロンドンの黄色の濃霧やロサンゼルスのスモッグがいい例だ。市場の力だけではこうした都市の汚染を防げなかったため、政府の規制により汚染行為を抑制した結果、個人や企業のわずかなコストで、万人に莫大な利益がもたらされた。

複雑化する経済　アダム・スミスが例示した農場やピン工場の経済は、グローバル化・金融化が進んだ脱工業化時代のイノベーション経済とはまったく違う。かつては、景気変動をもたらすのは主に天候だった。それから２００年の間に、莫大な社会的コストを伴う大規模な景気変動がいくつもあったが、たとえば２００８年の金融危機は、天災ではない。人間がつくり上げたシステムがもたらした人災である。それにより国民は破綻し、いまだにその経済的・政治的影響を引きずっている。システムが複雑になり、相互関係が深まり、市場の各参加者が利益を最後の１滴まで搾り取ろうとすると、経済はそれだけ脆弱になる。[27]

流動的な経済　経済は常に変化している。これまでに、農業中心の経済から製造業中心の経済へ、そしてさらにサービス業中心の経済へと移行するとともに、グローバル化・金融化が進んだ。これからは、地球の限界の範囲内で、複雑化・都市化する経済を管理できるようにならなければならない。急速に高齢化が進むなか、所得や福利を各世代に分配するという新たな課題もある。

だが市場の力だけに頼っていては、こうした移行をうまく管理できない。その一因は、衰退する分野や地域の人々が、将来性のある分野に移動するための資金を持っていないことにある。市場に任せておけばどうなるかは、ミシガン州デトロイトや私の故郷であるインディアナ州ゲイリーの惨状を見ればわかる。困窮している一般市民や地域が変わりゆく経済に対応できるよう支援してきた国（スウェーデンなど）には、より力強い経済制度、変化を受け入れる政治制度がある。

海外の動向の影響を受けるグローバル化された経済　現在では世界の相互依存性が高まり、大半の市民の対処能力を超えるリスクにさらされる機会も多くなった。この相互依存状況やリスクに対処するには、グローバルな共同行動がこれまで以上に求められる。だが経済のグローバル化は、政治のグローバル化（経済のグローバル化を管理する制度の発展）を上まわるペースで進んでいる。この問題に対処する責任は、やはり各国政府にある。しかし、政府の責任が増す一方で、それに対処する政府の能力は低下している（保守派は、政府が対処すべきではないと主張している）。この対処能力の低下の一因は、グローバル化そのものにある。グローバル化により租税回避が可能になった。また、グローバル化された世界で競争力を高めるには、課税や政府支出を削減しなければならないと誤った主張をする人も現れた。

結論

本章では、共同行動がなぜ必要かを説明してきた。一致協力して行動すれば、単独で行動するよりもはるかに生活を向上させることができる。市民が一致協力する方法は、それこそ無数にある。会社を設立または共同経営して何かを生産する。クラブなどの社会組織をつくって交流を深める。ボランティア団体やＮＧＯを設立し、自分が正しいと思う信念のために活動する。労働組合を組織して団体交渉を行う。企業の行為により被害を受けた場合、１人ひとりは無力でも、共同で集団訴訟を起こせば補償を得られるかもしれない。[28] だが企業や右派は、こうした共同行動や労働者の団結、集団訴訟、司法に訴える権利を抑制することで、現在の権力のアンバランスを維持しようとしてきた。

共同行動を実現するきわめて重要な手段となるのが、政府である。政府とほかの共同形態との決定的な違いは、政府には強制力があることだ。国民や組織に、何かを禁止する（他人に害を及ぼすおそれのある銃の所持を禁止するなど）ことも、何かを義務づける（国防のため税金を徴収するなど）こともできる。現代社会には、他人を支援する方法も他人に危害を加える方法も無数にあるため、政府はどうしても大規模で複雑なものにならざるを得ない。また、「フリーライダー（ただ乗り）問題」を防ぐため、課税はどうしても欠かせない。大半の人には、軍事、警察、防火、政府の研究施設で生み出される基礎知識、環境保護など、公的に提供される財やサービスを、そのコストをできるだけ負担することなく利用しようとする傾向があるため、その負担を義務づける必要がある。ただし、政府が何をすべきで何をすべきでないか、それをどう実現すべきか、そのための資金を誰が払うべきかといったことは、政治プロセスを通じて決めるほかない。

政治の仕組みは、市場の仕組みと同じように複雑だ。政治には、善を行う力もあれば、悪を行う力もある。それを利用すれば、貧困層や中流階級から富裕層へ所得を吸い上げることも、既存の力関係を維持・強化・増幅させることもできる。社会的不公正を是正するどころか、悪化させることもできる。そうなると政治は、搾取を防ぐ道具ではなく、搾取の道具になる。

民主主義には当初から、公益を推進する力となる公的制度をどう構築していくかという難しい課題があった。アメリカは現在、この難題に直面している。次章では、ごく少数の富裕層のための民主主義ではなく、市民全体のための民主主義を構築するには、どのような変革が必要かを解説する。そしてその後の数章で、再建された民主主義のもとで、経済をどう再建すればいいかを提示したい。競争が活発な、公正で活力のある経済が実現すれば、大半のアメリカ人が再び中流階級の生活を手に入れられる。

第2部

政治と経済を再建するために

第8章

民主主義を回復する

アメリカは議会制民主主義の国として建設された。その制度のなかでも決定的に重要なのが、多数派が少数派の権利を守ることを保証する、強力な均衡と抑制のシステムや権利章典である。しかしアメリカは実際のところ、少数派が多数派に対して権力を振るう国へと変化してきた。たとえば、アメリカ特有の選挙制度により、今世紀に入ってから生まれた3人の大統領のうち2人は、得票数では明らかに対立候補に負けていたにもかかわらず、大統領に就任した。また、大衆の意見を密接に反映している政府機関とされる下院では、共和党に有利なゲリマンダーが行われている。その結果、2012年の選挙で民主党は、共和党より140万票も多く得票したのに、過半数の議席さえ獲得できなかった。さらに上院では、各州に平等な権利を与えるよう制度設計されているが、人口が一部の州に集中してしまった結果、少なくとも全国的に見れば、やはり得票数の少ない政党が支配権を握る問題が発生している。アメリカはかつて、現代民主主義や民主的制度の構築において世界をリードする存在だった。だがいまでは、後れを取っているようにさえ見える。これらの大統領や立法機関が、アメリカの多数派の支持を受けていない事実を認識し、もう少し謙虚に礼儀正しく行動していれば、事態はまだ違っていたかもしれない。だが実際には、それどころか、勝者総取りの政治を新たな高みにまで押し上げた。このような少数派による多数派の支配は、明らかに非民主的であり、有権者を落胆させ、対内的にも対外的にもアメリカ政府の正当性を弱めている。銃の規制、最低賃金の引き上げ、金融規制の強化は、アメリカ国民の大多数の支持を得ているのに実現できていない。本書の冒頭で簡単に取り上げた２０１７年の税制改革にしてもそうだ。一般的に減税は、圧倒的な支持を受ける。だが今回の場合、これが中流階級や次世代の国民を犠牲にして富裕層を優遇する減税であることを有権者は理解していた。そのためこの減税に対しては、反対派が過半数を占めた。これほど反対が多かった減税はない。[1]

　共和党の目的が少数派による多数派の支配の維持にあることが、次第に明らかになりつつある。共和党はこれを至上命令と考えている。というのは、逆進税（所得が多いほど税率が下がる税）、年金制度やメディケア制度の削減、政府の役割の縮小など、共和党が支持する政策は、多数派に嫌われているからだ。そのため共和党は、多数派が主導権を握らないようにしている。多数派が主導権を握った場合には、多数派が望む政策、多数派の利益を増進する政策を導入できないようにしている。デューク大学の歴史学教授ナンシー・マクリーンはこれを、共和党は「民主主義を鎖で縛っている」と表現している。[2]

この計略がすでにどこまで進んでいるかを調べてみると、アメリカに求められる政治改革がいかに難しいかがわかる。だが、本書で主張している持続的な経済改革を実現するには、まずは政治改革が欠かせない。本章では、以下の３つの重要な領域について政治改革を提案したい。選挙における公平性の確保、政府における効果的な抑制と均衡のシステムの維持、政治における金の力の抑制である。

選挙改革とその政治プロセス

これまでは、少数派の権利を守るための制度が悪用されてきた。公正な民主主義では、少数派の権利を守ることは確かに重要だが、多数派の権利を守ることもやはり重要である。

多数派よりも少数派の政治的意思を優先しようとする計略は、選挙をコントロールするところから始まる。[3] 投票（誰に投票権を認めるか）や議席をめぐる政治的争いは、分断国家のアメリカには以前からあった。憲法を制定する際には、南部諸州の代表が、奴隷に選挙権がなかったにもかかわらず、奴隷１人を５分の３人と見なすよう要求し、自分たちの議席を増やすことに成功している。[4] こうした争いは、近年になって党派心が高まるにつれ、さらに醜い方向へ発展した。たとえば共和党は、自党を支持しないと思われる有権者の選挙権剥奪を推進している。実際この国には、選挙権剥奪の長い歴史がある。その際立った例の１つが、重罪犯に選挙権を認めない制度であり、多くの州がこれを実施している。現在問題視されている市民の大量収監にはさまざまな理由があると思われるが、[5] それが選挙権の大量剥奪につながっていることは間違いない。２０１６年の選挙ではこの州法のため、アフリカ系アメリカ人の７・４パーセント（およそ２２０万人）が投票できなかった。[6]

共和党支持者が多い州では、[7] 労働者階級の有権者の選挙登録や投票に高いハードルを設けることで、投票をコントロールしようとする動きも見られる。かつての南部諸州のように人頭税を課すことはできないにせよ、選挙登録や投票にかかるコストを上げることはできる。これは、実に効果的な投票抑止手段となる。共和党は、運転免許証を取得すれば選挙登録も行えるなど、市民の基本的権利の行使をできるかぎり容易にするどころか、逆に選挙登録がいやになるほど登録を難しくしている。たとえば、誰もが持っているわけではない身分証明書の提示を要求する、といった手法である。

歴史的に見れば、選挙権の剥奪が共和党の専売特許だったというわけでもない。民主党が南部を支配していたころは、民主党もアフリカ系アメリカ人や貧困層の投票を妨害していた。だがその後、選挙権の剥奪をめぐる両党の見解の相違が大きくなり、現在では残念ながらほぼ共和党の独壇場となっている。[8]

それ以来、選挙は一般的な労働者が投票しにくいような形で行われている。投票時間が短い場合もあれば（インディアナ州では午後6時に投票所が閉まる）[9]、選挙登録に手間がかかる場合もあれば、投票所が少なく、不便な場所にある場合もある。またアメリカでは法律で投票日が決められており、日曜日（大半の人の休日）に投票できない。このような国は世界的に見てもわずかしかない。

不公平な選挙制度はほかにもある。たとえばゲリマンダーにより、一票の重みが地域によって異なっている。[10]

これを改善するには、以下の6つの改革が必要だ。（1）日曜日に投票を行う（または投票日を休日にするか、郵送の投票でも可とする）。（2）投票に来た有権者に報酬を与える（またはオーストラリアのように、投票に来なかった有権者に罰金を科す）。（3）選挙登録を簡単にする。（4）受刑者や元受刑者の選挙権剥奪をやめる。（5）ゲリマンダーを防止する。（6）幼少期に親と一緒に不法入国してアメリカで育った、アメリカ以外に故郷のない若者（「ドリーマー」と呼ばれる）が市民権を得られる仕組みをつくる。

これらの改革はいずれも、単純な原則に基づいている。あらゆるアメリカ市民が投票すべきであり、あらゆる投票が平等の重みを持つべきだという原則である。アメリカでは投票率が驚くほど低い。[11] 上記の改革を行えば、その状況も変わるだろう。また、金の力の抑制にもつながる。選挙運動では、誰がどの候補者を支持しそうかを見分け、自党候補の支持者に投票に行くよう働きかけることに、多大な資金が費やされるからだ。投票に参加する人が増えれば、より充実した代議政治への道が開ける。投票には大きな価値がある。確かに、投票に行けば、それだけの時間を犠牲にすることになる。一般的な労働者がきわめて重視するコストだ。しかし、こうしたコストにより投票が阻害されるぐらいなら、多少の報奨金を払ってでも、有権者に民主的権利を行使してもらったほうがいい。

「代表なくして課税なし」は、アメリカ独立戦争時のスローガンだった。だが現代のアメリカは、多数の市民が代表も持たないまま課税される制度をつくってしまった。受刑者や元受刑者、一時的移住者がそうだ。コロンビア特別区やプエルトリコの住民については言うまでもない。

カリフォルニア州のセントラルバレーを車で走っていると、農作業に従事する移民労働者の姿が見える。彼らは、細長いハウストレーラーに住み、汚染された水を飲み、高い罹患率に苦しみ、政治的な力を一切持っていない[12]。多くが、何世代も前から国境を行ったり来たりしている労働者の子孫である。彼らには、政治的な権利を手に入れる術がない。その農場の光景は何となく、南北戦争以前の南部の綿花畑を想起させる。アメリカでは政治制度と経済制度が手を結び、こうしたひどい不正を放置・維持している。収監者を増やせば、受刑者という安価な労働力が手に入るうえ、民主党に投票しそうな人々の選挙権を大量に剥奪できる。一時的な移民労働者に市民権を与えなければ、その苦悩を政治プロセスに反映させようとする取り組みを防ぐことができる。彼らが「一時的」移住者と呼ばれるのは、生活の基盤がアメリカにしかないにもかかわらず、永住権が認められていないからだ（永住権があれば、市民権や発言権を手に入れられる）。このような状況は、経営者にとっても都合がいい。従順で安価な労働力を確保できるうえ、その低賃金によりほかの労働者の賃金も低く抑えられる。

政治権力の乱用を防ぐ――抑制と均衡のシステムを守る

これまでの民主主義の経験から、抑制と均衡のシステムが重要なことは明らかだろう[13]。民主主義は、特定の個人や集団に過剰な権力を持たせないように設計されている。実際、アメリカの権利章典の目的は、少数派の自由が多数派に奪われないようにすることにある。このような制度が設けられたのは、過剰な権力は乱用されるからであり（ジョン・アクトンは「権力は腐敗する。絶対的権力は絶対に腐敗する」という有名な言葉を残している）、どんな人間や組織も誤ることがあるからだ。権力の集積や乱用を防ぐうえで中心的な役割を果たすのが、抑制と均衡のシステムである。だがトランプ大統領は憂慮すべきことに、公的プロセスへの過剰な政治的影響を防ぐのに欠かせないこのシステムや専門的官僚制をないがしろにしている。たとえば、政府職員を任意に解雇できる権限を高め、1世紀以上にわたり政府機関から政治的影響を取り除こうとしてきた努力を無に帰そうとしている。国を統治するルールや規制などの政策は政治的なプロセスを通じて定められるが、その政策の遂行は公平かつ客観的に行われるべきであり、非政治的な官僚制度により管理されなければならない。アメリカの強みは、この官僚制度の能力と一貫性にあった。だがトランプは、この制度を弱体化させようとしている。[14] 右派は以前から、政府は役に立たないと批判してきた。だがいまにして思えば、右派の「改革」は、政府を役に立たないものにすることを目的にしていたのかもしれない。それが実際に政府の力を弱め、政治的に利用されやすいものにしてしまった。

この抑制と均衡のシステムを弱めようとする試みに抵抗することが重要なのは論をまたない。このシステムの力を高め、専門的な行政機関や独立した国家機関の役割を強化する必要がある。私たちはもっと、民主的な説明責任を実現するにはどうすればいいか、政府機関への政治的影響を防ぎ、その専門性、効率性、有効性を高めるにはどうすればいいかを考えなければならない。[15] それが可能なことは、ほかの国が証明している。

司法制度

トランプの司法への攻撃は辛辣をきわめている。トランプがイスラム教徒の渡航禁止を打ち出すと、裁判所は次から次へと、それは個人の基本的権利を侵害する権力の乱用にあたるとの判決を下した。するとトランプは、受け入れられない判決に直面したほかの大統領と同様に上訴したが、それだけでは収まらなかった。これまでの専制君主の例にならって裁判所そのものを攻撃し、司法への信頼を損ない、司法が担う公平な裁定者としての役割に傷をつけたのだ。[16]

だが、最高裁判所から公平かつ賢明な裁定者としての地位を奪ったのは、トランプ政権が初めてというわけではない。むしろ、共和党の長期的な戦略の結果、徐々にそうなっていったのである。共和党は、自党のイデオロギー、あるいは権力層やエリート層の利益にかなう判断を行いそうな判事ばかりを裁判所に送り込んだ。この戦略は多大な効果をもたらしたらしく、過去20年にわたりきわめて共和党寄りの判決が続いた。もちろんどの大統領も、裁判所に自分の見解を支持してもらいたいと思っていることに変わりはない。だが以前の大統領には、裁判所は偏りのない公平かつ賢明な裁定者と見なされるべきだという認識があった。だが、ジョージ・H・W・ブッシュ政権のころから、裁判所を牛耳ろうとする共和党の戦略が始まった。その証拠に、ブッシュは最高裁判所の判事に、まるでその資格がないクラレンス・トーマスを任命している。

自党寄りの判事で裁判所を埋めようとする共和党の厚かましい戦略により、別の問題も発生している。共和党が、自由至上主義者、トランプ流の保護貿易主義者、企業・権力層などの特異な連合体であるため、「方針」が混乱しているのである。[17] 裁判所が政治問題や政治的なルールに関する判決を下す際には、それが如実に現れる。たとえば、２０００年の大統領選挙にまつわるブッシュ対ゴア裁判では、裁判所は事実上、得票数では明らかに負けていたジョージ・W・ブッシュを大統領に選んだ。通常、共和党は州の権利を強く擁護する。だがこの裁判では、州に好きなようにさせておけばアル・ゴアが勝利し、大統領に選ばれてしまう。そこで最高裁判所の共和党寄りの判事は、これまでの価値観を曲げ、共和党が望む政治的結果を手に入れられるようにした。[18]
また、選挙献金をめぐるシチズンズ・ユナイテッド対連邦選挙委員会裁判では、裁判所が２００２年の超党派選挙改革法の一部を違憲として無制限の選挙献金を認め、政治に対する資金力や経済格差の影響を強化することになった。裁判所はどうやら、アメリカの政治が（まだ）金銭により腐敗していないと判断したらしい。

かつての「保守派」（きわめて共和党寄り）の判事は、共和党の立場に忠実でありながら、原則に基づいて一貫した判断を下しているように見せる努力をしていた。だが、共和党そのものが無節操な連合になってきたため、そのような努力も次第に難しくなっている。[19]

その結果、いまや裁判所は多くの国民から、さまざまな党派争いの単なる道具でしかないと見なされている。その見識ある裁定で国民の絆を強めるどころか、経済格差や人種間の分裂を広げ、すでに広がっている政治的対立や理念の対立をさらに悪化させている。[20]

確かに、裁判所から完全に政治的影響を排除できるという考えは甘いかもしれない。だが、これほど激しい政治ゲームが行われることのない、もっとバランスのとれた裁判所にすることは可能だ。簡単な制度改革で、司法制度をそのような方向へ向けることができる。たとえば、判事の任期を終身制から20年に限定するといった改革が考えられる。この改革は何十年も前から提案されているが、裁判所がかつてないほど分断されているいまでは、導入の機運も高まっており、支持者も増えている。[21]この改革を行えば、大統領の４年間の任期中に、平均しておよそ２人の判事が任期切れを迎えることになる。[22] また、オバマ政権末期に見られたような、極端な党派争いを起こそうとするインセンティブも小さくなる。当時、オバマはメリック・ガーランドというきわめて妥当な人物を判事に指名したにもかかわらず、連邦議会はこの人物の承認を審議することさえ拒否した。[23]

憲法では、最高裁の判事の数は規定されていない。そのため、ガーランドの審議拒否など、さまざまな点で伝統的規範を破っている共和党に対抗し、民主党が次に大統領選や連邦議会選挙で勝利した際には、判事の数を少なくともあと2人増やすべきだという議論もある。だがこれは、魅力的ではあるが、アメリカの民主制度をさらに弱体化させるおそれもある。そうなればどちらの党も、裁判所を支配下に置こうと、政権を掌握しているかぎり判事を追加しようとするだろう。裁判所はいまでも十分すぎるほど、単なる党派争いの道具と見なされているが、そのような印象をさらに強化する結果になりかねない。

それでも、少数派がこれまで説明してきたようなあらゆる仕組みを利用して権力を維持している事態を受け入れることはできない。彼らは権力の座にいる間に、自党に都合のいい判事を選び、たとえ政権を失ったとしても、同じイデオロギーを持つ判事を通じて、自党の利益やイデオロギーを広め続けられるようにしている。

前述の最高裁判事の任期制限案は、こうした問題を解決する最善の方法と言えるだろう。次回民主党が政権を掌握したときには、この修正を正式に提案すべきだ。また、その修正案が可決され完全実施されるまでは、一時的な措置として、判事の定員を増やしたほうがいい。

金の力

アメリカの政治制度における最大の失敗は、金の力が増したことだろう。もはやアメリカの政治制度は、１人１票ではなく、１ドル１票と表現してもいいほどだ。金と政治との恐るべき結びつきを生み出している要因としては、ロビー活動、選挙献金、天下り、富裕層に支配されたメディアが挙げられる。富裕層や大企業が、その財力を駆使して政治権力を手に入れ、ときにはまったくの「フェイクニュース」を使って、自分に有利な考えを広める。その代表がＦＯＸニュースであり、その力については数多く論じられている。[24]

資金のある人はそれを使い、政治制度を利用してさらに富を手に入れる。たとえば石油企業は、地下に石油や鉱物資源が眠る広大な公有地の利用権を、その資源の価値の数分の一の価格で取得している。こうした企業は事実上、アメリカの一般市民から金を盗んでいるに等しい。ただし、巧妙に隠匿された盗みであるため、ほとんどのアメリカ人がそれに気づかない。クリントン政権はかつてこれらの企業に、資源価値に十分に見合った支払いを強制しようとしたが、企業の猛烈な反対運動を受け、国の資源を安価に手に入れる権利を奪うことはできなかった。

公的資産について企業が政府に支払う額が少なすぎる場合もあれば、政府が民間企業から購入するものに支払う額が多すぎる場合もある。たとえば製薬企業は、高齢者に医薬品を提供するメディケア関連の法律に、ある規定を追加した。世界最大の医薬品の買い手であるアメリカ政府に対し、価格に対する交渉権を認めないという規定である。こうした規定は、少しでも価格を上げ、利益を増やそうとする製薬企業の強い要請を受けて追加され、みごとな効果を発揮した。実際、メディケアの医薬品は、低所得者向けのメディケイドや兵役経験者向けの医療費補助制度などで提供される医薬品よりも、はるかに高い。同じブランドの薬でも、メディケアのほうが73パーセントも高いのである。その結果、納税者の税金が毎年何百億ドルも余分に、製薬企業の手に渡っている。[25]

金にまつわる政治制度の問題はそれだけにとどまらない。現職の大統領も一部の大口の政治資金提供者（主に共和党への献金者）も、カジノ運営で財産を築いている。マネーロンダリングなどの違法行為やギャンブル依存者の搾取などで悪名の高い、あのカジノである。[26] その利益は、大衆にうまく取り入ることで成り立っているが、政府がマネーロンダリングの取り締まりに積極的になれば、すぐに破綻するだろう。また、不動産開発業者は、自社産業を優遇するささやかな規定を税制法案に滑り込ませている。２０１７年末に可決された税制法案では、不動産信託会社に対し、小企業と同じ20パーセント低い税率を適用することが事実上可能になった。[27] だがこれも、規制をわずかに修正すれば、この産業を支配するビジネスモデルを粉砕できる。たとえば、高価な不動産の買い手の公表を義務づければ、不動産を利用したマネーロンダリングを抑制できるだろう。[28] この段落で紹介したのは、レントシーキングのなかでもきわめていびつで不快な事例と言えるかもしれない。だが、こうしたレントシーカーが運営する政府は当然、レントシーカーのための政府にならざるを得ない。そのような政府には、成長もなければ社会正義もない。

金権政治を助長する最高裁判決

報道の自由や言論の自由を擁護しつつ、民主主義の枠内で金の力と闘うのは、容易なことではない。だが、同じように民主主義や報道や言論の自由を掲げながら、この問題にアメリカよりうまく対処している国がないわけではない。

アメリカの問題の大部分は、アメリカが自らつくり上げたものだ。もっと正確に言えば、アメリカの最高裁判所の判決がつくり上げたものである。最高裁はこれまで、5対4という僅差ではありながら、とても公正とは言えない極端な立場をとってきた。シチズンズ・ユナイテッド裁判がいい例だ。[29] この裁判における最高裁判決により、企業や非営利団体や労働組合が政治活動委員会（ＰＡＣ）に無制限に献金することが可能になった。献金が制限されるのは、選挙運動に対して直接行われる献金だけだ。しかし、企業の献金を制限するのは企業の「権利」の侵害につながるという主張はばかげている。企業は人間ではない。人間であれば権利があるが、企業は政府が設定するものであり、どんな権利設定でも「付与」できる。企業の献金を制限したとしても、個人の権利が侵害されることはない。むしろ制限しなければ、個人の権利が侵害されるおそれがある。たとえば、私がある企業の株を購入する場合、その企業の経済見通しを自分で判断して購入する。だが、自分がCEOの政治的判断に賛成するかどうかでその判断をしなければならなくなれば、経済は弱体化する。現実的に見れば、株主には企業の活動に対する発言権はほとんどない。CEOが政治に企業の資金を使うのは、私腹を肥やすために使うのと同じように間違っている。[30]

　最高裁の判決によれば、献金は、候補者と直接のやりとりがないかぎり、候補者の手に渡るわけではないため、「腐敗や腐敗の出現を引き起こさない」という。この後半の主張は明らかにおかしい。腐敗は、感じ取れるだけで民主制度への信頼を突き崩す。アメリカの政治制度が不正に操作されているとこれほど多くの国民が考えている理由の一端は、政治が金で動いていることを国民が正しく認識している点にある。[31]大半のアメリカ人は、腐敗が進んでいることをほぼ確信している。たとえばたばこ会社が、たばこ規制に反対する候補者を支援すると表明すれば、間違いなく過剰な影響を引き起こす。[32]それを知った候補者は、率先してたばこ規制に反対するようになる。こうした形態の腐敗は、従来の方法に劣らず露骨であり、それとまったく同じ効果をもたらす。シチズンズ・ユナイテッド裁判の判決に賛成した5人の判事はまるで、大多数のアメリカ国民とは別の世界に住んでいるかのようだ。あるいは、共和党の金銭的利益を支える論拠を生み出そうと躍起になっていると言ったほうがいいかもしれない。[33]

　アリゾナ州をめぐる裁判では、さらにひどい判決が下された。同州は、候補者間の資金力に一定レベル以上の差がある場合に、少ないほうの候補者に資金を提供する制度を導入しようとした

（たとえば、裕福な候補者が選挙に1億ドルを投じ、対立する候補者がとてもそれほどの資金を集められない場合に、州がその候補者の選挙資金を補助する）[34]。あらゆる候補者に公平な条件を提供するためである。だが裁判所は、個人には献金を通じて不公平な条件を生み出す権利があり、州の制度はその権利を否定するに等しいという判決を下した[35]。

政治に対する金の力を抑制する方策

政治に対する金の力を抑制する方策は無数にある。たとえば、民間から資金を調達しなくてもいいようにする、透明性を向上させる、献金など金銭的影響力の源を抑制する、などの方法が考えられる。

情報公開法を改善する

情報公開法は、金の力を抑制するためのものだった。「日光は最強の殺菌剤」という言いまわしもある。たばこ規制に反対票を投じている議員も、自分がたばこ産業から多額の寄付を受けていることを公表しなければならなくなれば、反対するのをためらうようになるかもしれない。だが、透明性を向上させるこの法律は、期待されたほどの効果をあげなかった。それには2つの理由が考えられる。第1に、政治家や利益団体は、国民が想像していた以上に恥知らずだ。金の影響力があまりに蔓延しているので、1つや2つの事例なら、「誰でもやっているじゃないか」と開き直ることができる。第2に、透明性を確保する制度に抜け穴がある。秘密主義で悪名の高い政治活動委員会（ＰＡＣ）がいい例だ。

真に完全な透明性を確保することが、正しい方向へ向かうステップになる。完全でなくても、現在より透明性を高めることができれば効果はある。少なくともＰＡＣの献金者や活動は完全公開すべきだ。

選挙資金を抑制する

情報の公開だけでは不十分だ。選挙資金を抑制する必要がある。だがそうなると、言論の自由を求める主張と公正な選挙を求める主張がぶつかり合うことになる。両者を和解させるには、資金がさほど必要でない制度、献金しても有利な立場が得られない制度、権力を持つ裕福な人々の献金（ＰＡＣへの無制限の献金など）を抑制する制度を設けるのがいちばんいい。現在のアメリカの富や権力の集中を考えれば、最後の制度はとりわけ重要になる。

公的機関が選挙資金を提供し、公共放送局（公共の電波を使っている局、およびケーブル敷設を公的に認められた局すべて）が各候補者に十分な放送時間を提供すれば、資金の必要性はかなり低下する。また、本章で先に述べた投票面での改革にも同様の効果がある。現在の選挙運動では、支持してくれそうな有権者を「投票所へ行かせる」ことに、かなりの資金が使われている。

候補者間の選挙資金を公的手段で同等にするのも（ある候補者への多額の献金や裕福な候補者による多額の支出など、候補者間の資金力に差が出るのを防ぐため、資金力のない候補者に何らかの公的支援を行う）、金の力の抑止につながる。だがこれには、最高裁の判決を変える必要がある。そのためには、たった１人の判事の意見を変えればいい。

また前述したように、企業は政府が設定するものであり、政府から付与された権限しか持たない。政治献金を行う企業の権利をいくら制限したとしても、憲法が保障する個人の権利が侵害されることはない。企業を所有する個人は献金を認められている。だがその際には当然、連邦議会が設けた制限に従わなければならない。個人に対するこうした制限は理にかなっている。それは、金の力を抑制する妥当な手段となる。だが、企業やＰＡＣにそれ以上に厳しい制限を課さないというのは、どう考えてもおかしい。

したがって、政治運動への無制限の献金を事実上認めたシチズンズ・ユナイテッド裁判の判決は、覆す必要がある。[36] しかしそれに限らず、できることはほかにもたくさんある。たとえば企業は、株主の圧倒的多数（３分の２など）の賛成がなければ政治献金を行えないようにすべきだ。そうすれば、ＣＥＯの一存だけで献金が行われることもなくなる。株主が個人で献金するのはまた別の問題だが、これについてはすでに十分規制されている。

天下りを抑制する

影響力を行使するきわめて悪辣な方法の1つが、「天下り」である。この場合の天下りとは、ある民間企業を優遇した政治家や官僚が、職を辞したあとでその企業の要職に迎え入れられ、手厚い報酬を受け取ることを指す。[37] 天下りは広く蔓延し、社会をむしばんでいる。財務省などの政府機関に務めていた人は、辞職するとすぐにウォール街での職を手に入れる。これは、彼らが当初からウォール街を優遇してきたのではないかとの疑念を抱かせる。天下りは軍にも浸透しており、将官などの高官もやはり、辞職するとすぐに防衛産業での職を手に入れているようだ。

　これまでにさまざまな政権がこの天下りを抑制しようと努力してきたが、大した成果をあげていない。問題の一端は、どんな規制を設けようと、必ずそれを回避する方法を見つける者が現れる点にある。一般的にこうした元政治家や元官僚は、出身の政府機関との直接取引を制限される。だが企業の同僚に、政府機関の誰にどう話せばいいかといったアドバイスを提供することはできる。そのほか、利益を誘導する方法は無数にある。

　この問題には、ほかのどんな問題よりも正しい規範や倫理観が求められる。21世紀アメリカの資本主義が標榜する「貪欲は善」という倫理観は、この正しい規範をつくる障害となる。かつて公職についていた人間は（政治的野心の大きな人は特に）、ごく短いスピーチの見返りにゴールドマン・サックスから多額の小切手を受け取るのは不適切なのではないかと考えるべきだ。これはとりわけ、元財務長官や元国務長官、元大統領にあてはまる。政治家や官僚はみな、自分が公職についていたころにとった行動により恩恵を受けた金融機関から金銭を受け取ることに、やましさを感じるべきだ。良心的な政治家や官僚であれば、政府への疑念が高まっているこの時代にはなおさら、腐敗をほんのわずかでもほのめかす行動には警戒感を抱くはずである。ところが21世紀の資本主義の規範に従えば、多大な報酬を拒否する元官僚や元政治家は、愚か者と見なされる。

求められる新たな運動

アメリカがはまり込んだ厄介な政治的・経済的苦境を考えると、絶望感や無気力感に苛まれる。それぞれの問題が複雑に絡み合っているため、どこから手をつけていいのかわからなくなる。しかし、どこかで始めなければならない。求められているのは、段階を踏む控えめな改革ではなく、全面的な改革である。そのためには、新たな政治が必要になる。アメリカでは、選挙制度の機能不全により、政治制度の機能不全が増幅されてきた。

アメリカの政治制度は、国民の見解や信念、意見を政策に反映させるためにある。国民に選ばれた政治家が、国民の信念に沿った法や規制を採択する。このプロセスの中心に位置するのが、政党である。だがアメリカには、この政党に対する幻滅が広がっている。見るからに腐敗しているとは思われていないとしても、日和見主義的だとは思われている。さらに最近では、ティーパーティなどの共和党急進派が予備選挙で積極的な活動を行い、アメリカを分断に追い込んでいる。[38]

政党への幻滅から、政党なしでもやっていける、21世紀のアメリカに政党は必要ないと考える人も現れてはいるが、これは間違っている。必要なのは政党の改革であり、何よりもまずアメリカの最高の価値観に基づく政党を実現することだ。[39]

国民（とりわけ若者）を政治に参加させるうえで重要なのが、何らかの目的に取り組む「運動」である。ジェンダーの権利を訴える運動もあれば、経済的公正を訴える運動もある。住宅の確保や環境保護、銃規制を訴える運動もある。これらの運動はそれぞれ目的は異なるが、どの運動にも共通するテーマがある。それは、「現在の取り決めは不公平であり、一部の人々を置き去りにしており、福祉のある重要な側面を無視している」というものだ。進歩的な運動が協力し合い、1つの連合を形成すれば、運動はさらに効果的になるだろう。全体は、部分の総和を上まわる力を発揮する。民主党は、この連合の声を代弁する政党へと脱皮する必要がある。

運動は重要だ。意識を高め、広い支持を生み出す。しかし一般的には、運動を完全に成功させるには政治活動が必要であり、そのためには2大政党の少なくとも一方の支持を得なければならない。どんな運動も、それだけでは成功する可能性は低い。だが、両党の支持が必要な問題はたくさんあるが、両党から支持を得られる問題などごく限られている。実際、アメリカの分断は両党の見解に反映されている。ある意味では、もっとひどい。前述したように共和党は、宗教的右派、不満を抱くブルーカラー労働者、超富裕層から成る不安定な連合体である。こうした構成要素の間には、さまざまな点で利害の対立がある。ブルーカラー労働者は賃金の増加を求めているが、企業や富裕層は賃金の削減を求めている。市場が開放され失業が増えれば、労働者に対する企業の交渉力は高まるが、それは労働者の利益に真っ向から対立する。２０１７年の税制改革では、それが現実のものとなった。億万長者や企業は多大な幸運をつかんだが、中流階級には増税となった。

だが進歩的な運動には、こうした対立関係は一切ない。どの運動にも、もっと社会をよくしたい、格差を縮小し、万人の福利を向上させたいという共通のビジョンがある。ただ、優先順位や戦略が違うだけだ。有害廃棄物を減らすのも、銃を規制するのも、平均余命の増加につながる。環境を改善するのも、あらゆる子どもに優れた医療や教育を提供するのも、生活の質の向上につながる。

ときには、こうした運動の間で対立があるように見える場合もある。たとえば、経済的な権利にばかり目を向けていては、人種やジェンダーの権利から目をそらすことになるといった議論がそうだ。しかしマーティン・ルーサー・キング・ジュニア牧師は、経済的平等と人種間の平等とは切り離せないことをよく理解していた。実際、１９６３年8月に首都ワシントンで行ったデモ行進を、「仕事と自由を求めるワシントンへの行進」と呼んでいる。人種間の所得格差がなくならない理由の一端は、経済格差の拡大にある。

同様に、環境上問題がある経済成長は持続できない。それに、有害廃棄物や絵の具に含まれる鉛など、悪い環境の影響をもっとも痛切に感じるのは貧困層である。このように、環境を守る運動と、社会的・経済的公正や人種間の平等を求める運動とは、互いに補い合う関係にある。つまり、進歩的な運動は相互補完的であり、協力が可能であり、協力すべきなのである。

かつてアメリカの国政政党は、全50州の市民を結びつける役割を担っていた。各州の間には見解の相違があり、リベラルな州もあれば保守的な州もあった。だが21世紀のアメリカでは、それとは異なる区分で政治的傾向が分かれるようになった。同じ州のなかでも田舎と都市の分離が進み、都市に住む人々が州を越えて同じ政治的傾向を示すようになった。現在では、都市で生活する人々、田舎で暮らす人々、郊外に住む人々の間で、直面する問題が異なる。もちろん、今後も政治は地域に縛られることになるだろう。だがこれからは、国政政党の考え方を、21世紀らしい政治的傾向に沿ったものに変えていかなければならない。地域を大きく跳び越え、現代的な国内問題や国際問題に関心を抱く国政政党が求められている。

民主主義に対する金の力を抑制する

経済格差があまりに大きければ、民主政治制度にいくら手を加えても成功は見込めない。本章で提示した改革は必要だが、資産や所得の格差が大きすぎると、富裕層が何らかの形で独り勝ちしてしまう。公共のラジオやテレビがあり、新聞に公的助成があったとしても、富裕層が資金力を駆使して、その市場の一部でも支配してしまえば、歪んだ見解を支持する排他的集団を生み出すことができる。ルパート・マードックがいい例だ。

十分な教育を受けた人に対しては、事実を確認する制度があれば効果的かもしれない。実際、トランプの熱狂的支持者ではない65～70パーセントの国民のなかに、事実を確認する前からトランプの言動を真剣に受け止める人は1人もいない。トランプの言葉の多くがうそであり、それ以外の言葉も一面的な真実しか伝えていないことを考えれば当然だろう。[40]だが、トランプやＦＯＸニュースは、真実とは無縁な信奉者を生み出す。強力なワクチンで真実に対する免疫をつけた支持者たちである。それに、トランプやＦＯＸニュースの目的が政府組織の信頼を失墜させることにあるのなら、疑惑の種さえまけばいい。トランプの言葉を信用しない人が、トランプを批判する人の言葉にも疑念を抱くようになれば、しめたものだ。もはや真実がどこにあるかわからなくなる。かつてたばこ産業は、たばこが健康に悪いことを証明した科学を喫煙者が疑問視するようになれば、それでいいと考えた。同様に、トランプやマードックら政府機関を目の敵にしている人たちも、国民に疑惑を抱かせることさえできれば、それで十分だと考えているのかもしれない。

マードックは、何らかの形で常に富裕層が行ってきたことを、実にわかりやすい形で実現した。金の力を利用して1つの社会を形成したのである。[41]資産に大きな格差がある場合、どうしても富裕層が過大な影響力を握ることになる。ほとんどの資金が公的に支給される選挙資金制度があったとしても、政党に何らかの物質的支援を行う人は必要になるため、結局はその人たちが優遇されることになる。

もちろん、どんな社会にも、発言力のある市民、利口に立ちまわる市民、どうすべきかを心得ている市民はいる。完璧に公平な条件を整えることはできないだろう。だが、資産格差があまりに大きすぎると、一部の人だけがほかの人より楽な生活を送るだけでなく、富裕層が社会や政治の方向性に不当な影響を及ぼすようになる。場合によっては、それが政府の悪用につながる。政府の本来の役目は、自力で生活できない人を助け、弱者を守り、富裕層から貧困層に所得を再分配し、一般市民を公平に扱うルールを決めることにある。だが資産格差が過度に拡大した社会では、政府がその正反対の行動をとることにもなりかねない。それを一般市民が強く実感したのが、２００８年の金融危機後の対応である。しかしだからと言って、ティーパーティ運動のように政府から権力を奪おうとするのは間違っている。政府の介入がなければ、富裕層による貧困層の搾取はもっとひどくなる。ジャングルの掟のなかで勝利を収めるのは、富裕層であり、権力者なのである。

したがって、暗黒の未来社会を回避したければ、どうにかしてもっと平等な社会をつくり、危険なほど権力が集中するのを防がなければならない。だが、現代のアメリカのように格差が極端にまで拡大した社会では、民主政治が重大な窮地に陥っている。経済的格差から政治的格差が生まれ、その政治的格差により経済的格差が維持・増強されるこの悪循環をどう断ち切ればいいのか？　この状態から脱け出すにはどうすればいいのか？

それを実現するためには、「市民の力」と呼ばれる対抗力が必要になる。大多数の市民が上記のような運動に積極的に参加し、政党を通じてそれぞれの運動を連携させることができれば、それは金銭よりも大きな力になる。実際、政治においては資金力がすべてではない。十分な資金力があった共和党のミット・ロムニー（2012年大統領選の本選）やジェブ・ブッシュ（2016年大統領選の共和党予備選）でさえ敗北している。それでも金銭には、経済や社会をゆがめる力がある。

だからこそ、ここに挙げた2種類の改革がどちらも必要なのであり、両者は相補い合うものなのだ。つまり私たちは、金の力を抑制すると同時に、富の格差を是正しなければならない。さもなければ、政治における金の力を十分に抑制することは永久にできないだろう。

第9章

万人に仕事やチャンスを提供する力強い経済を回復する

第1部では、アメリカを始めとする先進国が陥っている病弊について解説した。その病弊とは、成長の鈍化、チャンスの減少、不安の高まり、社会の分断である。分断があまりに深いため、一丸となってこの苦境から脱け出す決意が必要なときに、政治が麻痺してしまっている。だが出口はある。これまでの章で、金融化やグローバル化、テクノロジーの進歩の問題について、競争を活発化し、雇用を増やし、豊かさを広く共有できるような形で対応するにはどうすればいいのかを説明してきた。だがそれだけでは、望ましい経済改革を実現できない。前章で述べたような政治改革も必要になる。

本章と次の章では、これまでに概観した方針に基づき、経済成長や社会的公正を回復するため、大半の市民に望ましい中流階級の生活を提供するための具体的な経済政策を提示することにしよう。それはいずれも、共同行動がなければ成立しない。そのため政府の役割が大きくなる。ただしその役割は、社会を抑圧することではない。政府は、1人ひとりが才能を発揮できるような社会をつくり、社会やそこに住む人々を解放する。さらに、一部の人間が他人に害を及ぼす力を抑制し、常に警戒し身を守っていなければならなかった人々を自由にする。

アメリカを正しい軌道に戻すには、経済にとって有益な市場を生み出さなければならない。市場は数々の驚異を生み出す力を秘めているが、21世紀のアメリカに現れたいびつな資本主義のなかでは、その力を発揮できない。市場を理想的に機能させる方法については、すでに述べた。[1] 実効性のある強力な競争法の導入などの改革を断行し、グローバル化や金融産業の管理を強化することが必要だ。しかし、それだけでは十分ではない。進歩的な経済政策に市場改革は欠かせないが、そのほかにも必要な要素はたくさんある。

本章ではまず、経済成長の問題を取り上げる。社会の一部の人間による搾取を防ぐ規制をはぎ取るのではなく、第1章で述べた国富の真の基盤を回復することによって、経済成長を取り戻していくにはどうすればいいのか？ 次いで、現代の重要問題への対処法を考察する。20世紀の工業中心の経済から、21世紀の環境に配慮したサービスやイノベーション中心の経済へどう移行していけばいいのか？ それに成功すれば、雇用やチャンスを維持し、高齢者や病人や障害者のケアや社会保障を向上させ、万人にこれまで以上の医療、教育、住宅、経済的安定を提供することができる。

環境に優しい力強い経済を推進していく政策と、多様性や社会保障を向上させ、社会的公正を推進していく政策は、切っても切れない関係にある。前章でも述べたようにキング牧師は、経済的公正の問題と雇用の問題と人種差別の問題に同時に対処しなければならないと考えていた。ここではこの考え方をさらに進め、経済的安定、社会保障、社会的公正の問題は、力強いイノベーション経済の確立や環境保護の問題とは切り離せないと主張したい。経済学者はよくトレードオフを強調する。一方を望めば、他方をあきらめなければならないと言う。だが実のところ、現代社会に見られる格差の拡大、広範囲に及ぶ人種差別、不安の蔓延、大規模な環境破壊といった課題の克服はすべて、トレードオフの関係ではなく相互補完的な関係にある。

成長と生産性の鈍化

第2章で示したように、過去40年にわたりアメリカの成長は鈍化してきた。経済成長は2つの要因に左右される。労働力の増加と、生産性（時間あたりの産出量）の向上である。どちらかの数値が上がれば、経済の産出量も上がる。だが重要なのは言うまでもなく、全体的な産出量が増加するに伴い、一般市民の生活水準が向上することだ。[2] そのためには、生産性を向上させるだけでなく、そこから得られる利益を一般市民に公平に分配する必要がある。ここ数十年の問題は、労働参加率も生産性もさほど向上せず、わずかな成長から得られた利益も最上層の手に渡ってしまった点にある。

労働力の増加と労働参加率

労働力の規模は、人口動態とある程度関係している。現在、ベビーブーム世代が高齢化し、出生率が低下しているが、労働力の増加に対して政府ができることはあまりない。[3]だが、移民や労働参加率についてなら、政府にもできることがある。トランプは、移民を抑制しようとしている（それは成長の鈍化につながる）。また労働参加率については、魅力的な選択肢があるにもかかわらず、何の政策も持っていない。たとえば、家庭に優しい政策を推進すれば、より多くの女性を労働力に取り込める（就業時間の柔軟性を高める、家族休暇制度を充実させる、育児支援を強化するなど）。労働市場を活性化すれば、現在の雇用市場には合わないスキルを持つ人を適職につけることもできる。

またこれまでの社会は、高齢の市民を大切に扱ってこなかった。高齢になってそのスキルがもう必要なくなると、長年の労働に礼を述べ、早々に引退させてしまう。このように、まだ働く能力や意欲もあるのに退職を「強制」してしまうのは、人的資源の無駄遣い以外の何ものでもない。50歳以上の労働者が労働人口に占める割合が少なかった時代には、それが経済全体にもたらすコストを管理できた。だがこれからは、そうはいかなくなる。何の手も打たなければ、イノベーションのペースが速まるとともに、より早く退職を迫られる人が増えることにもなりかねない。高齢化が進んでいる現状では、社会へのコストはさらに大きくなるだろう。そのため職場を、子どもを持つ家族（特に女性）に適した環境へ変えるのと同様に、高齢の労働者に適した環境へと変える必要がある。柔軟性を高める取り組み（就業時間の柔軟性を高める、パートタイム労働の範囲を広げる、在宅勤務のチャンスを増やすなど。インターネットの普及により、在宅勤務は以前よりはるかに簡単になった）があれば、女性も高齢者も働きやすくなる。やはりこの改革も、市場の力だけに頼っていては実行できない。労働者に対する企業の力があまりに大きすぎる。企業は、これらの改革が必要だとは思っていない。そもそも、社会の役に立とうという気がない。だからこそ政府が、積極的にこれらの改革を推進する必要がある。

さらに、国民が健康になれば労働参加率も増える。アメリカ人の健康が悪化し、ほかの先進国の国民より寿命が短くなり、労働に積極的に参加する能力や意欲が減退しているのは、気候変動のせいでもなければ、空気や水が汚染されているからでもない。アメリカには、食品業界から国民を守るさらなる規制が必要だ。食品業界は、依存性のある不健康な食品を売り込むことばかり考えている。医療制度の改善も必要だが、これについては次章で取り上げる。労働者が健康になれば、30年以上にわたる間違った経済政策により生まれた絶望感から脱け出すこともできるかもしれない[4]。国民が抱える苦悩はともかく、純粋に経済成長という見地からだけでも、こうした政策を推進する価値は十分にある。

生産性

生産性もさまざまな要素の影響を受ける。健康で幸福な労働者は生産性が高い。だが、アメリカの所得階層の下位50パーセントの労働者は、幸福でもなければ健康でもない。また、アメリカの労働市場には差別や不公平が蔓延しており、それが差別されている人の労働意欲をそぐとともに、彼らが適職につけない要因となっている。

これまでの章で繰り返し述べたように、市場支配力は経済をゆがめ、経済の成長にも効率にも悪影響を与える。独占的な企業が存在するとイノベーションへのインセンティブが下がるうえ、その企業が築いた参入障壁により実際にイノベーションが抑圧される。そのため成長や雇用の政策には、市場支配力の抑制が欠かせない。権力を集中させ格差を拡大させる政策はもういらない。

近年の政策の重大な欠陥としてもう１つ挙げておきたいのが、インフラへの投資不足である。インフラの重要性についてはコンセンサスが得られているように見えるが、そう見えるにすぎない。共和党にとってインフラの優先順位は、大企業への減税よりはるかに低い。たとえば２０１７年末に、富裕層に数兆ドルもの利益をもたらす共和党の減税法案が可決された。[5] その数週間後にはトランプ政権の高官が、インフラはいまだ優先すべき課題だが、そのための資金がないと発言している。[6] 優先しているなら、もっと早い時期からこの問題について考えるべきだったのではないだろうか？　実際、この減税法案のせいで、歳出の多い州が、今後歳入を増やしていくことが難しくなってしまった。[7] インフラへの公的支出がこれまで以上に抑制されることは、ほぼ間違いない。この減税政策により連邦政府の財政赤字が拡大し、今後のインフラへの連邦政府支出に悪影響が出ることも予想される。

学習する社会をつくる

本書の冒頭で、国富の真の源泉となるもの、生産性や生活水準を向上させるものとして、知識や学習、科学やテクノロジーの進歩を挙げた。現代の生活水準が２００年前よりはるかに向上しているのは、そのためだ。知識が増えた結果、モノが増えただけでなく、生涯を通じて健康な生活が送れるようになり、寿命も延びた。

知識経済やイノベーション経済の要となるのが、研究である。基礎研究が知識を生み出す。知識は「公共財」であり、誰もがその恩恵を受けられる。だが、公共財に関する経済学者の基本的な知見によれば、市場の力だけでは、公共財は十分に供給されない。また民間企業の場合、知識を生み出すと、それを隠そうとする。その結果、社会がその知識の恩恵を十分に受けられなくなると同時に、その企業が市場支配力を持つ可能性が高まる。したがって、研究（特に基礎研究）には大々的な公共投資が欠かせない。知識の発展を支援する教育制度についても同様である。

だがトランプ政権は、この点を認識していないどころか、研究機関を敵視さえしている。億万長者や大企業の減税のためには数千億ドルでも喜んで使うのに、研究への支出には大幅削減を提案している。

前述した減税政策では、一部の主要研究大学を課税の対象にする一方で、不動産投機家には優遇措置を施している。私が知るかぎりでは、これまで研究大学に課税した国などない。むしろ、大学が経済成長に欠かせない役割を果たしていると考え、公的支援を行うのが普通だ。トランプ政権の大学への課税は小規模なものだが、これは危険な価値観の表れでもある。不動産投機により成功を収めた個人はいるだろうが、それにより成長を成し遂げた大国はいまだかつてない。共和党の減税政策は国の富と個人の富を混同しており、投機を奨励し、研究や教育を妨げるものでしかない。

２０１７年の減税法案には、もう１つ重大な誤りがある。共和党は、研究への公的支援が減少し、インフラへの公共投資が不足したとしても、減税をすれば、民間企業がその穴を埋め、投資を増やすだろうと期待している。だが、アメリカ政府はすでにこの実験を二度行っている。いずれの場合も、減税により、成長、貯蓄、投資が促進されると主張したが、結局どちらも失敗に終わった。すでに述べたように、レーガン政権の減税では、その後の成長率が、レーガンが約束していた数字に遠く及ばないどころか[8]、過去数十年の数字さえ下まわった。ブッシュ政権の減税でも、その後の貯蓄率は低下し、個人の貯蓄率はほぼゼロになった。確かに投資は回復したが、その大半は不動産投資であり、それがあの金融危機を引き起こした。[9] 現在の見通しはさらに悪い。連邦準備銀行は、完全雇用に近づいていると判断すれば、早々に金利を上げるだろう。そうなれば、民間投資は抑制されてしまう（もちろん、トランプが仕掛けた貿易戦争により経済の不安定性が増し、世界的に景気が減速すれば、連邦準備銀行も金利を上げることはなく、むしろ下げることになるかもしれない。減税による「一時的な活性効果」が瞬く間に消え、税制のゆがみや財政赤字の拡大など減税の悪影響が現れるようになれば、その可能性が高まる）。

知識の基盤を広げるためには、開かれた社会を維持することも必要になる。外国の考えや人間に対して開かれた社会である。ある意味では、グローバル化においてもっとも重要なのは、知識が国境を越えて流れるようになったことだと言える。知識の生産を独占してはならない。自国を他国から隔離すれば、自国のためにも他国のためにもならない。[10] トランプ政権は、民間投資も公共投資も抑制し、投資配分をゆがめ、外国の優秀な人材に対して門戸を閉ざしている。そんな状態で、どう生産性が向上し、経済が成長していくというのだろう?

生産性を向上させたいのなら、まずはそこに手をつけなければならない。税制や政府支出を通じて研究を奨励し、高等教育機関への支援を推進し、外国の考えや人材を受け入れるなど、国を常に開放しておくことだ。そのためには、この減税政策を破棄するだけでは不十分である。アメリカに投資もしなければ雇用も生み出さない企業に増税し、その税収の一部をインフラ整備や科学やテクノロジーに投資することも必要になる。

脱工業化社会への移行を支援する

アメリカも大半のヨーロッパ諸国も、脱工業化やグローバル化など、経済や社会の大きな変化への対応に悪戦苦闘している。これもまた、市場の力だけでは不十分な、政府の支援が必要になる領域の1つである。しかし事後にそれに対処するのは、法外なコストがかかり、問題も多い。だから事前に、グローバル化やテクノロジーの進歩により仕事を失いそうな人々の支援をもっと行うべきだったのだが、共和党はイデオロギー的にそれを認めず、こうした人々が自力で対処するに任せてきた。政府には、大まかにでも将来の構造転換を予測することが求められる。今後数年のうちに経済や社会は、少なくとも、気候変動と変わりゆく人口動態という2つの「移行」課題に直面することになる。そのほか、第6章で解説した新たなテクノロジー（ロボット化や人工知能など）にも対応が必要だ。

これら移行にまつわる最近の問題から、ある重要な教訓を学ぶことができる。市場にはこれに対応する能力がないということだ。その理由についてはすでに説明した。移行の影響をもっとも受ける人たち（失業する人など）は、自力で対処できる能力がもっとも低い人たちでもあるからだ。経済や社会が移行すれば、これまで持っていたスキルに価値がなくなる場合が多い。また、失業すれば、仕事がある場所に移動しなければならない場合もあるだろうが、栄えている地域の住宅価格は高騰する一方である。さらに、職業訓練を受ければ再就職の可能性が高まるが、彼らには訓練を受ける資金がないうえ、金融市場がこうした人々に提供するローンはたいてい、異常なほど金利が高い。金融市場は一般的に、きちんとした定職につき、信用履歴に傷がなく、住宅に十分な資産価値がある人には、通常の金利でローンを提供する。だが融資を必要としているのは、そうではない人々である。

そのため、積極的な労働市場政策を通じて、政府が移行を支援することが重要になる。移行の影響を受ける人々が職業訓練を受け、新たな仕事を見つけられるよう支援する政策である。また、政府の産業政策も欠かせない。こちらは、今後の経済の方向性を見据えて経済の再編を進め、企業（とりわけ新たな分野の中小企業）の設立や拡大を支援する政策を指す[11]。スカンジナビア諸国など一部の国では、適切な労働市場政策や産業政策により、雇用破壊に負けないペースで雇用を創出し、労働者を新たな仕事へと転換させることに成功している。もちろん失敗するケースもあるが、それは政策を成功させるための配慮が不十分だったからにほかならない[12]。

地域ベースの政策

労働市場政策や産業政策を推進する際には、地域の問題に配慮する必要がある。経済学者は、特定の地域に組み込まれている社会資本をほとんど考慮しない。仕事がほかの地域へ移り、ある地域から仕事がなくなってしまった場合、経済学者はよく、それなら労働者も移動すればいいと主張する。だが、家族や友人と結びついている多くのアメリカ人にとって、それは言葉で言うほど簡単なことではない。子どもを保育施設に預ければ高額な費用がかかるため、親に預けて仕事に行っている人であれば、なおさらだ。また最近の研究では、社会的絆やコミュニティが個人の幸福に重要な役割を果たしているという。[13]

一般的に、住む場所についての判断は、効率に左右されない。過剰なほどの人が大都市に押し寄せ、過密状態を引き起こし、その地域のインフラを圧迫している。[14]かつて工場が中西部や南部の地方に移動したのは、賃金が低い割に、公教育のおかげで労働者に十分なスキルがあり、生産性が高かったから、またインフラが充実しており、工場に原材料を運んだり完成品を出荷したりするのが容易だったからだった。だが現在では、低賃金の理由となっていた要因が、産業の空洞化を引き起こす一因となっている。地方の賃金が低い理由の1つは、住民の流動性が低いからだ。流動性が高ければ、スキルごとの賃金はどこでも同じになる。この流動性の低さが、産業の空洞化がこれほど痛ましい結果をもたらした理由を理解する鍵となる。

要するに、政策は地域（苦悩している都市や地方）を重視するものでなければならない。地域ベースの政策により、コミュニティの回復や再活性化を支援するのである。この政策をみごとに成功させた国もある。たとえば、19世紀に世界の綿織物の中心地と称されたイギリスのマンチェスターは、政府の支援により、教育と文化の街へと生まれ変わった。確かに最盛期ほどの繁栄はないかもしれないが、破産するまま放っておかれたアメリカのデトロイトと比べれば、その違いは一目瞭然だろう。

農業中心の経済から製造業中心の経済へ移行する際にも、政府は中心的な役割を果たしてきた。21世紀の新たな経済への移行にも、同様の役割が政府に求められている。[15]

社会保障の問題

個人の幸福を阻害する重大な要因となるのが、不安感である。不安は、経済成長や生産性にも悪影響を及ぼす。家から追い出されるのではないか、唯一の収入源である仕事を失うのではないかという不安があると、職場での仕事に集中できない。不安がなければ、リスクの高い仕事に取り組み、高い報酬を得ることもできる。だがこの複雑化した社会には、至るところにリスクがある。新たなテクノロジーにより新たな仕事が生まれる反面、これまでの仕事は奪われるかもしれない。すでにハリケーンや火事で経験しているように、気候変動も計り知れない新たなリスクをもたらす。こうしたリスクや、失業や医療、退職にまつわるリスクもまた、市場の力だけでは対処できない。[16]市場に任せていても、失業保険や高齢者の医療保険は提供されない。また、市場が提供する年金はコストが高いうえ、インフレ調整などの重要な規定もない。そのため、ほとんどの先進国では、少なくともこれらのリスクの一部を保証する社会保険を政府が提供している。政府はこれまでの歴史を通じて、こうした保証を提供する手段を向上させてきた。アメリカの社会保障制度の取引コストは、同等の民間保険の取引コストの数分の1である。だが、アメリカの社会保障制度には大きな穴があることも忘れてはならない。市場にも政府にも保証されていない重大なリスクはまだたくさんある。

失業保険

アメリカの社会保障制度の大きな穴となっているのが、失業保険だ。現在の失業保険は、比較的軽微なリスク（26週間の失業）しか保証しておらず、それよりはるかに深刻な長期失業のリスクには対応していない。対応期間を延ばして支払いを充実させ、対象者を増やせば、それだけの改革で失業保険を大幅に強化できる。もう少し複雑な改革案としては、失業手当の一部を、所得連動ローンとして扱うという方法もある。つまり、労働者の将来の所得に応じてローンの返済を行わせるのである。一時的に失業しても、労働者の生涯所得はほとんど変わらない。だが市場に任せておくと、失業者はこうした将来の所得を担保にしてローンを組むことができず、家族の現在の生活水準を維持していけない。政府の力を借りれば、この紛れもない「市場の失敗」を正すことができる。[17]

とはいえ、失業した労働者はすぐにでも新たな仕事についたほうがよく、その点で、前述した積極的な労働市場政策は大いに役立つ。また、失業者が以前ほど報酬がよくない仕事にも抵抗なくつけるような制度があるといいかもしれない。多くの人が、自分が受け取るべき賃金について非現実的な期待を抱くあまり、失業期間が長くなると将来の雇用に悪影響が出ることにも、仕事につくこと自体に価値があることにも気づいていない。個人の幸福には、所得だけでなく社会的関係もまた大きく関係している。[18]

失業保険制度を考える際には、それがマクロ経済に恩恵をもたらすことも考慮すべきだ。失業保険は、自動的な安定化装置として機能する。経済が低迷し、雇用創出のペースが遅くなると、この保険制度が自動的に作動し、保険金により経済が安定的に維持される。[19]２００８年の金融危機後のような深刻な不況に対応できる制度を整えておくことには、十分な意味がある。失業保険制度は、労働市場が供給不足の際にはほとんどコストがかからず、不況の際には支出が増えるものの、それにより多大な損害を防いでくれる。この制度がなければ、経済の低迷や縮小はさらにひどいものになるだろう。アメリカで金融危機の影響が深刻だったのは、社会的セーフティーネットが脆弱だったことにも原因がある。ドイツや北欧諸国は、当初は打撃を受けたものの、アメリカほどの重症に陥ることはなかった。

最低所得保障

既存の社会的セーフティーネットを補完するものとして、国民全員に最低所得保障を行うべきだという興味深い提案をする人もいる（特にハイテク業界に多い）。既存の無数の社会保障制度をこの制度に置き換えるべきだとの主張さえある。最低所得保障とはいわば、国民全員に固定給を提供することを指す。誰もが月初めなどに、政府から小切手を受け取る。もちろん、きちんとした仕事についている人は、受け取る以上の額を、税金として政府に支払うことになる。この制度は万人にセーフティーネットを提供するため、対象者を選別しなければならない制度（失業保険やフードスタンプなど）に必要な管理コストがいらないという利点がある[20]。

　これからの社会では自動化が進み、従来の仕事が失われていく一方で、モノが速いペースで生産されるようになっていく。最低所得保障には、このような経済の負の影響を抑制する効果がある、と支持者たちは強調する。

　確かに、最低所得保障には際立った利点がいくつかある。格差をなくし、仕事につけない人の生活を守ることができる。フードスタンプやメディケイドなど、さまざまなセーフティーネットや社会保障制度につきものだった煩雑な手続きも不要になる[21]。

　しかし私は、こうした形で所得だけを提供するのが正しいアプローチだとは思わない。大半の人にとって、労働は生活の重要な一部である。ただし、週に40時間働く必要はない。週間労働時間が60時間から40時間に短縮された際にも、労働者は生き残った。生き残るどころか、かえってその生活は豊かになった。それなら、さらに労働時間を短縮し、たとえば週25時間にしても、労働者は生き延びられるに違いない。実際、かつて労働時間が短縮された際には生産性が向上し、労働者の多くは、それにより増えた余暇を生産的に活用する方法を見出した（見出せない人もたくさんいただろうが）。
必要な仕事はたくさんある。しばらくの間はまだ、ロボットにそれほど多くの仕事を任せられそうにない。街をきれいにしなければならないし、体の弱った高齢者や病人の世話や、子どもの教育を充実させなければならない。働きたい人がおり、必要な仕事があるのに、市場がその２つを結びつけられないのであれば、政府が行動を起こすべきだ。この雇用プログラムについては、次節で解説する。

若い世代のなかには、このように労働を重視するのは20世紀的な考え方だと主張する人が多い。最低所得保障があれば、定職についていなくても、精神的な生活や他人を助ける生活を追求できるという。その考え方を否定するつもりはないが、この制度により、失業の蔓延による威厳の喪失という根源的な経済問題を解決できるとは、やはり思えない。仕事はいまだ、健全な経済の土台である。そのため以下のような、力強い労働市場を支える幅広い政策が必要になる。

だがその前に、最低所得保障にまつわる問題をもう１つ指摘しておこう。出し惜しみの激しいアメリカの財政政策を考えれば、最低生活水準に近いレベルまで支援を提供してくれる寛大な最低所得保障制度を実現できるとはとても思えない。そのためのコストをまかなうには、かなりの増税が必要になる。

良好な労働条件を備えたまともな仕事

アメリカや西欧諸国の不安の中核を成し、力強い経済を回復するために欠かせないもの、それはまともな仕事である。仕事についている人は、移民に仕事を奪われるのではないか、移民のせいで賃金が下がるのではないか、グローバル化により仕事が海外へ逃げてしまうのではないかと危惧している。これまでの仕事がなくなってももっといい仕事が新たに生まれるという標準的な経済学者の主張など、おとぎ話だとしか思っていない。そのような創造的破壊は、一部の人間の利益になるだけで、多くの労働者の利益にはならない、と。

大半の労働者は、ワークライフバランス（仕事と生活のバランス）を保つのに苦労している。女性は、キャリアの向上と幸せな家庭との間で板挟みになっている。男性も、職場での昇進とそのほかの生活（家庭で過ごす時間など）との兼ね合いに悩んでいる。自分の会社が環境を汚染していること、環境保護の取り組みに積極的でないことに不満を感じている労働者は、男女ともに多い。

市場の力だけに頼っていては、完全雇用を確保できない。十分な報酬を得られる仕事を確保するのは、さらに難しい。上記のようなワークライフバランスの問題に対処できるほどの力もない。だが、グローバル化やテクノロジーの進歩により経済が豊かになったのなら、その果実を利用して、少なくとも大多数の国民の生活を向上させることはできるはずだ。利益の大半を所得階層の上位1パーセントばかりに与える必要はない。そうしなければならないわけでも、そうしたほうがいいわけでもない（だが実際には、ここ数年間にわたり、GDPの成長分のほとんどを上位1パーセントが手中に収めている）。私たちは、以前よりもはるかに豊かになっている。それならきっと、多くの家族を犠牲にしないような形で経済システムを運用していくこともできる。いわば、「家族の価値」を重視する経済である。この経済を生み出すために政府に何ができるかを、以下で述べてみたい。

完全雇用を確保する

平等・成長・効率の向上を達成するうえで、完全雇用の維持ほど重要な政策はない。中流階級のライフスタイルを実現しようとすれば、まともな仕事につくことがどうしても必要になる。だがそのためには、まず仕事がなければならない。したがって、完全雇用を保障するマクロ経済の枠組みが求められることになる。保守的な経済学者は、市場は常に効率的に機能すると主張しているが、これまでの長い歴史を見れば、市場の力だけで完全雇用を達成できないことは明らかだろう。大規模な失業は、人的資源の無駄遣いに等しい。そんなときには金融政策（金利の引き下げなど）で対処すればいいと、多くの経済学者が主張する。だが、その主張が正しいかどうかはともかく、少なくとも過去10年を見れば、金融政策だけで完全雇用を回復できない場合があることははっきりしている。[22] そのような場合には、力強い財政政策が欠かせない。つまり、たとえ赤字を増やすことになっても、政府支出の増加か減税が必要になる。

アメリカは金融危機から10年をかけて、ようやく完全雇用に近いレベルにまで到達した（２０１８年９月時点で、職についていないのは労働力人口のわずか３・７パーセントである）。だがこの統計は、あまりに楽観的な印象を与えすぎる。労働年齢人口で見れば、実際に職についているのは70パーセントだけだ。スイスの80パーセント、アイスランドの86パーセントという数字と比べるとかなり低い。[23] また、フルタイムの仕事につけないからという理由で、仕方なくパートタイムの仕事をしている人が、およそ３パーセントいる。収監されている労働者を含めれば、失業率はもっと高くなるだろう。アメリカでは、収監者が労働年齢人口の１パーセント近くを占めており、ほかの国よりはるかに多い。[24] 労働市場が脆弱なため、実質賃金の伸びも遅い。金融危機による不況が続いたあとだというのに、２０１７年における16歳以上のフルタイム労働者の実質賃金の伸び率は、わずか１・２パーセントだった。そのため実質賃金はまだ２００６年のレベルにも達していない。[25]

財政政策

金融政策が失敗したとしても、財政政策で経済を刺激することもできる。２００８年の金融危機後のように需要が不足している場合には、効果の低い事業（海外での戦闘のため外国の民間軍事会社を雇うなど）[26]への支出を減らし、効果の高い事業（支出１ドルあたりの経済効果が大きい事業。教師の質を向上させるための支出を増やせば、経済を大きく後押しできる。貧困層や中間層の税負担を富裕層に移すのも、同様の効果がある。所得に占める生活費の割合は、富裕層より貧困層のほうがはるかに大きいからだ。２０１７年12月に可決された税制法案は、言うまでもなくこれとは正反対のことをしている。アメリカの逆進税制度（所得が高いほど税率が低くなる税制）は、不公平であるだけでなく、マクロ経済を弱体化させ、雇用を破壊する。そのうえ超富裕層には、租税回避の方法が無数にある。これも格差を拡大するとともに、経済をゆがめ、弱体化させる。

　経済にとって有益な課税を行い、それにより経済を刺激することもできる。たとえば炭素排出量に応じて課税すれば、排出量削減テクノロジーへの企業の投資が進むだろう。企業はこれまで、自社が引き起こした環境へのコストを負担しないという形で、事実上、莫大な量の炭素助成金を受け取ってきた。だが炭素税を課せば、そんな態度を改め、事業のあり方を改善しなければならなくなる。[27]それに炭素税は、経済に３つの利益をもたらすことになる。第１に環境の改善、第２に、国の長期的なニーズに対応するための資金の確保、第３に、需要の増加による雇用や経済の拡大である。[28]

　赤字や国債の増加に対する不安から財政的な制約がある場合でさえ、財政政策を適切な形で実行すれば経済を刺激できる。健全財政主義の原則に従い、課税に応じて支出も増やすことで、経済は刺激される。税と支出を慎重に検討すれば、経済に多大な活力を与え、雇用市場を活性化できる。[29]

財政政策の効果がきわめて大きいと思われる分野が、インフラである。インフラへの投資は、ここ数年にわたり不足していた。これはつまり、インフラに多大な投資需要があり、投資をすれば多大な利益が見込めることを意味する。インフラを改修すれば、企業の市場へのアクセスが改善されるため、民間投資の増加が見込める。つまり、公共支出は民間支出を促す。インフラ投資にはまた、資源の節約という利点もある。現在では空港や道路が混雑しているため、かなりの量の民間資源が浪費されている。

インフラ投資を適切に行えば、さらなる利点もある。労働者が就職するには、仕事のある場所まで通勤できなければならないが、公共交通機関がなかったり不十分であったりする場合が多い。新たなインフラ計画を立てる際には、人と仕事をつなぐ公共交通サービスの充実も念頭に置いておいたほうがいい。

重点的な財政政策が効果を発揮するもう1つの分野が、研究である。民間企業は、公的資金により発展した科学やテクノロジーを利用している。実際、インターネットやブラウザーやレーダーなど、この75年間に生まれた重要なテクノロジーの大部分が、公的資金により開発されている。[30]

需要が不足しているときに全体的な需要を増加させ、成長を促すというアプローチは、供給にも影響を及ぼし、経済の生産力を高める。供給を刺激するレーガン流のアプローチ（減税や規制撤廃）は失敗したが、こちらのアプローチは実際に効果がある。

ヨーロッパを始めとする諸外国はすでに、国営のインフラ投資銀行を設立し、こうしたさまざまな投資に資金を提供すれば効果があることに気づいている。たとえばヨーロッパ投資銀行は、主要都市を結ぶ高速鉄道、安定した電力供給網、充実した道路網など、ヨーロッパの成長を促し、市民の生活水準を向上させるプロジェクトに年間９４０億ドル以上の資金を注ぎ込んでいる。[31]アメリカも、経済成長に必要なインフラを整備するため、多大な投資を行うべきだろう。同様の銀行があれば、必要な財源を確保するのに役立つはずだ。[32]

労働意欲のある国民全員に雇用を保障する

これまでに述べてきた政策で、たいていは完全雇用を達成できる。とはいえ、アメリカが現在向かいつつある経済にもそれがあてはまるかどうかはわからない。アメリカでは「市場イデオロギー」の影響力があまりにも強いため、大半の経済学者が、完全雇用の達成は民間企業に任せておけばよく、政府は金融・財政政策を正しく行いさえすればいいと考えている。だが、それでも完全雇用を達成できない場合はどうすればいいのだろう？

その場合には、政府が労働者を雇うという選択肢がある。21世紀のアメリカには、新たな権利が必要だ。労働する能力も意欲もあるすべての人が仕事につける権利である。市場が失敗し、金融・財政政策が失敗した際には、政府がその失敗を補う必要がある。国民は経済的安定を望んでいる。この政策により安定度が増せば、それは計り知れない価値となる。それに、必要な仕事はたくさんある。たとえば、多くの学校が老朽化しており、塗装などの修繕が必要になっている。都市の清掃や美化の仕事もある。[33] 前述したように、必要な仕事があり、その仕事を望んでいる人がいるのに、そのような人々や社会の期待に応える経済・財政制度がないというのは、あまりにもったいない。

ちなみにインドでは、単純な肉体労働に参加する意欲のある地方の市民を対象に、雇用保障制度（１００日間の労働）を導入し、年間５０００万人もの市民がそれを利用している。インドのような貧しい国にできるのなら、アメリカにできないはずがない。インドのこの制度には、雇用を保障する以上の利点があった。地方の賃金が上昇し、極端な貧困に苦しむ人が減少したのだ。アメリカに導入すれば、貧困層の賃金を押し上げ、格差の縮小に役立つ可能性も十分にある。[34]

雇用の改善、ワークライフバランスの回復、搾取の削減

第二次世界大戦以来、労働や家族のあり方が変わってきた。それまでは一般的に、家族のなかに稼ぎ手が１人（男性）いるだけで、１人（女性）は家庭にとどまっていた。だが現在では、大部分の家庭が共働きである。これはつまり労働に、過去になかったような柔軟性が求められているということだ。たとえば、家族休暇制度や、柔軟な労働時間などである。政府による育児支援も欠かせない。[35] そして何よりも、第３章で述べたオンコール・スケジューリングや分断勤務など

のような、市場支配力の乱用を防ぐ必要がある。

雇用主を説得することでこれらが達成できれば、それに越したことはない。しかし、過去にそれに成功した例はなく、今後も成功する見込みはない。そのため前述のような改革を行い、労働者と雇用主の力関係のバランスを取り戻すことが必要になる。同様に、労働需要を拡大することも欠かせない。だが、それだけでは十分とは言えない。規制とインセンティブ、罰と報酬が必要だ。こうした改革は、家庭だけでなく経済全体の利益になる。ＧＤＰを増加させるだけでなく、社会の利益になる。それは、多様性の受け入れの促進や、賃金や所得に根深く残る性差の縮小につながる。

機会の均等と社会的公正を回復する

どれほど市場を熱心に擁護する人でも、市場の力だけでは社会的公正や機会の均等を保障できないことには気づいている。差別が著しい地域や、アメリカのように子どものおよそ5人に1人が貧困にあえいでいる社会では特にそうだ。競争的な労働市場では（そのような市場はほとんどないが）、賃金は需要と供給により決まる。だが市場支配力が絡むと、未熟練労働者は、意義ある人生を送るどころか、生きていくことさえできないほど低い賃金しかもらえないことにもなりかねない。だからこそ政府には、社会的公正を促進する重要な役目がある。誰もが暮らしていけるだけの所得を手に入れられるようにすること、若者が、両親の所得や教育レベル、社会的地位などに関係なく、必要なスキルを身につけ、そのスキルに見合った適切な仕事につけるようにすること、企業や個人が市場支配力を行使し、過剰なほどの利益を持ち去ることのないようにすることが重要になる[36]。

より力強い経済を目指していくのであれば、機会の均等と社会的公正を保障するという社会的目標まで計画に組み込むべきだ。そして何よりもまずは、市場所得の分配を公平にする必要がある（この分配を「当初分配」という）。だが、いくら努力してみたところで、現状のままでは市場所得の格差は広がる一方だろう。それなら、累進的な税制や所得移転、公共支出制度を通じて、生活水準の平等化を図るしかない[37]。市場所得を公平にできれば、所得の再分配にかかる負担は少なくなる。当初分配に目を向けることが重要なのはそのためだ。所得の分配を公平にするというのは、再分配（富裕層に課税し、その収入を貧困層に分配すること）だけの問題ではない。

格差は、所得が生み出される過程で生まれる。その過程で企業は、独占力や買い手独占力を行使したり、前述のように他人を搾取したり、弱者や特定の人種や民族を差別したりする。格差はまた、ＣＥＯがコーポレート・ガバナンスの欠陥を利用することで生まれる。労働者の給与や事業への投資を削り、自分だけ法外な報酬を受け取る。そのため公平な所得の分配を実現するには、こうした行為を禁止し、コーポレート・ガバナンスの法律や労働法を改善し、差別を禁止する法律や競争を促進する法律を強化する必要があるが、いずれも容易に実現できる（政治的な問題を別にすれば）。市場は、社会と無関係に存在しているわけではない。法律や規制や政策を通じて、きちんとした仕組みをつくる必要がある。この問題にうまく対処し、市場の効率を高め、市場所得の格差縮小を実現している国もある。

格差は、所得にかかわる法律の影響を受けるだけでなく[38]、企業の搾取を規制する法律の影響も受ける。アメリカの現在の金融制度は、格差を拡大する役目を果たしている。貧困層は、借り入れのときには高い金利を払わなければならないが、銀行に預けてもわずかな金利しか受け取れない。金融産業の「改革」も行われてきたが、それも事態をさらに悪化させるだけだった（金利の制限の廃止など）。いまではこの産業の競争はますます抑制され、不用心な人から搾取する方法を競い合うだけになっている[39]。

格差を縮小するために可能な改革はたくさんある。貧困層を支援するそのほかの政策としては、たとえば、最低賃金を上げる、賃金への助成や勤労所得税額控除を提供して、生活ができるレベルまで賃金を補填する、などの方法がある[40]。

富裕層や貧困層の世代間継承

たとえ富裕層が下位層の搾取によらないで高所得を受け取っているとしても、その所得が自分の努力の賜物ではなく相続によるものだとしたら、やはり不公平だと思われかねない。ここで問題になるのは、富裕層や貧困層が世代間で継承されるということだ。所得や資産が多く、教育水準も高い人は当然、子どもにもそれを与えようとする。ある世代の所得や資産や教育水準の格差が大きいほど、次の世代の格差も大きくなる。したがって、未来の機会の均等を保障するためには、現在の格差の是正が欠かせない。[41]

　貧しい家庭に生まれた子どもは才能を発揮できない運命にあるというのは、良心的に見て受け入れがたい。両親が不幸に陥ったり選択を誤ったりしたために子どもが苦しむような社会であってはならない。子どもの5人に1人が貧困状態にあるアメリカでは、これは理念上の問題ではない。早急に対処すべき現実的な問題である。そうなると、子どもの栄養や健康を増進する制度や、幼稚園に入る前から大学まで教育機会を促進する制度が、多大な重要性を帯びてくる。

　質の高い無料の公教育は、社会を1つに結びつける大きな力になる。50年前、女性は差別によりさまざまな機会を奪われ、優秀な女性は低給でも教職につくほかなかった。だが、性差別がある程度解消され、女性がほかの分野にも進出するようになると、低給でも教職につこうとする優秀な女性は減ってしまった。この新たな時代において教育の質を維持したければ、現在よりも教育者の給与（つまり教育支出）を大幅に上げるべきだ。

　また現在では、国民の経済的な住み分けが進んだ結果、貧しい子どもはますます貧しい子どもたちが暮らす地区で生活するようになり、地区ごとの教育格差が広がっている。[42]富裕層が暮らす地区の子どもは、貧困層が暮らす地区の子どもより優れた教育を受けられる。このパターンは大学まで続く。所得階層の中間層や下位層の所得の増加を上まわるペースで、授業料が増加したからだ。貧しい家庭の子どもが大学教育を受けようとすれば、多額の借金を背負う以外に方法がない。彼らは最悪の選択を迫られる。大学教育をあきらめて一生低賃金の生活に甘んじるか、大学教育を受けて生涯続く借金を背負うか、である。

つまり、社会的公正と機会の均等を保障するには、万人に良質な公教育を提供することが中心的課題になる。そのためには、政府支出の増加が必要だ。教職の給与と銀行などの給与との間にこれほどの格差がある現状では、優秀な教師を確保することなど期待できない。地区ごとの資金力にこれほどの格差がある現状では、あらゆる地区に高品質の教育を期待することもできない。これは、能力給により教師のインセンティブを高めればすむ問題ではない。生徒の成績が上がれば数千ドルの報奨金を出すという制度を導入しても、教師と銀行家との給与格差の解消にはつながらない。それに教師は専門職であり、こうした仕事に報奨金はそぐわない。たとえば心臓外科医が、「きみのインセンティブを高めるため、手術に成功したら給与を増やすことにしよう」と言われても気分を害するだけだろう。外科医が手を抜いて手術をすることなどないからだ。大半の教師にも同じことが言える。教育の質を高めたければ、むしろ、教師にもっと敬意を払い（一部の教育改革論者によく見られるように絶えず教師や教職員組合を攻撃するのではなく）、十分な賃金を支払って優秀な教師を雇い入れ（長らくこの職業に巣食っていた性差別を終わらせ）、教師の労働環境を改善する（クラスの人数を少なくするなど）ことだ[43]。

差別解消への取り組み

アメリカ社会をむしばむがんと言えるのが、人種・民族・性による差別である。最近の警察による暴行事件や大量収監などが示すように、こうした差別はいまだ根強く蔓延している。差別は道徳的問題だが、経済にも影響を及ぼし、がん同様に社会の活力を損なう。差別を受けている人は才能を発揮できない場合が多い。これはつまり、国のもっとも重要な経済的資源である人的資源を無駄にしているということだ。

第2章でも述べたとおり、過去半世紀にわたる人種差別解消への取り組みは、遅々とした不完全なものでしかなかった。市民権法が制定され、分断が解消に向かうかに見えたわずか数年後には、裁判所がさらなる前進を阻害する判断を示し、２０１３年にはとうとう最高裁が、１９６５年の投票権法の主要規定を骨抜きにする判決を下した[44]。所得階層の最下層の家庭に生まれた人、特にマイノリティに属する人にとって、アメリカンドリームはもはや神話でしかない。人種・民族・性による差別は、経済的格差の拡大、機会の喪失、経済的・社会的分断をもたらす重要な要因となっている。

差別のさまざまな形

アメリカでは、差別がさまざまな形をとって現れる。金融、住宅、雇用にまつわる差別のように目立たないものもあれば、警察権力の執行や司法判断に見られるようなあからさまなものもある。アメリカはもともと、自国から見ても他国から見ても、法の支配と正義を重視する国だった。アメリカの小学生が授業前に毎日唱える「忠誠の誓い」には、「万人のための自由と正義」という力強い言葉がある。だがこれもアメリカンドリーム同様、もはや神話にすぎない。現状を正確に表すように言い換えれば、「正義を買う金銭的余裕のある人のための正義」であり、「特に白人」というただし書きまでつく。アメリカはどの国にも増して、人口に対する収監者の割合が多いことで世界的に有名だ。驚くべきことに、アメリカは世界の人口の5パーセントにすぎないのに、世界の受刑者の25パーセントがアメリカに集中している。しかもその大半がアフリカ系アメリカ人だ。[45]この大量収監[46]はようやく、きわめて不公平で差別的であるばかりか、大いに効率を阻害するものとして認知されつつある。[47]

何をすべきか？

人種差別や性差別には長い歴史があり、放っておけばひとりでに消えるものではない。それぞれの差別にはどのような制度的基盤があるのか、それがいかに深く社会に根づいているのかを理解し、その基盤を一掃することが必要になる。[48]つまり、経済のあらゆる面において、これまで以上に厳しく反差別法を執行しなければ、人種間・民族間・男女間の平等は達成できない。しかし、それだけでは不十分だ。新世代の市民権法を制定することも必要になる。

機会の均等を促すには、マイノリティ優遇措置や経済政策が欠かせない。アメリカには、貧困に陥る罠が無数にある。アパラチア地方など特定の地域に暮らす人や、アメリカ先住民やアフリカ系アメリカ人など特定の背景を持つ人には、生活を向上させるための支援が必要だ。[49] 資産や貧困が親から子へ継承されることは、もはや周知の事実となっている。この知識を活かし、どこにあるどんな貧困の罠であろうと撲滅していかなければならない。

十分な教育や栄養、医療を保証することも必要だ。地域の財源でまかなわれる地域ごとの教育制度が経済的格差の固定化につながっていることを認識し、連邦政府の補助金を大幅に増やすことが求められる。貧しい子どもは就学前から不利な立場に置かれるため、全国的な就学前教育制度も必要になる。

人種間の平等と経済的な平等は、密接に結びついている。全面的に差別や格差を縮小させ、最下層の子どもにも最上層の子どもと同じ機会を与えられるようにすれば、人種的・経済的・社会的平等を向上させ、力強い経済を生み出す大きな一歩となるだろう。

世代間の平等を回復する

公平に関連して、政治家はよく未来の世代の幸福という言葉を口にするが、口先だけで終わる場合が多い。実際、2017年の減税政策により、今後莫大な政府赤字が生まれ、政府の負債はふくらんでいくことになる。それまで未来の世代につけをまわすことになると過大な赤字に反対していた共和党議員が、企業や富裕層を優遇する減税法案に賛成するとは、皮肉な話である。世代間の平等には3つの側面があるが、それらはいずれも軽視されており、進歩的な政策により改善を図る必要がある。

第1に、民間投資であれ公共投資であれ、投資不足は将来世代に禍根を残す。信頼できる試算によれば、アメリカの資本ストックは所得の増加に追いついてさえいない。子ども世代に十分な教育を施さなければ、その才能を発揮させることができなくなる。インフラやテクノロジーに投資しなければ、これまでの生活水準を維持できなくなる。

第2に、地球は取り替えがきかない。地球環境がおかしくなっても逃げ場はない。だが人間はこの世界を汚染し、危険なほどの気候変動を引き起こしている。予想されているとおり、年々環境は劣化している。この環境に対する政府の考え方や判断もまた、子ども世代にとっては不公平なものだ。第7章でも述べたが、政府が規制を考案する際には、必ず費用対効果分析を行わなければならない。この費用対効果分析では、環境規制による現在のコストと、現在および未来に得られる効果とがはかりにかけられる。たとえば、空気を汚す石炭火力発電を制限すれば、現在のコストは上がるかもしれないが、将来的には健康を増進し、気候変動を抑制する効果がある。こうした費用対効果分析では、未来の効果と現在のコストをどう比較するかが重要になる。現実に目を向けてみると、トランプ政権の方針では、50年後の1ドルは実質的に、現在の3セントほどの価値しかない。つまりトランプ政権は、未来世代を不当に扱っている。環境規制により子ども世代が受ける効果が、現在のコストの30倍以上大きくなければ、その環境規制を採用すべきでないと考えている。これほど子ども世代を軽視する計算に従っているのであれば、気候変動への対処に関心が向かないのも当然と言える[50]。

　第3に、現在の子ども世代の大半はさまざまな理由により、私の世代が社会に出ようとしていたころに比べ、チャンスに恵まれていない。何百万という若者が学生ローンの重い負担に苦しみ、支払いに絶えず悩まされているため、自由に仕事を選ぶことも、家庭を築いたり住宅を所有したりすることもできない。その一方で、低利の融資、不適切な税制、金融規制の撤廃などの結果、所得に比べて住宅価格が高騰している。私の世代は、そのおかげでキャピタルゲインを手に入れることができた。だが次の世代は、それ以前に、手ごろな価格の住宅を手に入れる方法を考えなければならない。このような世代間の差は、きわめて憂慮すべき問題である。それでも親が不動産で大もうけしていれば、その財産を子どもに譲り、さらにその子どもへと継承していける。だが、親が不動産を持っていなければ、子どもや孫に譲れるものは何もなく、子孫もまた苦労することになる。このように現世代の格差は、次世代の格差を増幅させる。そこから脱け出すには、以下で説明する税制改革や、次章で取り上げる住宅ローンや学生ローンの改革が必要になる。

税制を改革する

活力ある公正な社会の構築には、効率的かつ公正な累進的税制が欠かせない。政府が行うべき重要な施策についてはすでに述べた。公教育、医療、研究、インフラへの投資、公平な司法制度の運営、社会保障の提供などだが、そのいずれにも資金がいるため、税制が必要になる。税制を公平にしようとすれば、支払い能力の高い人（一般的には所得の多い人）の税率を高くするしかない。だが第2章でも指摘したように、アメリカでは所得階層の最上位層の実質的な税率は、下位層の税率より低い。こうした税制のため、過去30年の間に事態は悪化の一途をたどった。２０１７年の減税政策では、中間層の大多数の税率を上げ、それにより企業や富裕層の減税資金を捻出している。史上最悪の税制と言えるかもしれない。

現在の逆進税制に若干の修正を施し、企業や富裕層に相応の税金を支払うよう要求しさえすれば、10年間で数兆ドルもの収入が得られる。[51] これには、税率の引き上げだけでなく、利益団体のロビイストが税法に組み込んだ無数の抜け穴の排除も含まれる。[52] たとえば、２０１７年の減税法案では不動産に優遇税率を課しているが、土地による収益に対してはもっと税率を上げるべきだ。労働者に課税すれば、一生懸命働かなくなるかもしれない。資本に課税すれば、資金をほかへまわし、貯蓄をしたがらなくなるかもしれない。[53] だが、土地にそのような問題はない。土地は、課税の有無に関係なくそこにある。19世紀の偉大な経済学者ヘンリー・ジョージは、土地による収益はレントであり、１００パーセント課税すべきだと主張した。[54] レントに課税すれば、経済の生産性が向上する。現在では貯蓄の大半が、生産的な資産への投資（研究、工場、設備への投資）ではなく、土地の購入にあてられている。土地のキャピタルゲインやレントに課税すれば、生産的資本に向けられる貯蓄が増えると思われる。[55]

　経済的成果をあげると同時に収入を増やす税制は、ほかにもある。たとえば、炭素排出量に対して課税すれば、家庭も企業も、炭素排出量を減らさざるを得なくなる。[56] このような税制がないと、誰も炭素排出行為の社会的コストを認識しようとしない。また、炭素税を導入すれば、炭素排出を抑制するイノベーションに投資するインセンティブが高まり、パリ協定（２０１５年）やコペンハーゲン合意（２００９年）で設定された重要な温暖化防止目標の達成にも貢献できる。[57] 炭素税がなければ目標の達成は難しく、達成できなかったときのコストは莫大なものになる。２０１７年にはすでに、気候関連の自然災害により世界中で記録的な被害が発生している。アメリカでも、ハリケーン・ハービー、イルマ、マリアによる損失額は２４５０億ドルにのぼり、地球温暖化による気候変動が予想どおり進んでいることを如実に物語っている。[58] 海水面の上昇も、海岸沿いの州に多大なコストをもたらす。フロリダ州やルイジアナ州では、かなりの部分が水没するか頻繁に潮津波の被害にあうようになると予想される（ウォール街も浸水すると思われるが、ここについてはそのほうがいいと言う人もいる）。

一般原則に従えば、経済活動により個人にもたらされる利益が社会にもたらされる利益より多い場合には、税制により福祉を向上させればいい。必要になる税制の例をもう1つ挙げておこう。短期金融取引はほとんど社会のためにならない。一般的にこの取引では、信頼できる情報を集めて他人より優位に立とうとする。互いに自分のほうが優位な立場にあると思い込んでいる場合もあるかもしれない。そういう意味で、株式市場は富裕層向けのカジノのようなものだ。しかしギャンブルは、一時の楽しみを提供するだけで、ある人のポケットから別の人のポケットへ金を移動させる効果しかもたらさない。短期取引では、国が豊かになることも生産性が向上することもなく、たいていはどちらか一方が悔し涙を流して終わるだけだ。高頻度取引などの過剰な取引は、社会的には何の役割も果たさない[59]。金融取引税を適切に導入すれば、政府の収入を増やせるだけでなく、経済の効率性や安定性も高められる。

利益団体は当然、こうした税制のいずれにも反対するだろう。政治的に見れば、その実現が簡単だとは言えない。しかし政治を別にすれば、アメリカが、貧しい人々に満ちた裕福な国から脱却する資金に困ることはないはずだ。アメリカ国民全員が中流階級の生活を実現することは可能なのである。

結論

成長率の高い活力ある経済、国民を搾取する経済ではなく国民に奉仕する経済を実現するためには、本章で取り上げた改革を、これまでの章で提示した改革と組み合わせることが必要になる。改革案の多くは目新しいものではない。ほかの国では同様の政策が成功を収めており、経済学的には何ら問題はない。問題があるとすれば政治である。

これらの政策を正しく機能させ、改革に成功したとしても、それだけでは中流階級の生活を実現するのは難しいかもしれない。まともな仕事につけたとしても、退職後の生活資金を十分に確保できなかったり、子どもを大学に行かせる余裕がなかったりする可能性はある。だが以前の農民は、大勢で力を合わせて新たな納屋を建てた。家族も困ったときには助け合う。それと同じように社会も、協力し合えばうまくいく。本章で紹介した、万人のための経済成長を取り戻す政策は、万人が中流階級の生活を手に入れるという大々的な目標を実現するための前提にすぎない。次章ではその目標を実現する方法を具体的に解説しよう。

第10章

万人にまともな生活を

20世紀には、市場、市民社会、政府の規制や無償公教育などの制度を組み合わせることで、中流階級の仕事とともに中流階級の生活が広く普及した。労働者の生活は、その1世紀前の悲惨な状態から大幅に改善された。しかし、過去40年の間にアメリカ人は、この中流階級の生活に慣れてしまい、政治に無関心になってしまったようだ。その結果いまでは、市民の多くがこのライフスタイルを維持するのに苦労するようになり、かなりの割合の人がその生活からこぼれ落ちてしまった。世界一裕福な大国のかなりの地域で、過去半世紀にわたり賃金が停滞または減少している状況を見れば、何かが間違っているのは明らかだ。前章で提示した改革案を実行すれば、あらゆる労働者の手取り給与を何とか暮らしていける程度にすることはできるだろう。持続可能な成長を回復できる可能性もある。だが、多くのアメリカ国民に中流階級の生活を提供するには、それだけでは足りない。

ここ数十年にわたり市場は、万人にまともな生活を提供するために最低限必要なことをあまりしてこなかった。この市場の失敗は、いまではよく知られている。たとえば、市場は健康な人にのみ保険を提供する傾向があり、多大な資源を投じて健康な人とそうでない人を区別しようとする。しかし健康な人しか保険に入れない社会は、生産的でもなければ健全でもない。市場はまた、富裕層の子どもに優れた教育を提供することはできる。だが富裕層の子どもだけが優れた教育を受けられる社会は、公平でも効率的でもない。

ときに保守派はこう言う。市場の失敗を正し、その限界を克服したいと願うのはいいが、それには資金がいる。膨大な公的負債がある現在、そんな余裕はない、と。だが、こうした言い分はまったくナンセンスだ。アメリカよりはるかに貧しくても、市民の願いに応え、まともな生活に欠かせない医療や教育などを万人に提供している国はある[1]。

実際、アメリカも60年ほど前はそれに成功していた。第二次世界大戦直後、アメリカは現在よりもはるかに多くの負債を抱え、1人あたりの国民所得も現在の4分の1しかないほど貧しかった[2]。だがそれからの数年間、復員軍人援護法に基づき、戦争から帰還した軍人すべてに、最高の施設で教育を無償で提供できた。ほとんどの若い男性と多くの女性が、その恩恵を受けたのである（ただしアフリカ系アメリカ人は、復員軍人援護法の恩恵を受けられない場合が多かった）[3]。また、アイゼンハワー政権下では、全国的に道路網が整備され、国家防衛教育法により大々的な科学・テクノロジー推進プログラムがスタートした。ジョンソン政権下ではメディケア制度が生まれ、ニクソン政権下では社会保障制度が拡大した。当時これだけの政策を行える余裕があったのなら、現在でもできないはずはない。これは選択の問題だ。ここ数十年、アメリカは間違った選択をしている。

以下に示す提案の中心となるのは、「公的な選択肢」〔訳注　民間のサービスだけに頼らず、公営のサービスという選択肢を提示することを指す〕である[4]。民間企業より政府のほうが効率がいい領域はたくさんある。たとえば、政府の退職年金制度の管理コストは、民間の同サービスの管理コストの数分の一でしかない。公的医療制度を導入している国では、利益主導のアメリカよりも低いコストで優れた結果を出している。それにアメリカ人は、主体的に選択できることを重視する。政府が医療保険や退職年金、住宅ローンなどを提供する基本的な制度をつくり、民間企業とは別にそれを提供すれば、官民の競争により市場支配力が弱まる。現在は選択肢がほとんどなく、市民は一部の企業に搾取されてばかりで無力感に苛まれているが、公的な選択肢が増えれば、そのような無力感も軽減される[5]。自分の人生は自分でコントロールできるという意識が高まり、市民の生活は向上していくに違いない。

公的な選択肢を追加すれば、一部の市場では長期にわたり、公営のサービスと民間のサービスが共存することになると思われる（現在の退職年金のように）。そうなれば民間企業は、特定の個人のニーズに合わせて柔軟にサービス内容を調整していくようになるかもしれない。場合によっては、民間企業に競争力がなく、超富裕層を対象とするニッチ市場を除き、民間のサービスが衰退してしまう可能性もある。逆に、市民の大多数が民間のサービスを選ぶ場合も考えられる。だがいずれにせよ、公的な選択肢を提供すれば、官民の競争が生まれ、選択肢が広がるため、民間企業も効率性や競争力やニーズへの反応性を高め、より良質なサービスをより安価に提供していくようになるだろう。

　残念なことにアメリカは、これまで間違った方向に進んできた。オバマ大統領はかつて、医療費負担適正化法（通称「オバマケア」）のなかで公的な選択肢を提案していた。だが競争を望まない民間企業により、その提案は封殺されてしまった。[6]

　アメリカ人は「アメリカ例外主義」に誇りを抱いている。アメリカはその独自の歴史のため、ほかの国とは違う特別な国なのだという考え方である。だが最近では、その例外主義に悪い意味が込められるようになった。同等の所得レベルの国よりもはるかに、所得格差や機会の不平等が大きく、受刑者が多く、平均余命が短い国という意味だ。アメリカの民間の医療保険サービスは、ヨーロッパの公的な医療保険制度に比べ、コストがはるかに高い割に、質は大幅に劣っている。アメリカ人は少なくとも、諸外国で行われていることにもっと目を向けなければならない。外国から学ぶことなど何もないという態度は改めるべきだ。諸外国は、アメリカで行われてきたことに目を向け、実際に効果があった制度、自国にも役立ちそうだと思える制度があれば、その制度をまね、自国に合わせて適用してきた。アメリカもそれを見習ったほうがいい。

万人に医療を提供する

オバマケアは、アメリカ国民全員が医療を受けられるようにするための重要な出発点となった。もちろん、一部の州が（貧困層に医療を提供する）メディケイドの拡大を拒否している点など、改善の余地がないわけではない。だが、この法律は改善されるどころか、むしろ改悪されつつある。２０１７年の税制改革法案が可決された際には、全国民が保険に加入しなければならないという義務が廃止された。これは、既往症による差別を禁じる規定と相まって、民間の保険料を高騰させる要因となっている。健康な市民はもはや、必要になるまで保険に入らなくてもいい。病気の人や保険が必要になりそうな人だけが保険に入るため、保険料はどうしても高くならざるを得ない。すると、さほど健康でない人も保険に入るのをためらうようになり、その結果ますます保険料が高くなるのである。[7] 経済的に見ても社会的に見ても、万人が利用できる保険制度を整備する必要があることは論をまたない。そのためには、ヨーロッパの単一支払者保険制度のように公的に保険を提供するか、オバマケアのように個人に保険への加入を義務づけるか、保険会社に大規模な公的助成を行うかしなければならない。[8] 個人主義的で社会的な連帯感のほとんどない社会では、健康な人が病気の人を援助するという考え方は受け入れがたいかもしれない。だがよく考えてみてほしい。いずれは誰もが病気になる。どんなに健康な人も死に向かっている。何の予兆もなく突然死んでしまう人を除き、医療を利用しない人などいないのである。

トランプはオバマケアを撤回し、代替案を提示すると主張していたが、結局トランプ政権も共和党も代替案を提示していない。それは、ほかに解決策がないからだ。オバマ政権と民主党は苦労しながら、すでに保険に入っている人はその保険を継続でき、それ以外の人は保険に入れるようにする制度をつくり上げた。不完全な制度ではあったが、その枠組みをもとに時間をかけて改善していくことはできたはずだ。

しかし、もっとも重要な部分が議会を通過できなかった。公的な選択肢である。それが認められていれば、一定の保険料さえ払えば、誰もがメディケアを利用できるようになっていたに違いない。民間のあらゆる保険会社が一部の地域で保険の提供をやめたとしても、無保険のまま残される市民はいなくなる。また、市場に競争が生まれ、大半の地域で一部の企業が乱用していた市場支配力が抑制されていたことだろう。

トランプ政権や共和党は、保険加入義務を廃止することでオバマケアの破壊に成功したかもしれないが、そのころにはすでにオバマケアがかなり浸透していた。義務が廃止されれば、数百万もの市民（特に既往症のある人）が無保険になるだろう。さらに数百万もの市民が保険料の高騰に直面し、年をとって病気がちになり、保険がもっとも必要なときに、保険の維持に苦しむことになる。これに対処する方法は2つしかない。保険加入義務や公的助成を復活させ、今度ばかりは公的な選択肢を認めるか、単一支払者保険制度を採用して、政府が万人に最低限の医療保険を提供するかだ。イギリスの制度が実証しているように、単一支払者保険制度を民間の補完的な保険サービスと共存させれば、安定した民間市場を生み出すこともできる。

公的な退職年金を選択できるようにする

全生涯にわたり一生懸命働いてきた労働者には、まともな額の退職年金を与えるべきだ。人生の終盤にさしかかっている彼らに、これからも生活していけるのか、慈善団体や子どもに頼らなければならないのか、といった心配をさせるべきではない。これまでの人生で築き上げてきたものを無にしてまで、最低賃金なみのパートタイム労働に従事しなければならないようなことがあってはならない。もちろん、まだ働く体力も意欲もあるのであれば、前章でも述べたように、老人が意義ある仕事を見つけ、これまでに獲得したスキルや知恵を活かせるよう政府が保障すべきだろう。

右派は、大半のアメリカ市民にとって退職後の生活資金の中核となる社会保障制度を縮小しようとしている。社会保障制度を表現する際に、「給付」という言葉を使い、この制度を、市民が獲得したものではなく政府から与えられるものだと思わせようとしている。だが実際には市民は、働いている間ずっと社会保障制度に拠出しており、いわば退職年金を購入している。しかもこの制度と民間のサービスとの間には、決定的な違いがある。民間のサービスは非効率的で、取引コストが高く、略奪的で、リスクの保証にも限りがあり、積立の額と給付の額が密接に結びついている。

ジョージ・W・ブッシュ政権は、社会保障制度を民営化しようとした。そうなれば市民は、民間市場に搾取されると同時に株式市場の変転にさらされることになり、自分の手には負えない経済の力により大損害を被るかもしれない。株式市場が暴落すれば、退職後の蓄えは一瞬にして消えてしまう。金融危機を経験したいまであれば、それが杞憂でないことがわかるだろう。しかもその危機を引き起こしたのは、民営化されれば市民の退職年金の管理を担うはずだった当の金融機関なのである。だが、金融危機により蓄えを失わなかった市民も、間もなく新たな問題に直面した。それを引き起こしたのは、連邦準備銀行である。経済回復に必要な財政刺激策を共和党がかたくなに拒否するなか、連邦準備銀行は経済の再生を図ろうと、金利をゼロ近くまで引き下げた。その結果、手堅く国債に投資していた市民が、公的年金の補完として頼みにしていた金利収入を失った。激しいインフレや市場の暴落がもたらす損害に負けるとも劣らない損害である。

ほかの国では、金融危機の前でさえ、民間の年金口座に頼るほかない市民の年金は、口座を管理する企業が課す手数料により目減りしていた。30パーセントも40パーセントも目減りする場合もある。[9] 民間企業が年金口座を管理したがる理由は、言うまでもなく手数料である。退職年金を民営化してしまえば、退職者の財布から銀行家の財布へ資金が移動するだけだ。銀行家に任せておいたほうが安全だとか、受給額が増えるといった保証はない。むしろその逆である。

さらに悪いことに、アメリカ市民の多くはすでに、略奪的な金融業者の犠牲になっている。こうした業者は、餌食になりそうな市民を探し、法外な手数料をひそかに徴収してもうけている。[10]

これらの事例から学ぶべきことは明らかだ。退職年金を市場に任せてはならない。市場価値やそれに伴う所得の変動はあまりに大きく、銀行家はあまりに強欲である。行うべきは、右派が要求しているような社会保障制度の縮小ではなく、財政基盤を固めて社会保障制度を再生させ、確固たる公的な選択肢を提供することだ。手っ取り早く退職年金の公的な選択肢を提供したければ、市民が社会保障制度の口座への積立を追加できるようにし、給付もそれに応じて増やすようにすればいい。

公的な選択肢を提供すれば、効果的に民間企業に競争を促せる。銀行や保険会社が、低いコストや手数料で質のよい金融商品を生み出すよう誘導できる。企業に望ましい行動を奨励する手段としては、政府の規制より公的な選択肢のほうが効果があると思われる。金融業界は当然、このような公的な選択肢に断固として反対するだろう。業界は、口では競争原理を擁護しながら、いざとなると都合のいい取り決めを選ぶ。

社会保障制度の再生策には、社会保障信託基金が投資できる金融商品の拡大も含めるといいかもしれない。現在は低利のアメリカ国債だけだが、幅広い株式ファンドや、先に提案したインフラ投資銀行（ヨーロッパ投資銀行のアメリカ版）が発行する債券に投資するという選択肢があってもいい。インフラ投資は経済に多大な利益をもたらす。その利益の一部（たとえば5パーセント）を債券保有者に還元すれば、社会保障信託基金の基盤も固められる。

住宅の所有を可能にする

２００８年の金融危機により、アメリカの年金制度の欠陥が明らかになると同時に、アメリカの住宅金融制度の欠陥も明らかになった。この危機で、数百万ものアメリカ市民が家を失った。その多くは、この国の金融制度にはびこった略奪的・詐欺的慣行の結果である。アメリカの住宅ローン制度[11]はいまだ破綻したままで、相変わらず連邦政府が大多数の住宅ローン費用を負担している[12]。金融機関は、住宅ローンのリスクについてその発行者自身に責任を負わせようとするいかなる「改革」も受け入れようとしない。これは事実上、自身が発行した金融商品の責任はとれないと主張しているに等しい。そのため金融危機から10年がたっても、事態を改善する具体的な方策について何ら意見の一致が見られない。だが、簡単な解決策がある。現代のテクノロジーや情報システムを利用し、21世紀型の住宅ローン制度をつくればいい。住宅金融制度で中心的問題になるのは、審査（ある住宅がそれを購入する家族にふさわしいものかどうか、その家に十分な資産価値があるかどうかの確認）と住宅ローンの規定の実行（支払いの徴収）である。

審査では、家計所得の履歴が重要になる。このデータに関してはすでに、公的機関（社会保障庁と内国歳入庁）に包括的なデータベースがある。だが、この情報をコピーしたり送信したり確認したりして、企業の新たなデータベースに再入力するだけでは十分とは言えない。もう1つ重要なのが、貸し手が担保物件の価値を評価できるような、住宅の取引に関するデータだ。こちらも、あらゆる販売取引が公的に記録されているため、完璧なデータベースがすでにある。それを利用すれば、物件の現在の価値をきわめて正確に見積もることができる。[13]

もちろん、住宅ローン発行にかかわるデータはほかにもある。持ち主は主にその家に住むことになるのか、その家を賃貸する予定なのか、といったデータである。このデータも、大半が納税申告書を見ればわかる。主たる住居であれば金利控除を受けられ、賃貸物件であれば、そこから得た収入を別の所得税表に基づいて申告できるからだ。金融危機に至るまでは、証券化の際に大々的な詐欺行為（虚偽記載）が行われていた（住宅ローンはまとめて「証券」化され、投資家に販売された[14]）。だが、これらの情報が内国歳入庁に報告されていれば、こうした詐欺行為ははるかに少ないと思われる。それだけ影響が大きくなるおそれがあるからだ。

これらを考え合わせると、内国歳入庁を住宅ローンの支払いの手段として利用できるのではないかという可能性が浮かび上がってくる。内国歳入庁には、それを実現できるだけの蓄えが十分にある。[15]

こうした情報を利用し、取引を効率化すれば、住宅ローンの発行・管理コストを大幅に減らせる。20パーセントの頭金つきの30年住宅ローンを、市場からの借入金利とほとんど変わらない金利で提供しても、政府であれば利益をあげられる。[16] また、各家庭が住宅所有のリスクを管理できるように、政府が新たな住宅ローン商品をつくってもいい。たとえば、家庭の収入が著しく減ったときには支払いを減額し、それに応じて支払い期間を長くできるようなローンである。そうすれば、コストがかかる差し押さえのリスクを減らせるだけでなく、失業や重病といった不運に直面した市民の不安も軽減できる。

　実際のところ民間市場は、顧客のリスク管理を支援してこなかった。銀行家はそれよりも、できるかぎり顧客を搾取し、手数料収入を増やすことに腐心し、顧客が抱えるリスクをむしろ高める有害な住宅ローンを生み出した。数百万ものアメリカ市民が家を失ったのはそのためだ。こうした市民のなかには、何年もその家に住み、すでにローンの支払いは終わっていたのに、住宅価格の高騰を利用しない手はないと銀行家にそそのかされ、住宅を担保にローンを組んだ人たちもいる。銀行家は負けを許されなかった（そう命令されていた）。そのため瀕死状態になるまで、住宅バブルがもたらす恵みに手を伸ばし続けた。だが結局、彼らは負けた。

　現行の住宅ローン制度は官民の連携により成り立っているが、民側が高い手数料という形で利益を受け取り、公側は損をしている。これは、教科書で紹介されているような、あるいは自由市場の信奉者が述べているような、効率のよい資本主義ではない。むしろ、アメリカ流の偽の資本主義である。私たちが望んでいるのは、こんな市場経済ではない。こんな市場経済では、生活水準は向上しない。
先に提案したような、革新的な「公的な選択肢」を持つ住宅ローン市場が必要だ。そのような市場があれば、家を所有できる市民が増えるだけでなく、きわめて重要な資産として家を所有し続けられる市民も増えるに違いない。

誰もが最高の教育を受けられるようにする

アメリカ市民は誰もが、自分の子どもが才能を存分に発揮することを望んでいる。そのためには、子どもの才能、ニーズ、願望に沿った最高の教育を提供する必要がある。だがあいにく、アメリカの教育制度は時代に追いついていない。9カ月の学校日程や半日授業は、19世紀から20世紀初頭までの農業経済や母親が専業主婦を務めていた時代にはふさわしかったかもしれないが、現代社会には適していない。また、テクノロジーの進歩にも対応していない。現代の生徒は、もっとも充実した図書館でさえ手に入らないような膨大な情報に、瞬時にアクセスできる。

何よりも重要なのは、現行の教育制度が、格差拡大の大きな要因となってきたことだ。親の学歴や所得と子どもの学業成績との間には、密接なつながりがある。教育と将来の所得との間にも、同じことが言える。[17] 現行の教育制度の欠陥が、世代間の貧困の連鎖をさらに悪化させているのである。かつての公教育はむしろ、社会の平等を促すうえで重要な役割を担っていた。

教育機会を均等化するには、幼稚園前教育から大学まで、学生ローンなどの負担にさらされることなく、誰もが教育機関を利用できるような、包括的な政策が欠かせない。現在では、子どもが小学校に入るときからすでに大きな格差がある。幼稚園前の教育制度が充実していれば、その格差を改善できる。[18]

高等教育を誰もが受けられるようにする方法は無数にある。授業料を安くする、政府が所得連動型ローン（所得に応じて支払い額が変わるローン）を提供する、などだ。これらの方法を組み合わせれば、学生ローンが現在見られるほどの重荷になることはない。オーストラリアでこの制度がうまく機能していることを考えれば、アメリカでもできないことはないだろう。[19] 私は何も、この代替案にこだわっているわけではない。ただ、アメリカには万人に教育を提供できるだけの余裕があるのだから、その実現に向けて投資しないのはおかしいと主張したいだけだ。アメリカ市民全員にまともな生活を保証しようとすれば、手ごろな条件で万人に教育を提供する必要がある。

アメリカには、これまで解決されずに放置されてきた問題がある。現在、数百万もの若者が、自分の支払い能力を超える学生ローンの重荷に苦しんでいる。その総額は、およそ１兆５０００億ドルに及ぶ。若者は、結婚や住宅の購入、好きな仕事への就職を遅らせ、生活を犠牲にして、煩わしいローンの返済に全エネルギーを注いでいる。こうした状態は、経済にも悪影響を及ぼす。

事態が悪化しているのは、金融業界がロビー活動を行い、自己破産による学生ローンの免除を事実上不可能にしているためだ。これは改善の必要がある。自分に投資するために借金をした人が、ヨットを購入するために借金した人よりひどい扱いを受けるべきだとは思えない。

さらに、公的な選択肢を導入し、政府が学生ローンを提供するべきだ。すでに学生ローンを背負い込んでいる人には、民間ローンを公的ローンに変更できるようにする。[20] 政府ローンはすべて所得連動型とし、金利は政府の借入金利よりわずかに高い程度に設定する。これから社会に出ようとする若者を利用して利益をむさぼることなどあってはならない。

また、アメリカの幼稚園から高校までの教育制度は、地域の税収に大きく依存している。そのため貧しい地区の子どもは、裕福な地区の子どもほどいい教育を受けられない。残念ながら、この問題は次第に悪化している。だが対処できないわけではない。[21] 連邦政府が、裕福な地区と貧しい地区の資金格差を解消するようなインセンティブを各州に与えるとともに、各州間の教育機会が均等になるよう助成を行えばいい。最下層の子どもたちには遅れを取り戻すための支援が欠かせないため、貧しい家庭が多い地区には、連邦政府が特別に支援を行う必要もある。

結論

まともな生活を送るうえで重要なことはわずかしかない。公正な報酬がもらえる仕事、生涯にわたるある程度の保障、子どもの教育、住宅の所有、負担にならない医療といったことだけだ。

アメリカ流の資本主義はこれらの分野のいずれにおいても、大多数の市民の期待に背いてきた。だが、改善していくことはできる。これまでに述べた提案はスタート地点にすぎない。レーガン政権時代から悪化してきた根の深い問題のなかには、それだけでは十分に対応できないものもある。私たちは、失業している人や新たな時代のスキルを持たない人を支援すべきだったのに、支援しなかった。医療制度や教育制度を改善すべきだったのに、改善しなかった。産業の空洞化やコミュニティの崩壊に直面している都市に手を差し伸べるべきだったのに、差し伸べなかった。私たちはいま、こうした失敗の代償を支払っている。歴史はやり直せないし、過去に戻るべきでもない。これまでに何をしてきたか、何をしてこなかったかを考え、できるかぎりのことをするほかない。

ここで紹介した提案は、財源に制約がある現在のアメリカでも十分に実現できる。それを達成できれば、市民の家庭生活は向上し、経済は力強さを取り戻すだろう。そんな財政的余裕はないと言う人には、こう答えたい。アメリカのような豊かな国に、中流階級の生活を普及させるための資金がないはずがない、と。

世界は変えられる。私が提案した進歩的な政策は、そのための一助となる。

第11章

市民社会を再生する

「疲れ果て、貧しさにあえぎ、
自由の息吹を求める移民の群れを私のもとへ呼べ。
海岸に流れ着いた無数のがらくたのような不幸な者たちを。
故郷のない、不運に翻弄された者たちを私のもとへ送れ。
私はこの黄金の扉の前でたいまつを掲げて待っている！」

——自由の女神に刻まれた碑文（エマ・ラザラスのソネット「新たな巨像」より）

アメリカの政治があまりにも悪化してしまったいま、国民をむしばむ病を治すには、もはや根本的な問題に目を向けるほかない。小手先の修正だけでは、とても望ましいところまでたどり着けそうにない。

そもそもアメリカ人は、どんな価値観を大切にしているのか？　現在のアメリカの状況や、それが世界に与えている印象がどうあれ、私はこう断言したい。アメリカ人はいまだに、公正や機会の均等、自由の女神に刻まれた壮大な碑文が示す価値観を尊重している。隣人や恵まれない人を気にかけ、真実や知識やコミュニティを大切にしている。西部を放浪する徹底した個人主義者という側面もあるが、決してそれだけではない。

アメリカの政治を修復し（それは経済の回復にもつながる）、これらの価値観を実現・擁護していくには、アメリカの価値観そのものを検証し、政治家たちがそれを政策として実現しようとしてこなかった事実を認めるところから始めなければならない。

価値観と現実との差

アメリカの価値観とは何か？　政治家にそう尋ねれば何らかの答えが返ってくるだろうが、政治家の活動を見るかぎり、その答えには納得できないに違いない。この質問は少々あいまいに思えるかもしれないが、アメリカを脅かす病を治すうえできわめて重要な意味を持つ。ただしこの

「価値観」とは、保守派の宗教指導者がよく言う、個人の選択や家庭生活に表れる価値観のことではない。公共政策や制度、経済的な考え方に影響を及ぼす価値観である。[1]

経済学の問題の一端は、人間は利己的で実利主義的だと単純化した点にある。人間がそれだけの存在でないことは、多少考えてみればわかる。私たちは金銭を求めるが、モラルを無視してまで富を手に入れようとする過剰な貪欲や物質主義をほめはしない。また、私たちは注目を求めるが（注目されるのを好まない人もいる）、絶えず言い逃れや自己中心主義で注目を集めてきたトランプを立派だと考える人はほとんどいない。

アメリカ人はむしろ、他人に身を捧げる人を称賛する。自分の子には、自分のことしか考えない利己的な人間ではなく、他人を気づかう優しい人間になってほしいと願う。つまり私たちは、経済学者が言う「ホモ・エコノミクス」（絶えず自己満足を追い求める利己的な人間）とはまるで違う、もっと複雑な存在なのである。だが、こうした称賛すべき傾向を認め、それを模範として政策に組み込む努力を怠っていると、卑しい傾向（強欲、他人の幸福への無関心）がそのすき間を埋めてしまう。するとアメリカという船は、針路を変え、暗黒の海域へと滑り込んでいく。そこでは、弱者が置き去りにされ、ルールを守らない者が得をし、規制者が規制されるべき人々に取り込まれ、監視人が脅され、すでに富裕な人々が搾取により経済的利益を独占し、「真実」や「事実」、「自由」、「共感」、「権利」といった概念が、政治的に都合のいい場合にだけ使われる言葉と化す。

周囲を見わたしてみれば、トランプ時代のアメリカが、この暗黒の海域に真っ直ぐ突き進んでいるのは明らかだ。だが、そこから脱け出せる兆候もある。私たちは、政界や実業界の指導者たちの行為に反感を抱く。これは私たちが、利己心や貪欲に基づいてつくり上げてきた経済体制に完全に染まってはいないことを示している。だが、それをとどめようとしなければ、ますます深みにはまっていくばかりだろう。

失敗を覆い隠す神話

社会は、その価値観を反映した神話や物語を生み出し、それが文化（特に若者）を形成する。この神話は、社会に共有された価値観を強化し、そこに暮らす人々の行動に影響を及ぼす。アメリカの場合は、徹底した個人主義、立志伝、雇用を生み出す起業家の物語、アメリカンドリームなどがそれにあたる。アメリカンドリームという神話は、アメリカはチャンスの国だというイメージを強化し、諸外国との違いを際立たせる。実際、かつては多くの人がチャンスを求め、ヨーロッパからアメリカに渡ってきた。

つまり、貧しくても一生懸命働けば成功を手にできるという考え方が、アメリカの原型を形作っている[2]。アメリカ人はいまでも、一生懸命働けば誰でも成功できると信じている。だが本書でも述べてきたように、現実はまったくそのとおりになっていない。一生懸命働いている人の多くが、成功を手にしていない。成功している人の多くは、努力を通じてではなくいかがわしい手を使って、あるいは富裕な両親の力で成功を収めている。

私たちはこの神話化されたイメージを熱愛するあまり、事実とはまるで正反対であるにもかかわらず、現実もそのとおりだと思い込んでいる。アメリカでは誰にでもチャンスがあると相も変わらず信じている人は多いが、現実の統計を見れば、とてもそうとは言えない。実際のところ、アメリカ人は皮肉にも、神話的なイメージに執着するあまり、その価値観の実現を損なう政策を受け入れるはめに陥っている。その結果、アメリカンドリームがかつてないほど非現実的なものになってしまった。努力しさえすれば誰でも出世できるのなら、貧困層に財政支援制度など必要ない。貧困層は何とかして職を見つけ、働きながら大学に通うだろう。古くからの差別に苦しむ人々に公平な条件を提供するマイノリティ優遇制度も必要ない。根性と強い意志さえあれば、そんな差別も乗り越えて出世できるはずだ。しかし、現実の統計は違う。貧困家庭や被差別集団の人々は、わずかながら支援があるにもかかわらず、それでも成功を手にできないでいる。[3]成功する可能性は圧倒的に低いため、彼らの間でアメリカンドリームはもはやフィクションと化している。上位中流階級の白人家庭に生まれて成功を収めた人なら誰でも、少し素直に考えてみれば、生まれが違えば成功できなかったのではないかと思うはずだ。

だが神話は、ニュース報道にも影響を与える。メディアは、最下層から最上層にまで出世した人を見つけると、そのストーリーを記事にし、ニュースで放送する。するとそれが、私たちが抱いているイメージをさらに強化する。心理学ではこれを「確証傾向」と呼ぶ。人間は、自分が信じていること（この場合は神話）に一致する証拠を重視し、それを否定する証拠を軽視する。実際、エリートは最上層に居座り続け、最下層の人々は貧困と格差の罠に陥り続ける明らかな証拠があるのに、その証拠には目を向けない。

「徹底した個人主義」の神話についてはどうだろう？　企業は、徹底した個人主義では事業がうまくいかないことを知っている。チームワークや協力がなければ成功はおぼつかない。そのため、よく社内にチームをつくり、連帯や団結を促す。ときには、従業員の競争心を利用し、チーム間の健全な対抗意識を奨励する。競争を推進するため、チームの業績に応じて報酬を支払う場合もある。だがこれは、従来の経済理論に反している。従来の理論では、チーム内のメンバーはほかのメンバーに便乗しようとするため、チームワークは成功しないとされる。だが、実際にはそうではない。人間は誰しも、同僚に認められることを望んでおり、便乗していると思われれば認めてもらえないことを知っている。これは、標準的な経済学が人間の行動や性質を間違ってモデル化していることを示す一例にすぎない。だが、そのような考え方に基づいた経済が、アメリカ人の行動に影響を及ぼし、高い価値観とは一致しない方向へアメリカを導いてきた。[4]

変化受容派と保守派との対立

アメリカにはもう１つ、アメリカ人は変化に寛容だという神話もある。実際、なかにはどんな変化でもかまわず受け入れるという人もいる。だが、アメリカをよく見てみれば、それに逆行する強い流れもある。一部の地域に深く根づいた保守主義である。保守派は後ろばかりに目を向け、未来が提示するものより過去にあったもののほうがいいと考える。

社会的・経済的政策について言えば、過去に戻るのはまず無理であり、戻れたとしてもそうすべきではない。平均寿命が短くなり、健康状態が悪化し、1人あたりの国民所得が減ることを誰が望むだろう？　トランプが望みどおりこの国を過去に戻し、20世紀半ばに最盛期を迎えた製造業中心の経済を復活させることに成功すればどうなるかは、誰の目にも明らかだ。過去に戻れば、その代償は大きい。炭鉱の仕事は戻るかもしれないが、国民の大多数の生活水準は低下するだろう。

国際的に見れば、過去に戻るリスクはもっと大きい。アメリカの国際的立場は、70年前と同じではない。アメリカはもはや、第二次世界大戦後の数年間のように世界を支配していない。そんな状態で権力を振りかざしても、間違いなく失敗し、世界経済におけるアメリカの立場や影響力をさらに損なうだけだろう。

過去40年の経済的変化において問題視すべきは、アメリカが以前よりはるかに裕福になっているにもかかわらず（ＧＤＰなど従来の指標から判断して）、その富がほとんど共有されていないことだ。将来的な見通しが相対的に悪化しただけでなく、絶対的に悪化したという人もいる。多くは、中流階級の生活が徐々に手の届かないところへ遠ざかっていると感じている。

変化に対応するには、考えうるあらゆる変化を評価し、どうしても受け入れなければいけないものは受け入れ、できるかぎりその変化に自分たちの価値観を反映させ、個人（特に弱者）に害を及ぼさないような政策を設計する必要がある。

だが１９８０年代以降、アメリカはこのようなバランスのとれた対応ができなくなった。たとえば、グローバル化が進んでいる現在、何も考えずにそれを受け入れるべきだと言う人もいれば、自分が想像する過去にこだわり、新しいものやこれまでと違うもの（製造業の自動化や、モノや人の世界的な流れなど）はすべて受け入れようとしない人もいる。第４章で述べたように、たどるべき道はそのどちらでもない。

アメリカにはもちろん、経済的変化を受け入れる能力だけでなく、それをうまく管理する能力もある。実際、これまでに何度もそうしてきた。21世紀の経済や社会は、70年前の経済や社会とはまるで異なる。憲法が起草された18世紀後半と比べれば、なおさら違う。人種差別、奴隷制度、性差別といった社会構造や制度など、大多数のアメリカ人にはもう受け入れられないはずだ。少なくとも私はそう信じている。

憲法が起草された当時、アメリカは農業社会だった。人口の70パーセント以上が、直接的・間接的に農業に依存していた。１９５０年代は、製造業・工業中心の社会だった。そして現在は、脱工業化社会である。もはや製造業に従事する労働力人口は、10パーセント未満でしかない。

このような経済的状況の変化に応じて、政府の役割も変える必要がある。政策の内容だけでなく、その実現の仕方も変えていかなければならない。規制や公的支出が増加したのは、何も政治家が権力を握ったからではない。活力ある21世紀型のイノベーション経済、都市型経済、脱工業化経済をうまく機能させるためには、そうする必要があったからだ。

国民１人ひとりが単独で行動しても、これらの問題にはうまく対処できない。どの問題であれ協力が欠かせない。アメリカではこれまで、農村の人間が力を出し合って納屋を建てていた段階から、より体系的な協力段階（個人の自由をある程度規制・制限するなど）へと、共同行動を発展させてきた。だが、21世紀の経済には、前例のない新たな形や規模での協力が必要になる。一部のアメリカ人は、憲法が起草された18世紀後半を理想視しているが、現在必要とされている共同行動のレベルは、その当時に必要とされた共同行動のレベルをはるかに超えている。

尊重すべきアメリカの価値観

こうした神話により、アメリカ人とはどんな人間であり、どんな行動が求められているのかといった判断がゆがめられ、ここ数年でさまざまな社会の分断が顕著になっているにもかかわらず、アメリカ国民全体に共有されている価値観はまだたくさんある。たとえば、アメリカ人（の少なくとも大半）は、平等という価値観を大切にしている。完璧な平等ではなくても、現在の経済がもたらすレベルをはるかに超えた平等である。そのなかでもとりわけ、機会や正義が均等に分配されることにこだわる。また、１ドル１票ではなく１人１票の選挙制度を要求するなど、民主主義を重視している。さらに、寛容の精神を重んじ、人に危害を加えないかぎり、他人の行動には口をはさまない。この世界を理解し、生活水準を向上させる鍵となる科学やテクノロジーの力、あるいは科学的方法の有効性を信じている。

共通の価値観はまだある。アメリカ人は、理性的によく考えれば、社会の問題によりよく対処できる方法を見つけ、社会制度や経済制度を改善していけると信じている。だからこそ、物質的に豊かなだけでなく、さまざまな市民が協力し合い、ばらばらで行動するよりも優れた成果を生み出す社会が生まれた。これは、人間が１００パーセント合理的でなくてもかまわない。ありがたいことに、人間は１００パーセント利己的でもないからだ。アダム・スミスも、人間の道徳的感情の重要性を訴えている。[6] こうした道徳的価値観は、アメリカ人らしさの重要な側面と言える。

憲法は、こうした考え方の産物だった。建国の父たちは、人間も人間が生み出した制度も誤りを犯すおそれがあることに気づいていた。だが、制度は改善していける。そこで、憲法にもその考え方を反映させた。修正プロセスを設け、抑制と均衡のシステムを採用し、大統領の解任さえ規定した。法の支配を免れられる者は誰もいない。

市場経済を機能させるためには、法の支配などの基本的な原則が必要だと考える点でもアメリカ人の意見は一致している。アメリカ人の大半が、法の支配を通じて、権力者から一般市民の権利を守るべきだと思っている。

いま述べた点については、アメリカ人全体に共通しているとは言えないかもしれないが、前述した国の富と個人の富との違いを理解している人は、賛同してくれるだろう。実際アメリカ人は、自分の創造力や努力によって国の経済のパイを増やした人には見返りを与えようとするが、他人を搾取したり他人から盗んだりして富を手に入れた人（現在無数にいるレントシーカーたち）を称賛することはない。レントシーカーを除く大半の市民が、レントシーキングを抑制して富の創造を推進すべきだと考えているはずだ。

　建国の父たちが政府の役割として重視していたのは、多数派の支配の制限だった。政府は、個人の自由を保証するものでなければならないが、それと集団の利益とのバランスをとる必要がある。たとえば政府は、公共の目的のために個人の土地を接収できるが、その場合には十分な補償を行わなければならない。

　アメリカ政府は過去２００年以上の間、おおむねこれら共通の価値観や信念の実現に向けて努力してきた[7]。しかし現在のように、一部の人間が果たすべき役割を果たそうとせず、機能不全を起こすこともあれば、意見の相違が広がって身動きがとれなくなってしまうこともある。高尚な理想に基づいて建国されながら、簡単そうに見える道徳的判断をなかなか下せない場面がよくあるのは、そのためでもある。現在のアメリカも、国民の価値観や信念に沿っていないように見受けられる。

現在の懸念

アメリカ国民はいま、民主主義の規範や制度が弱体化しているのではないかと危惧しているが、まさにそのとおりの状況にある。経済や政治の制度が大多数の国民の期待に沿わないものになると、多くの国民はその原因をよそに求め、扇動政治家が言うその約束を簡単に信じてしまう。扇動政治家は、社会の苦境を他人のせいにし、自分の約束が果たせないと、他人への非難をさらに強める。

現在の問題は、アメリカの政治が時代に追いつけず、行き詰まっていることにあるだけではない。少数派から多数派を守るために設計された制度が、機能しなくなってしまった。いまや少数派は権力を手に入れ、それを使って支配を続けようとしている。一方多数派は、少数派の権力乱用から身を守るにはどうすればいいかと不安を抱いている。

問題は、この少数派ばかりがルールを作成している点にある。前述したように、この少数派は、超富裕層、宗教的保守派、不満を抱く労働者階級の寄せ集めでありながら、経済的政策は主に超富裕層が決めており、その政策はほかの2つの集団の利益と必ずしも一致しない。ある意味では、超富裕層のみが超富裕層のために国を運営するよりも、こうした寄せ集めが国を運営するほうが、たちが悪い。寄せ集めの団結を維持するため、超富裕層はときどきほかの2つの集団の利益を図り、危険な保護主義を主張したり、貧困層の妊娠中絶を妨害したりする。

これだけでもひどい状況なのに、さらに事態が悪化するおそれもある。実際、トランプはそちらの方向へこの国を導こうとしている。本書では、トランプが推進している個々の政策の批判にはあまり頁数を割いていないが、これは、たとえそれが可決されたとしても修正が可能であり、真の危険にはならないからだ。それよりも私が心配しているのは、それほど簡単に修正できない意識の問題である。たとえば、公的機関に対する攻撃や、よい社会を実現していくために必要な考え方の変化、所得や資産の格差の拡大に伴う価値観や信念の違いの拡大、多様な社会を機能させるために必要な信頼感の喪失などである。

公的機関への攻撃

トランプは、アンドリュー・ジャクソン大統領の先例にならい、アメリカの規制機関や専門的な行政機関を弱体化させようとしている。たとえば、勝者総取りの政治をさらに拡大するため、政府職員を自由に解雇する権限を大統領に与えるべきだと主張してきた。そうすれば、自分を支持する友人や企業ロビイストで周囲を固められるからだ。

ある意味ではこれは、共和党が以前から行ってきた官僚全体に対する攻撃を極端化したものと言える。だが実際のところ、大半の政府職員は、国民が求め必要としているものを効率よく公正に提供している。年金小切手の発送、メディケアやメディケイドを通じた医療費の補助、外国の脅威や国内の騒乱に対する防御（軍やＦＢＩ）、自然遺産の保護や国立公園の管理（国立公園局）などである。

アメリカ国民も、年金や失業保険やメディケアなど、政府の社会保障制度をあてにしている。そもそもこのような制度があるのは、国民が求め、必要としているからだ。それを市場が提供できなかったため、政府が市場の穴を埋めたのである。[8]

トランプはまた、これまでの共和党同様、政府職員の仕事が非効率的だと批判している。確かに、政府の非効率的な対応にいらいらした経験は誰にもあるだろうが、同じことは民間企業にも言える。私自身、航空会社、電話会社、インターネットプロバイダー、保険会社など、いらいらさせられた事例はいくらでも思い浮かぶ。だが前述したように、政府の年金制度にかかる取引コストは、民間企業の年金サービスにかかるコストの数分の１である。アメリカの民間医療保険制度は、世界的に見ても、サービスの質が劣る割に費用がやたらとかかる。また、この50年間でアメリカの人口は１億人以上増え、政府職員の仕事の量も範囲も格段に拡大したにもかかわらず、政府職員の絶対数は50年前とほとんど変わっていない。[9]

一般的に保守派は、年金やメディケア以外の公的支出はほとんどむだだと主張する。だがこれは、教育やインフラへの政府支出が生み出す莫大な利益を考慮していない。実際、こうした投資により生まれる利益は、大半の民間投資から得られる利益よりも大きく、アメリカの公共投資は少なすぎるという意見が広がる要因となっている。

それ以上に大きな利益が期待できるのが、研究開発への政府投資である。研究開発の発展は、生活水準を向上させる原動力になる。研究開発に対する政府の出資がなかったら、この社会や経済、あるいは私たちの生活はどうなっていただろう？　これほど長い人生を謳歌できず、インターネットもスマートフォンも、ブラウザーもソーシャルメディアも利用できなかったに違いない。

トランプは、責任のない役人が規制プロセスを実行していると述べ、規制や官僚に対する攻撃を新たなレベルにまで高めた。だがこうした主張はまったくの的外れであり、相変わらずのうそである。規制の範囲も規制プロセスも、それ自体が幅広く規制されている。そこには抑制と均衡の強力なシステムがあり、裁判所に対しても連邦議会に対しても幅広い説明責任がある。規制プロセスに対するこの抑制システムのおかげで、規制そのものを気まぐれに解除できないようになっている。さもなければトランプ政権が、あらゆる民主的プロセスを無視して、大企業を優遇するようルールを変更してしまっていたことだろう。そんなことになれば、一般市民や環境や経済が、大企業の気まぐれや執拗な利益追求に利用されるがままになってしまう。

金融商品を買うたびに、銀行にだまされているのではないかと心配しなければならないとしたら、この生活はどうなってしまうだろう？　おもちゃを買うたびに、有害な塗料が使ってあるのではないか、部品が取れやすくて幼い子どもがのどに詰まらせてしまうのではないかと不安になるとしたら？　車に乗るたびに、その安全性が気になるとしたら？[10]　私たちは、50年前にたどった道を忘れてしまっている。その当時のアメリカは、空気は吸う気にならないほど汚れ、水は飲めないほど汚染されていた。厳しい環境規制が厳格に執行されていなければ、現在のニューデリーや北京のようになっていたかもしれない。

統治制度や知識機関に対する攻撃

過去２５０年間の生活水準の向上には、２つの柱があった。社会を組織する方法に関する知識の発展（抑制と均衡のシステム、法の支配）と、自然に関する知識の発展（科学やテクノロジー）である。トランプ政権はこの両方を攻撃しているが、これもやはり、共和党がもう少し穏健に行ってきた攻撃を極端化したものと言える。

アメリカの政治は、かつて当然と思われていたもの（法の支配や抑制と均衡のシステムなど）が日々攻撃にさらされるほど悪化してしまった。[11]たとえば、司法やメディアへの攻撃がそうだ。抑制と均衡のシステムはおおむね機能してきたが、一部では重要な規制の変更が進んでいる。[12]トランプ政権は、経済や社会を再編し、レントシーカーたちを優遇する政策を推進するには、抑制と均衡のシステムが障害になると考え、その機関への攻撃を強めている。アメリカの民主制度を維持したければ、絶え間ない監視が欠かせない。

現在の政治指導者たちは、真実や科学の価値さえ損なおうとしている。有権者の感情を操作して自分たちの権力基盤を固めることを自制することもなければ、それに良心の呵責を感じることもない。トランプ政権の行いのなかで長期的に見てもっとも危険なのは、認識論に対する攻撃だと思われる。何が真実なのか、真偽をどう確かめるのかといったことにかかわるアメリカ人の考え方が、危機にさらされている。

このままでは、国民の間に開いた大きな溝を埋めるのはきわめて難しくなるだろう。経済的格差の拡大により、ほかのあらゆる格差が悪化している。この国を一体的にうまく機能させるには、抑制と均衡の社会システムが必要になる。その実現には、資産や所得の格差を抑えることが欠かせない。現在のような極端な格差は、政治力などの力の格差を生み出す。市場支配力の独占はどの分野でも心配の種だが、とりわけ不安なのがメディアである。すでに証明されているように、この分野で市場支配力を高めれば、政治に大きな影響を及ぼす（あるいは政治を操作する）ことができる。

要するに、現在アメリカの政治・経済制度が損なわれつつあることは明らかだ。それは、すぐ元に戻せるようなものではない。トランプが去ったあとも、その影響は負の遺産として残ることだろう。

希望の兆し

トランプは、政府の役割に関するこれまでの議論を極端化させたことにより、改めて政府や優れた統治制度の必要性を認識させてくれた。力強い抑制と均衡のシステムや説明責任の必要性である。

ヨーロッパでは、トランプに希望の兆しを見出している指導者もいる。トランプのおかげで、ヨーロッパ諸国の絆が強まったからだ。ヨーロッパはいまでは、自分たちがどんな価値観を信じ、どんな価値観に反対するのかを、以前よりもはっきりと認識できるようになった。極右の偏狭な訴えがもたらす脅威をよく理解できるようになった。たとえばヨーロッパは、法の支配による国内統治を支持しているように、ルールに基づいた国際体制を支持している。国内の経済や政治に法規が欠かせないように、国際経済や国際政治を機能させるには、限定的な形であれ国際的な法規が欠かせない。しかしトランプは、過去のアメリカの大統領が署名してきた合意から離脱することで、国際的な合意や法規の力を弱めてきた。そのためこれからは、各国の誠意には頼れないという前提のもとに、締約国が離脱したらどうするかということにも注意が向けられるようになるだろう。

彼方に垂れ込める暗雲

30年前に垣間見えた希望は、暗雲に閉ざされつつある。当時は鉄のカーテンが崩壊し、民主主義と市場が勝利を収めたかのように見えた。自由なグローバル市場により、いずれは民主主義的理想が地球の隅々にまで広まると思われた。

１９３０年代のファシズムを忘れてしまっている人、人間や世界は基本的に善だというひどく楽観的な考え方に固執している人に言っておこう。トランプやプーチンを見ればわかるように、世のなかには根っからのトラブルメーカーというものがいる。善と悪の闘いのなかで、残念ながら悪が一時的に勝利を収めることもある。こうした経験から私たちは、一部の悪辣な指導者により社会が多大な損害を被る場合もあることを学んできた。だが少なくともこれまでは、大多数の人間の良識が最終的には勝利を収めてきた。現在、再びそれを実現することが必要だ。

アメリカはこれまで、自国のソフトパワーに誇りを抱いていた。その影響力を行使して世界をよい方向へ導いてきた。もちろん、アメリカ人が主張するほどいい国ではなかったかもしれない。冷戦時代には暗いエピソードもたくさんあった。だが全体的に見れば、民主主義、人権、経済発展を推進してきた。しかし現在、それが逆転している。世界中の人がトランプを手本に、人種差別をしたり、女性を蔑視したり、法の支配を軽視したりしている。アメリカにはまだ、市民を守ってくれる制度があるからいい。だが偏狭な民主主義政権が誕生しているほかの国（ハンガリーやフィリピンなど）には、こうした制度がない場合もある。

真実という理想に反旗を翻すこの恥知らずな指導者の登場により、国家間や国内の分断がさらに広がるおそれがある。いずれは、本書で提案したような行動を平和的に呼びかける取り組みさえ、安心してできなくなるかもしれない。そうなれば、景気後退や戦争や安全保障の危機により奈落に突き落とされるのを、身震いしながら待つよりほかかない。

トランプの政策による一時的な活況

トランプの大統領就任後、アメリカの経済が発展し、株価も上昇しているため、それをトランプの政策が正しい証拠だと考える人がいる。だが、そろそろトランプの経済政策が破綻を来すのは間違いないと思われる（似たような移民排斥やポピュリズムを推進している他国の政策も同様である）。減税や支出の増加により赤字を大幅に増大させての活況が、長続きすることはない。それに活況と言っても、アメリカの経済的成績は先進国の平均値よりほんのわずか高い程度にすぎない[13]。株式市場の好景気も短命に終わり、大統領の任期2年目が終わる前にすでに縮小に向かっている。実質賃金の伸び悩み、格差の拡大、健康状態の悪化、平均余命の減少、長期投資の縮小など、アメリカ経済をむしばむ深刻な問題については、何も解決していないか、さらに悪化している。２０１７年の税制改革法案を始め、トランプの経済政策が完全に施行されれば、格差はさらに拡大し、医療保険加入者はもっと減るだろう。この減税法案は、持続的な成長に欠かせない、知識に基づいた活力あるイノベーション経済を阻害する。それに、共和党や実業界がこれまでさんざんこだわってきた財政規律も軽視している。これはつまり、彼らの財政規律へのこだわりが、単なる方便にすぎなかったことを物語っている。貧困層や中間層向けの制度拡大に反対する際には、財政規律をあれだけ強硬に主張しておきながら、富裕層や企業への減税の際には、いとも簡単にそのこだわりを捨てる。アメリカ国民があきれないのが不思議でならない。
経済的・人種的・民族的分断が広がるような状況は、社会や民主主義にとってよくないのはもちろんだが、経済にも悪い影響を及ぼす。労働市場がゆがみ、多くの市民が才能を発揮できなくなる。移民を排斥すれば、世界中にいる優秀な人材を活用できなくなり、労働市場の重大な穴を埋められなくなる。

社会や経済をうまく機能させるには、信頼や安定が欠かせない。ところがトランプは、不信の種をまき、明確な戦略も達成可能な目標もないまま貿易戦争を仕掛けるなど、気まぐれな政策で不安定性を高めている。たとえば２０１７年の税制改革法案は、委員会公聴会も開かないまま早急に承認手続きが進められ、上院で採決された当初の法案には判読しにくい手書きの修正も含まれていたため、上院議員はその内容さえわかっていないありさまだった。このように民主的手続きが軽視されたばかりか、この法案には、ミスや矛盾、誰も見ていないうちに利益団体が埋め込んだ抜け穴が無数にあった。その結果、幅広い大衆の支持は得られず、民主党議員は１人も賛成票を投じなかった。政治の風向きが変われば、ほぼ間違いなくその内容の大半が廃止されるだろう。法案の支持者は、企業を優遇すれば投資が促進されると主張する。トランプの保護主義政策もそうだ。しかし実際にはそうなっていない。その理由の一端は、投資には安定が必要なのに、トランプの政策が不安定性を高めている点にある。

ここではっきり述べておこう。この活況が予想以上に長く続き、トランプが次の大統領選で再選されたとしても、トランプがアメリカの経済や社会に及ぼす長期的なダメージは深まるばかりだろう。先に述べたように、トランプは文明を支える柱そのものを攻撃している。アメリカはその柱に支えられて発展してきたのであり、それこそが生活水準を向上させるための基盤なのだということを忘れてはならない。

現状に至った道のり

現状に至る道のりに何があったのかは、もはや言うまでもない。つたない経済政策により多くの労働者を置き去りにするような形で、グローバル化があり、金融化があり、新たなテクノロジーの発展があった。[14] ２０１８年には景気が上向いたが、その間でさえ経済は、多くの市民の福利を向上させることも、10年前の金融危機が到来する前の生活を回復することもできなかった。資産格差は、２００８年の金融危機の前からすでにかなりひどい状態にあったが、いまでは当時よりもさらに悪化している。現政権による２０１７年の税制改革や規制撤廃へのこだわりを見れば、この格差はもっと広がり、さらなる痛みを伴うものになる可能性が高い。

ジョージ・H・W・ブッシュの共和党政権もビル・クリントンの民主党政権も、自由化やグローバル化といった新自由主義政策により万人が豊かになれると約束した。だがもはやこの約束は、口先だけの単なる決まり文句（あるいはうそ）と見なされている。エリートやエリート主導の「体制」への幻滅が広がるのも無理はない。

この幻滅と、マーケティングや行動経済学の進歩（とロシアの干渉）とを結びつけて考えれば、国民の半数近くがトランプの怪しい主張をうのみにしたのも納得がいく。[15] アメリカ国民は、エリートに裏切られたうえ、操作されたのだ。

アメリカは、一夜にしてこの危険な状況に陥ったわけではない。国民の大多数にとって事態が悪化しており、このまま何の対処もしなければ、扇動政治家に支配されやすくなるという警告は、以前からあった。[16] 問題がどんな形をとって現れるのかはわからないにせよ、危険があることはわかっていた。だがアメリカは、その警告を無視する選択をした。そういう意味では、現在の苦境はアメリカ国民自らが招いたものと言える。私たちが、経済や政治や価値観の選択を間違えたのだ。

アメリカ国民は第1に、経済の選択を間違えた。私たちは、市場を自由化（減税や規制撤廃など）すれば、あらゆる経済問題が解決すると思っていた。金融化やグローバル化やテクノロジーの開発を進めれば、それだけで万人が豊かになれると信じていた。市場は常に競争が保たれていると思い込み、市場支配力の危険性に気づかなかった。やみくもに利益を追求していれば、それが社会の福利向上につながると思っていた。

アメリカ国民は第2に、政治の選択を間違えた。私たちは、選挙さえしていれば民主主義は守られると思い、政治において金が危険な力を発揮することに気づかなかった。富が一部の国民に集中すれば、民主主義は腐敗する。エリートが金の力を利用して経済や政治を動かし、経済力や政治権力のさらなる集中を進める。その結果、1人1票の選挙制度は1ドル1票の選挙制度と化し、この制度を不正だと感じる大多数の国民の間に、民主主義に対する幻滅が広がった。

アメリカ国民は第3に、価値観の選択を間違えた。私たちは、経済は市民のためになるものでなければならず、その逆ではないことを忘れていた。手段と目的を混同していた。グローバル化は、これまで以上に市民のためになる力強い経済を生み出すはずだったのに、そのグローバル化のために賃金や公共政策が削減された。金融もそれ自体が目的と化し、経済の不安定化、成長の鈍化、格差の拡大、一般市民の搾取を引き起こした。それにより利益を追求しても、国民の生活の向上にはつながらなかった。

ゆがんだ経済やゆがんだ政治は、ゆがんだ価値観に支えられて発展し、ゆがんだ価値観をさらに悪化させた。その結果、アメリカ社会は利己的になってしまった。経済モデルでは人間の本来の姿とされているが、私たちの理想とは似ても似つかない社会である。人間の性質に関する誤ったモデルが、そのモデルに沿った人間、つまり実利的で、利己的で、他人を気づかうことのない、善悪がわからない人間を生み出した。かつて日曜ごとに宗教指導者たちがモラルを説いていた時代は終わった。現在では、金融産業に蔓延していたモラル崩壊がほかの産業へも広がり、もはや反倫理の手本とも言うべき人間を大統領に選ぶほどモラルを失ってしまった。

私たちは、市民の幸福の真の基盤となるものを理解していなかった。生活水準の向上や最高の理想の実現の基盤となるのは、科学や合理的探究や話し合い、およびそこから生まれる社会制度である。民主的手続きに基づいた法の支配も、その1つである。

現在、うその約束に基づいた新自由主義的な国際主義や自由市場に代わり、昔ながらの保護主義や移民排斥主義が採用されつつある。しかし、それによりアメリカの繁栄を取り戻すという約束は、以前のうその約束以上に実現される可能性が低い。経済学者であれば、レーガン政権以降に支配的になった市場原理主義や新自由主義の誤りを容易に指摘できる。それらは、反証可能な（あるいはすでに反証された）仮説に基づいていた。だが少なくとも、合理的な議論を通じて、一部の主張や経験的仮説のなかに多少の真実を見つけることはできた。トランプの政策にはそれさえない。その理由の一端は、基本的な思想がはっきりしない点にある（思想なるものがあるとしての話だが）。トランプは、国内政策では市場経済を擁護する（レントシーキングを促すアメリカ流の市場経済でさえ）。その一方で、国際貿易では正反対の立場をとる。自由な競争市場を否定し、力ずくで管理貿易を推進し、もはや疑問視されている重商主義政策を復活させようとしている。

歴史的視点から見た現在の苦境

アメリカやそのほかの国の歴史を見ると、こうした危機的状況は無数にあり、そこから変革の希望やヒントを見出すこともできる。実際、トランプまでの間に、権力を乱用した大統領がいなかったわけではない。また、異常なほどの格差に直面したり、過剰なほどの市場支配力に経済をゆがめられたりしたのも、これが初めてではない。いずれの場合も、アメリカ国民は権力の乱用を抑え、進路を修正してきた。

伝えられるところによれば、アンドリュー・ジャクソン大統領は、自分の意に沿わない最高裁の判決に対して、「ジョン・マーシャルがそう判断したのなら、彼にその判決を執行させればいい！」と述べたという。[17] ジャクソンは、アメリカの政治制度では大統領が法を執行する役割を担っており、そのためのあらゆる機関が大統領の管轄下にあることを知っていた。裁判所に執行の権限はない。建国して間もない当時も、アメリカは大きな分断の渦中にあった。

だがアメリカの制度は、歴史を通じて洗練され、修正されていった。アンドリュー・ジャクソンが導入した猟官制度〔訳注　党派的な忠誠心や情実によって公職の任免を行う政治慣行を指す〕は多大な弊害を引き起こし、やがて専門的な行政機関が設立されるに至った。

政治家が大衆の感情を利用し、政治的優位を確立しようとしたのも、トランプが初めてというわけではない。南北戦争後の再建時代や、それに続く黒人差別の時代には、危機的事態や不正行為が相次ぎ、当時の人々（特に人種差別の被害者）はもはや絶望的だと思ったことだろう。偏見や差別のほか、経済制度により絶えず搾取が行われていた。[18] トランプが偏見をあおり、白人労働者階級の怒りを移民に向けさせているアメリカの現状は、当時の状況に似ている。[19]

こうした人種間の平等を求める闘いは、経済的公正を求める闘いと並行して展開された。19世紀末の「金ぴか時代」には、格差の拡大や、市場支配力や政治権力の集積が頂点に達したが、やがて競争を保証する法律など、進歩的な法制により危機的状況を脱した。１９２０年代に再び経済格差が広がると、ニューディール政策が新たな時代の幕を開いた。市民に年金や失業保険などの経済保障を提供するとともに、金融産業を抑制し、労働運動を活性化させる法制を通じて、経済力のバランスを回復したのである。[20]

一般の福祉を促進する

本書ではこれまでに、既存の政策に代わる政策を提案してきた。進歩的な政策と言ってもいい。その中心には、憲法の序文に見られる「一般の福祉を促進する」という理念がある。「一般の福祉」とは、上位1パーセントだけでなく万人の幸福を意味する。これは、新たな民主党の綱領の大枠として役に立つのではないかと思われる。それにより民主党は、党を挙げてトランプやその考え方に反対することも、本章で概説した価値観を支持することも表明できる。この進歩的な政策には、アメリカの現状、アメリカの未来、アメリカの理想、そこへ向かう道のりに関するビジョンがある。それはいわば、これらのビジョンを生み出し、維持していくための21世紀の新たな社会契約である。その政策は、経済を方向づけ、経済に方向づけられる社会的な力や経済学に関する深い認識や、歴史意識に基づいている。実務的な表現を用いてはいるが、モラルに対する強い願望を反映しており、望ましい価値観を前面に押し出している。

まずは、目的を明確にするところから始める必要がある。私たちには私たちの価値観があるとただ繰り返すのではなく、その価値観を明確にし、経済学は目的を達成するための手段なのだということを認識し、その目的が何なのかを理解しなければならない。経済の成功は、ＧＤＰではなく市民の幸福により計測されるべきだ。クリントン大統領はかつて、人間を優先しなければならないと述べた。新たな社会契約も同様に、未来の世代のために環境を保護し[21]、一般市民の政治的・経済的な力を取り戻す。

この21世紀の政策は、進歩の果実を誰もが共有し、誰もが差別や偏見、排除や不安に苦しむことなく、公平に中流階級の生活を実現できるようにする。国は、豊かさが広く共有されなければ、豊かにはなれない。それは経済的事実であると同時に、深く根づいた価値観が求めていることでもある。そのため新たな社会契約は、あらゆる人に才能を存分に発揮できるチャンスを与え、あらゆる人にその声が聞き届けられる機会を与えるものでなければならない。富裕層にも貧困層にも、黒人にも白人にも、万人に正義やチャンスを提供し、アメリカンドリームを現実のものにすることが重要になる。

また、進歩発展を推進していくためには、国富を真に生み出すものが何かをよく理解し、万人が利益を得られるような形で、テクノロジーの開発やグローバル化を進め、管理していかなければならない。現在、それらに関する議論を通じて無用な対立が生まれている。本書では、進歩発展の土台となるものを説明すると同時に、それを生み出す政策を提示している。

この進歩的な政策では、市場を理想的な形で機能させる点でも、個人の力や市場の力だけでは実現できない一般の福祉を促進する点でも、政府が中心的な役割を果たす。そのため、この政策を受け入れるのであれば、政府は非効率的で邪魔なだけだという考え方を捨て、政府もまた、市場などあらゆる人間の制度と同じように誤りを犯す場合があるだけであり、いくらでも改善していけるのだという考え方に切り替える必要がある。政府は問題を生み出すばかりで何の解決にもならないという見解は、どこからどう見ても間違っている。むしろ、重大な環境汚染、金融の不安定化、経済格差の拡大など、社会の問題の多くは、市場や民間企業が生み出してきた。市場の力だけで問題は解決できない。環境を保護し、社会的・経済的公正を保障し、持続的な発展の土台となる基礎研究やテクノロジーへの投資を通じて活力ある学習社会を推進していくためには、政府の存在が欠かせない。

右派の自由至上主義者は、政府は自由を妨害すると主張する。右派の実業家は、政府は規制や税を課し、利益を減少させると考える。所得階層の上位1パーセントの人間は、政府に強い権限を与えれば、政府はそれを利用して自分たちから財産を奪い、それを貧しい人々に分配するのではないかと心配する。こうした人々には、政府は非効率的であり、国に害悪をまき散らすだけだと見なそうとするインセンティブがある。しかし、いずれの考えも、その根本にある仮説にひどい誤りがある。現在、上位1パーセントの人々は相応の税金を支払っていない。所得に占める割合で見れば、防衛など公共の福祉のために彼らが支払っている税金はきわめて少ない。その一方で、彼らが主に「レント」という形で私物化している国民所得や国富の割合は、不相応なほど多い。

富裕層はそのうえ、国民の大多数を犠牲にして自分たちを優遇するルールを確立することに成功した。これは「不自然」な形で獲得された経済力であり、それにより大多数の国民の所得は停滞する一方で、上位1パーセントの所得は急増した。自然の法則ではなく人為的な法則が、不自然な結果をもたらしたのだ。

市場には何らかの構造がなければならない。だが過去40年にわたり市場は、成長を鈍化させ、格差を拡大するような形で構造化されてきた。市場経済にはさまざまな形態があるが、アメリカは大多数の国民の利益にならない形態を「選択」してきた。そのルールをもう一度書き改め、もっと社会の利益になるような経済を構築していかなければならない。そのためには、競争を確保し、過大な市場支配力を抑制することにより、市場を本来あるべき姿に戻す必要がある。

また、「市場原理主義者」はあまりその効用を認めたがらないが、アメリカには団体や機関が豊富にある。効果的かつ効率的な政府系機関が無数にあるほか、非政府系の機関や財団も熱心な活動を展開している。進歩発展の中心になるのは大学だが、主要な大学はいずれも公的機関か非営利組織である。協同で企業を所有する場合もある。２００８年の金融危機の際にモラルの崩壊に陥らなかった金融機関に信用組合があるが、これは会員が所有する協同組合銀行である（特定の業種や産業と結びついている場合が多い）。[22] 協同組合は、さまざまな地域の数多くの分野で重要な役割を果たしてきた。[23] 多くの労働者が意思決定や所有にかかわっている協同組合や企業は、金融危機の間も比較的よい業績をあげている。

　これら豊富な団体や機関の相互関係をさらに強化していくこともできる。それぞれの団体や機関には得意分野があるため、互いに補完し合えばいい。たとえば、政府が提供するインフラや、公的支援を受ける大学や研究機関から生まれる知識を利用すれば、民間企業が発展できる。実際のところ、民間企業はこれまでにさまざまなことを成し遂げてきたが、あらゆる知恵を生み出したわけでもなければ、社会の問題に対するあらゆる解決策を提供してきたわけでもない。民間企業の利益は、政府や非営利の大学や研究センターが提供する土台の上に成り立っている。

　つまり、21世紀の政策の中心的課題は、社会のさまざまな要素、政府、民間企業、市民の間の社会的・経済的バランスを改善していくことにある。バランスが回復すれば、ほかの効果も見込める。ここ数十年の特徴だった過剰な実利主義やモラルの崩壊が抑制され、個人と集団両方の意向や幸福が重視され、[24] 個人や社会全体がより高い価値観や願望を反映した行動をとるようになるに違いない。より高い価値観とは、知識や真実、民主主義や法の支配、自由で民主的な制度や知識機関を尊重する価値観である。それらがなければ、過去２５０年にわたる進歩をこれからも維持していくことはできない。

希望はあるのか？

アメリカの歴史を見ると、希望がわいてくる。だが、ほかの国で展開された独裁体制やファシズムの暗い歴史を学べば、必ずしも明るい未来が待っているわけではないこともわかる。[25]

前述のように、アメリカはこれまでに二度、危険なまでに拡大した格差を克服してきた。「金ぴか時代」と「狂騒の20年代」である。だが現在の状況は、当時よりもっとひどいかもしれない。現在のほうがはるかに格差が広がっているうえ、最高裁の判決の結果、政治の世界における金の力が以前より増大している。それに、テクノロジーの進歩により、資金力の格差が政治力の格差につながりやすくなっている。

結局のところ、それに対抗できるのは国民の力、つまり投票の力だけだ。しかし、資産や所得の格差が大きくなればなるほど、この力を効果的に発揮するのが難しくなる。そのためどうしても、格差を縮小し、平等を促進することが欠かせない。格差は、モラルや経済学にかかわるだけの問題ではない。民主主義の存続にかかわる問題でもある。

私が提案した政策を採用すれば、アメリカ国民全員が、選択、自己責任、自由といったアメリカの価値観と一致する望ましい生活を実現できる。かなり大胆な政策ではあるが、ぜひとも成し遂げる必要がある。現在でさえすでにひどい状況なのに、この進路をたどり続けていけば、すでにその兆しがあるテクノロジーの進歩により、事態はいよいよ悪化していくばかりだろう。その結果、さらに格差が拡大し、不満が増大し、いっそう社会が分断してしまうかもしれない。こちらで教育を少々、あちらで支援を少々提供するといった漸進主義的な政策は、全体的な戦略の一環として重要な場合もあるが、アメリカが現在直面している問題の対処にはふさわしくない。本書で提示した進歩的な政策が求めている方向へ、劇的な改革が必要だ。

アメリカは不健全な力を育て上げてきた。このまま放っておけば、ぞっとするような結末が待っているだけだ。だが私は、こう信じて本書を執筆した。世界は変えられる、そう思っているアメリカ人はたくさんいる、その人たちが協力し合えば、この最悪の状況を乗り越えられる、と。そのアメリカ人のなかには、まだ理想を見失っていない若い世代や、機会の均等や豊かさの共有といった理想にいまだしがみついている中堅の世代もいれば、大規模な市民権運動によりしばらくは進歩が垣間見えたが、瞬く間に暗雲に閉ざされてしまった時代を実際に体験している高齢の世代もいる。彼らが目指す新たな世界の土台となるのは、心のなかで再構成された架空の過去ではない。過去数十年の失敗から学んだ教訓など、経済や政治の知識を活かして構築された現実的な未来像である。適切に設計され、十分に規制された市場と、政府や市民社会のさまざまな機関とが力を合わせるしか、新たな世界を切り開く方法はない。

私が提案した21世紀の新たな社会契約が示す未来のビジョンは、トランプ政権や共和党が提示しているビジョンとは著しく異なる。彼らのビジョンは、そのほとんどが実業界からの多大な支援に応えるものでしかない。過去の失敗は、未来のプロローグとなる。テクノロジーの進歩を適切に管理できなければ、アメリカはディストピアへと突き進んでいく。格差はいっそう拡大し、政治はさらに分断され、市民や社会は理想とはかけ離れたものになるだろう。
自らの首を絞める資本主義を救う時間はまだある。

謝辞

まえがきでも述べたように、本書は過去の自分の著作に記した見解をまとめる形で執筆している。過去の著作とは、グローバル化に関する4つの書籍（『世界を不幸にしたグローバリズムの正体』〔ジョセフ・E・スティグリッツ著、鈴木主税訳、徳間書店、２００２年〕、『フェアトレード　格差を生まない経済システム』〔ジョセフ・E・スティグリッツ&アンドリュー・チャールトン著、浦田秀次郎監訳・解説／高遠裕子訳、日本経済新聞出版社、２００７年〕、『世界に格差をバラ撒いたグローバリズムを正す』〔ジョセフ・E・スティグリッツ著、楡井浩一訳、徳間書店、２００６年〕、『Globalization and Its Discontents Revisited: Anti-Globalization in the Era of Trump』〔２０１７年、未訳〕）、格差に関する3つの書籍（『世界の99%を貧困にする経済』〔ジョセフ・E・スティグリッツ著、楡井浩一・峯村利哉訳、徳間書店、２０１２年〕、『世界に分断と対立を撒き散らす経済の罠』〔ジョセフ・E・スティグリッツ著、峯村利哉訳、徳間書店、２０１５年〕、『スティグリッツ教授のこれから始まる「新しい世界経済」の教科書』〔ジョセフ・E・スティグリッツ著、桐谷知未訳、徳間書店、２０１６年〕）、経済成長の源泉に関する書籍（『スティグリッツのラーニング・ソサイエティ』〔ジョセフ・Ｅ・スティグリッツ&ブルース・Ｃ・グリーンウォルド著、藪下史郎監訳・岩本千晴訳、東洋経済新報社、２０１７年〕）、経済政策や金融に関する2つの書籍（『人間が幸福になる経済とは何か　世界が90年代の失敗から学んだこと』〔ジョセフ・Ｅ・スティグリッツ著、鈴木主税訳、徳間書店、２００３年〕、『フリーフォール　グローバル経済はどこまで落ちるのか』〔ジョセフ・Ｅ・スティグリッツ著、楡井浩一・峯村利哉訳、徳間書店、２０１０年〕）である。これらの著作はいずれも無数の学術文献をもとにしている。そのような形で、私はこれまで無数の方々の恩義にあずかってきた。とりわけお世話になったのが、これらの著作の共著者、およびコロンビア大学やルーズベルト研究所、ＩＮＥＴ（新経済思考研究所）、世界銀行、クリントン政権の同僚たちである。

そのほか、本書に関連する問題を研究しているさまざまな学者の思想や見解から学ぶことも多かった。その多くは本文内で引用しているが、ここで改めて名前を挙げておきたい。

格差を研究する学者は年々増えているが、彼らのデータや見解は大いに参考になった。フランソワ・ブルギニョン、サー・アンガス・ディートン、ラヴィ・カンブール、ブランコ・ミラノヴィッチ、トマ・ピケティ、エマニュエル・サエズ、ラジ・チェティ、ガブリエル・ズックマン、ジェームズ・ガルブレイス、そしてわが親友にして共著者でもある故トニー・アトキンソンといった方々である。また、経済政策研究所のローレンス・ミシェル、オックスファム・インターナショナルのウィニー・ビヤニマ、ルクセンブルク所得研究所（格差に特化した国際データセンター）の元所長ジャネット・ゴーニックの重要な業績からも多大な影響を受けた。

私が数年前に『世界の99％を貧困にする経済』のなかで述べた、現在の格差の主因は市場支配力とレントシーキングにあるという考え方は、いまや主流になっている。市場支配力やその対処法に関する文献も年々増えているが、その著者との会話は大変勉強になった。スティーヴン・サロップ、マイケル・カッツ、カール・シャピロ、マイク・コンチャル、ティム・ウー、エレノア・フォックス、エマニュエル・ファーリといった方々である。私はまた、アメリカ経済における競争を推進しようと、数々の反トラスト訴訟にかかわってきたが、キース・レフラー、マイケル・クラッグ、デヴィッド・ハッチングス、アンドリュー・アベアの見解はすこぶる有益なものだった。マーク・ステルズナーとアラン・クルーガーは、こうした市場の不完全性が労働市場に及ぼす影響について私の理解を深めてくれた。

新たなテクノロジーに関する議論については、一緒に書籍を執筆したこともあるアントン・コリネックの手を借りた。人工知能については、エリック・ブリニョルフソン、ディープマインドのシェーン・レッグ、ソウル・マシンズのマーク・サーガーに話を聞いた。王立協会で労働とＡＩをテーマに講演を行った後に開催されたＡＩディナーも忘れられない。ヨハイ・ベンクラー、ジュリア・アングウィン、ジーナップ・トゥフェックチーは、情報の不完全性がもたらす特殊な問題について教えてくれた。

グローバル化の問題に関しては、ダニ・ロドリック、ダニー・クア、ロヒントン・メドーラ、マリ・パンゲストゥに感謝したい。グローバル化による租税回避への影響については、マーク・ピエス、および国際企業課税改革独立委員会の知見が役に立った。この委員会は、ホセ・アントニオ・オカンポが委員長を務めており、私も委員の1人である。

ダニエル・カーネマン、リチャード・セイラー、カーラ・ホフは、個人形成における文化や社会や経済の役割や、行動経済学のそのほかの側面について、きわめて有益な知見を提供してくれた。

グローバル化や金融化、新たなテクノロジーへの対処方法に関しては、以下の方々の協力に謝意を表したい。産業政策に関する見解については、アクバル・ノーマン、ジョヴァンニ・ドシ、ジャスティン・イフ・リン、マリオ・チモーリ、スカンジナビア・モデルなど福祉国家に関する見解については、カール・オーヴェ・メーネ、レイフ・パグロツキー、イサベル・オルティスほか、政策対話イニシアチブとルーズベルト研究所が共同で行っている福祉国家再検討プロジェクトのメンバーの方々である。

気候変動についてはニコラス・スターンとジョン・ルームに、子どもの権利の剥奪の法的意味についてはジュリア・オルソンとフィリップ・グレゴリーの指導を受けた。

第8章の政治制度改革、特に政治に対する金の影響力を削減するための法的課題については、ジョン・アタナシオとの会話が大変役に立った。

そのほか、マーティン・ウォルフ、ラナ・フォルーハー、エドマンド・フェルプス、ジョージ・ソロス、ジョージ・アカロフ、ジャネット・イエレン、アデア・ターナー、マイケル・スペンス、アンドリュー・シェン、カウシック・バスー、ウィニー・ビヤニマ、ピーター・ボフィンガーにも感謝したい（最後の6人は、ロブ・ジョンソン、ロドリック、クア、メドーラ、パンゲストゥとともに、世界経済変革委員会の委員を務めている。ＩＮＥＴが主宰するこの委員会では、私がスペンスとともに共同委員長を務めている）。

２００８年の世界的な金融危機への対処法を考察していた際には、エリザベス・ウォーレンやデイモン・シルヴァース（不良債権買取プログラムの議会監視委員会の委員だった）、あるいは国際金融・財政制度改革に関する国連総会専門家委員会の委員と、学術的なつながりを深めることができた。この委員会は、２００９年に国連総会議長により招集され、私が委員長を務めた。

そのほか、私が議長を務め、検討中のテーマに関する私の見解の形成に役立った委員会には、ジャン・ポール・フィトゥシやアマルティア・センと共同委員長を務めた経済的成績および社会的進歩の計測に関する国際委員会や、その後継機関で、マルティーヌ・デュランと共同委員長を務めた経済的成績および社会的進歩の計測に関するハイレベル専門家グループがある。これらの委員会での議論により、幸福の要因について幅広い考え方ができるようになった。あらゆる委員の助力に感謝したい。

ジェイソン・ファーマンは、大統領経済諮問委員会を通じて一緒に仕事をするようになってから20年にわたり、かけがえのない同僚として、万人の利益になるアメリカ経済を実現するための知見を提供してくれた。

私はこの20年間、毎年夏になると、ジョージ・パパンドレウが進歩派の人々を集めて1週間ほど開催するシミ・シンポジウムと呼ばれる会合に参加し、社会民主主義の行く末について議論してきた。ここで飛び交うさまざまな意見もまた、間違いなく本書の多くの見解に反映されている。このシンポジウムにはジョージのほか、ケマル・デルヴィシュ、ミシャ・グレニー、ヤニス・ヴァルファキス、マッツ・カールソンらが参加している。

ここでもう一度、コロンビア大学に感謝の意を伝えておきたい。この大学は、ほぼ20年にわたり、私が研究や調査を進めるための学術的基盤となった。また、長期にわたり論文を共同で執筆することになった同僚ブルース・グリーンウォルドと出会い、その力を借りられるようになったのも、この大学のおかげである。

ロックフェラー財団ベラージオセンターに対しても、多大な恩義を感じている。私は同センターの美しく静かな環境のなかで、本書の最初の草稿に取り組んだ。交友や活発な会話が楽しめ、この野心的な書籍に取り組むにはうってつけの場所だった。

ルーズベルト研究所は、「進歩的な思想や大胆な指導力を展開して、フランクリン・D・ルーズベルトやエレノア・ルーズベルトの遺産や価値観を推進し、万人にチャンスを与えるというアメリカの約束を復活させる」ために設立されたシンクタンクである。この研究所は、私をチーフエコノミストとして迎え入れ、本書で提示した進歩的政策の実現に向け、活発な議論を行う場を提供してくれた。この場を借りて、研究所の所長であるフェリシア・ウォンと、研究・政策担当副所長であるネル・アバナシーに感謝したい。彼女らが主導する「ルールを書き換える」プロジェクトは、きわめて有益だった。その成果は、欧州進歩研究財団（ヨーロッパの社会民主主義シンクタンクの連合体）にも採用された。同財団の事務局長であるエルンスト・シュテッター、「ヨーロッパのルールを書き換える」プロジェクトを完成へと導いてくれたカーター・ドーアティ、同プロジェクトに参加したヨーロッパ中の学者に謝意を表したい。ソウル市長の朴元淳は、韓国で同様の取り組みを進めてくれた。

本書の内容は、経済を超えて政治にまで及んでいる。現状を考えれば、そうしないわけにはいかない。私は以前から、経済の成功を決定づける主な要因はルールにあると主張してきたが、そのルールは政治により定められる。この分野の研究にあたっては、エドワード（ジェッド）・ステイグリッツが提供してくれた膨大な知識が大いに役立った。

ロバート・カットナー、ジェフ・マドリック、フェリシア・ウォン、ロブ・ジョンソン、マーティン・グズマン、レイフ・パグロツキーは、本書の草稿に目を通し、貴重なコメントを提供してくれた。

博士課程修了後の私の学生たちも、博士課程修了後プログラムを担当する上級研究員マーティン・グズマンも、本書で論じたさまざまな問題について意見を提供してくれた。マユリ・チャトゥルヴェディとイグナシオ・ゴンサレスには市場支配力やレントシーキング、格差、成長について、フアン・モンテシーノにはグローバル化のさまざまな側面について、マイケル・ポイカーには受刑者の労働や大量収監について、レヴェント・アルティノグルには金融市場について自身の見解を披露してもらった。ことにマーティンは、本書で取り上げたあらゆるテーマについて、かけがえのない議論の相手だった。

研究助手のマチュー・ティーチアウト、ハーリス・マティーン、ナマン・ガルグ、アナスタシア・ブリアは、義務以上の働きをしてくれた。本書の原稿の完成に尽力してくれたわがオフィスの編集者デバラティ・ゴシュとアンドレア・グルウィットも同様である。

わがオフィスのほかのメンバーの助力も忘れてはならない。私が本書だけでなく、ほかの執筆にも時間を割けるよう取り計らってくれた。ガブリエラ・プランプ、ケイレブ・オールダム、スザンナ・デ・マルティーノ、サラ・トーマスといった面々である。

イギリスでの私の出版社であるペンギン／アラン・レーンのスチュアート・プロフィットは、いつものように知見にあふれる詳細なコメントを提供してくれた。

本書は、ノートンで古くから私の編集者を務めているドレイク・マクフィーリーとの話し合いのなかから生まれた。もはや忘れ去られた「現場主義的編集」を実践している人物である。ブレンダン・カリーは初期の草稿に対して貴重なアイデアを提供し、ナサニエル・デネットは原稿を終始管理してくれた。シャーロット・ケルクナーは入稿整理を巧みにこなし、リン・キャノン・

メンゲスは優れた観察眼で校正を行い、プロジェクトエディターのダッシ・ザイデルとプロダクションマネジャーのローレン・アバーテはプロセス全体の管理に辣腕を振るってくれた。

私のインハウスエディターを務めて久しいエイモン・キルヒャー＝アレンにはとりわけ感謝している。本書のプロジェクトに初期段階から深くかかわり、ほとんどのプロセスで一緒に仕事をしてくれた。

そして、いつものように妻のアーニャに感謝の言葉を述べたい。妻は、私が初めて一般向けの書籍『世界を不幸にしたグローバリズムの正体』を執筆する際に書き方のコツを教えてくれたが、本書での妻の役割はそれ以上に大きなものだった。編集に手を貸すだけでなく、私のインスピレーションをかき立ててくれた。私たち夫婦は、何が間違っており、それにどう対処すべきかを理解すること、知識を重視すること、真実を伝える機関を維持していくことに情熱を傾けている。その情熱を、あらゆる読者に感じ取っていただければ幸いである。

最後に、献辞について説明しておこう。私は１９６５年、フルブライト奨学生としてイギリスのケンブリッジ大学に入学し、ジェームズ・ミード、ジョーン・ロビンソン、ニコラス・カルダー、フランク・ハーン、デビッド・チャンパーノウンといった偉大な学者のもとで研鑽を積んだ。いずれも、格差の問題や資本主義制度の性質について並々ならぬ関心を抱いていた方々である。そこで出会った終生の友人のなかに、私の最初の学生となったアンソニー・アトキンソンと、当時まだ講師・研究者になったばかりのジェームズ・マーリーズがいた。

スティグリッツ PROGRESSIVE《プログレッシブ》 CAPITALISM《キャピタリズム》

2020年1月 2 日　第1刷発行
2021年2月17日　第2刷発行

著　者――ジョセフ・E・スティグリッツ
訳　者――山田美明
発行者――駒橋憲一
発行所――東洋経済新報社
〒103-8345　東京都中央区日本橋本石町 1-2-1
電話＝東洋経済コールセンター 03(6386)1040
https://toyokeizai.net/

装　丁…………橋爪朋世
翻訳協力………リベル
ＤＴＰ…………アイランドコレクション
印刷・製本……丸井工文社
編集担当………九法崇
Printed in Japan　　ISBN 978-4-492-31523-1

【著者・訳者紹介】

ジョセフ・E・スティグリッツ

Joseph E. Stiglitz

ノーベル経済学賞を受賞した経済学者であり、著書に『世界を不幸にしたグローバリズムの正体』『世界の99％を貧困にする経済』『フリーフォール』（すべて徳間書店）などがある。クリントン政権時代の大統領経済諮問委員会の委員長や、世界銀行のチーフエコノミストを務め、タイム誌の「世界でもっとも影響力のある100人」に選ばれたこともある。現在はコロンビア大学で教鞭をとるかたわら、ルーズベルト研究所のチーフエコノミストを務めている。

山田美明（やまだ　よしあき）

英語・フランス語翻訳家。東京外国語大学英米語学科中退。訳書に『アスペルガー医師とナチス』（光文社）、『ファンタジーランド』（共訳、東洋経済新報社）、『24歳の僕が、オバマ大統領のスピーチライターに?!』（光文社）、『アメリカを動かす「ホワイト・ワーキング・クラス」という人々』（共訳、集英社）など。

まえがき

1. この時代の私の闘いについては、以下を参照。*The Roaring Nineties: A New History of the World's Most Prosperous Decade* (New York: W.W. Norton, 2003)〔訳注　邦訳は『人間が幸福になる経済とは何か　世界が90年代の失敗から学んだこと』ジョセフ・E・スティグリッツ著、鈴木主税訳、徳間書店、2003年〕.
2. 格差の拡大が悪化すると、私は経済学を志したころのテーマに立ち返った。そして *The Price of Inequality: How Today's Divided Society Endangers Our Future* (New York: W. W. Norton, 2012)〔訳注　邦訳は『世界の99%を貧困にする経済』ジョセフ・E・スティグリッツ著、楡井浩一・峯村利哉訳、徳間書店、2012年〕と *The Great Divide: Unequal Societies and What We Can Do About Them* (New York: W. W. Norton, 2015)〔訳注　邦訳は『世界に分断と対立を撒き散らす経済の罠』ジョセフ・E・スティグリッツ著、峯村利哉訳、徳間書店、2015年〕を通じて、アメリカ経済の決定的特徴となった驚くべき格差について警告を発した。格差を食い止められなければ、その影響は経済指標だけにとどまらず広範囲に広がり、やがては社会に不信を植えつけ、政治を腐敗させる。そうなれば、誰にとっても最悪の事態となる。所得階層の上位1パーセントでさえ例外ではない、と。*Rewriting the Rules of the American Economy: An Agenda for Growth and Shared Prosperity*, with Nell Abernathy, Adam Hersh, Susan Holmberg, and Mike Konczal (New York: W. W. Norton, 2015)〔訳注　邦訳は『スティグリッツ教授のこれから始まる「新しい世界経済」の教科書』ジョセフ・E・スティグリッツ著、桐谷知未訳、徳間書店、2016年〕では、成長の鈍化と格差の拡大は、レーガン政権以後の経済の基本ルールの変更が原因であり、もう1度ルールを修正すればこの不運な流れを逆転させられると述べている。
3. これは、「ヴァニティ・フェア」誌の2011年5月号に掲載した私の記事のタイトルである。言うまでもなく、リンカーンの有名なゲティスバーグ演説をもじったものだ（この記事は、*The Great Divide*［『世界に分断と対立を撒

き散らす経済の罠』〕に再掲している)。

4. この減税法案が完全に実施されれば、所得階層を10等分したうちの第2分位、第3分位、第4分位の人々の大半が増税となる。
5. ニクソン政権では労働長官と財務長官を務めている。
6. 未公開株式投資会社は一般的に、株式を公開していない企業に投資するファンドを管理しており、その会社自身も株式を公開していない。こうした会社は、ほかの企業を買収し、再編して価値を高めてから売り払うことで利益を得ている。そのファンドの管理者がしていることは、ほかの企業の管理者(給与に対して普通に所得税を支払っている)がしていることとほとんど違いはない。そのため、彼らに対する優遇税制措置には何の根拠もない。つまり、彼らがそんな措置を受けているのは、彼らにそれだけの政治力があるからというだけのことなのだ。さらに悪いことに、こうしたファンドには、相手企業を再編する際に大量の雇用を奪い、多額の負債を負わせているという批判がつきまとっている。実際、未公開株式投資会社に売り払われて間もなく倒産する企業は多い。

   未公開株式投資会社で働く人には、いわゆる成功報酬に関する抜け穴のため、低い税率が適用されている。トランプは選挙期間中この抜け穴を激しく非難していたが、この税制法案が議会を通過し、大統領の署名を待つ間、その廃止を主張しようとはしなかった。トランプの顧問は、この公約違反を議会のせいにしている。以下を参照。Louis Jacobson, "Despite Repeated Pledges to Get Rid of Carried Interest Tax Break, It Remains on the Books," *Politifact*, Dec. 20, 2017.
7. この減税(および利子)により、2018年から2028年までの10年間で、赤字が1兆9000億ドル増えると予想されている。一時的な減税が恒久化されれば、3兆2000億ドル増えることになる。
8. "Transcript of the Press Conference on the Release of the October 2017 World Economic Outlook" (Washington, DC: International Monetary Fund, Oct. 13, 2017); and Christine Lagarde, "2018 Article IV Consultation for the United States Opening Remarks" (Washington, DC: International Monetary Fund, June 14, 2018).

9. これは、ノーベル賞を受賞したサイモン・クズネッツの中心的見解である。20世紀半ばにクズネッツが述べたところによれば、常にそのような傾向が見られるという。これは「クズネッツの法則」と呼ばれる。

10. 本書では、グローバル化、金融化、格差、イノベーションに関するこれまでの自分の著作をもとに、それらの内容をより合わせ、その相関関係を1枚のタペストリーとして提示している。それが、私たちがこれまでに経験した進歩や過ちの原因を、説得力のある形で明らかにできていれば幸いである。いくつかの重要なポイントについては、これまでの主張をさらに発展させてもいる。

グローバル化に関する最初の批判は、世界銀行の役職を辞したあとに執筆した *Globalization and Its Discontents* (New York: W. W. Norton, 2002)〔訳注　邦訳は『世界を不幸にしたグローバリズムの正体』ジョセフ・E・スティグリッツ著、鈴木主税訳、徳間書店、2002年〕に記した。グローバル化が発展途上国や労働者の視点から管理されていないことを指摘している。アンドリュー・チャールトンと共同で執筆した *Fair Trade for All* (New York: Oxford University Press, 2005)〔訳注　邦訳は『フェアトレード　格差を生まない経済システム』ジョセフ・スティグリッツ＆アンドリュー・チャールトン著、浦田秀次郎監訳・解説／高遠裕子訳、日本経済新聞出版社、2007年〕では、グローバルな貿易体制が貧困層を不利な立場に置いているというテーマを取り上げた。*Making Globalization Work* (New York: W. W. Norton, 2006)〔訳注　邦訳は『世界に格差をバラ撒いたグローバリズムを正す』ジョセフ・E・スティグリッツ著、楡井浩一訳、徳間書店、2006年〕では、少なくともこれまでよりはうまくグローバル化を進めていけるような改革案を提示した。*Globalization and Its Discontents Revisited: Anti-Globalization in the Era of Trump* (New York: W. W. Norton, 2017) では、トランプが登場するまでのグローバル化の改革の進み具合を示すとともに、トランプがその取り組みを取り返しのつかないほど後退させてしまった点を指摘している。金融化をテーマにした著作は2つある。1作目は、クリントン政権を離れたあとに執筆した *The Roaring Nineties*（『人間が幸福になる経済とは何か』）で、その間、同政権以前、それ以後に行われた規制撤廃により金融危機が発生しかねない状況にあると

主張している。実際、それから数年の間に金融システムのバランスが崩れ、大規模な金融・経済危機が発生するリスクが高まった。私は迫り来る惨事について講演や執筆を続けたが、残念ながら私の予想は正しかった。世界経済を揺るがせたあの金融危機が到来したのだ。2作目は、2010年の *Freefall: America, Free Markets, and the Sinking of the World Economy* (New York: W. W. Norton)〔訳注　邦訳は『フリーフォール　グローバル経済はどこまで落ちるのか』ジョセフ・E・スティグリッツ著、楡井浩一・峯村利哉訳、徳間書店、2010年〕で、2008年の金融危機の展開について分析を行い、大規模かつ深刻な経済の伸び悩みを回避する方法や、金融産業を改革してバブルやその崩壊を防ぐ方法について提言を行っている。

第1章　分断された世界

1. *The End of History and the Last Man* (New York: Free Press, 1992)〔訳注　邦訳は『歴史の終わり　歴史の「終点」に立つ最後の人間』フランシス・フクヤマ著、渡部昇一訳、三笠書房、2005年〕. だがトランプが大統領選で勝利すると、フクヤマは意見を変えた。「25年前には民主主義が後退することなど考えられなかった。いまでは、後退する場合も確かにあると思っている」。Ishaan Tharoor, "The Man Who Declared the 'End of History' Fears for Democracy's Future," *Washington Post*, Feb. 9, 2017.
2. これは、コロンビア大学教授アダム・トゥーズの以下の著書のテーマとなっている。*Crashed: How a Decade of Financial Crises Changed the World* (New York: Viking, 2018).
3. *Hillbilly Elegy: A Memoir of a Family and Culture in Crisis* (New York: Harper, 2016)〔訳注　邦訳は『ヒルビリー・エレジー　アメリカの繁栄から取り残された白人たち』J・D・ヴァンス著、関根光宏・山田文訳、光文社、2017年〕.
4. *Strangers in Their Own Land: Anger and Mourning on the American Right* (New York: The New Press, 2016)〔訳注　邦訳は『壁の向こうの住人たち　アメリカの右派を覆う怒りと嘆き』A・R・ホックシールド著、布施由紀子訳、岩波書店、2018年〕.

5. 以下も参照。Jennifer Sherman, *Those Who Work, Those Who Don't: Poverty, Morality, and Family in Rural America* (Minneapolis: University of Minnesota Press, 2009); Joan C. Williams, *White Working Class: Overcoming Class Cluelessness in America* (Boston: Harvard Business Review Press, 2007)〔訳注　邦訳は『アメリカを動かす「ホワイト・ワーキング・クラス」という人々　世界に吹き荒れるポピュリズムを支える“真・中間層”の実体』ジョーン・C・ウィリアムズ著、山田美明・井上大剛訳、集英社、2017年〕; Katherine J. Cramer, *The Politics of Resentment: Rural Consciousness in Wisconsin and the Rise of Scott Walker* (Chicago: University of Chicago Press, 2016); Amy Goldstein, *Janesville: An American Story* (New York: Simon and Schuster, 2017); and Michèle Lamont, *The Dignity of Working Men: Morality and the Boundaries of Race, Class, and Immigration* (Cambridge, MA: Harvard University Press, 2000). この分野における私自身の研究は限られているが、上記の研究書と見解は一致している。

6. これは、私がチーフエコノミストを務めていたころに世界銀行が作成した報告書*Voices of the Poor*の内容と似ている。この報告書は、こうした人々に影響を及ぼす判断に、彼らの声が反映されていないことに懸念を表明している。Deepa Narayan with Raj Patel, Kai Schafft, Anne Rademacher, and Sarah Koch-Schulte, *Voices of the Poor: Can Anyone Hear Us?* (New York: Oxford University Press, 2000)〔訳注　邦訳は『私たちの声が聞こえますか？　貧しい人々の声』ディーパ・ナラヤン著、世界銀行東京事務所監訳、“Voices of the Poor” 翻訳グループ訳、世界銀行東京事務所、2000年〕. これは、*Voices of the Poor*というタイトルの3巻本の第1巻で、各巻ごとに編集者が異なる。

7. たとえば、私の著書*Freefall*（『フリーフォール』）や*The Great Divide*（『世界に分断と対立を撒き散らす経済の罠』）のなかに記したこの問題に関する論考を参照。

8. 私が「ヴァニティ・フェア」誌（2011年5月号）の記事「Of the 1%, by the 1%, for the 1%」において所得階層の上位1パーセントを取り上げたのは、これまでの階級区分（少数の上流階級、大多数の中流階級、中規模の貧困層）がもはや意味をなさなくなったことを強調したかったからだ。

9. バンクレートが2017年に行った財政安全性指数調査によれば、アメリカ人

の61パーセントが、借金に頼らなければ1000ドルが必要になる緊急事態に対処できないという。Taylor Tepper, "Most Americans Don't Have Enough Savings to Cover a $1K Emergency," *Bankrate.com*, Jan. 18, 2018, https://www.bankrate.com/banking/savings/financial-security-0118/.

また、連邦準備制度理事会が第5回家庭経済・意思決定調査をもとに作成した報告書*Report on the Economic Well-Being of U.S. Households in 2017*には、こんな記述がある。「400ドルの予期せぬ出費に直面した場合、成人の10人に4人が、その出費をまかないきれないか、何かを売ったり借金をしたりしてまかなう。（中略）同様の出費に半数の成人が対応できなかった2013年からやや向上している」。また、こうも記されている。「成人の5分の1以上が、現在の月々の請求書の支払いを完遂できない」「2017年には成人の4分の1以上が、費用をまかなえないために必要な医療を受けなかった」。いずれの結果も、別の調査結果と一致している。その調査によれば、貯金が皆無のアメリカ人は15パーセント、1000ドル未満の貯金しかないアメリカ人は58パーセントに及ぶ。以下を参照。Board of Governors of the Federal Reserve System, "Report on the Economic Well-Being of U.S. Households in 2017," Federal Reserve Board, May 2018, https://www.federalreserve.gov/publications/files/2017-report-economic-well-being-us-households-201805.pdf; and Cameron Huddleston, "More than Half of Americans Have Less than $1,000 in Savings in 2017," GOBankingRates, Sept. 12, 2017.

10. Oxfam, *Reward Work, Not Wealth*, Oxfam Briefing Paper, Jan. 2018.
11. このバフェットの言葉は以下に掲載されている。Ben Stein, "In Class Warfare, Guess Which Class Is Winning," *New York Times*, November 26, 2006.
12. 公共信託法理など、アメリカがイギリスから受け継いだ古くからの法原理により課された制限もあった。公共信託法理によれば、政府（「統治者」）は、未来の世代に代わって特定の天然資源を管理する立場にあり、それを完全に民営化することもその略奪を認めることもできない。
13. 「ニューヨーク・タイムズ」紙によれば、2018年の上院議員選では、民主党上院議員の得票数が59.2パーセントを占めた。以下の選挙結果を参照。"U.S. Senate Election Results 2018," Jan. 28, 2019, https://www.nytimes.com/

interactive/2018/11/06/us/elections/results-senate-elections.html?action=click&module=Spotlight&pgtype=Homepage.

14. この因果関係は逆であり、利己的で近視眼的な個人がそのような経済を生み出すのではないかと考える人もいるかもしれない。だが、利己主義や近視眼といった性質は、人間なら誰もがある程度は持っている。経済を支配するルールやその仕組みは、利他主義や共感やコミュニティへの配慮と利己主義や近視眼のどちらが優勢になるかを決めるうえで、重要な役割を果たす。

15. スミスはその典型的な例としてピン工場を挙げているが、それが現代のイノベーション経済と大きく異なることは言うまでもない。

16. 以下を参照。Kenneth. J. Arrow, "Economic Welfare and the Allocation of Resources to Invention," in *The Rate and Direction of Inventive Activity: Economic and Social Factors*, ed. Universities-National Bureau Committee for Economic Research and the Committee on Economic Growth of the Social Science Research Council (Princeton: Princeton University Press, 1962), 467–92; Kenneth J. Arrow, "The Economic Implications of Learning by Doing," *Review of Economic Studies* 29, no. 3 (June 1962): 155–73; and Joseph E. Stiglitz and Bruce Greenwald, *Creating a Learning Society, A New Approach to Growth, Development, and Social Progress* (New York: Columbia University Press, 2014; reader's edition published 2015)〔訳注　邦訳は『スティグリッツのラーニング・ソサイエティ』ジョセフ・E・スティグリッツ＆ブルース・C・グリーンウォルド著、藪下史郎監訳・岩本千晴訳、東洋経済新報社、2017年〕.

17. 黒死病が流行し、労働者が不足した時代には、わずかながら労働者の賃金が上がった。これは、需要と供給の法則らしきものが当時もあったことを示している。だが結局、しばらく後には賃金が下がった。以下を参照。Stephen Broadberry, Bruce Campbell, Alexander Klein, Mark Overton, and Bas van Leeuwen, *British Economic Growth*, 1270–1870 (Cambridge: Cambridge University Press, 2015).

18. 科学的プロセスでは、結果を何度も検証できること、科学的に正確だとはっきりわかること、さまざまな結果が確実に証明されることが重視され

る。そう考えると、科学は社会事業だと言える。これまでに何千もの人々が努力してくれたおかげで、私たちは何をどうすればいいかがわかる。すべては、科学的方法が提供する規範のなかで作用している。

19. これらの概念はどれも複雑でとらえにくく、乱用されることも多い。たとえば、封建領主が法の支配を持ち出して、自分のもとで働く奴隷を酷使する場合が考えられる。実際かつてのアメリカでは、南部の奴隷所有者が「法」を利用して、逃亡奴隷を強制的に連れ戻していた（Eric Foner, *Gateway to Freedom: The Hidden History of the Underground Railroad* [Oxford: Oxford University Press, 2015] を参照）。また、アメリカの司法制度は、相手が富裕な白人の場合にのみ「万人に対する正義」を提供している。実際、アメリカではアフリカ系アメリカ人の収監者が大量に発生している。金融危機の際には、ロボサイニングと呼ばれる銀行側の差し押さえ手続きの不備により、多くの国民が借金もないのに家を奪われた（Stiglitz, *Freefall*［『フリーフォール』］and *The Great Divide*, 170–3［『世界に分断と対立を撒き散らす経済の罠』］を参照）。これらに対する私の意見については、本書のなかで明らかにしている。

後の章ではまた、これらの概念を別の形で取り上げてもいる。たとえば、ある人の自由がほかの人の自由を侵害する場合には、その人の自由を制限する必要があるのではないか、といった問題である。

20. 科学者に言わせれば、私たちに100パーセント確実にわかることなどない。ある程度確実にわかるだけだ。場合によっては、異なる見解が無数にあって、何が正しい判断なのか確かめられないこともある。だがそれでも、判断を行うプロセスが公平かどうか、あらゆる人の声を聞いているかどうかは確かめられる。判断を下す際には、誰もが誤りを犯すおそれがある。シェークスピアも「間違えるのが人間だ」と述べている。しかし大勢で判断を下せば、誤る確率は減少する。そのため、現在の刑事司法制度では、有罪が証明されるまでは無罪を推定し、有罪の評決は12人の陪審員の全員一致を原則としている。審理プロセスが公平に行われていたとしても、この制度により正しい判断が保証されるとは限らないが、正しい判断である可能性は高まる。少なくとも以前はそう考えられていた。しかし調査によ

れば、ほとんどの人間には潜在的な偏見（深い差別意識など）があるという。

最近では組織設計も格段に進歩し、たとえば、事業を選ぶプロセスで、人間の誤りやすい性質を考慮に入れ、適切な事業を避けて不適切な事業を選んでしまうリスクを相殺する取り組みも行われている。具体的には、以下を参照。Raaj Sah and Joseph E. Stiglitz, "Human Fallibility and Economic Organization," *American Economic Review* 75, no. 2 (1985): 292–96; and Raaj Sah and Joseph E. Stiglitz, "The Architecture of Economic Systems: Hierarchies and Polyarchies," *American Economic Review* 76, no. 4 (1986): 716–7.

21. これに関連する重要な機関に、教育機関がある。教育機関は、真実を発見・評価する方法を個人に教える。

22. マサチューセッツ工科大学のロバート・ソローは、生活水準の向上が主に科学やテクノロジーの発展に起因することを証明し、1987年にノーベル経済学賞を受賞した。以下の古典的論文を参照。"A Contribution to the Theory of Economic Growth," *Quarterly Journal of Economics* 70, no. 1 (1956): 65–94; and "Technical Change and the Aggregate Production Function," *Review of Economics and Statistics* 39, no. 3 (1957): 312–20. この業績から、テクノロジーの変化の役割を明らかにしようとする無数の研究が生まれた。生産性を向上させる大きな要因としては、そのほかに工場や設備への投資が挙げられる。労働時間の短縮、教育の向上、資源配分の効率化も関係している。

ヨーゼフ・シュンペーターはソロー以前に、1943年の著書*Capitalism, Socialism and Democracy*〔訳注　邦訳は『資本主義、社会主義、民主主義』ヨーゼフ・シュンペーター著、大野一訳、日経BP社、2016年〕のなかで、経済学者がそれまで重視していた要素よりもイノベーションのほうがはるかに重要だと主張していた。だがシュンペーターは、ソローのようにイノベーションの相対的役割を数値化しようとはしなかった（シュンペーターの業績と現代の成長・イノベーション理論を関連づけた論考については、ラウトレッジ社が2010年に出版した*Capitalism, Socialism and Democracy*〔『資本主義、社会主義、民主主義』〕に寄せて私が執筆した序文を参照）。

23. ブルース・グリーンウォルドと共同で執筆した著書*Creating a Learning Society*（『スティグリッツのラーニング・ソサイエティ』）の冒頭に、私はこ

う記している。「1人あたりの生産高のデータが初めて記録されたローマ時代から1800年ごろに至るまで、平均的な人間の生活水準はごくわずかに向上したにすぎなかった。(中略) 当時の人間が消費していたのは大部分が食料であり、その食料もほぼ主食にかぎられていた。(中略) 家屋は納屋のような建物で、プライバシーはなかった。(中略) 衣服は実用本位で、寒い時期に着る上着を除けば、たいていはひとそろいしか持っていなかった。医療は存在しないも同然だった。(中略) 娯楽は、自力で生み出せる原始的なものだった。現代人の言う“人間にふさわしい生活水準”を享受していたのは、ごく少数の貴族だけである。(中略) しかし1800年ごろから徐々に、この恵まれた生活水準がヨーロッパや北アメリカやオーストラリアに広がり、19世紀半ば以降に急速に普及した」。

24. ここに提示した見解は、*Creating a Learning Society*(『スティグリッツのラーニング・ソサイエティ』)で詳細に説明している。ノースウェスタン大学の著名な経済史家ジョエル・モキールは、以下の著書で歴史学者の視点からこの見解を展開している。*A Culture of Growth: The Origins of the Modern Economy* (Princeton: Princeton University Press, 2016). 独占的利益にまつわるレントなど、レントの増加が現在の成長を阻害する要因の1つとなっている点については、本書で後に取り上げる。これは、モキールの歴史的研究の成果と一致している。私やモキールを含め、生活水準の向上の起源を啓蒙主義的な体制や機関に求める学者は多い。啓蒙主義的な体制や機関とは、大学などの教育・研究機関や、法の支配などの政治・経済体制を指す。最近ではスティーヴン・ピンカーが、現在の生活水準を啓蒙主義に結びつける重要な著作を発表している。*Enlightenment Now: The Case for Reason, Science, Humanism, and Progress* (New York: Penguin, 2018).

もちろん、生活水準の向上には経済力も一役買っている。イギリスでは産業革命の前から、高賃金・低エネルギーコストの経済が確立されており、それが、労力を節約してエネルギーを利用する産業革命のイノベーションを促進した。だが、14世紀に黒死病が流行したあとにも賃金がやや上昇したが、それが、数世紀後に実現する生活水準の向上を引き起こすことはなかった。つまり啓蒙主義が、高賃金・低エネルギーコストの経済から産業

革命が生まれる下地をつくったと言える。以下を参照。Robert C. Allen, *The British Revolution in Global Perspective*（Cambridge: Cambridge University Press, 2009）（当時の経済がイノベーションを「促進」したというこの理論は、1960年代から研究されている）.

言うまでもなく、ほかの時代にも学習やテクノロジーの著しい発展はあった。たとえば、最初の産業革命は1100年代にフランドル地方に設置された水車だと主張する歴史学者もいる。だが18世紀には、市場の規模が拡大する（ロバート・アレンはこれを強調している）と同時に科学が発展した。それにより、生活水準の持続的な向上が可能になった。

25. ケインズは有名な論文“Economic Possibilities for Our Grandchildren”（*Essays in Persuasion*［London: MacMillan, 1931］, 321–2〔訳注　邦訳は『ケインズ説得論集』J・M・ケインズ著、山岡洋一訳、日本経済新聞出版社、2010年〕）のなかで、生産性の大々的な増加の影響を考察している。以下も参照。Joseph E. Stiglitz, “Toward a General Theory of Consumerism: Reflections on Keynes's Economic Possibilities for Our Grandchildren,” in *Revisiting Keynes: Economic Possibilities for Our Grandchildren*, eds. Lorenzo Pecchi and Gustavo Piga（Cambridge, MA: MIT Press, 1987）, 41–87.
26. 後に詳細に説明するように、女性や有色人種に対する排他的な労働市場慣行や差別のため、社会の大部分がこの進歩を共有できなかった。
27. Thomas Hobbes, *Leviathan*, 1651〔訳注　邦訳は『リヴァイアサン』ホッブズ著、角田安正訳、光文社、2014年〕.
28. ヨーロッパでも同様の対応があったが、アメリカより早い場合もあれば、遅い場合もあった（ドイツではオットー・フォン・ビスマルク首相により、1889年に世界で初めて公的な退職年金保険が導入された）。
29. トランプのうそを数えた「ワシントン・ポスト」紙によれば、大統領職についてから最初の2年間でついた「うそ、または誤解を招く主張」は8158件に上るという。以下を参照。Glenn Kessler, Salvador Rizzo, and Meg Kelly, “President Trump Made 8,158 False or Misleading Claims in His First Two Years,” *Washington Post*, Jan. 21, 2019.
30. 以下を参照。Patt Morrison, “Patt Morrison Asks: Robert O. Paxton Talks

Fascism and Donald Trump," *Los Angeles Times*, Mar. 9, 2016. パクストンの著書*The Anatomy of Fascism* (New York: Knopf, 2004)〔訳注　邦訳は『ファシズムの解剖学』ロバート・パクストン著、瀬戸岡紘訳、桜井書店、2009年〕は、このテーマに関する決定的な書籍だ。何よりもすばらしいのは、15年前に書かれたにもかかわらず、現在の出来事に目を向けているように感じられる点だ。

31. Adam Bluestein, "The Most Entrepreneurial Group in America Wasn't Born in America," *Inc.*, Feb. 2015.
32. Rose Leadem, "The Immigrant Entrepreneurs behind Major American Companies (Infographic)," *Entrepreneur*, Feb. 4, 2017. たとえば、テスラやスペースXの創業者であるイーロン・マスクは、2年間カナダのクイーンズ大学に通った後、ペンシルベニア大学に移り、そこで物理学と経済学の理学士号を取得した。また、ヨーグルト会社のチョバニを創業したハムディ・ウルカヤは、アメリカに移住してアデルファイ大学で英語を勉強している。
33. 幸い、議会はトランプの予算案を意に介さなかった。2018年の予算では、トランプが研究費の17パーセント削減を求めたものの、最終的には12パーセントの増加となった。
34. メディアの報道に偏りがあるとの批判には、正しい面もある。99.9パーセントの科学者が気候変動を確信しているというのに、一部のメディアは気候変動否定論にも同等の発言権を与え、それに正当性を与えようとしている。
35. この言葉を使用したのは、宣伝大臣だったゲッベルスではなくヒトラー自身だったという歴史学者もいる。実際、『わが闘争』〔訳注　アドルフ・ヒトラー著、平野一郎・将積茂訳、角川書店、1973年〕のなかでヒトラーはこう述べている。「大きなうそには常に、人を信じさせる何らかの力がある。(中略) 大衆は、小さなうそよりも大きなうそを易々と信じる。彼らは普段からよく、ささいな事柄について小さなうそをついているが、大きなうそをつくのには抵抗を感じる。壮大なうそをでっち上げようとは思いもしない。そのため、他人が臆面もなく真実をひどく歪めるようなことを言うとも思わない。だから、大きなうそをつかれると、それをうそだと証明する事実

が頭にはっきり浮かんできたとしても、その事実のほうを疑い、ほかの説明ができるのではないかと思い込む。極端に大きなうそは、それがうそだと明確になったあとでさえ、その痕跡が頭に残って離れない。うそに熟練している人、うそを駆使してはかりごとを巡らせている人はみな、この事実を知っている」(*Mein Kampf*, trans. James Murphy, London: Hurst and Blackett, 1939)。だがヒトラーは、「大きなうそ」をつくと言ってユダヤ人を非難している。ゲッベルスは「大きなうそ」を政策遂行の一手段としていたが、その当時でさえ、この言葉はイギリス人に由来すると述べている。「イギリス人は、うそをつくなら大きなうそをつき、そのうそを貫き通すべきだという原則に従っている。ばかばかしく見えるおそれがあっても、そのうそを主張し続ける」Joseph Goebbels, Jan. 12, 1941 (“Aus Churchills Lügenfabrik,” *Die Zeit ohne Beispiel*. Munich: Zentralverlag der NSDAP, 1941, 364–69; translation available at the German Propaganda Archive, Calvin College, http://research.calvin.edu/german-propaganda-archive/goeb29.htm [2018年7月17日にアクセス]).

36. アメリカでは、ゲーテッドコミュニティに暮らしている富裕層はわずかだが、それでも不安に直面していることに変わりはない。*The Great Divide*(『世界に分断と対立を撒き散らす経済の罠』)にも書いたように、超富裕層が集まるディナーパーティでは、絶えず「ギロチンを忘れるな」という話題が持ち上がる。過度の貪欲は控えようという呼びかけである。
37. 私が以前「ヴァニティ・フェア」誌に掲載した記事「Of the 1%, by the 1%, for the 1%」や著書 *The Price of Inequality*(『世界の99%を貧困にする経済』)は、これを中心テーマにしている。これらに記載した参考文献や、本書の以下の考察も参照。
38. 2017年10月、トランプ政権は「利害の衝突」を理由に、環境保護庁(EPA)の助成金を受けている科学者がEPAの科学諮問委員会の委員を務めることを禁止した。その一方で、石油やガスなど、EPAが規制している産業から助成金を受けている委員については、利害の衝突を問題視することはなかった。以下を参照。Warren Cornwall, “Trump's EPA Has Blocked Agency Grantees from Serving on Science Advisory Panels. Here Is What It Means,” *Science*, Oct. 31, 2017.

39. もちろん、これらのイデオロギーを支え、グローバル化や金融規制の緩和の旗振り役となった学術機関も存在する。詳細は第4章で説明するが、標準的な経済分析では、発展途上国や新興市場と貿易統合すれば、アメリカのあらゆる賃金レベルの未熟練労働者の需要が減る。つまり、完全雇用を維持できたとしても、GDPは増えるのに未熟練労働者の実質賃金は減ることになる。私がクリントン政権で働いていたころは、ブルーカラー労働者の苦境が懸念されていたにもかかわらず、グローバル化が未熟練労働者の実質賃金に及ぼす影響を不安視している経済学者はほとんどいなかった(労働長官のロバート・ライシュは数少ない例外である)。優れた経済学者でさえ、補整的な政策を導入しなくてもグローバル化で万人が潤うと信じたがっているかのようだった。当時すでに、トリクルダウン理論がそれほど深く染み込んでいたのだ。

40. 前の注で述べたようにトリクルダウン理論への幻想があった、あるいは、労働者の生活が実際に悪化していることに気づいても、そのような後退は一時的なものにすぎないという幻想があった、などの理由が考えられる。

41. このような場合によく(貧困層より富裕層に有利な)逆進税の導入議論が持ち上がる。それにより富裕層が豊かになれば、富裕層が雇用を創出するため、万人の利益になるという考え方だが、これは3つの誤った前提に基づいている。第1に、雇用を創出する優秀な人間はごくわずかしかいないという前提、第2に、彼らは新事業を生み出す楽しさや、社会が求めるサービスを提供する満足感ではなく、金銭的な動機からのみ行動するという前提、第3に、彼らの成功に必要なのは減税と規制緩和だけだという前提である。

　真に雇用を創出するのは、こうした起業家階級ではなく「需要」である。総需要が高まれば、雇用は生まれる。もちろん起業家も必要だが、需要があり、融資を得られさえすれば、起業家になる能力や意欲のある人はあり余るほどいる。十分な需要を生み出し、十分な融資を受けられるようにするのが、政府の役目だ。

42. ただし、経済が完全雇用に達していない場合には、政府は税収を上まわる支出を行うべきだ。ドイツのアンゲラ・メルケル首相は、経済を「シュ

ヴァーベンの主婦」になぞらえ、勘定のバランスをとらなければならないと述べたが、これは間違っている。失業率が高いときには、国レベルの支出を増やすことで雇用が生まれ、収入が増え、それにより総需要が増え、さらなる雇用創出を促す好循環が生まれる。

43. その理由は、富裕層の税率を引き下げることで、「レントシーキング」のインセンティブが高まるからだ。つまり、国の経済のパイ全体を増やすのではなく、企業経営者などの収入だけを増やすことになる。以下を参照。Thomas Piketty, Emmanuel Saez, and Stefanie Stantcheva, "Optimal Taxation of Top Labor Incomes: A Tale of Three Elasticities," *American Economic Journal: Economic Policy* 6, no. 1 (2014): 230–71.

44. ブッシュ政権の減税の失敗については、以下を参照。Emily Horton, "The Legacy of the 2001 and 2003 'Bush' Tax Cuts," Center on Budget and Policy Priorities, Oct. 23, 2017. 私もアントン・コリネックと共同執筆した以下の論文で、ブッシュ政権の減税の結果、投資が鈍化するのではないかとの推測を示している。"Dividend Taxation and Intertemporal Tax Arbitrage," *Journal of Public Economics* 93 (2009), 142–59. そのほか、以下の論評も興味深い。William G. Gale, "Five Myths about the Bush Tax Cuts," *Washington Post*, Aug. 1, 2010. より詳細な分析については、ウィリアム・G・ゲイルとピーター・R・オルザグが2004年にタックス・ノーツ誌に発表した「ブッシュ政権の税制」のさまざまな側面に関する以下の論文を参照。"Introduction and Background," 104, no. 12: 1291–1300; "Distributional Effects," 104, no. 14: 1559–66; "Revenue and Budget Effects," 105, no. 1, 105–18; "Effects on Long-Term Growth," 105, no. 3, 415–23; "Short-term Stimulus," 105, no. 6, 747–56; "Down Payment on Tax Reform?," 105, no. 7, 879–84; and "Starving the Beast?," 105, no. 8, 999–1002.

減税をしても企業投資や従業員給与に対する効果がないことを証明している論文には、以下がある。Danny Yagan, "Capital Tax Reform and the Real Economy: The Effects of the 2003 Dividend Tax Cut," *American Economic Review* 105, no. 12 (2015): 3531–63. このイェーガンも示しているように、減税により投資や賃金に影響が及ぶことはなかったが、それにより配当性向が高く

なった企業の株主の資産は増えた。以下も参照。Raj Chetty and Emmanuel Saez, "Dividend Taxes and Corporate Behavior: Evidence from the 2003 Dividend Tax Cut," *Quarterly Journal of Economics* 120, no. 3 (2005): 791–833.

法人税の税率を下げても投資の増加に結びつかないと思われる点については、経験的な証拠もあれば理論的に妥当な理由もある。たとえば、レーガン政権は法人税の税率を46パーセントから34パーセントに引き下げた。すると、実際の法人税の税収はそれ以上に減少した。企業がこの減税法案に抜け穴を埋め込むことに成功し、それをうまく悪用したため、トランプ政権がさらなる減税を行う前から、事実上の税率はわずか18パーセントになっていたからだ。しかしそれでも、期待どおり投資が増加することはなかった。利子に税控除があり、それと同じ利子率でほとんどの投資資金が調達されていることから、税率は投資収益にも資本コストにも同じ影響を及ぼす。そのため税率を引き下げても、投資にはほとんど影響しないことが予想されていた。以下を参照。Joseph E. Stiglitz, "Taxation, Corporate Financial Policy and the Cost of Capital," *Journal of Public Economics*, no. 2 (Feb. 1973), 1–34. トランプ政権の税制改革（本書で後に詳しく取り上げる）の結果からも、これが正しいことがわかる。

45. ちなみに、スウェーデンの税率はアメリカよりはるかに高いが、それでもスウェーデンの家庭の貯蓄率はアメリカのほぼ2倍を維持している。アメリカでは労働参加率（就職または求職している労働年齢人口の割合）もまた、もっと税率が高い諸外国よりかなり低い。
46. デューク大学の著名な歴史学者ナンシー・マクリーンは、歴史的な文脈から同様の議論を展開している。以下を参照。*Democracy in Chains: The Deep History of the Radical Right's Stealth Plan for America* (New York: Penguin, 2017).
47. この攻撃対象には、ルールに基づいた競争市場経済や、抑制と均衡のシステムを備えた民主主義も含まれる。後者については以下で詳しく述べる。
48. 1961年1月20日の就任演説。
49. 前述したように、フランシス・フクヤマはこれを「歴史の終わり」と呼び、全世界がやがてこの政治・経済体制に収斂していくだろうと述べた。

50. Alain Cohn, Ernst Fehr, and Michel André Maréchal, "Business Culture and Dishonesty in the Banking Industry," *Nature* 516, no. 7592 (2014): 86–89.

51. Yoram Bauman and Elaina Rose, "Selection or Indoctrination: Why Do Economics Students Donate Less than the Rest?," *Journal of Economic Behavior and Organization* 79, no. 3 (2011): 318–27. これに掲載されている豊富な参考文献も参照。

52. スミスの*Theory of Moral Sentiments* (1759)〔訳注　邦訳は『道徳感情論』アダム・スミス著、高哲男訳、講談社、2013年〕の冒頭には、以下のような有名な一節がある。「人間はきわめて利己的だと考えられているが、その本性に何らかの道徳的性質を備えていることは疑いがない。だからこそ人間は、他者の運命に関心を抱き、他者の幸福を願う。たとえ他者が幸福になっても、それを見て喜ぶ以外に、自分には何の得もないにしても」

53. 以下を参照。Karla Hoff and Joseph E. Stiglitz, "Striving for Balance in Economics: Towards a Theory of the Social Determination of Behavior," *Journal of Economic Behavior and Organization* 126 (2016): 25–57.

第2章　悪化が進む経済

1. ノーベル経済学賞を受賞し、アメリカ経済学会の会長を務めていたロバート・E・ルーカス・ジュニアは、2008年の金融危機直前の講演で、大きな景気変動の終わりを宣言し、こう述べている。「マクロ経済学は（中略）成功を収めた。事実上、不況を予防するという中心的問題は解決された。実際、過去数十年にわたり解決されている」。この講演は以下に掲載されている。Robert E. Lucas Jr., "Macroeconomic Priorities," *American Economic Review* 93, no. 1 (2003): 1–14. ここに引用した文章はp.1にある。

2. ロバート・E・ルーカス・ジュニアはこう述べている。「健全な経済学にとって害になる傾向のうち、もっとも誘惑的で、私がもっとも有害だと思うのは、分配の問題を取り上げたがる傾向である」。"The Industrial Revolution: Past and Future," Annual Report, Federal Reserve Bank of Minneapolis, May 2004.

3. 富の創造と搾取が一体化する場合もある。発明家が特許制度を利用して独占し、後に述べるような仕組みを通じて市場支配力を拡大し、それを長期的に維持すれば、それ以後の富の大半は、市場支配力による搾取を通じて得られることになる。

言うまでもなくアメリカは、それとはまったく異なる形態の搾取を土台に築かれた。アメリカ南部の発展において中心的な役割を果たした奴隷制度は、市場の機構を備えていなかった。確かに奴隷は売買されていたが、奴隷制度は抑圧と支配に基づいていた。奴隷制度が終わったあとも、アフリカ系アメリカ人は差別により低賃金で働かされ、南部の雇用主に高収益をもたらした。南北戦争当時、奴隷の市場価値は南部の富のかなりの部分を占めていた。

4. 2018年の速報データを見ると、いくぶんよい成果をあげているが、これは大規模な財政刺激策の結果にほかならない（それだけ赤字が増えた）。このような刺激策は成長を促進すると思われるが、一時的な効果しかない。それに実際には、刺激策の規模から期待されるほどの成長を見せてはいない。税制改革の設計がきわめてお粗末だったことが、その一因と考えられる。

2010年から2016年までのGDPに対する総投資額の割合を平均してみると、アメリカはOECD全加盟国の平均よりおよそ9パーセント低い（OECDとはいわば先進国「クラブ」である）。カナダなど成績のよかった国と比較すると、20パーセント以上もの差がある（総投資とは、国の産出のうち、新たな工場や設備や住宅に費やされる部分を指し、経済活動の生産的資産と考えられる。これには在庫の積み増しは含まれず、利用や時間に伴い生産的資産の価値が減少する減価償却を考慮していない。土地購入も含まれない）。国民経済計算では総固定資産形成と呼ばれる。

5. この減少には人口増加率の鈍化も影響している（その影響はごく一部に限られるが）。1人あたりの国民所得の伸びは、2.3パーセントから1.7パーセントに減少している。成長を鈍化させたと思われる要因はほかにもある。たとえば、経済の構造が製造業中心からサービス業中心に変化したことが挙げられる。サービス業では、生産性を向上させるのが製造業よりも難しい。また、単なる不運も関係していたかもしれない。数十年前に比べると

最近では、生産性を向上させる重要な発見が少ない。だが私は、こうした構造の変化や不運以上のものが鍵を握っていると考える。

本章のデータの大半は、標準的な情報源とされるセントルイス連邦準備銀行経済データ（FRED)、アメリカ国勢調査、IMFの世界経済見通し年次報告、OECD、世界所得データベースを参照している。アメリカのGDPの数値にはFREDのデータを、実質賃金の中央値はアメリカ国勢調査のデータを使った。OECD加盟国間の数値の比較では、OECDのデータを使っている。平均所得やさまざまな所得階層（上位1パーセント、上位0.1パーセント、下位50パーセント）の所得分布については、世界所得データベースを利用した。いずれの情報源も、本書出版時に利用可能な最新のデータを採用している。

6. 2017年（最新）の国連のデータによる。IMFや世界銀行のデータによれば、アメリカの1人あたりの国民所得は第7位である。ただしこれは市場為替レートを使って所得を比較した結果であって、購買力平価を使って比較すると11位にまで後退する。
7. 世界銀行の人的資本指標については、以下を参照。https://www.worldbank.org/en/data/interactive/2018/10/18/human-capital-index-and-components-2018.
8. 2015年（最新）のPISA（OECD生徒の学習到達度調査）テストによる。この差はかなり大きい。もっとも成績がよかった上海の10年生の教育は、アメリカでもっとも成績がよかったマサチューセッツ州の12年生の教育と同じレベルにある。
9. 2016年のOECDのデータによる。
10. 2017年（最新）のOECDの「労働時間」データによる。以下を参照。https://data.oecd.org/emp/hours-worked.htm.
11. この期間におけるアメリカの生産性の上昇率は2.3パーセントであり、OECDの平均は4.9パーセントだった。OECDのデータによる。以下を参照。https://data.oecd.org/lprdty/gdp-per-hour-worked.htm#indicator-chart.
12. 購買力平価で見た場合。この指標は、国によって製品にかかるコストが異なる点を考慮している。2015年には、中国のGDPがアメリカを上まわった。現在の為替レートを基準に比較を行うケースも多いが、為替レートは大き

く変動する場合がある。これを基準に比較すると、中国のGDPはまだアメリカを上まわってはいない。標準的な指標では中国はまだ発展途上国であり、1人あたりの国民所得はアメリカのおよそ5分の1である。

13. 当然のことながら、発展途上国は先進国に追いつこうとしているので、成長率も大きくなる。最新の2016年のデータでは、アメリカの成長率は139位である。

14. この数値と下記の貧困状態から脱した人数は、世界銀行のデータによる。

15. 世界格差データベース（www.wid.world）による。もちろん、この成長の果実が中国国内で平等に分配されているわけではなく、総所得のうち中間層や下位層に渡る割合は減少しているが、それでもこの発展には目を見張るものがある。

16. 国の指導者は、自分の政策が国の成長に大きく貢献したことを強調したがる。トランプは、自分が大統領選に勝利した日からアメリカの経済が急激に成長したと述べ、まるで自分の大統領就任が決まっただけで経済がよい方向へ向かったかのように喧伝している。だが、就任1年目の2017年の経済的成果を誇示する際には、その年の成長率が先進国の平均を下まわっていたことには触れなかった。2017年と2016年の成長率の差でさえ0.76パーセントであり、OECDの平均（0.64パーセント）はわずかに上まわるものの、隣国のカナダの値（1.55パーセント）の半分にも満たない。実のところ、2016年のカナダの成長率は、アメリカとほとんど変わりがなかった。それを考えると、自身の政策の成功を喧伝する資格があるのは、トランプではなくカナダのジャスティン・トルドー首相のほうだろう。2018年には財政赤字を大幅に増大させた結果、アメリカは「一時的な高成長」を記録し、GDPの実質成長率はおよそ3パーセントに達した。だが、こうした一時的な伸びが持続しないことは当初から予想されており、2019年の成長率は著しく低くなると思われる。

17. 建国以来アメリカの多くの指導者は、民主主義を発展させるうえで不平等との闘いは避けて通れないものと考えてきた。ショーン・ウィレンツは、アメリカの不平等とそれにまつわる政治の歴史をまとめた以下の著作を発表している。*The Politicians and the Egalitarians: The Hidden History of Ameri-*

can Politics (New York: W. W. Norton, 2017).

18. 以下を参照。Olivier Giovannoni, “What Do We Know about the Labor Share and the Profit Share? Part III: Measures and Structural Factors” (working paper 805, Levy Economics Institute, 2014).
19. 1977年から2017年（最新）までのデータによる。Thomas Piketty and Emmanuel Saez, “Income Inequality in the United States, 1913–1998,” *Quarterly Journal of Economics* 118, no. 1 (2003): 1–39. 2017年までのデータを含めた表や数値については、エマニュエル・サエズの以下のサイトを参照。https://eml.berkeley.edu/~saez/.
20. 国勢調査局の所得・貧困レポートの表A-4による。以下を参照。https://www.census.gov/content/dam/Census/library/publications/2017/demo/P60-259.pdf.
21. FREDの経済データによる。かつては、最低賃金を上げれば必然的に失業が増大すると考えられていた。だが、デヴィッド・カードとアラン・B・クルーガーの革新的な論文（“Minimum Wages and Employment: A Case Study of the Fast-Food Industry in New Jersey and Pennsylvania,” *American Economic Review* 84, no. 4 [1994]: 772–93）が発表されて以来、そうはならないというコンセンサスが高まっている。労働市場の市場支配力が分散するため、などの理由が考えられる（詳しくは第4章で扱う）（“The Effects of a Minimum-Wage Increase on Employment and Family Income” [CBO, Feb. 18, 2014] を参照）。実際、最低賃金を上げると、雇用にプラスの効果が生まれる場合さえある。
22. より正確に言えば、付加給付を含む報酬である。労働統計局および経済分析局の分析に基づく経済政策研究所のデータによる。以下を参照。https://www.epi.org/productivity-pay-gap/（2018年7月17日にアクセス）.
23. 賃金格差というテーマは最近、多大な注目を集めている。たとえばソンらは、膨大なデータを駆使し、企業内の報酬差の拡大も賃金格差の拡大に重大な影響を及ぼしているが、それ以上に企業間の報酬差の拡大のほうが影響が大きいことを明らかにしている。それによれば、企業間の報酬差は、企業のスキル構成の変化によりほぼ説明できるという。また、企業間の賃金格差は企業の収益力の格差と関連しているという研究もある。ただし、

一般的に利用できるデータではほとんどの場合、収益力が高いのは生産性が高いためなのか、市場支配力が高いためなのか判断できない。本書のほかの部分で証明しているように市場の集中が進んでいるため、市場支配力を持つ企業と市場支配力を持たない企業との格差は広がっている。だが、生産性も企業間で大きな差があり、それが持続的な影響を及ぼしている場合もある。これらについては、グリーンウォルドとの共著*Creating a Learning Society*（『スティグリッツのラーニング・ソサイエティ』）に記している。格差の存在は、標準的な経済学のなかでも私たちが問題視している領域だ。標準的な経済学は、知識が経済を通じて迅速かつ簡単に広まることを前提にしている。実際、学習や学習テクノロジーの発展はこうした格差の抑制に役立ってきた。だがその力（特定の分野のイノベーションのペースの増加など）が別の方向へ向かうおそれもある。以下を参照。Jae Song, David J. Price, Fatih Guvenen, Nicholas Bloom, and Till Von Wachter, "Firming Up Inequality," *Quarterly Journal of Economics* 134, no. 1 (2018): 1–50; David Card, Ana Rute Cardoso, Jörg Heining, and Patrick Kline, "Firms and Labor Market Inequality: Evidence and Some Theory," *Journal of Labor Economics* 36, no. S1 (2018): S13–S70; Jason Furman and Peter R. Orszag, "A Firm-Level Perspective on the Role of Rents in the Rise in Inequality" in *Toward a Just Society: Joseph Stiglitz and Twenty-first Century Economics*, ed. Martin Guzman (New York: Columbia University Press, 2018), 10–47; Hernan Winkler, "Inequality among Firms Drives Wage Inequality in Europe," Brookings, Mar. 21, 2017, https://www.brookings.edu/blog/future-development/2017/03/21/inequality-among-firms-drives-wage-inequality-in-europe/; Giuseppe Berlingieri, Patrick Blanchenay, and Chiara Criscuolo, "The Great Divergence(s)," (OECD Science, Technology and Industry Policy Papers no. 39, 2017); and Julián Messina, Oskar Nordström Skans, and Mikael Carlsson, "Firms' Productivity and Workers' Wages: Swedish Evidence" (Vox CEPR Policy Portal, Oct. 23, 2016).

24. 私はこのテーマについて2冊の書籍を執筆し、格差は経済を弱体化させるだけでなく、民主主義をむしばみ、社会を分断すると訴えた（*The Price of Inequality*［『世界の99％を貧困にする経済』］と*The Great Divide*［『世界に

分断と対立を撒き散らす経済の罠』〕)。当時は大半のアメリカ人が、格差拡大の重大性やその影響に気づいていないようだったため、私はこの状況を打開するため、2013年から2014年にかけて、このテーマに関する連載記事を「ニューヨーク・タイムズ」紙に掲載するプロジェクトを立ち上げた。寄稿者には、ジュディス・ワーナー、ジェイコブ・ソール、アンドレア・リベア、デヴィッド・L・カープ、コリー・ロビン、アリス・ゴフマン、ロバート・バルファンズ、マリア・コニコヴァ、バーバラ・デフォー・ホワイトヘッドがいる。そのほか、「ヴァニティ・フェア」誌、「ネーション」誌、「ポリティコ」誌、プロジェクト・シンジケートのサイトに月1回掲載しているコラム、世界各地の新聞など、可能なかぎりの媒体でこの問題に取り組んだ。

25. 最適な再分配課税に関する私の初期の著作の多くに、共著者として名を連ねている。

26. アメリカ進歩センターでのバラク・オバマのスピーチ(ワシントンDC、2013年12月)。その前の2011年12月6日、カンザス州のオサワトミー高校でのスピーチでは、こうも述べている。「中流階級の家庭が、企業が販売している製品やサービスを購入する余裕すらなくなり、中流階級から脱落していくと、経済全体が頂点から奈落の底へと引きずり落とされる。アメリカは、繁栄を広め、国中に力強い消費者を生み出すという理念のもとに建設された。だからこそヘンリー・フォードは、自社が製造する車を買えるだけの給与を従業員に支払うことを使命としていた。最新の研究によれば、格差の少ない国ほど、長期にわたり力強く、着実に成長する経済を実現できる傾向がある」。これは、私の著書*The Price of Inequality*(『世界の99%を貧困にする経済』)の中心テーマでもある。

27. *The Kerner Report: The 1968 Report of the National Advisory Commission on Civil Disorders* (New York: Pantheon, 1988).

28. *The Kerner Report*による。私は、その後の50年で世界がどう変化したかを評価するよう求められ、気の滅入るような内容を以下に記した。"Economic Justice in America: Fifty Years after the Kerner Report," in *Everybody Does Better When Everybody Does Better: The Kerner Report at Fifty/A Blueprint for America's*

Future, eds. Fred Harris and Alan Curtis (Philadelphia: Temple University Press, 2017). もっとも考えさせられるのは、著名な学者ケネス・B・クラークがカーナー委員会で行った以下のような証言である。「1919年のシカゴ暴動の報告書を読んでいると、1935年のハーレム暴動の調査委員会の報告書や、1943年のハーレム暴動の調査委員会の報告書や、1965年のワッツ暴動を調査したマッコーン委員会の報告書を読んでいるような気になります。この委員会のメンバーであるみなさんに、またしても率直に言わなければなりませんが、これはいわば不思議の国のアリスの世界です。同じ映画が何度も上映され、同じ分析、同じ提言、同じ不履行が繰り返されています」

29. Eileen Patten, "Racial, Gender Wage Gaps Persist in U.S. Despite Some Progress" (Pew Research Center, July 2016). 詳細な統計を見れば、教育格差、雇用経験、差別が果たしている相対的役割を確かめることもできる。
30. アメリカより平均余命が長い国には、日本、ノルウェー、スウェーデン、オーストラリア、アイスランド、カナダ、ニュージーランド、オランダ、オーストリア、デンマークがある。2015年（最新）の調査では、上記の国はすべて平均寿命が80歳を超えており、1位の日本は83.9歳である。アメリカは78.8歳で、チリとチェコの間にあたる。OECDのデータによる。
31. 出版時点での最新データは2017年のものである。
32. 死亡率とは、特定の年齢集団（50～55歳など）のうち、1年あるいは5年以内に死ぬ割合を指す。死亡率が低ければ、平均余命は長くなる。
33. "The Growing Life-Expectancy Gap between Rich and Poor," Brookings Institution, Feb. 22, 2016. https://www.brookings.edu/opinions/the-growing-life-expectancy-gap-between-rich-and-poor/（2018年11月24日にアクセス）.
34. Anne Case and Angus Deaton, "Rising Morbidity and Mortality in Midlife among White Non-Hispanic Americans in the 21st Century," *Proceedings of the National Academy of Sciences* 112, no. 49 (2015): 15,078–83. 以下も参照。Ann Case and Angus Deaton, "Mortality and Morbidity in the 21st Century," *Brookings Papers on Economic Activity*, (Spring 2017): 397–476. 最近では、あらゆる白人の死亡率が上昇している。ほかの国で死亡率が減少しているのとは対照的である。ちなみに、アフリカ系アメリカ人の死亡率は、依然として白人より高

いままである。赤字経済は、人種を問わず医療に悪影響を及ぼす。

35. 私はこの悲しむべき傾向を、大学を卒業していない女性に関する同じく気の滅入るような統計とともに、2013年に出版された*The Price of Inequality*（『世界の99％を貧困にする経済』）のペーパーバック版などで指摘した。前述したジェニファー・シャーマン、ジョーン・ウィリアムズ、キャサリン・J・クレーマー、ミシェル・ラモン、アーリー・ホックシールド、J・D・ヴァンス、エイミー・ゴールドスタインの著作も、社会の変化により「絶望死」が増加する状況が生まれたと述べている。

36. クルーガーはまた、彼らは「精神的満足度が低く」、「日常生活にあまり意義を見出せていない」とも報告しており、労働が重要な意味を持っていることがわかる。以下を参照。Alan B. Krueger, “Where Have All the Workers Gone? An Inquiry into the Decline of the U.S. Labor Force Participation Rate,” *Brookings Papers on Economic Activity* 48, no. 2 (2017): 1–87.

37. オピオイド依存症は、企業権力の乱用（次章のテーマである）と直接的な関係がある。オピオイドとは、パーデュー・ファーマが販売していた依存性のある鎮痛剤である。以下を参照。Beth Macy, *Dopesick: Dealers, Doctors, and the Drug Company that Addicted America* (Boston: Little, Brown, 2018). 企業権力の乱用は、肥満の蔓延にも関係している。疾病管理・予防センターによれば、アメリカ人のおよそ40パーセントが肥満だという。ヒスパニックや黒人になると、この数字はさらに跳ね上がる（およそ47パーセント）。一方、大学の学位を持つ男女にはあまり蔓延しておらず、とりわけ南部や中西部に蔓延している。もっとも気がかりなのは、肥満に苦しむ子どもや青少年の割合が急増していることだ。現在ではおよそ5人に1人が肥満であり、1970年代以来3倍以上増加している。肥満は食生活の影響を大きく受ける。コカ・コーラ社など甘い飲みものを販売しているソフトドリンク企業や、依存性を高める糖分や塩分の豊富な食べものを提供している食品会社は、不用心な人々の食欲につけ込んでいる企業の好例である。たとえば、以下を参照。David A. Kessler, M.D., *The End of Overeating: Taking Control of the Insatiable American Appetite* (New York: Rodale Books, 2009)〔訳注　邦訳は『過食にさようなら　止まらない食欲をコントロールする』デイヴィッド・A・ケス

ラー著、伝田晴美訳、エクスナレッジ、2009年〕. ケスラーは、1990年から1997年まで食品医薬品局の局長を務めていた（アメリカの肥満に関するデータについては、以下を参照。https://www.cdc.gov/obesity/index.html. 肥満と食生活との関係については、以下を参照。https://www.hsph.harvard.edu/obesity-prevention-source/obesity-causes/diet-and-weight/. 甘い飲みものと体重との関係に関する学術的研究については、以下を参照。Lenny R. Vartanian, Marlene B. Schwartz, and Kelly D. Brownell, "Effects of Soft Drink Consumption on Nutrition and Health: A Systematic Review and Meta-Analysis," *American Journal of Public Health* 97 [2007]: 667–75)。

38. 格差のデータを紹介しているウェブサイトには、*inequality.org*などがある。資産格差の原因やその今後の展開については、さまざまな議論がある。トマ・ピケティは、2014年に話題になった書籍*Capital in the Twenty-First Century* (Cambridge, MA: The Belknap Press of Harvard University Press)〔訳注　邦訳は『21世紀の資本』トマ・ピケティ著、山形浩生・守岡桜・森本正史訳、みすず書房、2014年〕のなかで、ある世代から次の世代への遺産の相続が、かつてないほどの格差の拡大を生み出したと述べている。最近の格差の急拡大は、古くからあるこのプロセスの結果であり、このプロセスは、第二次世界大戦とそれに起因する社会的連帯意識の向上により一時的に途切れただけで、延々と続いているという。この問題に関する私の見解（1960年代から執筆している）はやや異なるが、相反するわけでもない。私が思うに、世代間の地位や資産の継承も重要だが、経済には互いに相殺し合う遠心力と求心力がある。遠心力は経済をばらばらにし、求心力は経済を1つにまとめる。通常は、長期的に見て両者のバランスはとれている。だが1970年代半ば以降、このバランスが乱れ、遠心力が強くなり、求心力が弱くなった。経済は現在、以前よりはるかに格差が拡大した新たな均衡状態へと向かいつつある（以下を参照。Stiglitz, "Distribution of Income and Wealth Among Individuals," *Econometrica* 37, no. 3 [1969]: 382–97; and "New Theoretical Perspectives on the Distribution of Income and Wealth among Individuals: Parts I-IV" [NBER Working Papers 21, 21189–21192, 2015])。

39. その1年前は43人であり、さらにその1年前は61人だった。億万長者の資

産は2010年以来、年平均13パーセントの割合で増加している。2017年に生み出された世界の富の82パーセントは上位1パーセントの手に渡り、下位50パーセントの手には1銭も渡らなかった。以下を参照。*Public Good or Private Wealth*, Oxfam, Jan. 2019, and *Reward Work, Not Wealth*, Oxfam, Jan. 2018.

40. この2つの家族の莫大な資産（報道によれば、2018年のウォルトン家の資産は1750億ドル、コーク兄弟の資産は1200億ドル）は、かなりの割合のアメリカ人の総資産に匹敵する。妥当な比較が可能な最新の年である2016年で見ると、ウォルトン家とコーク兄弟はアメリカ人の下位50パーセントの総資産に匹敵する資産を所有している。資産分配のデータは、連邦準備制度理事会の2016年消費者財政調査に基づくが、耐久消費財は除外している。ウォルトン家とコーク兄弟の資産データは、「フォーブス」誌から引用した。ジェイン・メイヤーのベストセラー *Dark Money: The Hidden History of the Billionaires behind the Rise of the Radical Right* (New York: Doubleday, 2016)〔訳注　邦訳は『ダーク・マネー　巧妙に洗脳される米国民』ジェイン・メイヤー著、伏見威蕃訳、東洋経済新報社、2017年〕には、アメリカの政治に対するコーク兄弟の並外れた影響力が紹介されている。

41. 以下を参照。Raj Chetty, Nathaniel Hendren, Patrick Kline, and Emmanuel Saez, "Where Is the Land of Opportunity? The Geography of Intergenerational Mobility in the United States," *Quarterly Journal of Economics* 129, no. 4 (2014): 1553–623; Chetty, Hendren, and Lawrence F. Katz, "The Long-Term Effects of Exposure to Better Neighborhoods: New Evidence from the Moving to Opportunity Experiment" (working paper, Harvard University, 2015); and Chetty and Hendren, "The Impacts of Neighborhoods on Intergenerational Mobility Childhood Exposure Effects and County-Level Estimates" (working paper, Harvard University, Apr. 2015). 最近のアメリカのコミュニティは経済的な住み分けが進んでいるため、住んでいる地区の影響が、世代間の利益の継承に大きく関係することになる。以下を参照。Kendra Bischoff and Sean F. Reardon, "Residential Segregation by Income, 1970–2009," in *Diversity and Disparities: America Enters a New Century*, ed. John Logan (New York: Russell

Sage, 2014): 208–33.

42. 驚くべきデータがある。所得や資産の階層を5層に分けて行ったピュー流動性プロジェクトの調査によれば、「所得階層の最下層の家庭で育ったアメリカ人の43パーセントは、大人になっても最下層にとどまる」が、「最上層の家庭で育ったアメリカ人の40パーセントは、大人になっても最上層にとどまる」。資産という観点で見ると、事態はさらに悪化する。資産階層の最下層の家庭で育った人のおよそ3分の2は下位2階層にとどまるが、資産階層の最上層の家庭で育った人のおよそ3分の2は上位2階層にとどまる。黒人の場合も事態は悪化する。「所得階層の最下層の家庭で育った黒人の半数以上（53パーセント）は、大人になっても最下層にとどまる」。同プロジェクトは、階層を上げるうえで教育が決定的な役割を果たしていると指摘している。教育を受けていない人は、最下層にとどまる傾向が高い。“Pursuing the American Dream: Economic Mobility Across Generations,” Pew Mobility Project, July 2012.
43. 機会均等プロジェクトのデータによる。以下を参照。http://www.equality-of-opportunity.org/（2018年7月18日にアクセス）.
44. “Pursuing the American Dream,” Pew Mobility Project.

第3章　搾取と市場支配力

1. 競争均衡モデルの限界に対する理解も深まった。このモデルは安定しておらず、わずかな前提の違い（わずかな固定サンクコストが存在した場合、あるいは、わずかな調査コストや情報コストが少量の不完全な情報と組み合わさった場合など）により、多大な市場支配力が持続するなど、結果に大きな変化が生まれる。小さな市場支配力でも、複数の産業でそれが積み重なれば、大きな影響をもたらすこともある。情報経済学、ゲーム理論、行動経済学はいずれも、経済に関する考え方に計り知れない影響を及ぼしてきた。

　皮肉なことに、カーターやレーガン、あるいはその後の大統領の時代に標準的な競争モデルの影響力が広がっていた間も、このモデルに対する批

判は盛んに行われていた。この事実は、情報不足が大きな影響を及ぼすことを物語っている。イデオロギーや利益についてもそう言えるかもしれない。

2. Peter Thiel, "Competition Is for Losers," *Wall Street Journal*, Sept. 14, 2014.
3. この委員会は、2008年の金融危機の原因を調査するため連邦議会により設置された。
4. 2010年5月26日に行われた金融危機調査委員会の聞き取り調査。バフェットは、3大信用格付会社の1つ、ムーディーズの主要株主だった。この内容は以下に掲載されている。David Dayen, "America's Favorite Monopolist: The Shameful Truth behind Warren Buffett's Billions," *The Nation*, Mar. 12, 2018, p. 16. 信用格付会社は金融危機において中心的な役割を果たした。委員会の最終報告書には、これらの会社が「金融崩壊の主因」だと記されている。
5. バークシャー・ハサウェイ（バフェットが経営する投資会社）の2000年の年次総会前の言葉。以下を参照。Dayen, "America's Favorite Monopolist"（バフェットはこの数十年も前から「堀」という比喩を使っていた）.
6. たとえば、情報通信テクノロジーに関する国連の専門機関である国際電気通信連合の報告書「Measuring the Information Society 2015」によれば、アメリカの通信費（プリペイド、ブロードバンド、モバイル、500メガバイト）は、インドの20倍以上、エストニアの20倍近く高い。ハーバード大学の法学教授で通信に詳しいスーザン・クロフォードによれば、コムキャストとタイム・ワーナーがアメリカのブロードバンド・インターネットの66パーセントを支配しており、両社はその市場でほとんど競合していないという。以下を参照。Susan Crawford, *Captive America: The Telecom Industry and Monopoly Power in the New Gilded Age* (New Haven: Yale University Press, 2013).
7. 企業やそのCEOの市場支配力が高まっているだけでなく、労働者の市場力も低下している。以下や次章以降で述べるように、この市場力のアンバランスの原因は複数あり、市場力だけが格差拡大の原因というわけでもない。たとえば、テクノロジーの変化（第6章で詳しく取り上げる）により、熟練労働者に比べ、未熟練労働者の需要が減少している。ただし、こうした変

化が及ぼす影響は、多くはない研究費をどう使うかなど、経営者の判断次第という側面もある。つまり、市場支配力を持つ経営者たちの経営判断のせいで、労働者（特に未熟練労働者）の交渉力が低下してきたとも言える。

8. 以下でも十分に説明しているように、これだけが格差の原因というわけではない。また、消費者に対する企業の市場支配力だけでなく、労働者に対する企業の市場支配力もある。

9. 企業はまた、消費者の弱みにつけ込むことで利益を引き出すこともできる。たとえば、ギャンブルに財産を注ぎ込むよう誘惑する、金に困っている人に不当に高い金利で金を貸すなどの方法である。ギャンブルやアルコールなど、他者の弱みにつけ込んで利益をあげる場合でさえ、市場支配力が必要になる。アメリカのようにモラルが崩壊した社会では、そうしようとする人々が無数にいるからだ。市場支配力がなければ、非道な行為による利益さえ手に入れられない。

10. 汚職についてはこれまで、ここに記載したような事例が取り上げられてきたが、実際には民間にも汚職は広がっている。従業員（やCEO）が自分の立場を利用して私腹を肥やす、あるいは、企業が不正を働き、他者を犠牲にして利益を得る、といった例である。

11. Adam Smith, *An Inquiry into the Causes of the Wealth of Nations*, 1776〔訳注　邦訳は『国富論』アダム・スミス著、山岡洋一訳、日本経済新聞出版社、2007年〕.

12. 実際のところこの法案は、独占の可能性だけでなく、市場支配力の広がりにも対応するためのものだった。19世紀末には、石油、鉄道、精肉、たばこなどの産業で、市場支配力の影響が現れていた。

13. 言うまでもなく、経済リスクの判断に応じて、市場が必要とするリスクプレミアムには変動がある。

14. 民間企業の詳細な研究については以下を参照。Simcha Barkai, “Declining Labor and Capital Shares” (working paper, 2017). バルカイは、資本所得の割合を解析し、その減少が無形資産では説明できないことをみごとに証明している。企業レベルのデータを使った研究については以下を参照。Jan De Loecker and Jan Eeckhout, “The Rise of Market Power and Macroeconomic Implications” (NBER Working Paper No. 23687, 2017).

15. たとえば、以下を参照。Jacob A. Robbins, "Capital Gains and the Distribution of Income in the United States," Brown University, Dec. 2018.

16. 以下を参照。Joseph E. Stiglitz, "New Theoretical Perspectives on the Distribution of Income and Wealth among Individuals." 住宅の役割に関する議論については、以下を参照。Matthew Rognlie, "Deciphering the Fall and Rise in the Net Capital Share: Accumulation or Scarcity?," *Brookings Papers on Economic Activity* 46, no. 1 (Spring 2015): 1–69. 以下も参考になる。Thomas Piketty, *Capital in the Twenty-First Century*（『21世紀の資本』）.

17. 何らかのレントの流れを手に入れる権利は、年々市場価値を持つようになっており、これを「レントの資本化価値」という。そのため独占企業を所有すれば、毎年所有者に利益が渡ることになる。所有者は、その利益の流れを売却することもできる。その流れの価値を「資本化されたレント」という。

18. 以下を参照。Mordecai Kurz, "On the Formation of Capital and Wealth: IT, Monopoly Power and Rising Inequality"（Stanford Institute for Economic Policy Research Working Paper 17–016, 2017）.

19. 20世紀半ばの資本主義では、市場支配力を持つ企業はその独占レントを、労働組合に加入している労働者に分配していた。だが21世紀の資本主義では、市場支配力が全体的に高まっているうえに、もはやレントを分配しない。企業の株主や経営者は、自分たちだけに利益を割り振り、格差拡大をもたらしている。こうした変化は、生産性に悪影響を及ぼす。近視眼的な経営者たちは、もはや労働組合の制約を受けないため、労働者にも企業の未来にも投資しようとしないからだ（最上層の幹部がレントを独占していると、下層の労働者の士気に悪影響が出るかもしれない。これを避けるため、「上下を分断」し、清掃などの低賃金サービスを外注する企業もある。その結果、高賃金労働者はますます高賃金企業でほかの高賃金労働者とともに働くことになり、低賃金労働者はその逆の環境で働くことになる。以下を参照。Song et al., "Firming Up Inequality," Card et al., "Firms and Labor Market Inequality," and Furman and Orszag, "A Firm-Level Perspective on the Role of Rents in the Rise in Inequality."）

20. 以下を参照。“Benefits of Competition and Indicators of Market Power”（Council of Economic Advisers Issue Brief, Apr. 2016）. この報告書には以下のような記述がある。「いくつかの指標によれば、この数十年間に新企業の設立件数が減少し、産業ごとの集中が増すなど、数多くの経済分野で競争が衰退している。最新のデータを見ても、多大な利益をあげている企業の間で収益が増加している。これは、利益率が資本コストを超えるように、経済レントを価格に織り込んでいるものと思われる。経済レントとは、事業を続けていくのに必要とされる分を超えた、生産要素に対する利益を指す。このようなレントは、消費者から資源を奪い、投資や雇用の判断をゆがめ、会社を破滅的なレントシーキング活動に導くおそれがある」

一般的には保守的とされる「エコノミスト」誌でさえ警鐘を鳴らし、「1997年から2012年までの間に、各産業に占める上位4社の加重平均シェアは、26パーセントから32パーセントに上昇した」と述べている。さらに、集中が進んでいない産業の収入は減り、集中が進んでいる産業の収入は増えているという。以下を参照。“Too Much of a Good Thing: Profits Are Too High. America Needs a Giant Dose of Competition,” Mar. 26, 2016.

一連の論文により、労働市場において雇用者間の競争が行われていないことによる影響も指摘されている。以下を参照。José Azar, Ioana Marinescu, and Marshall Steinbaum, “Labor Market Concentration,”（NBER Working Paper No. 24147, Dec. 2017）; José Azar, Ioana Marinescu, Marshall Steinbaum, and Bledi Taska, “Concentration in US Labor Markets: Evidence from Online Vacancy Data,”（IZA DP No. 11379, Mar. 2018）; Arindrajit Dube, Jeff Jacobs, Suresh Naidu, Siddharth Suri, “Monopsony in Online Labor Markets,”（NBER Working Paper No. 24416, Mar. 2018）; and Efraim Benmelech, Nittai Bergman, and Hyunseob Kim, “Strong Employers and Weak Employees: How Does Employer Concentration Affect Wages?”（NBER Working Paper No. 24307, Feb. 2018）.

21. Gustavo Grullon, Yelena Larkin, and Roni Michaely, “Are US Industries Becoming More Concentrated?,” 2016, http://finance.eller.arizona.edu/sites/finance/files/grullon_11.4.16.pdf. ファーマンとオルザグによれば、1997年か

ら2012年までの間に、データが利用できる13の主要産業のうち12産業で市場の集中が進んだ。2人はまた、飛行機旅行、通信、銀行、食品加工などの産業のミクロレベルの研究を幅広く引用し、いずれでも集中が進んでいることを証明した。以下を参照。Furman and Orszag, “A Firm-Level Perspective on the Role of Rents in the Rise in Inequality” and Card et al., “Firms and Labor Market Inequality.”

22. 当然、市場支配力の大きい大企業は収益が多くなる。ファーマンとオルザグによれば、集中度の高まりが、主要企業間の収益の格差拡大に影響を及ぼしている可能性があるという。現在では、収益力がきわめて高い企業（上位10パーセントの企業）の収益は、中間位の企業の収益の6倍もあり、1990年当時より格差が2倍以上広がっている。以下を参照。Furman and Orszag, “A Firm-Level Perspective on the Role of Rents in the Rise in Inequality”; and Furman and Orszag, “Slower Productivity and Higher Inequality: Are They Related?” (Peterson Institute for International Economics, Working Paper 18-4, June 2018). ただし、集中と収益力の間に密接な関係があるという考え方にあらゆる経済学者が賛同しているわけではない。実際、収益と集中との間に強い相関関係はなく、全体的に集中が進んでいるわけでもないことを証明したと主張する研究もある（とはいえ、大統領経済諮問委員会の報告書「Benefits of Competition and Indicators of Market Power」などで、集中が進んでいる証拠は提示されている）。それでも、競争が少なければ少ないほど、マークアップ（以下で述べる）は大きくなり、収益は増える（GDPに占める割合から見ても、株主資本利益率から見ても）という推論には、かなりの説得力がある。後に説明するように、一部の重要な産業で、集中が増したにもかかわらず利益幅が減っているが、これは例外である。

23. De Loecker and Eeckhout, “The Rise of Market Power and Macroeconomic Implications.” 市場の集中は、経済への投資の減少とも関連している。以下を参照。Germán Gutiérrez and Thomas Philippon, “Declining Competition and Investment in the U.S.” (NBER Working Paper No. 23583, 2017). また、資本需要の下落のため長期金利が下がっている現象とも関連している可能性がある。以下を参照。Ricardo J. Caballero, Emmanuel Farhi and Pierre-Olivier

Gourinchas, "Rents, Technical Change, and Risk Premia Accounting for Secular Trends in Interest Rates, Returns on Capital, Earning Yields, and Factor Shares," *American Economic Review* 107, no. 5 (2017): 614–20.

24. これは資本利益率であり、営業権を除外している。以下を参照。Tim Koller, Marc Goedhart, and David Wessels, *Valuation: Measuring and Managing the Value of Companies/McKinsey & Company* (Hoboken, NJ: Wiley, 2015)〔訳注　邦訳は『企業価値評価　バリュエーションの理論と実践』マッキンゼー・アンド・カンパニー&ティム・コラー&マーク・フーカート&デイビッド・ウェッセルズ著、マッキンゼー・コーポレート・ファイナンス・グループ訳、ダイヤモンド社、2016年〕. 以下で述べているように、国債の利率が下落し、リスク管理の技術が向上しているにもかかわらず、資本利益率は上昇している。これは、レントが増えているという仮説を支持する力強い証拠と言える（すでに述べたように、実際の「資本利益率」には、独占レントまたは寡占レントが含まれている。「資本利益率」を経済学の用語として用いる場合には、資本の限界生産物の価値として考えるべきではない）。上位企業の利益率のレベルには目を見張るものがある。上位10パーセントの企業の平均利益率は80パーセントを超え、上位25パーセントの企業の平均利益率は40パーセントを超えている。以下を参照。Furman and Orszag, "A Firm-Level Perspective on the Role of Rents in the Rise in Inequality."

25. Matt Kranz, "6 percent of Companies Make 50 percent of U.S. profit," *USA Today*, Mar. 2, 2016.

26. *America's Concentration Crisis: An Open Markets Institute Report*, Open Markets Institute, Nov. 29, 2018, https://concentrationcrisis.openmarketsinstitute.org.

27. 「エコノミスト」誌2016年3月26日号を参照。

28. 厳密に言えば、ここで重要なのは限界費用である。

29. そうなることはある程度確信できるが、そうならない場合もある。たとえば、アマゾンとの競争により小売産業は統合を余儀なくされたが、統合しても従来の小売産業の利益幅は低いままで、倒産も珍しくない。

　市場に企業がわずかしかないと、それらの企業が共謀する可能性が高くなる（たいていは暗黙裡に）。こうした暗黙の共謀を証明するのは難しいが、

その影響は価格の上昇という形で容易に確認できることが多い。

30. もちろん、一企業の市場支配力が巨大化する場合もある。たとえば、砂漠のオアシスで水を所有している企業がそうだ。人は水なしでは生きていけないため、それを支配する企業は高い価格を設定できる。冷蔵庫が登場する前の時代には、食料を保存するのに欠かせなかった塩を支配する企業も高い価格を設定できた。政府がこれに気づき、公的に独占する場合も多かった。だが少なくとも当時は、その利益を公共目的のために使うか、価格に上限を設けていた。

31. 2015年の「ニューヨーク・タイムズ」紙の連載記事により、この強制仲裁委員会がいかにアメリカの司法をゆがめているかが明らかになった。以下を参照。Jessica Silver-Greenberg and Robert Gebeloff, "Arbitration Everywhere, Stacking the Deck of Justice," *New York Times*, Oct. 31, 2015. そこには、養護施設にだまされながら、仲裁条項のため自分も両親も救済できなかった人々の悲惨な物語が記されている。こうした仲裁条項は、ほとんどの雇用契約にも組み込まれている。

32. それにもかかわらず最高裁は、仲裁条項への署名により、当該者はアメリカの公的司法制度による裁判を受ける権利を放棄したとの判決を下した。Epic Systems Corp v. Lewis No. 16–285, Decided May 21, 2018.

33. こうしたFUDなどの戦術は、ライバル企業の生産費を上げるだけで、こちらは何の影響も受けない。これは、製品の周囲に堀を築く典型的な方法である。この理論は以下で紹介されている。Thomas G. Krattenmaker and Steven C. Salop, "Competition and Cooperation in the Market for Exclusionary Rights," *American Economic Review* 76, no. 2 (1986): 109–13; Steven C. Salop and David T. Scheffman, "Raising Rivals' Costs," *American Economic Review* 73, no. 2 (1983): 267–71.

34. 老舗企業でさえトラブルに巻き込まれる場合がある。大企業ではなく「特許トロール」と呼ばれる会社が特許を持っている場合は特にそうだ。特許トロールとは、特許を取得してイノベーションを市場化するのではなく、特許侵害の訴訟を起こすことを主要ビジネスモデルとする会社を指す。この被害にあったのが、かつては携帯電話産業を牽引していたブラックベ

リーである。同社は大々的な訴訟を起こされ、事業を継続していくためには、訴えられた特許侵害を妥当と思うかどうかに関係なく、6億1200万ドルを支払わざるを得なくなった。

新興企業から見れば、こうした訴訟は恐怖以外の何ものでもない。かつて、音声認識テクノロジーを扱うブリンゴというスタートアップ企業があった。この企業は、はるかに規模の大きなニュアンスという企業により一連の訴訟を起こされ、最終的には同社に買収されることに同意した。それまでに六度訴訟を起こされ、最初の訴訟には勝ったものの、結局訴訟費用に300万ドルを費やしている。以下を参照。Charles Duhigg and Steve Lohr, "The Patent, Used as a Sword," *New York Times*, Oct. 7, 2012. 以下も参照。Colleen V. Chien, "Patent Assertion and Startup Innovation" (Santa Clara University of Law Legal Studies Research Paper Series 26-13, 2013).

35. シカゴ学派の経済学者は、こうした制限は両面市場での効率的な競争から生まれるごく自然なものだと述べ、この反競争的行為を擁護している。彼らによれば、両面市場は、2つの当事者グループが相互にやりとりを行う「出会いの場」(現在では一般的に電子的なプラットフォームが利用される)にすぎない。クレジットカードはいわば、顧客と店舗の間を取り持つだけだ。したがって裁判所はこの市場の仕組みに干渉すべきではないと主張する。だがこうした主張は、どう控えめに見ても、市場の現実を無視している。それにもかかわらず、裁判では彼らの言い分が通った。最高裁の判決では、5対4でこの市場支配力の乱用が継続されるのを認めている。これに関する優れた論考については、以下を参照。Benjamin E. Hermalin and Michael L. Katz, "What's So Special About Two-Sided Markets?" in Martin Guzman, ed. *Toward a Just Society* (New York: Columbia University Press, 2018), 111-130.

36. この契約規定はきわめて反競争的で、小さな市場シェアしか持たない企業(ディスカバーカードなど)でさえ、コストをはるかに超える法外な手数料を徴収している。オーストラリアでは、こうした契約を禁止した結果、きわめて競争の激しい市場となり、加盟店に課される手数料も、クレジットカード会社の利益も減った。

37. これはまた、現金払いの人など、ほかの消費者が損をしているということでもある。

38. 似たような例に、同様の契約規定を使って競争を制限したとして有罪判決を受けた、航空座席予約システム大手のセーバーがある。セーバーは航空会社に、コンピューター予約システムのサービス提供コストよりもはるかに高い手数料を課していた。また、契約規定により新規参入やイノベーションを抑制していた。セーバーが課す高い手数料を回避するため、航空会社が自社の安価なオンライン予約システムに顧客を誘導したり、自社システムを利用する顧客に割引を行ったりすることを禁止していたのである。以下を参照。US Airways Inc. v. Sabre Holdings Corp et al., U.S. District Court, Southern District of New York, No. 11-cv-2725. 本書執筆時点では、この裁判は上訴中である(実を言えば私は、この裁判でも数件のクレジットカード裁判でも、契約規定が反競争的だと主張する被告の専門家証人を務めていた)。

39. 一例として、以下を参照。King Drug Company v. Smithkline Beecham Corporation, United States Court of Appeals for the Third Circuit, No. 14-1243, November 19, 2014. 最高裁は、この判決の再審理を拒否している。以下も参照。FTC v. Actavis, Inc., Supreme Court No. 12-416 (2013).

40. たとえば、製薬会社は特許の期限が切れるのを待って、その薬剤の持効性薬剤版の特許を申請する、といった手法が考えられる。だが持効性薬剤は本来、特許を取得できないはずだ。特許を取得できるのは、非自明的なイノベーションに対してのみであり、既存の薬剤の持効性薬剤版は自明のイノベーションだからだ。インドの特許法はこの点をよく認識しており、インドではアメリカの思惑どおりにはいかなかった。

政府も、大手製薬会社によるジェネリック医薬品会社の締め出しを支援している。「データの独占権」という規定を持ち出し、ジェネリック医薬品の安全性や有効性を検証するために先発医薬品のデータを利用するのを制限している。

41. 先制合併の事例については、第6章を参照。

42. アメリカ経済の変化が市場の集中を進めていると思われる理由はほかにも

ある。第6章で論じているように、ビッグデータは自然独占を生み出し、ほかの企業以上にグーグルやアマゾンといった企業に利益をもたらすおそれがある。こうした状況では競争を生み出すのは難しく、競争が起こることはまずない。

43. そのため、20世紀半ばのアメリカには、主要自動車メーカー3社（GM、クライスラー、フォード）のほか、小規模なメーカーが2社（スチュードベーカー、ナッシュ・ランブラー）しかなかった。ところが現在では、主要自動車メーカー3社は、日本、韓国、ドイツ、イタリアなどの自動車メーカーとの厳しい競争に直面している。

44. このような市場で標準的な競争が成り立たないことは、以下の点からもわかる。標準的な競争理論が示唆しているように、限界費用（生産量を1単位増やしたときに増加する費用）と同等の価格を設定していては、とても生き残れない。

45. 皮肉にも、市場支配力の増大、経済の弱体化、格差の拡大を直接的・間接的に推進したルールの変更とは、富裕層への減税である。減税は、「レントシーキング行為」を助長する。つまり企業は、優れた製品を生産するのではなく、政府の好意を得るなどして利益を増やすことを考えるようになる。以下を参照。Piketty, Saez, and Stantcheva, “Optimal Taxation of Top Labor Incomes.” 2017年の税制改革は、それに関連する現象を示す好例である。政権与党に献金していた企業を優遇するために法人税を減税すれば、特定のグループを優遇する規定により税法が穴だらけになり、その結果経済がゆがみ、全体的な効率が低下するおそれがある。

46. 市場の集中がアメリカでは進んでいるのにヨーロッパでは進んでいないことから、重要なのはテクノロジーではなく政策であることがわかる。ジェルマン・グティエレスとトマ・フィリポンは、この両者の相違は反トラスト法の執行基準に由来すると主張している。以下を参照。Gutiérrez and Philippon, “How EU Markets Became More Competitive than US Markets: A Study of Institutional Drift” (NBER Working Paper No. 24700, June 2018).

47. つまり、国民所得レベルの低下（および独占企業の手に渡る国民所得の割合の増加）をもたらす。さらに、市場支配力が増大すれば成長も鈍化する。

これは、競争が弱まればイノベーションを起こすインセンティブも低下するからであり、市場支配力を持つ企業が築く参入障壁によりほかのイノベーターの参入が阻害されるからであり、市場支配力の維持や増大、それを利用する方法の考案に研究費の多くが割かれるからである。

価格差別もさらなるゆがみをもたらす。価格差別とは、企業が顧客により価格を変えることを指し、デジタル経済ではこの傾向が高まっている。企業が収集した顧客データを用い、顧客ごとに支払ってくれそうな価格を決定するのである。これについては第6章で解説する。

48. “Aggregate Productivity and the Rise of Mark-Ups,” *Vox*, Dec. 4, 2017; and David R. Baqaee and Emmanuel Farhi, “Productivity and Misallocation in General Equilibrium” (NBER Working Paper No. 24007, 2018).

49. これについては、ジョン・ハルティワンガーらの詳細な研究により確実に証明されている。以下を参照。Ryan Decker, John Haltiwanger, Ron S. Jarmin, and Javier Miranda, “The Secular Decline in Business Dynamism in the US” (manuscript, 2014); John Haltiwanger, Ian Hathaway, and Javier Miranda, “Declining Business Dynamism in the U.S. High-Technology Sector” (Kauffman Foundation, 2014); Ryan Decker, John Haltiwanger, Ron S Jarmin, and Javier Miranda, “The Role of Entrepreneurship in US Job Creation and Economic Dynamism,” *Journal of Economic Perspectives* 28, no. 3 (2014): 3–24. 以下も参考になる。Ian Hathaway and Robert E. Litan, “Declining Business Dynamism in the United States: A Look at States and Metros” (Brookings Papers, 2014). OECDのデータもこれを証明している。それによれば、アメリカ経済は最悪というわけではないが、イメージとは違い、最良からはほど遠い状況にある。以下を参照。Chiara Criscuolo, Peter N. Gal, and Carlo Menon, “The Dynamics of Employment Growth: New Evidence from 18 Countries” (OECD, Science, Technology and Industry Policy Papers no. 14, May 21, 2014).

ファーマンとオルザグは、アメリカ経済の力が衰退している事実についてさらなる証拠を提示し、それを部分的に競争の減少と関連づけて考察している。以下を参照。Furman and Orszag, “Slower Productivity and Higher Inequality: Are They Related?”; and Furman and Orszag, “A Firm-Level

Perspective on the Role of Rents in the Rise in Inequality."

50. ファーマンとオルザグは、大企業の利益がきわめて高いにもかかわらず投資が減少している事実を指摘し、これも原因の一部は競争の減少にあると述べている。以下を参照。Furman and Orszag, "A Firm-Level Perspective on the Role of Rents in the Rise in Inequality"; and Furman and Orszag, "Slower Productivity and Higher Inequality: Are They Related?" グティエレスとフィリポンも以下の論文で同様に、現在のアメリカにおいて収益力や評価額の数値に比べて投資が弱いのは主に、競争の不足と、後に述べるコーポレート・ガバナンスの問題に関連した短期主義に原因があると述べている。Germán Gutiérrez and Thomas Philippon, "Investment-less Growth: An Empirical Investigation," Sept. 2017, New York University and Brookings, https://www.brookings.edu/wp-content/uploads/2017/09/2_gutierrezphilippon.pdf.

　投資が弱まると当然、総需要にも悪影響が出る。これは、2008年の金融危機後など、総需要の不足により経済が大きく抑制される時期には死活問題となる。本文中のデータは以下による。"Shares of Gross Domestic Product: Gross Private Domestic Investment," St. Louis Fred, https://fred.stlouisfed.org/series/A006RE1Q156NBEA#0（2018年7月17日にアクセス）.

51. George Akerlof and Robert Shiller, *Phishing for Phools: The Economics of Manipulation and Deception* (Princeton: Princeton University Press, 2015)〔訳注　邦訳は『不道徳な見えざる手』ジョージ・A・アカロフ&ロバート・J・シラー著、山形浩生訳、東洋経済新報社、2017年〕. インターネット上の一部の悪人も、罠にかかりそうなカモを常に探している。

52. この問題は、オバマ政権時代からある程度注目されていた。以下を参照。CEA Issue Brief, "Labor Market Monopsony: Trends, Consequences, and Policy Responses," Oct. 2016.

53. たとえば、以下を参照。Alan Manning, "Imperfect Competition in Labour Markets," in *Handbook of Labor Economics*, eds. Orley Ashenfelter and David Card, vol. 4 (Amsterdam: North-Holland, 2011); and John Schmitt, "Why Does the Minimum Wage Have No Discernible Effect on Employment?" (CEPR Publication, 2013).

54. ファストフードの従業員も含め、企業秘密や「内部情報」の紛失はいかなる場合も許されない場合が多い。アラン・クルーガーとエリック・ポズナーによれば、アメリカの全労働者の4分の1が、キャリアのどこかで、非競争的契約や引き抜き禁止契約をしている。またこうした契約は、もっとも力のない労働者に適用される場合が多いという。以下を参照。“A Proposal for Protecting Low-Income Workers from Monopsony and Collusion,” *The Hamilton Project Policy Proposal* 5 (2018).
55. Smith, *An Inquiry into the Causes of the Wealth of Nations*（『国富論』).
56. 最新の調査によれば、「週に40時間以上働いている時間給労働者のうち19パーセントが、残業の標準とされる“5割増し賃金”に満たない賃金しか受け取っていない」。Susann Rohwedder and Jeffrey B. Wenger, “The Fair Labor Standards Act: Worker Misclassification and the Hours and Earnings Effects of Expanded Coverage” (Rand work paper, Aug. 7, 2015).
57. そのきわめて有力な証拠となるのが、オンライン労働市場に関する最新の計量経済研究である。この市場は買い手独占力がきわめて低いと思われるかもしれないが、そうではないことがわかる。以下を参照。Dube, Jacobs, Naidu, and Suri, “Monopsony in Online Labor Markets” and Azar et al., “Concentration in US Labor Markets: Evidence from Online Vacancy Data.”

 労働市場に蔓延する人種・民族・性差別にも、雇用主が市場支配力を握っている証拠を見て取ることができる。競争理論によれば、そのような差別はあり得ないというが、誰が見ても差別は存在する。これは、雇用主に比べてこれらのグループに力がないことを証明している。

58. 労働組合の弱体化には、従来のルールが変わった、市場構造の変化により労働組合の組織化が難しくなったなどのほか、さまざまな要因がある。こうした変化の多くは、負のスパイラルを生み出している。たとえば、グローバル化が進む過程で、労働組合が労働者の昇給を勝ち取る力が弱まると、それにより労働組合の存在意義が薄れ、組合員が減少した。また、労働組合の指導者の考えが、組合員の利害を適切に反映していない場合もある。これは本人対代理人問題と呼ばれ、完全な情報や説明がいきわたっていないあらゆる組織で発生する。

59. アレクサンダー・ハーテル＝フェルナンデスは、労働組合の衰退と格差の拡大、およびこうした傾向と政治との関係を結びつけた興味深い研究を行っている。以下の著作を参照。*Politics at Work: How Companies Turn Their Workers into Lobbyists* (New York: Oxford University Press, 2018).

60. 一般的には、労働組合に適用される一連のルールがあり、それにより、容易に組合員を集め、組合費を徴収できるかどうか、工場の労働者を代表する権利を手に入れられるかどうか、効果的に交渉できるかどうかが決まる。以前の雇用主は、労働組合を組織している労働者を解雇するだけでなく、その人物をブラックリストに載せ、ほかの会社でも仕事に就けないようにしていた。現在ではこのような行為は違法だが、雇用主が労働組合の結成を妨害する方法は、合法的な手段や違法な手段、目につきにくい方法やあからさまな方法なども含め、無数にある。そのため全国労働関係委員会が、労働法や労働規制を監視し、それらを解釈・運用している。コネチカット大学のマーク・ステルズナーが明らかにしたところによれば、労働者の地位が低下したのは主に、重要なルールが変更されるとともに、そのルールが労働組合に不利な形で解釈されるようになったからだという。以下を参照。Mark Stelzner, “The New American Way—How Changes in Labour Law Are Increasing Inequality,” *Industrial Relations Journal* 48, no. 3 (2017): 231–55.

　労働組合はまた賃金格差の縮小にも取り組んできたため、労働組合の弱体化が格差の拡大と関係していることは言うまでもない。以下を参照。David Card, “The Effect of Unions on Wage Inequality in the U.S. Labor Market,” *Industrial and Labor Relations Review* 54, no. 2 (2001): 296–315. 労働組合の弱体化は、アメリカで格差が悪化している理由の1つに数えられる。グローバルな視点での研究については、以下を参照。Era Dabla-Norris, Kalpana Kochhar, Nujin Suphaphiphat, Frantisek Ricka, and Evridiki Tsounta, “Causes and Consequences of Income Inequality: A Global Perspective,” IMF Staff Discussion Note No. 15/13 (Washington, DC: International Monetary Fund, 2015); and Florence Jaumotte and Carolina Osorio Buitron, “Inequality and Labour Market Institutions,” IMF Staff Discussion Note No. 15/14 (Washington, DC: International Monetary Fund, 2015).

2018年6月に行われた*Janus v. American Federation of State, County and Municipal Employees*裁判の判決で最高裁は、公共部門の労働組合に対し、非組合員から組合費を徴収する権利を認めなかった。これにより労働組合は、資金調達や組合員の維持に注意を向けざるを得なくなり、労働者の福利の向上に向けた政治活動など、ほかの活動に従事する力が弱まっている。以下を参照。James Feigenbaum, Alexander Hertel-Fernandez, and Vanessa Williamson, “From the Bargaining Table to the Ballot Box: Political Effects of Right to Work Laws” (NBER Working Paper No. 24259, 2017).

紙幅に制限があるため、労働者の市場力や政治力を回復するための政策をすべて説明することはできないが、たとえば、労働者の力を弱めることを目的とした法律を改正する、といった方法が考えられる。経済の変化、サービス業の成長、製造業の衰退、ギグエコノミー〔訳注　単発の仕事や短期の仕事を基盤にした経済形態〕の発展いずれもが、こうした問題を助長している。以下を参照。Brishen Rogers and Kate Andrias, *Rebuilding Worker Voice in Today's Economy* (Roosevelt Institute, 2018); and Kate Andrias, “The New Labor Law,” *Yale Law Journal* 126, no. 1 (Oct. 2016).

61. 労働組合が賃金の決定に果たす役割については、以下を参照。Henry S. Farber, Daniel Herbst, Ilyana Kuziemko, and Suresh Naidu, “Unions and Inequality Over the Twentieth Century: New Evidence from Survey Data” (NBER Working Paper No. 24587, 2018).

62. 以下を参照。John Kenneth Galbraith, *American Capitalism: The Concept of Countervailing Power* (Boston: Houghton Mifflin, 1952)〔訳注　邦訳は『アメリカの資本主義』ジョン・K・ガルブレイス著、新川健三郎訳、白水社、2016年〕. この著書によれば、当時の経済は、競争的というよりは市場力が広く分散しており、大規模な労働組合と大規模な企業が互いに牽制し合っていた。こうした拮抗力のおかげでシステムが機能していたという。

63. 反トラスト法を改正するというテーマは最近、学術関係者や政策立案者から多大な関心を集めている。たとえば、以下を参照。Tim Wu, “Antitrust in the New Gilded Age” (Columbia Business School Global Reports, 2018). ルーズベルト研究所の以下のブログや論文もある。Marshall Steinbaum, “Crossed

Lines: Why the AT&T-Time Warner Merger Demands a New Approach to Antitrust," Feb. 2, 2017; "Airline Consolidation, Merger Retrospectives, and Oil Price Pass-Through," Apr. 6, 2018; "It's Time for Antitrust to Take Monopsony Seriously," Oct. 17, 2017; "A Missing Link: The Role of Antitrust Law in Rectifying Employer Power in Our High-Profit, Low-Wage Economy," Apr. 16, 2018; Marshall Steinbaum, Eric Harris Bernstein, and John Sturm, "Powerless: How Lax Antitrust and Concentrated Market Power Rig the Economy Against American Workers, Consumers, and Communities," Mar. 27, 2018; and Adil Abdela, "Market Concentration and the Importance of Properly Defined Markets," Apr. 23, 2018. 以下も参照。Joseph E. Stiglitz, "Towards a Broader View of Competition Policy," in *Competition Policy for the New Era: Insights from the BRICS Countries*, eds. Tembinkosi Bonakele, Eleanor Fox, and Liberty Mncube（Oxford: Oxford University Press, 2017）（2015年11月にダーバンで開催された第4回BRICS国際競争会議での講演）; and Joseph E. Stiglitz, "America Has a Monopoly Problem—and It's Huge," *Nation*, Oct. 23, 2017. バリー・リンの自由市場協会が運営する以下のウェブサイトも参考になる。https://openmarketsinstitute.org/. バリー・リンはニュー・アメリカ財団の研究者だったが、後にこの財団を去った。一説によると、グーグルが反トラスト法に違反しているというEUの判決をリンが称賛したため、グーグルから圧力を受けたのだという。以下を参照。Barry Lynn, "I Criticized Google. It Got Me Fired. That's How Corporate Power Works," *Washington Post*, Aug. 31, 2017.

64. シカゴ大学では、フリードマンが登場する前からこうした理論が支配的だったが、それをもっとも世に広めたのは、ほかならぬフリードマンだった。たとえば、妻のローズ・フリードマンと共同で執筆した以下の著作がある。*Free to Choose*（New York: Harcourt, 1980）〔訳注　邦訳は『選択の自由自立社会への挑戦』ミルトン・フリードマン&ローズ・フリードマン著、西山千明訳、日本経済新聞出版社、2012年〕.

65. 私は30年ほど前、パーサ・ダスグプタとともに、独占は一時的なものだというシュンペーター派の主張が間違っていることを証明した。独占は、市

場支配力を持続させる力やインセンティブを持つ。以下を参照。Dasgupta and Stiglitz, “Uncertainty, Industrial Structure, and the Speed of R&D,” *Bell Journal of Economics* 11, no. 1 (1980): 1–28. また、独占者になろうとする競争は、シュンペーターが想定していたように、イノベーションにプラスの効果をもたらすとは限らず、むしろイノベーションを阻害するおそれがあることも明らかにした。たとえば、以下を参照。Kenneth J. Arrow, “Economic Welfare and the Allocation of Resources to Invention,” and Drew Fudenberg, Richard Gilbert, Joseph E. Stiglitz, and Jean Tirole, “Preemption, Leapfrogging and Competition in Patent Races,” *European Economic Review* 22 (June 1983): 3–32（ジャン・ティロールは2014年にノーベル経済学賞を受賞した）. これらの結論は、*Creating a Learning Society*（『スティグリッツのラーニング・ソサイエティ』）の第5章と第6章に記したその後の研究でも確認されている。

シカゴ大学のアーノルド・ハーバーガーは以下の論文で、独占による消費者の福利の低下はさほど大きなものではない（GDPの0.1パーセント前後）と主張した。Arnold C. Harberger, “Monopoly and Resource Allocation,” *American Economic Review* 44, no. 2 (1954): 77–87. ところが最近の研究により、ハーバーガーはコストを2桁も過小評価していたことが明らかになった。以下を参照。Baqaee and Farhi, “Productivity and Misallocation in General Equilibrium.” 1950年代にはハーバーガーの主張が正しかったとしても、それ以後市場支配力が増大しており（それに関連してマークアップも増大しており）、もはや正しいとは言えない。

66. 反トラスト法の執行では2種類の過ちがありうる。非競争的な行為を競争的な行為と見なす過ちと、競争的な行為を非競争的な行為と見なす過ちである。執行者は、どんな場合であれ非競争行為が続く可能性は低いと信じ、後者にばかり目を向けていた。

67. Brooke Group Ltd. v. Brown & Williamson Tobacco Corp., 509 U.S. 209 (1993). 裁判では、最高裁もこの主張を受け入れていたようだ。当初、ロバート・ボークなどシカゴの法学者たちがこの主張を展開したときには、ノーベル経済学賞を受賞したオリヴァー・ウィリアムソンが以下の論文を発表する

など、経済学者から批判を受けた。“Review of *The Antitrust Paradox: A Policy at War with Itself* by Robert H. Bork,” *University of Chicago Law Review* 46, no. 2 (1979): 10. だがそれ以後の経済理論の発展により、その主張が強化されてしまった。

皮肉なことに、アメリカ国内では略奪的価格設定の訴訟で勝利するのはほぼ不可能になったが、コストよりも低い価格を設定していた外国企業の取引行為を不正として告発した類似の訴訟では、アメリカ側が容易に勝利している。

68. 現在、反競争的行為により効率の向上を上まわる悪影響があることを証明する責任は、原告側（当の企業が非競争的な行為をしていると訴えた当事者）にある。だがこれは、市場は競争的でよく機能しており、一見反競争的に見える行為も実は競争的である可能性が高いという前提に基づいている。

69. グーグルが直接何かを販売すれば、グーグルを利用して製品を売り込んでいる広告主と利害が衝突する。アマゾンでは、この利害の衝突が至るところにある。このような新たなプラットフォームが引き起こすほかの規制問題については、本書で後に取り上げる。これらのプラットフォーム企業が提示する競争や経済の課題については本書の範囲を超えているが、以下が参考になる。Lina M. Khan, “Amazon’s Antitrust Paradox,” *The Yale Law Journal* 126, no. 3 (Jan. 2017).

70. 市場支配力を判断する従来の手順についても、部分的に改める必要がある。たとえば、反トラスト法違反を訴える告発者は、その企業の市場シェアが大きいことを証明するよう求められる場合が多い。だがこれも、反競争的行為は市場シェアが大きくなければできないという前提に基づいている。これは理論的に間違っているが、現実的にも問題がある。関連市場を特定するのが難しい場合が多いからだ。市場支配力を行使している直接的な証拠（マークアップが大きい、価格差別がある、参入企業がなく過剰な利益を手にしている、仲裁条項など本来受け入れさせるべきでない条項を買い手に受け入れさせている、など）があれば、それだけで証明は十分とするべきだ。

そのほかの手順の修正に関する議論については、以下を参照。Wu, "Antitrust in the New Gilded Age."

71. "Costly Choices for Treating Wilson's Disease," *Hepatology* 61, no. 4 (2015): 1106–8. 付属の論説によれば、この薬を最初に開発したメルクが設定した価格は、バリアントが設定した価格のおよそ0.5パーセントにすぎない。メルクはこの価格を20年間維持していた。

72. チューリング・ファーマシューティカルズは、62年前に開発されて特許が切れていた医薬品ダラプリムの製造認可を2015年に取得すると、その価格を1錠13.50ドルから750ドルに吊り上げた。同様の例はほかにもたくさんある。以下を参照。Andrew Pollack, "Drug Goes from $13.50 a Tablet to $750, Overnight," *New York Times*, Sept. 20, 2015.

73. 同様に、主張していた貯蓄額以上に株価が上昇した場合も、市場支配力を高めるために合併や買収が行われたと考えられる。合併前の約束を破って価格を吊り上げた場合には合併を取り消すという条件で、合併後にも綿密な調査を行う必要がある。

74. こうした利益の衝突から生まれるインターネット会社の市場支配力の乱用を防ぐには、ネットワーク中立性を義務づける規制が必要になる。これについては第6章で解説する。

これまでの反トラスト法は、同一産業内の合併のみを問題視し、垂直的合併は反競争的ではないと見なしていた。だが、多くの市場で競争が制限されていることが認識されるようになるにつれ、垂直的合併も「水平的」な影響を及ぼし、競争を大きく抑制することが理解されるようになった。しかし、市場は基本的に競争的だとするシカゴ学派の影響はいまだに尾を引いており、最近の裁判所の判断にもその影響が見られる。たとえば、AT&Tとタイム・ワーナーの合併を認めた判決（現在上訴中）などがそうだ。以下も参照。"Brief for 27 Antitrust Scholars as Amici Curiae in Support of Neither Party," United States Of America, Plaintiff-Appellant, v. AT&T Inc.; Directv Group Holdings, LLC; And Time Warner Inc., Defendants-Appellees. On Appeal from the United States District Court for the District of Columbia, No. 1:17-cv-2511 (Hon. Richard J. Leon). United States Court of Appeals for the

District of Columbia Circuit, Document: #1745344. Filed: August 13, 2018.

75. これもまた、個人の利益になることが経済や社会の利益になるとは限らない一例である。リスクを嫌う新興企業のオーナーは、将来的に不確かな市場にとどまるリスクを負うよりは、現段階でこれまでの努力に見合う金額を受け取ったほうがいいと考える。だが基本的には、競争市場を維持するほうが社会の利益になる。

76. 特に、非競争条項と引き抜き禁止条項である。

77. その革新的な方法については、第6章で取り上げる。

78. ヨーロッパでは、国家間で公平な条件を維持することを重視しており、政府による企業支援（アマゾンが求めた優遇税制など）は、いかなる形であれ禁止されている。

79. 以下を参照。Joseph E. Stiglitz, "Economic Foundations of Intellectual Property Rights," *Duke Law Journal* 57 (2008): 1693–1724; and Claude Henry and Stiglitz, "Intellectual Property, Dissemination of Innovation, and Sustainable Development," *Global Policy* 1, no. 1 (2010): 237–51.

80. 1998年の著作権延長法では、著作権の保護期間が著作者の死後70年間、法人著作権の保護期間が発行後95年間か制作後120年間のいずれか短いほうにまで延長された。標準的な経済理論によれば、こうした規定は、新たな知的財産の創造を奨励する効果をほとんど生み出さない。だが、ミッキーマウス並みに人気が持続するものを生み出せば、獲得できるレントは大幅に増える。

81. この事例については、第6章で詳しく取り上げる。

82. "Declaration of Joseph E. Stiglitz and Jason Furman," Before the United States Department of Justice, Civil Action No 98–1232 (CKK) and Civil Action No 98–1233 (CKK). https://www.justice.gov/sites/default/files/atr/legacy/2002/06/05/mtc-00030610c.pdf.

83. たとえば、以下を参照。Andrea Prat, "Media Power," *Journal of Political Economy* 126, no. 4 (2018): 1747–83; and Andrea Prat, 2015, "Media Capture and Media Power," in *Handbook of Media Economics*, eds. Simon Anderson, Joel Waldfogel, and David Stromberg, vol. 1b (Amsterdam: North-Holland, 2015). 以

下も参考になる。Timothy Besley and Andrea Prat, "Handcuffs for the Grabbing Hand? The Role of the Media in Political Accountability," *American Economic Review*, 96, no. 3 (2006): 720–36.

84. 経済学者によれば、情報は「公共財」であり、市場経済では政府の支援がなければ十分に供給されない。活発なメディアがあれば、広告主や消費者のためばかりか、社会全体のためにもなる。それは、市民に情報を提供するだけではない。政府の説明責任を高め、汚職を抑制するうえでも重要な役割を果たしている。

85. たとえば、シンクレア・ブロードキャスト・グループの例がある。同社は全国のテレビ局を買収した後に、番組をきわめて保守的な内容に変更した。以下を参照。Sheelah Kolhatkar, "The Growth of Sinclair's Conservative Media Empire," *The New Yorker*, Oct. 22, 2018.

86. 金融産業についても、ほかの産業より厳しい基準で市場支配力を判断する必要がある。巨大銀行などの金融機関は、どの産業の企業にも増して過大な力を行使できる。

87. Vincent Larivière, Stefanie Haustein, and Philippe Mongeon, "The Oligopoly of Academic Publishers in the Digital Era," *PLOS ONE* 10, no. 6 (2015): e0127502, https://doi.org/10.1371/journal.pone.0127502.

88. 過去半世紀にわたる調査により、「市場の失敗」事例が無数に見つかっている。市場の失敗とは、不完全なリスクや資本市場、非対称な情報など、市場が効率的な成果を生み出せない状況を指す。本章では、競争の欠如という市場の失敗の一形態を重点的に取り上げた(それは本書全体のテーマでもある)。それが、アメリカ経済が直面している病弊の主因だと考えるからだ。

89. アメリカのCEOの報酬は過去40年の間に激増し、ほかの先進国をはるかに上まわる規模に達している。この報酬レベルは、生産性という観点ではとても正当化できない。アメリカのCEOがほかの国のCEOよりはるかに生産的だというわけでもなければ、アメリカのCEOの生産力が労働者に比べて40年前より格段に上がったというわけでもない(2017年の上位350社のCEOの平均報酬は、労働者の平均報酬の300倍以上である。この数字は、

1965年には20倍だった。以下を参照。Lawrence Mishel and Jessica Schieder, "CEO Compensation Surged in 2017," Economic Policy Institute, Aug. 16, 2018, https://www.epi.org/publication/ceo-compensation-surged-in-2017/)。ちなみに、ノルウェーのCEOの平均報酬は、労働者の平均報酬の20倍でしかない。アメリカは世界中のどの国よりもこの数値が大きく、隣国のカナダと比べてもかなりの差がある。Anders Melin and Wei Lu, "CEOs in U.S., India Earn the Most Compared with Average Workers," *Bloomberg*, Dec. 28, 2017, https://www.bloomberg.com/news/articles/2017-12-28/ceos-in-u-s-india-earn-the-most-compared-with-average-workers.

90. これについては第8章で解説する。

91. 無力感は、たとえば鬱病の発生率の増加など、健康面にさまざまな影響を及ぼす。また、政治にも多大な影響がある。これについては、スタンフォード大学の以下の研究で実証されている。Jojanneke van der Toorn, Matthew Feinberg, John T. Jost, Aaron C. Kay, Tom R. Tyler, Robb Willer, and Caroline Wilmuth, "A Sense of Powerlessness Fosters System Justification: Implications for the Legitimation of Authority, Hierarchy, and Government," *Political Psychology* 36, no. 1 (Feb. 2015).

92. 集団訴訟とは、搾取的または違法な事業行為により損害を受けた大勢の人（たとえば、マイクロソフトのプログラムの購入者など）を代表して起こす訴訟を指す。こうした訴訟は、誰も個人では起こそうとしない。個人が受けた「損害」はわずか数百ドルか数千ドルであり、ときに数百万ドルに至る弁護料を支払うほどではないからだ。だが集団になれば、損害は多額になる。実業界は、こうした集団訴訟がなくなれば損害賠償訴訟に悩まされることもなくなるため、集団訴訟を起こすのが難しくなるようロビー活動を展開している。

93. ソンらは、論文「Firming Up Inequality」のなかでこう述べている。賃金格差の拡大には、企業内の報酬格差の拡大が大きく影響しているが、それよりも企業間の報酬格差の拡大の影響のほうが大きい。この格差の拡大は、企業のスキル構成の変化によりだいたい説明できる。

94. 企業経営者の力を抑制する方法としては、たとえば、経営幹部の報酬と従

業員の平均報酬との比率を開示する、経営幹部のストックオプションの価値を株主に開示する、経営幹部の報酬について株主に発言権を与えるなどの方法が考えられる。だが、これまで企業幹部は、法外な報酬が減額されることを憂慮し、こうした軽微な改革にさえ（当然のことながら）激しい抵抗を示してきた。

最近では、企業に経営幹部の報酬を引き下げるインセンティブを与えるため、引き下げを実現した企業の法人税を下げる、報酬そのものに高い税率を課すなどの方法も注目を集めている。少なくとも、ストックオプションを奨励する特別税制は廃止するべきだ。

こうした問題やその対処法に関する広範な議論については、以下を参照。Stiglitz, *The Price of Inequality*（『世界の99％を貧困にする経済』); and Stiglitz, *The Roaring Nineties*（『人間が幸福になる経済とは何か』). 投資家のスティーヴン・M・シルバースタインは、カリフォルニア州で法人税率をCEOの報酬と連動させる法案を推進しているが、いまだ成立には至っていない。以下を参照。Gary Cohn, "Overcompensation: Tying Corporate Taxes to CEO Pay," *Capital & Main*, Aug. 6, 2014. 過去数年の間に、アメリカの報酬システム、ひいてはアメリカのコーポレート・ガバナンスの問題を取り上げた一般書が続々と出版されている。たとえば以下がある。Steven Bavaria, *Too Greedy for Adam Smith: CEO Pay and the Demise of Capitalism*, 2nd ed.（Chestnut Ridge: Hungry Hollow Books, 2015）; Michael Dorff, *Indispensable and Other Myths: Why the CEO Pay Experiment Failed and How to Fix It*（Berkeley: University of California Press, 2014); Steve Clifford, *The CEO Pay Machine: How it Trashes America and How to Stop it*（New York: Blue Rider Press, 2017); and Lynn Stout, *The Shareholder Value Myth: How Putting Shareholders First Harms Investors, Corporations, and the Public*（San Francisco: Berrett-Koehler, 2012).

95. 本書は、大企業やそのCEO、あるいは労働者や消費者が持つ市場力の役割を重視し、大企業やCEOの市場支配力を増大させ、労働者や消費者の市場力を低下させた市場経済のルールをどう書き換える必要があるかを提示している。だが、公平で力強い経済を実現するためには、そのほかもっと多

くのルールの変更が必要になる。以下を参照。Stiglitz et al., *Rewriting the Rules of the American Economy*（『スティグリッツ教授のこれから始まる「新しい世界経済」の教科書』).

第4章　グローバル化により自らの首を絞める国家

1. こうした協定について、トランプは繰り返し「史上最悪」と訴えている。
2. たとえば、1994年には北米自由貿易協定（NAFTA）を締結し、1995年には世界貿易機関を設立した。そのほか、アメリカとチリ、アメリカと韓国など、無数の2国間貿易協定がある。
3. 著名な論説に以下がある。Daron Acemoglu and James A. Robinson, *Why Nations Fail: The Origins of Power, Prosperity, and Poverty* (New York: Crown Business, 2013)〔訳注　邦訳は『国家はなぜ衰退するのか　権力・繁栄・貧困の起源』ダロン・アセモグル&ジェイムズ・A・ロビンソン著、鬼澤忍訳、早川書房、2016年〕.
4. 経済学の世界では以前から、政府の積極的な介入がなければ、賃金差の大きな2国間で貿易を行えば、先進国側の賃金が低下することは立証されていた。つまり、現状について以前から十分な警告があったということだ（これは、以下の論文で最初に確認された。Paul Samuelson and Wolfgang Stolper, "Protection and Real Wages," *Review of Economic Studies* 9, no. 1 [1941]: 58–73)。以下も参照。Samuelson, "International Trade and the Equalisation of Factor Prices," *Economic Journal* 58, no. 230 (1948): 163–84.

   そのためアメリカと中国との貿易は、ヨーロッパとアメリカの貿易など、賃金差がほとんどない2国間の貿易とは根本的に異なる影響がある。この問題に関する詳細な議論については、以下を参照。Stiglitz, *Globalization and its Discontents Revisited* and *Making Globalization Work*（『世界に格差をバラ撒いたグローバリズムを正す』).
5. 以下を参照。David H. Autor, David Dorn, and Gordon H. Hanson, "The China Syndrome: Local Labor Market Effects of Import Competition in the United States," *American Economic Review* 103, no. 6 (2013): 2121–68.

6. グローバル化が引き起こす問題はこれだけに限らない。たとえばグローバル化は、企業や家庭が保険をかけられないリスクを増大させる可能性が高い。詳細については、以下を参照。Stiglitz, *Globalization and its Discontents Revisited.*

7. この規定は、貿易協定に組み込まれた投資協定に含まれている（NAFTAの第11条など）。いまではこの規定は、アメリカのあらゆる貿易協定に標準的に採用されているが、実際には投資規定であって貿易規定ではない。言うまでもなくこれは、大企業の要請により組み込まれたものであり、大企業はこの規定を含まない貿易協定に反対を表明している。

8. 規制の変更により投資価値が減少することを「規制的収用」という。アメリカの連邦議会や裁判所は一貫して、自国にある企業にはこの規制的収用に対して補償を受ける権利がないと判断してきたが、アメリカが諸外国と締結した投資協定ではこの補償が約束されている。企業は直接政府を訴えることができる。また、こうした紛争は仲裁制度により解決されるが、3人の仲裁人のうち1人は当該企業が指名できる。この制度は当然、批判を受けている。たとえば、以下を参照。Joseph E. Stiglitz, "Regulating Multinational Corporations: Towards Principles of Cross-Border Legal Frameworks in a Globalized World Balancing Rights with Responsibilities," *American University International Law Review*, 23, no. 3 (2007): 451–558（2007年3月28日にワシントンDCで開催された第101回アメリカ国際法学会年次総会でのグロティウス記念講演); and "Towards a Twenty-first Century Investment Agreement," Preface in *Yearbook on International Investment Law and Policy 2015–2016*, eds. Lise Johnson and Lisa Sachs (New York: Oxford University Press), xiii-xxviii, http://ccsi.columbia.edu/files/2014/03/YB-2015-16-Front-matter.pdf.

9. グローバル化が、労働者や社会全体を犠牲にして企業利益を推進するよう設計されていたことを示す証拠はほかにもある。共和党のグローバル化支持者は概して、貿易調整支援に強硬に反対した。これは、グローバル化で職を失った人を支援し、それにより多大な損失を被る人を減らそうとする取り組みである。グローバル化への幅広い支持を長期的に取りつけようとするなら当然、グローバル化により多大な被害を受ける人からの反対をな

るべく減らしたほうがいい。だが企業経営者はそれよりも、強い交渉力を背景に、賃金を削減し、労働条件を悪化させて短期的な利益を増やすことを重視した。

同様に製薬会社は、医薬品に関する知的財産の規定により利益を増大させた。ここでも犠牲になったのは、消費者や政府である(政府は高価な医薬品コストの多くを支払っている)。

10. これは「インバージョン」と呼ばれる。しかし実際は、公式の本部以外はほとんど変わらないことが多い。実際に事業が行われている場所は以前のままである。こうした企業は移転をまるで厭わず、国に対する忠誠心をほとんど持っていない。心から忠誠心を抱いているのは、金と利益に対してだけだ。それでもアメリカ政府は、国際的なフォーラムや貿易交渉の場で、こうした企業の利益のために闘っている。これは、企業の選挙献金の力がいかに大きいかを物語っている。こうした問題の好例となるのが製薬企業だ。製薬企業は、アメリカにはほとんど雇用を生み出さない。薬はたいていアメリカではなく中国で製造される。また、税率の低い地域に特許を移すなど、策を弄して租税回避を図っている。最近の貿易協定で問題なのは、ジェネリック医薬品が不利になる規定が設けられていることだ。これは大手製薬企業の利益を増加させるとともに、薬の価格が上がることでアメリカ市民を苦しめることにもなる。オバマは医薬品のコストを下げた成果を誇らしげに語っていたが、環太平洋パートナーシップ協定(TPP)ではそれに反する内容で合意している。

11. 「底辺への競争」はそのほかさまざまな形をとる。たとえば銀行が、規制を緩めなければ事業拠点をほかへ移すと主張し、「底辺への競争」が起きた。それも、2008年の世界的な金融危機に影響している。

12. すでに述べたように税金は、企業の移転に影響を与えるさまざまな要素の1つにすぎない。それでも、雇用を奪われようとしている国が何の対応もしなければ、低税率だけでも企業が移転する誘因にはなる。政府が税率を下げても、私たちには何の利点もない。「底辺への競争」で最終的に勝利するのは、最初にこの競争を引き起こした企業だけである。

13. こうした税制措置が主張されるほどの効果をもたらさない証拠や、その理

論的分析については、第1章および第9章を参照。

14. その理由は、第1に、減税が巨額の赤字を生み出すから、第2に、こうした法案は不動産投機を奨励するばかりで、経済をもっとも力強く牽引する活動（インフラや教育への投資など）がおろそかになるからだ。標準的なモデルによれば、10年後、すなわち2027年の国民総所得は（赤字を補填するため外国から借金しなければならない点、国家債務の増加により民間投資が締め出される点を考慮すると）、現在のレベルと同等、もしくはそれ以下になると予想される。この計算については、ハーバード大学のロバート・バローと共同研究を行ったジェイソン・ファーマン（オバマ政権の大統領経済諮問委員会の委員長を務めていた人物）に私信で教えてもらった。
15. 法人税の実効税率は18.6パーセントだった。“International Comparisons of Corporate Income Tax Rates,” CBO, Mar. 8, 2017, https://www.cbo.gov/publication/52419.
16. EUは、アップルがアイルランドと裏取引を行っていることをかぎつけ、130億ユーロ（145億ドル少々）の支払いをアップルに命じた。
17. 国際調査報道ジャーナリスト連合が行った2種の機密文書の公開により、租税回避やマネーロンダリングなどの悪徳行為にタックスヘイブンがどれほど利用されているかが明らかになった。1つは、モサック・フォンセカという法律事務所が主に作成したパナマ文書、もう1つは、アップルビーという法律事務所が主に作成したパラダイス文書である。
18. 銀行やその顧客の企業や富裕層がタックスヘイブンの抑制に抵抗するのは当然だが、その抑制が可能なことは証明されている。同時多発テロ事件の後、アメリカはテロリストがタックスヘイブンを悪用するのを恐れ、こうした目的でのタックスヘイブンの利用を大幅に制限することに成功した。また、租税回避のため重大な問題行為を行っていた一部の銀行に多額の罰金を科すなど、極端にひどい事例の抑制については、多少の進歩が見られる。こうした成功事例からも、これまでにさまざまな対処ができたこと、すべきだったことがわかる。
19. こうしたテクノロジーの進歩は「スキル偏向的」と呼ばれる。20世紀末ごろにはこのスキル偏向的技術進歩が格差拡大の主な原因とされていたが、

現在では、それだけでは過去20年にわたる格差拡大のごく一部しか説明できないというコンセンサスが高まっている。実際、高技能労働者も苦境に陥っている。たとえば、以下の論文のスキル偏向的技術進歩に関する議論を参照。Piketty, *Capital in the Twenty-First Century*（『21世紀の資本』), and John Schmitt, Heidi Shierholz, and Lawrence Mishel, "Don't Blame the Robots: Assessing the Job Polarization Explanation of Growing Wage Inequality" (Economic Policy Institute, November 19, 2013).

もっと深刻な問題もある。すでに未熟練労働者の失業率がこれほど高く、賃金がこれほど低いのに、アメリカの市場経済はなぜ、さらにその失業率を高め、賃金を下げる方向へイノベーションを進めてきたのか？　気候変動から地球を救うなど、社会の現実的なニーズに合った研究を推進するのではなく、既存の社会問題を悪化させるイノベーション体制というのは、どこかがおかしい。

テクノロジーの進歩により向上するのは熟練労働者の生産性か未熟練労働者の生産性か、あるいは資本の生産性か天然資源の生産性かなど、テクノロジーの進歩の行く末を解説する優れた文献は1960年代から存在する。以下を参照。Emmanuel M. Drandakis and Edmond S. Phelps, "A Model of Induced Invention, Growth, and Distribution," *The Economic Journal* 76 (Dec. 1966): 832–40; William Fellner, "Two Propositions in the Theory of Induced Innovations, *The Economic Journal* 71, no. 282 (1961): 305–8; Charles Kennedy, "Induced Bias in Innovation and the Theory of Distribution," *The Economic Journal* 74, no. 295 (1964): 541–7; and Paul A. Samuelson, "A Theory of Induced Innovation along Kennedy-Weisacker Lines," *The Review of Economics and Statistics* 47, no. 4 (1965): 343–56. 市場による解決は一般的に非効率的であり、天然資源の節約をあまりに軽視し、労働力（特に未熟練労働者）の節約をあまりに重視しすぎる傾向があるが、最近になって私もその理由を解明しようと努力している。この問題は、2008年の金融危機後の世界における金融政策のため、さらに悪化している。資本コストが減少したため、労働力を節約する設備投資が推進されたからだ。

20. もちろん、これも格差拡大の大きな要因である。以下を参照。David H.

Autor, Alan Manning, and Christopher L. Smith, "The Contribution of the Minimum Wage to US Wage Inequality over Three Decades: A Reassessment," *American Economic Journal: Applied Economics* 8, no. 1 (2016): 58–99. この論文によれば、アメリカにおける中間位と最下位10パーセントとの格差の拡大のおよそ3分の1は、最低賃金の実質的価値の減少による。

21. 関税は輸入コストを増大させ、貿易を阻害する。だが、輸入品の競争力を下げる規定は、ほかにもたくさんある。たとえば農産物は、「植物検疫条件」に合わないという理由で、自由化から除外される場合が多い。後に述べるように、ヨーロッパでは遺伝子組み換え作物を規制しており、それがアメリカの小麦やトウモロコシをヨーロッパへ輸出する際の障害になっている。こうした規制の多くは正当なものだ。それは、健康や安全に対する社会の関心を反映している。だがなかには、輸入を阻害する目的で行われている規制もある。この両者を区別するのはなかなか難しい。

22. この協定は「パートナーシップ」と銘打たれているが、これにはやや語弊がある。実際には、アメリカがほとんどの条件を指定する形でのパートナーシップだった。以前からよく言われているように、これまでの貿易協定にも不適切な名称が使われている。たとえば、北米自由貿易協定（NAFTA）は、実際には自由貿易協定ではない。自由貿易協定なら、補助金や助成金など、自由貿易に対するあらゆる障害を取り除くはずだが、アメリカはその後も大規模な農業助成をすべて維持している。TPPはよく自由貿易協定と言われるが、無数の産業に影響を及ぼす具体的な規定が6000ページ分も記載されていることからもわかるように、むしろ「管理」貿易協定と言うにふさわしい。

23. 以下を参照。"Trans-Pacific Partnership Agreement: Likely Impact on the U.S. Economy and on Specific Industry Sectors" (United States Trade International Commission, Investigation No. TPA–105–001, USITC Publication 4607, 2016). アメリカ経済の成長にマイナスの影響があると主張する研究もある。Jeronim Capaldo, Alex Izurieta, and Jomo Kwame Sundaram, "Trading Down: Unemployment, Inequality and Other Risks of the Trans-Pacific Partnership Agreement" (Global Development and Environment Institute working paper 16–

01, Tufts University, 2016). ただし、貿易の自由化を支持する人はやはり、少なくとも2030年までには、アメリカ政府の予想よりやや大きなプラスの効果があると考えている。ピーターソン国際経済研究所のピーター・A・ペトリとマイケル・G・プラマー、および世界銀行はいずれも、TPPにより2030年までにGDPが0.5パーセント増加すると予想している。以下を参照。World Bank Group, *Global Economic Prospects: Spillovers amid Weak Growth. A World Bank Group Flagship Report* (Washington, DC: World Bank, 2016), 219–34.

24. 言葉の使い方に注意する必要がある。この協定は、知的所有「権」と銘打つことで、その規定に人権と同じ地位を与えた。だがこれにより、命を救う薬の価格が、発展途上国や新興市場の多くの人々には手の届かないレベルにまで上がり、もっとも基本的な権利である生きる権利が否定されることになった。この協定はまた、「貿易関連」と銘打つことで、貿易協定に知的所有権を含めることを正当化している。だがこの知的所有権の規定は、貿易される製品であろうがなかろうが適用される。それに、知的所有権の国際基準を定める国際機関はすでに存在している。ジュネーブの世界知的所有権機関（WIPO）である。

　貿易協定による知的財産権の規定を主に推進してきたのは製薬産業だが、それだけではない。娯楽（映画）産業もまた、著作権関連の規定の形成に重要な役割を果たしてきた。「ミッキーマウス」に関する前述の記事を参照。

25. 興味深いことに、アメリカがTPPから離脱すると、残りの国で貿易協定の協議を続け、「環太平洋パートナーシップに関する包括的及び先進的な協定」と改称するとともに、アメリカが強硬に主張していた健康に有害な規定を削除した。

26. この知的財産権制度により、知的財産の使用料の支払いを通じて、発展途上国や新興市場の資金が流出することになった。2016年、アメリカが発展途上国から受け取ったロイヤルティやライセンス料は、170億ドルを超える（アメリカ国際貿易委員会のデータに基づいて著者が計算）。

27. 伝統的な知識には、食物に関する知識（あるアメリカの会社は、インドの伝統食品であるバスマティ米の特許を取得している）や薬に関する知識（イ

ンドの伝統薬として知られるウコンやニーム油の薬物的用法についても、アメリカで特許が取得されている）などがある。

TRIPS協定や、その後の貿易協定の同様の規定はまた、別の形で発展途上国に悪影響を与えている。たとえば、農業（種子）に関連する規定などがある。以下を参照。Mario Cimoli, Giovanni Dosi, Keith E. Maskus, Ruth L. Okediji, Jerome H. Reichman, and Joseph E. Stiglitz (eds.), *Intellectual Property Rights: Legal and Economic Challenges for Development* (Oxford: Oxford University Press, 2014).

28. トランプはようやくこれに気づき、「強い」ドルこそ正しいというこれまでの政策を転換するよう財務長官に命じた。トランプがためらいつつもこの新たな政策を表明すると、一時的にではあるが為替市場が大混乱に陥った。一般的に、財務長官や大統領の言葉は（慎重な発言をする大統領の場合でさえ）、市場に影響を及ぼす。ただし、潜在的な経済力がその力を回復するまでの短期間だけである。

29. 実際にトランプは2018年3月、一部の国の鉄鋼に対して25パーセントの関税をかけると発表した。これはつまり、これらの国から鉄鋼を購入しようとするアメリカ人は、25パーセント増しの価格を支払わなければならなくなるということだ。これにより中国の鉄鋼は事実上、アメリカ市場から締め出された。

30. 一般的に、財政赤字と貿易赤字は緊密に連動するため、両者はよく「双子の赤字」と呼ばれる。ただし、経済のほかの要素の変化によっては、こうした事態にならない場合もある。1990年代にアメリカの財政赤字が減少しても、それに伴って貿易赤字が減少しなかったのは、同時に投資が急増していたからだ。

31. 新たな貿易協定の内容にかかわらず、ごくわずかなニッチ市場では、製造の仕事が部分的に戻ってくると思われる（「国内移転」と呼ばれる）。3D印刷などの新テクノロジーにより、一部の生産が消費地の近くで行えるようになるからだ。

32. これまで述べてきたように、トランプの政策は全体的に見て、貿易赤字を増やす可能性が高い（そのような政策をしなかった場合に比べて）。実際、

貿易赤字を削減するというトランプの公約にもかかわらず、大統領就任1年目には赤字が約10パーセント増えている（2016年は5020億ドル、2017年は5520億ドル）。もちろん、為替相場や貿易赤字に影響を及ぼす要素は、ほかにもたくさんある。たとえば、アメリカ市民が自国の未来に悲観的になり、国外に資金を移そうとすると、それにより為替相場が押し下げられる。投資家は、大規模な財政赤字が将来の経済に悪影響を与えると考えれば、国外に資金を移そうとする。そのため、大々的な財政赤字を生み出す法案が可決されたときには、短期的に為替相場が押し下げられたかもしれない。だが中長期的には、前述したような傾向が見られる。

33. ローレンス・J・ラウ教授の著作 *The China–U.S. Trade War and Future Economic Relations*（Hong Kong: Chinese University Press, 2018）によれば、付加価値に着目すると、この2国間の貿易赤字の規模は40パーセント減少する（同様に、中国で付加される価値の割合は少ないため、25パーセントの関税により多くの企業が、少なくとも生産の最終段階をほかの国へ移転させることになるだろう）。また同教授の推計によれば、中国経済に対するこの貿易戦争の影響は、せいぜい1ポイント少々GDPを減少させる程度で、年間6パーセント以上の成長率を誇る経済に容易に吸収されてしまうという。

34. 「ワシントン・ポスト」紙がジョージ・メイソン大学と共同で行った調査によれば、アメリカの有権者の56パーセントが、この貿易戦争はアメリカの雇用に悪影響を及ぼすと考えているという。以下を参照。Aaron Blake, “How Trump’s Trade War with China Could Go Sideways on Him,” *Washington Post*, July 7, 2018.

35. 知的財産に対する中国の立場については、ほかにも2つの問題が提起されている。第1に中国は、従来の知的財産権の行使を拒否している。だが、こうした告発は十数年前にはよくあったが、最近ではあまり聞かれない。これはおそらく、中国の企業が取得する特許の件数が増えており、それらの企業自身が知的財産権の徹底的な行使を求めているからだろう。第2に、サイバー犯罪である。オバマ政権時代にこれを抑制する協定が交わされたが、現在それが実行されているようには見えない。サイバー犯罪は秘密裏

に行われるため、双方のサイバー犯罪の規模がどの程度なのかわかりにくいが、実際にはかなりの規模に及び、さらに拡大を続けているようだ。知的財産権にまつわるアメリカの問題提起は、これら異なる3つの問題を一緒にしているため、サイバー犯罪にのみ注意を向けたほうが効果があると思われる。

36. 皮肉なことに、こうした問題に対処する国際的な投資協定を締結できる可能性はあったが、アメリカの交渉団が自国の実業界の利益を代表して「過剰な要求」をしたために、締結には至らなかった。差別待遇に対する保護ばかりか、規制が変更された場合の補償まで要求したのだ。

37. 中国企業によるアメリカでの特許取得件数は、10年前に比べるとおよそ10倍に増えている。以下を参照。Susan Decker, "China Becomes One of the Top 5 U.S. Patent Recipients for the First Time," *Bloomberg*, Jan. 9, 2018.

38. アメリカの立場を批判する人は、アメリカは偽善的だと主張する。アメリカは19世紀から20世紀初頭にかけて、他国の知的財産権を盗用または利用していた（故意ではない場合もあったが）。その好例が、ベッセマー製鋼法である（以下を参照。Philip W. Bishop, *The Beginnings of Cheap Steel* [Project Guttenberg, http://www.gutenberg.org/files/29633/29633-h/29633-h.htm]）。飛行に関する重要なイノベーションも、ライト兄弟ではなく、その数年前にあるブラジル人が開発していた。同様のことは、自動車に関する数多くの重要なテクノロジーについても言える。世界の頂点に上り詰めたアメリカは、ほかの国があとに続くのを阻止しようとしている。これは、ハジュン・チャンの以下の書籍の中心テーマでもある。*Kicking Away the Ladder: Development Strategy in Historical Perspective* (New York: Anthem, 2002)〔訳注　邦訳は『はしごを外せ　蹴落とされる発展途上国』ハジュン・チャン著、横川信治監訳、張馨元・横川太郎訳、日本評論社、2009年〕.

39. もちろん、「不公正」な貿易慣行に対する懸念は常にある。そのためWTOは、そのような行為を防ぐ最低限のルールを提示している。どこかの国がこのルールに違反すれば、「裁判」に持ち込み、WTOの採決を仰ぐことができる。そこで有罪と判断されれば、その行為をやめるか、貿易相手が関税など同等の貿易制限を課すことを認めなければならない。だが、ときには双方の

告発合戦になることもある。たとえば、アメリカはヨーロッパがエアバスに不当な助成をしていると考え、ヨーロッパはアメリカがボーイングに不当な助成をしていると考えている。これは、両者の助成に対する考え方がまったく異なる点に問題がある。国内の懸念を反映するために課された規制は、貿易相手の国から不当な貿易障壁と見なされる場合が多い。前述した遺伝子組み換え作物がいい例だ。

40. 投資協定については、変更が必要な規定はほかにもたくさんある。たとえば、紛争解決制度である。投資協定で特別な規定を定めるのではなく、当該国内の裁判所を利用しなければならないようにするべきだ。先進国と投資協定を結ぶ際には、とりわけそれがあてはまる。先進国であれば、優れた司法制度が整備されていると思われるからだ。そして、問題が発生した場合には、国内の投資家と海外の投資家双方にバランスのとれた対処を行うべきである。また、違反があった際の補償の規模についても、変更が必要だろう。現在では、単に失われた投資分を補償するのではなく、違反がなければ得られていたであろう利益というはっきりしない概念をもとに補償が規定されている。以下を参照。Stiglitz, "Towards a Twenty-first-Century Investment Agreement."

41. 私はTPP交渉の際に、USTRがいかに閉鎖的かを実感した。ジェネリック医薬品に関する規定の悪影響を心配していた私は、この分野の交渉担当者全員と面会しようとしたが、アメリカの交渉担当者とだけは面会できなかった。

42. 一般市民を支援すべきではないと主張する冷淡な人もいる。百数十年前に、「社会ダーウィン主義」という思想があった。自力で生活していけない人々はそのまま放っておいたほうが、社会のためになるという考え方である。つまり、「適者生存」というわけだ。このような思想は、非人間的なだけではない。そんな政策が社会のためになるという主張は、ダーウィンの進化論のまったく誤った解釈に基づいている。

43. 産業政策が保護主義と見なされることもある。トランプのように、滅びゆく古い産業を保護しようとする場合がそうだ。私が主張している産業政策はそれとはまったく反対で、新たな産業への移行を支援し、変わりゆく市

場やテクノロジーに適応できるようにする。既存の企業が競争を避けるため産業政策を悪用することのないように、監視を強化する必要もある。こうした悪用も、一種のレントシーキングと言える。

第5章　金融が引き起こした危機

1. ドッド・フランク法の重要部分を取り消そうとした初期のある試みについては、本章で後に紹介する。2018年には、資産が2500億ドル以下の銀行は、同法による監視強化の対象外となった。

　銀行はあらゆる機会をとらえて抵抗している。ある規制担当者はこう語る。銀行は、壁と壁紙との間にすき間があればそれを利用し、そこに十分なスペースをつくろうとする、と。

2. 金融危機後、銀行救済に携わった主要人物2人、ガイトナーと連邦準備制度理事会議長のベン・バーナンキ（2人とも共和党員で、オバマが指名した）が、それぞれ回顧録を執筆している（Ben Bernanke, *The Courage to Act* [New York: W. W. Norton, 2015]〔訳注　邦訳は『危機と決断　前FRB議長ベン・バーナンキ回顧録』ベン・バーナンキ著、小此木潔訳、角川書店、2015年〕; Timothy F. Geithner, *Stress Test: Reflections on Financial Crises* [New York: Broadway Books, 2014]〔訳注　邦訳は『ガイトナー回顧録　金融危機の真相』ティモシー・F・ガイトナー著、伏見威蕃訳、日本経済新聞出版社、2015年〕)。この回顧録の書評で広く指摘されているように、彼らの救済策に対する弁明は説得力に欠ける。それはやはり、金融産業の利益ばかりが優先され、ほかの利益が顧みられなかったからだろう。

3. この部分に記した内容については、私の著書*Freefall*（『フリーフォール』）で詳しく解説している。

4. ちなみに、モラルが崩壊しているのは銀行家だけではない。トランプも、商取引やトランプ大学でもっとひどいことをしている。また、これはアメリカに限った問題でもない。金融産業の悪辣な行為は海外でも見られた。

　自動車メーカーも、自社製品は実際以上に環境に優しいというウソを広めていた。このように、モラルの崩壊は金融産業に限らない。それでも、

詐欺行為や不正行為の金銭的価値だけを見れば、金融産業が群を抜いていることに変わりはない。バーナード・マドフの詐欺事件だけでも、顧客の口座から奪われた金額はおよそ650億ドルにのぼる。それに、金融産業はほかのほとんどの産業とかかわりがあるため、金融産業が経済全体にウイルスをまき散らしているとも言える。

5. 住宅ローン担保証券など複雑な証券が開発されるようになると、何千もの住宅ローンを組み込んだこれらの証券を売り込むために、オリジネーターや投資銀行が返金保証に相当するものを発行しなければならなくなった。そこで銀行は、証券に投資したり保険をかけたりする人に対して、住宅ローンが記載の情報どおりでなければ、その住宅ローンを買い戻すことを約束した。投資家や保険者に、自分が保険をかけたり購入したりする商品を信用してもらうには、そうするしか方法がなかった。だが、多くの住宅ローンが記載の情報どおりではない（たとえば、所有者が居住していると記載されている不動産の住宅ローンが、実は賃貸不動産の住宅ローンだった、など）ことが判明すると、銀行は、約束した買戻しを拒否するようになった。賃貸不動産の債務不履行率は、所有者が居住している不動産の債務不履行率よりはるかに高いからだ。しかし、数年後に銀行が支払うべき金銭を支払った事例も、少なくとも数件はある（実を言えば私は、こうした訴訟の一部で専門家証人を務めていた。問題が発生してから10年以上たつが、訴訟はまだ続いている）。

6. 議会聴聞会で上院議員のカール・レヴィンは、ゴールドマン・サックスのCEO兼会長のロイド・ブランクファインに、ゴールドマンは「信用できない」と述べた。「あなたの会社が勧める商品を投資家が購入しようとしており、あなたの会社がそれとは反対のポジションをとろうとしているとき」に、会社は自社の立場を投資家に伝えるのかとレヴィンが繰り返し尋ねると、ブランクファインは、それを投資家に伝える「義務があるとは思わない」と答えたからだ。以下を参照。James Quinn, “Goldman Boss Lloyd Blankfein Denies Moral Obligation towards Clients,” *Telegraph*, Apr. 28, 2010. この聴聞会でのやりとりはすべて、Cスパンで視聴できる。ブランクファインのコメントや聴聞会の動画は、国土安全保障・政府問題委員会の常設調査小委員会

のウェブサイトでも閲覧できる。https://www.hsgac.senate.gov/subcommittees/investigations/hearings/-wall-street-and-the-financial-crisis-the-role-of-investment-banks（2018年7月23日にアクセス）.

7. このような態度は、ゴールドマン・サックスの思考に欠かせないものだったのかもしれない。銀行家たちは、今日の取引でいくらもうけられるかということだけを考えていた。そのため、評判を失えば今後の利益も失われることにまで考えが及ばなかった。
8. *Financing SMEs and Entrepreneurs 2018*, OECD. アメリカの中小企業への融資に関する数字は、未返済の企業向け融資の総額である。驚くべきことに、小企業への融資の割合もまた、2007年の30.1パーセントから2016年の18.5パーセントへと激減している。
9. この銀行は、ブラジル、ロシア、インド、中国、南アフリカという5つの主要新興市場（頭文字をとってBRICSと呼ばれる）により設立された。
10. 1996年には、年間わずか50億ドルの予算がないという理由で、福祉制度から見捨てられつつある人々に職業訓練や育児サービスを提供する効果的な福祉制度改革が頓挫した。それから約20年後の2015年でさえ、貧困家庭向け一時援助金プログラム（TANF）による支出は、わずか165億ドルだった。
11. ロビイストは、政府機関の閉鎖を防ぐためにどうしても可決しなければならない法案に組み込むという高度な立法手法を駆使して、この規定を可決させることに成功した。以下を参照。Erika Eichelberger, “Citigroup Wrote the Wall Street Giveaway the House Just Approved,” *Mother Jones*, Dec. 10, 2014.
12. 一線を越えたいくつかの銀行は、多額の罰金を命じられた。たとえばクレディ・スイスは、26億ドルの罰金を支払っている。外国の銀行は、アメリカ政府は自国の銀行の不正には寛大で、外国の銀行の不正ばかり熱心に摘発すると不満を訴えているが、この主張は正しい。
13. 節税になるのは、所得の大半が、配当としてではなくキャピタルゲインとして課税されるからだ。
14. こうした利益を受け取る富裕層は、ほとんど消費をしない。せいぜい、不動産に使って不動産価格を吊り上げる、ポートフォリオを多様化させるた

め海外へ投資する、ギャンブルに手を出してデリバティブやCDS(クレジット・デフォルト・スワップ)を買う、といったところだろう。確かに、経済のほかの部分へ生産的な投資を行うこともあるかもしれない。だが残念ながら、企業利益のうち、実質的にアメリカ経済への投資に再配分されるのは、ごくわずかにすぎない。それが、アメリカの投資率の低下の一因となっている。

15. 企業から流出する資金(配当および自社株の買い戻し)の割合は、1960年代にはGDPの3パーセント未満だったが、最近では倍増し、6パーセント前後に達している。また2005年以来、非金融企業による自社株の買い戻しが、純資本形成を上まわっている。経済分析局のデータに基づいた以下を参照。Lester Gunnion, "Behind the Numbers," *Deloitte Insights*, Nov. 2017. 全体的に、自社株の買い戻しが増加し、企業投資が減少しているという傾向があったとしても、それだけでは、一方が他方の原因になっていると結論づけることはできない。実際どちらも、第3章で解説した市場支配力の増大によるものと考えることもできる。市場支配力が増大すれば、利益が増えると同時に、投資を増やそうとするインセンティブは減る。

16. 2018年12月6日現在、アメリカの企業は自社株の買い戻しに9690億ドルを費やしており、年末までには1兆ドルを超えると予想される。以下を参照。Michael Schoonover, "Will the Record-Setting Buyback Trend Continue in 2019?," *Catalyst Fund Buyback Blog*, Dec. 7, 2018. 減税による利益の大半が自社株の買い戻しと配当に利用されていることを考えると、投資があまり増えず、労働者の報酬がまったく上昇しないのも驚くべきことではない。経済政策研究所の推計では、2018年に減税により増える労働者のボーナスは、1時間あたりわずか2セントだという。ラッセル1000指数に含まれる企業のうち、減税により浮いた資金を何に費やしているかを2018年12月10日までに公表している企業は145社あるが、労働者に費やしていた企業は6パーセントにすぎない(https://justcapital.com/tax-reform-weekly-updates/)。注目すべきは、税制改革法案が可決され、企業に莫大な利益がもたらされてから1年がたったものの、株価さえ上がっていないことだ。議会予算局の試算によれば、2020年から2022年までの間に、成長が1.6パーセントまで鈍化するという。

以下を参照。*Vox*, "Republican Tax Cut Bill One Year Later: What It Did—and Didn't—Do," https://www.vox.com/policy-and-politics/2018/12/18/18146253/tax-cuts-and-jobs-act-stock-market-economy.

17. これは現代の経済学では、利子率の引き上げによる逆インセンティブ効果あるいは逆選択効果と呼ばれる。たとえば、以下を参照。Joseph E. Stiglitz and Andrew Weiss, "Credit Rationing in Markets with Imperfect Information," *American Economic Review* 71, no. 3 (1981): 393–410.
18. その起源は1990年代初頭にまでさかのぼる。以下を参照。Vitaly M. Bord and João A. C. Santos, "The Rise of the Originate-to-Distribute Model and the Role of Banks In Financial Intermediation," *Federal Reserve Bank of New York Policy Review*, July 2012, 21–34, https://www.newyorkfed.org/medialibrary/media/research/epr/12v18n2/1207bord.pdf.
19. 準備金の役割は簡単に理解できる。1000ドルの預金を持つ銀行が1000ドルを貸し出しているが、準備金が100ドルしかない場合を考えてみよう。このローンの10パーセント以上が焦げつけば、返済される額は900ドル以下となり、準備金の100ドルと合わせても預金者に返金できなくなり、政府の救済が必要になる。1万ドルの預金を集めていたとしてもその全額を貸し出してしまえば、ローンがわずか1パーセント焦げついただけで銀行は預金者に返金できなくなる。金融危機の前は、支払準備率がきわめて低く、返済がわずかでも滞れば、問題を引き起こすおそれがあった。
20. この言葉は、金融危機をテーマにした2011年の映画「The Flaw」(デイヴィッド・シントン監督)のタイトルにも使われた。
21. これは、インセンティブにずれがある数ある領域の1つにすぎない。銀行家など金融業界の人間は、取引を増やせば増やすほど利益をあげられる。「取引費用」や手数料という形で、そこから多大な利益を引き出すことができるからだ。しかし当然、手数料が高くなれば、それだけ銀行の顧客は困窮することになる。十分な情報を与えられた合理的な顧客で構成される競争市場であれば、銀行家が法外な費用を請求しても見逃されることはない。だが実際の金融市場は、そんな理想からほど遠い状況にある。

 銀行家は、誰かの代理で管理できる口座を手に入れると、なるべく利益

のあがるところへ投資するためと称して、その口座で頻繁に売買を繰り返す。だがその言い分は間違っている。実際のところ、サルがダーツで決めたポートフォリオと投資運用会社が選んだポートフォリオを比べても、成果はほとんど変わらないという。それでもサルは、まだ邪気がないだけましだ。投資運用会社には利害の衝突がある。彼らにしてみれば、多額の手数料が手に入る投資信託に投資したほうが利益になる。また、売買を繰り返せば繰り返すほど利益になる。オバマ政権はかつて一部の投資運用会社に対し、信託の基準に従うべきだと要請したことがあった。つまり、顧客の利益が最大になるように行動せよ、ということだ。すると、銀行家や資産管理者から抗議の声が上がった。信託基準に従っていては（つまり、ときどき顧客を巧みに利用しなければ）生き残れないという。彼らは恥知らずにも、顧客の利益が最大になるよう努力することはできないと認めたのだ。銀行家は利害の衝突があることなど意に介することなく、定年退職者を犠牲にして年間推計170億ドルもの利益をあげて私腹を肥やしていた。前述したゴールドマン・サックスのブランクファインの言葉同様、これもまた、金融業界のモラルが崩壊し、評判などまるで気にしていない実態を明らかにしている。

22. 前述したシカゴ学派の指導者ミルトン・フリードマンは、この考え方を支持していた。経済学が進歩し、一般的には株主価値を最大化しても社会全体の利益にはならないことが明らかになりつつあった時期でさえそうだ。たとえば、以下を参照。Sanford Grossman and Joseph E. Stiglitz, “On Value Maximization and Alternative Objectives of the Firm,” *Journal of Finance* 32, no. 2 (1977): 389–402; and “Stockholder Unanimity in the Making of Production and Financial Decisions,” *Quarterly Journal of Economics* 94, no. 3 (1980): 543–66.

23. 以下を参照。Tooze, *Crashed.*

24. 共和党の税制改革により、この利益はさらに増えた。たとえば、2018年の第1四半期のバンク・オブ・アメリカの収益は、70億ドル近い史上最高額を記録した。しかし新たな税法のため、利益は増えても支払う税金は26パーセントほど減少した。以下を参照。Matt Egan, “Big Banks Are Minting

Money Right Now," *CNN Money*, Apr. 18, 2018.

25. 2016年の民主党予備選では、商業銀行と投資銀行を分離したグラス・スティーガル法を復活させ、破綻させることもできないほど巨大化した銀行を改革すべきなのか、それとも影の金融システムを改革すべきなのか、というばかげた議論があった。正解はもちろん両方である。たとえば、以下を参照。Stiglitz, *Freefall*（『フリーフォール』); Commission of Experts on Reforms of the International Monetary and Financial System appointed by the President of the United Nations General Assembly, *The Stiglitz Report: Reforming the International Monetary and Financial Systems in the Wake of the Global Crisis* (New York: The New Press, 2010); Simon Johnson and James Kwak, *13 Bankers: The Wall Street Takeover and the Next Financial Meltdown* (New York: Random House, 2010)〔訳注　邦訳は『国家対巨大銀行　金融の肥大化による新たな危機』サイモン・ジョンソン＆ジェームズ・クワック著、村井章子訳、倉都康行解説、ダイヤモンド社、2011年〕; and Rana Foroohar, *Makers and Takers: How Wall Street Destroyed Main Street* (New York: Crown, 2016).

第6章　新たなテクノロジーが提示する課題

1. 2016年3月、大手AI企業のディープマインドが開発したグーグルのコンピューター囲碁プログラム「アルファ碁」が、囲碁の世界チャンピオン李《イ》世《セ》乭《ドル》に勝利した。以下を参照。Choe Sang-Hun, "Google's Computer Program Beats Lee Se-dol in Go Tournament," *New York Times*, Mar. 15, 2016. その1年半後にグーグルは、さらに優れたAI能力を持つプログラムを公開している。以下を参照。Sarah Knapton, "AlphaGo Zero: Google DeepMind Supercomputer Learns 3,000 Years of Human Knowledge in 40 Days," *Telegraph*, Oct. 18, 2017.
2. Robert J. Gordon, *The Rise and Fall of American Growth: The US Standard of Living since the Civil War* (Princeton: Princeton University Press, 2016)〔訳注　邦訳は『アメリカ経済　成長の終焉』ロバート・J・ゴードン著、高遠裕子・山岡由美訳、日経BP社、2018年〕. 誰もがゴードンの見解に賛同しているわけではない。同じノースウェスタン大学の著名な経済史学者ジョエル・モキールは、

もっと楽観的な見解を示している。たとえば、以下を参照。Joel Mokyr, "The Next Age of Invention: Technology's Future Is Brighter than Pessimists Allow," *City Journal* (Winter 2014): 12–20. GDPには多大な測定誤差があり、本当の成長率はもっと高いと主張する学者もいるが、私の判断では、確かに測定には多大な問題があるものの、それでも全体像は変わらない。現在のGDPの増加ペースは、以前の時期に比べると遅い。だがもちろん、今後のイノベーションのペースについて確実なことは言えない。

3. これを「シンギュラリティ」という。以下も参照。Stanislaw Ulam, "Tribute to John von Neumann," *Bulletin of the American Mathematical Society* 64, no. 3, part 2 (1958): 5. 以下も参考になる。Anton Korinek and Joseph E. Stiglitz, "Artificial Intelligence and Its Implications for Income Distribution and Unemployment," in *Economics of Artificial Intelligence* (Chicago: University of Chicago Press, forthcoming).
4. 過去5年の間に人工知能は急速に発展しており、AIが人間の能力を上まわる時期についてさまざまな分野で幅広い憶測を生んでいる。AI専門家の調査によれば、2024年までには言語の翻訳で、2027年までにはトラックの運転で、AIが人間を上まわるようになるという。また、45年後にあらゆる仕事でAIが人間を上まわる確率を50パーセントと見積もる予測もある。以下を参照。Katja Grace, John Salvatier, Allan Dafoe, Baobao Zhang, and Owain Evans, *Journal of Artificial Intelligence Research* (2018), arXiv:1705.08807.
5. 以下を参照。Carl B. Frey and Michael A. Osborne, "The Future of Employment: How Susceptible Are Jobs to Computerisation?," *Technological Forecasting and Social Change* 114 (2017): 254–80. 以下の書籍も参考になる。Erik Brynjolfsson and Andrew McAfee, *Race against the Machine* (Lexington: Digital Frontier Press, 2011)〔訳注　邦訳は『機械との競争』エリック・ブリニョルフソン&アンドリュー・マカフィー著、村井章子訳、日経BP社、2013年〕.
6. この物語の別バージョンについては、以下を参照。"Difference Engine: Luddite Legacy," *The Economist*, Nov. 4, 2011.
7. 以下を参照。Stiglitz, *The Great Divide*, 393–403 (『世界に分断と対立を撒き散らす経済の罠』). これは以下の研究に基づいている。Domenico Delli Gatti,

Mauro Gallegati, Bruce Greenwald, Alberto Russo, and Joseph E. Stiglitz, "Mobility Constraints, Productivity Trends, and Extended Crises," *Journal of Economic Behavior & Organization* 83, no. 3 (2012): 375–93; and "Sectoral Imbalances and Long Run Crises," in *The Global Macro Economy and Finance*, eds. Franklin Allen, Masahiko Aoki, Jean-Paul Fitoussi, Nobuhiro Kiyotaki, Roger Gordon, and Joseph E. Stiglitz, International Economic Association World Conference vol. 150–III (Houndmills, UK and New York: Palgrave, 2012), 61–97.

8. この時期に価格が下落した農産物の一例が、小麦である。その価格は、1920年代初めにおよそ60パーセント下落し、1930年代初めにさらに70パーセントほど下落した。"The Wheat Situation," Bureau of Agricultural Economics, US Department of Agriculture, WS-61, Nov. 1941.

9. 以下を参照。Delli Gatti et al., "Mobility Constraints, Productivity Trends, and Extended Crises." ほかの研究を見ても、同じようにかなりの規模で所得が減少している。以下を参照。"Wages and Income of Farm Workers, 1909 to 1938," *Monthly Labor Review* 49, no. 1 (1939): 59–71. この論文には、50パーセント以上所得が減少したとある。

10. この時期の土地価格の下落については、以下を参照。"Publications: Trends in U.S. Agriculture: Land Values," United States Bureau of Agriculture, National Agricultural Statistics Service, https://www.nass.usda.gov/Publications/Trends_in_U.S._Agriculture/Land_Values/index.php (2018年7月2日にアクセス).

11. 求められているスキルと現在の労働者が持っているスキルとの間にずれがある場合もある。この場合には、再訓練プログラムにより労働者に必要なスキルを提供すればいい。だが近年は、こうしたずれは大きな問題にはなっていない。それが問題なら、スキルを持つ労働者の賃金がもっと急激に上昇しているはずだ。

12. たちの悪い政治活動という言葉を使ったのはほかでもない。共和党が、自党や、自党を支持する大企業や富裕層の利益になるチャンスを見つけるやいなや、これまで信条としてきた均衡予算へのこだわりをすっかり放棄してしまったからだ。そのこだわりのために共和党は、財政政策を施せば金融危機からもっと早く回復できたかもしれないのに、それを拒んできた。

13. これにはトレードオフがあった。投資が増えた結果、短期的に労働需要は増加したが、労働力が機械化されたため、長期的には労働需要は減少した。低金利により、国債の金利に頼って生活している高齢者の消費も減少した。

14. さらに、ギグエコノミーなど労働市場の構造の変化により、十分な利益を得られない不安定な仕事が生まれるおそれもある。

15. これらの分野で賃金が低いのは、これまでその仕事に性差があったからだ。女性に対して構造的な賃金差別があった。

16. ビッグデータを利用する大手テクノロジー企業を擁護する人はまた、それにより、当人のニーズに合った製品に顧客を誘導できると主張する。だが、この「誘導」には支配者的側面がある。それに、その動機は明らかに、顧客を幸せにすることではなく、大手テクノロジー企業やそのサイトに広告を出している企業の利益を増やすことにある。残念ながら、以下で述べるように、消費者全体（特に情報面で不利な状況にある消費者）に損害を及ぼすビッグデータの使用例は無数にある。ビッグデータを利用して発展する市場経済を「監視資本主義」と呼ぶ人もいる。たとえば、以下を参照。John Bellamy Foster and Robert W. McChesney, “Surveillance Capitalism,” *Monthly Review*, July 1, 2014; Shoshana Zuboff, “Big Other: Surveillance Capitalism and the Prospects of an Information Civilization,” *Journal of Information Technology* 30, no. 1 (2015): 75–89; and Shoshana Zuboff, *The Age of Surveillance Capitalism* (New York: Public Affairs, 2019).

17. 「完全」な価格差別とは、消費者1人ひとりに対し、それぞれが製品やサービスに支払ってもいいと思う最高額を代金として請求する行為を指す。製品やサービスの市場では、同じ製品やサービスであっても、買い手（消費者）の好みや資力によって、支払ってもいいと思う価格は異なる。たとえば、製造コストが100ドルかかるしゃれた靴について考えてみよう。この靴に、1ドルしか払う気がない人もいれば、500ドル払ってもいい人もおり、その間には無数の消費者がいる。企業は、100ドル以上支払ってくれるすべての消費者に対し、その消費者それぞれが支払ってもいいと思う最高額で靴を販売すれば、利益を最大化できる。その額が101ドルだという人もいれば、200ドルの人もいるだろう。500ドルという人もわずかながらいるか

もしれない。企業は、自社製品を買ってくれる消費者の間でこうした価格差別を行おうと、さまざまな方法を活用する。ブランド化、販促、一部対象者への割引などがいい例だ。このような差別は、社会に何の利益ももたらさない。できるかぎり消費者から利益を絞り取ろうとするだけだ。経済学者はこれを「消費者余剰の搾取」と呼ぶ。つまり、顧客にとって製品がどれだけの価値を持つかを見きわめ、それをもとにできるだけ多くを奪い取ろうとする。コストとは無関係に、消費者によって価格を変えるこの行為は、1936年のロビンソン・パットマン法で禁止されたが、この法が執行されることはほとんどない。ビッグデータ関連の価格差別については、以下を参照。Silvia Merler, "Big Data and First-Degree Price Discrimination," *Bruegel*, Feb. 20, 2017, http://bruegel.org/2017/02/big-data-and-first-degree-price-discrimination/.

18. 市場の効率に関する一般的な議論は、「製品に対する限界評価はどの消費者も同じであり、限界費用に等しい」という考え方に基づいている。つまり、消費者全員が同じ価格を提示されている場合である。価格差別がある場合でも、その差別が「完全」であれば市場は効率的に機能するが、現実世界の価格差別は不完全であり、非効率やゆがみが蔓延している。たとえば、以下を参照。Stiglitz, "Monopoly, Non-Linear Pricing and Imperfect Information: The Insurance Market," *Review of Economic Studies* 44, no. 3 (1977): 407–30. これは以下に再掲されている。*Selected Works of Joseph E. Stiglitz, Volume I: Information and Economic Analysis* (Oxford: Oxford University Press, 2009), 168–92.

    AIはまた、情報の非対称性を生み出す。企業間で情報量に差があるうえ、消費者よりも大手テクノロジー企業のほうが多くの情報を持っている。情報の非対称性が自然に発生したものであれ市場が生み出したものであれ、それが存在しない場合にしか、市場は効率的に機能しない。ビッグデータはこうした非対称性を高めつつあるため、資源配分を効率的に行えない可能性が高くなる。

19. Jennifer Valentino-DeVries, Jeremy Singer-Vine, and Ashkan Soltani, "Websites Vary Prices, Deals Based on Users' Information," *Wall Street Journal*, Dec. 24,

2012.

20. ノーベル経済学賞受賞者のジョージ・アカロフとロバート・シラーの下品な言葉を使えば、「マヌケをあさる」ことを指す。以下を参照。Akerlof and Shiller, *Phishing for Phools*（『不道徳な見えざる手』）.

21. 以下を参照。Tüfekçi's TED talk, "We're Building a Dystopia Just to Make People Click on Ads," Oct. 27, 2017.

22. ミリアドに対する訴訟にはそのほか、ペンシルベニア大学、およびコロンビア大学、ニューヨーク大学、エモリー大学、イェール大学の研究者が参加した。原告の法定代理人を務めたのは、アメリカ自由人権協会と公共特許財団である。私も専門家として、この訴訟の経済的意味について原告を擁護する報告書を執筆し、その特許を無効にすればイノベーションが刺激されると主張した。その後の状況を見れば、この分析が正しかったことがわかる。

23. 政府はいつでも好きなときに、民間企業が入手したデータにアクセスできる権限を持っている。中国など一部の外国に比べれば、アメリカでそれを実行するのは難しいが、両者の間に堅固な壁があると考えてはいけない。また、制約がないと、民間企業が商業的理由によりデータを利用・悪用するインセンティブが高まることも憂慮すべきだ。

24. George Orwell, *1984* (New York: Harcourt, Brace, 1949)〔訳注　邦訳は『一九八四年』ジョージ・オーウェル著、高橋和久訳、早川書房、2009年〕; Dave Eggers, *The Circle* (New York: Alfred A. Knopf, 2015)〔訳注　邦訳は『ザ・サークル』デイヴ・エガーズ著、吉田恭子訳、早川書房、2017年〕.

25. 以下、およびそこに引用された文献を参照。Greenwald and Stiglitz, *Creating a Learning Society*（『スティグリッツのラーニング・ソサイエティ』）.

26. テクノロジー産業の人間は言う。「私たちに任せておけ。私たちは賢い。問題が起きても自分で解決する。必要なのはわずかばかりの自主規制だけだ。自分で管理できる」。こうした言葉は以前にも聞いたことがある。銀行業界がかつてまったく同じことを言っていたが、それからどうなったかは誰もが知っている。民間企業に任せておけないのは明らかだ。民間企業のインセンティブは、一般消費者とは一致しない。民間企業は利益にしか関心が

なく、社会福祉には関心がない。

27. 一般データ保護規則（GDPR）である。これは重要な最初の一歩ではあるが、ここで議論している問題に対処するにはあまりに不十分だ。

28. たとえばトランプ政権は、個人情報保護方針が貿易障壁になっているとヨーロッパを非難している。

29. エキファックスは、個人の信用状態に関する情報を他社に提供していた。エキファックスのような企業に十分なセキュリティ対策を促す規制の仕組みはない。企業は近視眼的で、利益にばかり目を向けている。セキュリティの構築に資金を費やせば利益が減るため、十分な規制や監視がない状態では、セキュリティ費用を惜しむインセンティブが高まる。また、セキュリティを高めることで恩恵を被るのは、主にデータを収集された人たちだが、企業は彼らにほとんど関心を払っていない。

30. どんな規制案の設計にも、複雑な問題が無数にある。たとえばこの案であれば、消費者が食料品を追加注文する場合には、情報を保管しておいてもいいが、ほかの目的では使わない、など。

31. データを匿名化するだけでは不十分かもしれない。ビッグデータを収集している企業は、十分なデータさえあれば個人を特定できてしまう。そのため、データセットのなかの情報の一部を取り除くことが必要になる。

32. プラットフォーム企業には、通信品位法の230節で免責が与えられている。中傷的な記事の投稿に責任を負わなければならないとなると、プラットフォーム企業は容易に破綻しかねない。そのため、責任に制限を課すことが必要になる。ただしそれは、投稿された記事の内容に注意を払うインセンティブをある程度生み出しつつも、経営が困難にならない程度の制限であるべきだ。

　また、出版社は著作権を尊重しなければならないが、プラットフォーム企業はこれについても、デジタルミレニアム著作権法の512節で免責を受けている。これも改正が必要だが、むしろ規制の微調整が必要と言ったほうがいいかもしれない。検索エンジン企業が表示される情報の断片ごとに料金を支払っていたら、成長が損なわれてしまう。

33. 一部の大手テクノロジー企業は、矛盾した見解を使い分けている。自社を

出版社だと見なしたほうが有利なときには出版社だと主張し、そう見なすと不利なときには出版社ではないと主張する。

34. Jason Horowitz, "In Italian Schools, Reading, Writing, and Recognizing Fake News," *New York Times*, Oct. 18, 2017, https://www.nytimes.com/2017/10/18/world/europe/italy-fake-news.html. 歴史的経験から言えば、残念ながら消費者教育には限定的な効果しかない。

35. インスタグラムやワッツアップは除く。

36. この監視のなかでも特に政治プロセスにかかわる側面については、後に詳しく解説する。

　政府が「公的な選択肢」をつくるほうがいいのかもしれない。つまり、この民間のプラットフォームと競合する公的なプラットフォームを新たにつくるのである（「公的な選択肢」については第10章で幅広く取り上げる）。公営のプラットフォームであれば、民間のプラットフォームに生まれがちな逆インセンティブに悩まされることもない。つまり、搾取的な方法でデータを収益化することも、破滅的な方法で依存症を奨励することもない。

37. ソーシャルメディアの社会的価値については測定が難しい。無料で（データの価値を無視すれば）提供されるため、ユーザーに対して生み出される価値が国民所得統計に反映されないからだ。一方、ソーシャルメディア企業の収益は国民所得に計上されるが、その収益が増加しても社会の福利が向上するとは限らない。すでに述べたように、データを巧みに活用して消費者を搾取した（消費者余剰を「収益化」した）ために収益が増加したのであれば、それは消費者の福利を犠牲にして収益を増やしたことになる。また、その収益の一部は、新聞社など「従来」の出版社を犠牲にして手に入れたものでもある。従来の出版社もまた、調査報道など、消費者にとって莫大な価値のあるサービスを提供してきたが、その社会的価値は国民所得に反映されない。

38. たとえば医療の分野では、ビッグデータやAIが重要になる。ただしプライバシーについては、ほかの分野よりも慎重な対応が求められる。

39. 「スプリンターネット」という言葉は、以下の書籍により大衆に広まった。Scott Malcomson, *Splinternet: How Geopolitics and Commerce Are Fragmenting*

the World Wide Web (New York: OR Books, 2016). グーグルの元会長エリック・シュミットは、ジャレッド・コーエンと執筆した以下の書籍で、インターネットが分断されつつあるとの認識を示している。*The New Digital Age: Reshaping the Future of People, Nations and Business* (New York: Alfred A. Knopf, 2013)〔訳注　邦訳は『第五の権力　Googleには見えている未来』エリック・シュミット&ジャレッド・コーエン著、櫻井祐子訳、ダイヤモンド社、2014年〕.

40. GDPRの27条に記載されている。
41. 市場は本質的に地域的であるため、グローバルな情報の価値は限定されると主張する人もいる。だがこの見解に従えば、複数の市場（たとえば、中国とアメリカとヨーロッパなど）から得る情報の限界価値はさほど大きなものではなく、規制制度の違いから生まれる「不公平」な優位性は無視できることになる。
42. 「真実を伝える機関」が攻撃にさらされている世界（第1章参照）では特に、オンラインの偽情報は大きな問題となる。だが、この問題への適切な政策対応については、本書が扱う範囲を超えている。

第7章　なぜ政府の介入が必要なのか？

1. アイザック・ニュートンは1675年にこう述べている。「私により遠くの景色が見えているとしたら、それは巨人の肩の上に立っているからだ」
2. 私は、以下の小著を執筆したころからこの考えを表明している。*The Economic Role of the State* (Oxford: Basil Blackwell, 1989).
3. これは「サミュエルソンの純粋公共財」と呼ばれる。ポール・A・サミュエルソンが以下の論文で初めて、こうした公共財と一般的な「私的」財との違いを明らかにした。"The Pure Theory of Public Expenditure," *The Review of Economics and Statistics* 36 (1954): 387–9. それ以来、公的に提供されるさまざまな財（公的に提供される私的財、「不純」な公共財など）に関する数多くの論文が発表されている。たとえば、以下を参照。Anthony B. Atkinson and Joseph E. Stiglitz, *Lectures on Public Economics* (New York: McGraw-Hill, 1980; reprinted in 2015, with a new introduction, Princeton: Princeton

University Press).

4. これは、誰もが他人の努力にただ乗り（フリーライダー）したいと思っているとも言い換えられる。そうすれば、コストを負担することなく、他人が提供する公共財の恩恵を受けられるからだ（これを、公共財のフリーライダー問題という）。
5. 私はこれを、社会のソフトインフラと呼んでいる。共産主義から市場経済へ移行した国が直面している問題の多くは、このソフトインフラがなくなったことに原因があった。以下を参照。Joseph E. Stiglitz, *Whither Socialism?* (Cambridge, MA: MIT Press, 1994).
6. 現代経済学により、さまざまな市場の失敗の原因が解明されている。保険市場の失敗は主に、情報の非対称性、逆選択の問題（個人の間に、企業が容易に確認できない重大な相違がある場合）、モラルハザード（個人が保険の規定を利用して保険会社を必要以上にリスクにさらす行動をとったとしても、保険会社がそれを監視・抑制できない場合など）に関係している。政府が社会保障制度を通じて全国民に保険を提供すれば、逆選択の問題を部分的に回避できる。
7. 民間のサービスの場合、メディケアとほとんど同じ内容でも、コストが20パーセントほど高くなる。年金の管理コストになると、公的サービスに比べて10倍以上高くなる場合もある。公的サービスのほうがコストが低いうえに内容が充実しているのには、もっともな理由がある。宣伝や市場支配力の行使に資金を使う必要がないからだ。民間企業は常に、なるべくリスクの少ないところで甘い汁を吸おうとする。また、自社が持つあらゆる市場支配力を利用しようとする。
8. 民間の刑務所はそれ以上の問題を引き起こしている。利益を最大化しようとするため、職業訓練や食事に関する支出を抑える場合もあれば、社会復帰にほとんど関心を示さない場合もある。実際、釈放されても刑務所に戻ってくる人が多ければ多いほど、刑務所の利益は増える。だが公益を考えると、できるかぎり早く社会復帰させたほうがいい。公共の利益と民間の利益を一致させるのは難しい。以下を参照。Seth Freed Wessler, "The Justice Department Will End All Federal Private Prisons, Following a 'Nation'

Investigation," *The Nation*, Aug. 18, 2016. 民間企業による請負が失敗する一般的な理由については、以下を参照。David Sappington and Joseph E. Stiglitz, "Privatization, Information and Incentives," *Journal of Policy Analysis and Management* 6, no. 4 (1987): 567–82.

9. その具体的な事例は無数にある。2008年の金融危機の際には、民間の住宅ローンよりもニューヨーク州の公的ローンのほうが、はるかに支払い成績がよかった。また、イギリスの鉄道、アメリカの濃縮ウラン生産、チリやメキシコの道路の民営化は、どうひいき目に見てもうまくいっておらず、再国営化が必要な場合もあるという。発展途上国では民営化により業績が向上した例もあるが、これは、IMFが課していた資金アクセス制限が撤廃されたからという側面もある。以下を参照。Anzhela Knyazeva, Diana Knyazeva, and Joseph E. Stiglitz, "Ownership Changes and Access to External Financing," *Journal of Banking and Finance* 33, no. 10 (Oct. 2009): 1804–16; and "Ownership Change, Institutional Development and Performance," *Journal of Banking and Finance* 37 (2013): 2605–27.

10. エリザベス・ウォーレンが2018年6月5日にジョージタウン大学ローセンターで行った規制を奨励する以下のスピーチを参照。https://www.warren.senate.gov/newsroom/press-releases/senator-warren-delivers-speech-on-dangers-of-deregulation.

11. 経済学者はこの影響を「外部性」と呼ぶ。

12. EUでは、特定の種類の規制の公布・実施には別の方法を採用している。この方法はさまざまな点で、アメリカ以上に政治問題化を回避している。

13. 1996年の通信法に至る討論のなかで、テクノロジーは、政府の介入がなくても競争が維持される方向へ発展していくのか、それとも市場支配力が集中する方向へ進んでいくのかという白熱した議論があった。私は断固として後者の立場をとっていたが、その可能性があるかどうかにかかわらず、慎重を期して、市場支配力の増大や乱用を抑制する制度的取り決めを設けるべきだと主張した。残念ながら、結果的には私の推測どおりとなった。以下を参照。Stiglitz, *The Roaring Nineties*（『人間が幸福になる経済とは何か』).

14. トランプは、国民の健康や安全、環境、経済の保護に欠かせないこの規制制度の信頼を傷つけた。規制制度はうそと虚偽に満ちており、規制は主体性も責任感もない官僚が定めたものと主張している。トランプはどうやら、権力の分立や抑制と均衡のシステムについても、アメリカの規制制度についても学校で学ばなかったようだ。また、こうした教育上の欠陥を補おうとした形跡もない。

15. こうした教育機関やその支援者は、規制に抵抗するだけでなく、アメリカの破産法に、学資ローンの支払いの免除を事実上不可能にする規定を盛り込むことにも成功した。

 トランプ大学は、こうした搾取的機関を象徴する存在となっている。

16. 大半の地域では選択肢がさらに制限されており、プロバイダーが1社か2社しかない。

17. 言動に一貫性のないことで有名なトランプ政権が、通信分野の競争に関して、これとは矛盾する立場をとったこともある。競争を阻害するとして、タイム・ワーナー（CNNの親会社）とAT&Tの合併を阻止しようとしたのだ。私見では、これは正しい行動だと思う。だが地方裁判所は、これは垂直的合併だと結論し、合併を認める判決を下した。タイム・ワーナーとAT&Tは同じ産業に属しておらず、一方が他方にサービスを提供する関係にある、というわけだ。規制当局は従来、同一市場内の競争にのみ目を光らせ、市場の相互関係にはあまり目を向けてこなかったが、これは間違っている。マイクロソフトは、パソコンのオペレーティングシステムの市場支配力を利用して、さまざまなアプリケーションの市場独占を進めた。ネットワーク中立性が廃止された結果、この合併により起こりうる悪影響はさらに増幅された。

18. 当然これは、選択肢がないことを意味する。以下を参照。Jon Brodkin, “50 Million US Homes Have Only One 25 Mbps Internet Provider or None at All,” *Ars Technica*, June 30, 2017.

19. この事例から、独占力が持つ複雑な性質やその影響もわかる。インターネットプロバイダーは、ネットフリックスなどのコンテンツプロバイダーにサービス（コンテンツプロバイダーと顧客との間の伝送）を販売してい

ると考えられる。そのため、その市場支配力を行使すれば、コンテンツプロバイダーの市場に影響を与えることができる。これは、間接的に消費者にも重大な影響を及ぼすことになる。インターネットプロバイダーはまた、他社からコンテンツ（ネットフリックスが提供している映画など）を購入し、それを消費者に販売していると考えることもできる。この場合、コンテンツを「購入」して消費者に提供する企業が1社か2社しかないため、買い手独占力が生まれる。この力を利用すれば、自社のコンテンツ提供サービスを、ライバル企業の同サービスより有利な状況に置くことができる。どちらの観点から見ても、最終的に被害を受けるのは消費者だ。価格の上昇、イノベーションの停滞、製品の劣化といった被害である。

20. *The Economic Role of the State*のなかで私は、自発的な共同行動に頼るだけでは不十分な理由を説明している。たとえば、公共財の提供には「フリーライダー」問題が潜んでおり、誰もが費用を負担することなくその恩恵を享受しようとする。

21. たとえば、以下を参照。Joseph E. Stiglitz, “Some Lessons from the East Asian Miracle,” *World Bank Research Observer* 11, no. 2 (Aug. 1996): 151–77; and *The East Asian Miracle: Economic Growth and Public Policy*, a World Bank policy research report (New York: Oxford University Press, 1993)〔訳注　邦訳は『東アジアの奇跡　経済成長と政府の役割』世界銀行著、白鳥正喜監訳、海外経済協力基金開発問題研究会訳、東洋経済新報社、1994年〕. 政府が中心的な役割を果たしているため、これらの国を「開発主義的国家」と呼ぶ研究者もいる。以下を参照。Atul Kohli, *State-Directed Development: Political Power and Industrialization in the Global Periphery* (Cambridge: Cambridge University Press, 2004).

22. たとえば、以下を参照。Mariana Mazzucato, *The Entrepreneurial State: Debunking Public vs. Private Sector Myths* (London: Anthem Press, 2013)〔訳注　邦訳は『企業家としての国家　イノベーション力で官は民に劣るという神話』マリアナ・マッツカート著、大村昭人訳、薬事日報社、2015年〕and Chang, *Kicking Away the Ladder*（『はしごを外せ』).

23. これは偶然ではないという研究者もいる。共和党も民主党もさまざまなグ

ループの連合体である。たとえば共和党は、福音派、大企業、超富裕層、自由至上主義者から成るが、企業やエリート寄りの経済政策を擁護する人は、その戦略の一環として、文化戦争を引き起こして福音派の気をそらし、自分たちが推進する経済政策が福音派の大衆の経済的利益に反することに気づかれないようにしている。以下を参照。Thomas Frank, *What's the Matter with Kansas: How Conservatives Won the Heart of America* (New York: Henry Holt, 2004). この著者はさらに、ビル・クリントン政権下の民主党中道派や民主党指導者会議も同様の策を弄し、民主党の支持基盤であるブルーカラー労働者を無視し、金融業界などのビジネスエリートにすり寄る経済政策を進めたと主張している。

24. 住宅を失った人の正確な数を把握するのは難しい。時間枠をどう設定するか、住宅喪失をどうカウントするかによって、300万人から1000万人まで開きがある。一方、不況の最盛期には1500万人のアメリカ人が失業した(労働統計局のデータによる)。

25. 以下を参照。Jesse Eisinger, *The Chickenshit Club: Why the Justice Department Fails to Prosecute Executives* (New York: Simon and Schuster, 2017); Rana Foroorhar, *Makers and Takers: The Rise of Finance and the Fall of American Business* (New York: Crown Business, 2016); and Danny Schechter, *The Crime of Our Time: Why Wall Street Is Not Too Big to Jail* (San Francisco: Red Wheel Weiser, 2010). 20年前に起きたもっと小規模な貯蓄貸付危機では、1000人以上の銀行家が拘束された。だが2008年の金融危機では、わずかな銀行家が告訴されたにすぎず、有罪判決を受けた銀行家はさらに少ない。William D. Cohan, "How Wall Street's Bankers Stayed Out of Jail," *Atlantic*, Sept. 2015. シェクターによれば、銀行家はこの貯蓄貸付危機後、自身の不正により拘束されることのないよう法律を改正するロビー活動に多額の資金を投じたという。

26. 大半は共和党員だが、民主党のなかの保守的な党員の多くも、グローバル化と金融化を推進した。全体的に見れば民主党は、これらの政策の被害を受ける人々を保護する政策を主張してきた。特にグローバル化に関しては、貿易調整支援を強く訴えた。結局、共和党の反対により十分な支援は提供できなかったが、それでもグローバル化を支持する党員は多かった。いず

れ何らかの形でトリクルダウンが起こると信じていたのかもしれない。

27. システムの安定を確保することさえ難しくなるかもしれない。以下を参照。Stefano Battiston, Guido Caldarelli, Robert M. May, Tarik Roukny, and Joseph E. Stiglitz, "The Price of Complexity in Financial Networks," *PNAS* (*Proceedings of the National Academy of Sciences of the United States of America*) 113, no. 36 (2016): 10,031–6; and Tarik Roukny, Stefano Battiston, and Joseph E. Stiglitz, "Interconnectedness as a Source of Uncertainty in Systemic Risk," *Journal of Financial Stability* 35: 93–106.
28. 集団訴訟については、第3章の注92を参照。

第8章　民主主義を回復する

1. Harry Enten, "The GOP Tax Cuts Are Even More Unpopular than Past Tax Hikes," *FiveThirtyEight*, Nov. 29, 2017, https://fivethirtyeight.com/features/the-gop-tax-cuts-are-even-more-unpopular-than-past-tax-hikes/.
2. マクリーンの著作*Democracy in Chains*にある。以下も参照。Steven Levitsky and Daniel Ziblatt, *How Democracies Die* (New York: Crown, 2018)〔訳注　邦訳は『民主主義の死に方　二極化する政治が招く独裁への道』スティーブン・レビツキー＆ダニエル・ジブラット著、濱野大道訳、池上彰解説、新潮社、2018年〕.
3. 実際には、その前の移民管理の段階から始まる。民主党に投票しそうな人の入国を制限するのである。移民政策をめぐる対立は、少なくとも部分的には、未来の有権者をめぐる対立でもある。
4. 同様に多くの州では、受刑者や重罪犯の選挙権を剥奪しておきながら、議席を算出する際にはその人たちを加算している。選挙に有利になるような場所に刑務所を配置している州もある。
5. 以下を参照。Michelle Alexander, *The New Jim Crow: Mass Incarceration in the Age of Colorblindness* (New York: The New Press, 2010).
6. ちなみに非アフリカ系のアメリカ人では、その割合は1.8パーセントである。こうして選挙権を剥奪されたアフリカ系アメリカ人には、圧倒的に男性が多い。以下を参照。"6 Million Lost Voters: State-Level Estimates of Felony

Disenfranchisement, 2016," Sentencing Project, Oct. 2016.

2018年の中間選挙では喜ばしいことに、フロリダ州で住民投票が行われ、同州在住の150万人の投票権が回復された。そのおよそ3分の1はアフリカ系アメリカ人だった。

7. 2018年には、インディアナ州、ケンタッキー州、ニューハンプシャー州、オハイオ州、オクラホマ州の5州が投票制限法の制定を試み、一部ではその制定に成功した。"Voting Laws Roundup 2018," Brennan Center for Justice, Apr. 2, 2018, https://www.brennancenter.org/analysis/voting-laws-roundup-2018.

8. アメリカでの選挙権剥奪については、優れた内容の文献が豊富にある。剥奪の対象になるのは、労働者や女性（戦争に反対する傾向が強い）、最近では移民である。以下を参照。Alexander Keyssar, *The Right to Vote: The Contested History of Democracy in the United States* (New York: Basic Books, 2000). コロンビア大学での私の同僚スーレシュ・ナイドゥが証明したところによれば、南北戦争後の南部では、こうした投票を抑制する取り組みが功を奏し、選挙の投票率が全体的に1～7パーセント低下し、国政選挙における民主党の得票率が5～10パーセント増加した。また、これが黒人学校への支出に影響を及ぼし、分配効果に多大な悪影響を与えたという。"black labor bore a collective loss from disenfranchisement equivalent to at least 15% of annual income, with landowners experiencing a 12% gain." ("Suffrage, School, and Sorting in the Post-Bellum U.S. South," NBER Working Paper no 18129, June 2012). 最近の選挙権剥奪では、ヒスパニックが主な対象になっている。

9. 以下を参照。"State Poll Opening and Closing Times (2018)," Ballotpedia, https://ballotpedia.org/State_Poll_Opening_and_Closing_Times_ (2018).

10. テクノロジーの発展によりゲリマンダーの力が増し、公平な議席を確保するのがいっそう難しくなった。

11. これは、登録有権者の投票率だけでなく、選挙権年齢人口の投票率についてもあてはまる。2016年の国政選挙では、後者の数字は56パーセントにも満たなかった（そのなかでトランプは、投票者の46パーセントの支持を得ただけだった。つまり、選挙権年齢人口のわずか26パーセントというごく

少数の支持を得たにすぎない)。ちなみに、外国で最近行われた国政選挙の選挙権年齢人口の投票率を見ると、ベルギーが87パーセント、スウェーデンが83パーセントである。以下を参照。Drew DeSilver, "U.S. Trails Most Developed Countries in Voter Turnout," Pew Research Center, May 15, 2017. 州選挙や地方選挙は言うまでもなく、さらに低い数値を示す。たとえば、2018年3月にカリフォルニア州で行われた予備選の登録有権者の投票率は、わずか36パーセントだった。反トランプ熱が盛り上がっていると言われるカリフォルニア州でさえ、この低さである。

12. 投票資格のある人が投票を抑制されたり、税金を支払っている合法的な移民労働者が投票を認められなかったりするだけではない。カリフォルニア州だけでも、およそ250万人もの不法移民がいる。カリフォルニア州の労働者の10人に1人の割合である。以下を参照。"Just the Facts: Undocumented Immigrants in California," Public Policy Institute of California, accessed Mar. 11, 2018, http://www.ppic.org/publication/undocumented-immigrants-in-california/.

13. この制度は、ジョージ3世などの専制的な傾向を持つ支配者が権力を乱用するのを防ぐために設計された。トランプ政権を見れば、この抑制と均衡のシステムがいかに重要かがわかる。

14. 官僚制度の重要性については、著名な社会・経済学者マックス・ヴェーバーも強調していた(*Economy and Society* [Berkeley: University of California Press, 1922])。皮肉なことに、共和党はよく主体性のない官僚制度を批判しているが、アメリカ国民は、官僚制度のさまざまな機関(国立公園制度、社会保障制度、メディケア制度など)の実績をきわめて高く評価している。

学校教育では、アンドリュー・ジャクソン大統領政権の主な批判点の1つとして、「猟官制度」〔訳注　党派的な忠誠心や情実によって公職の任免を行う政治慣行を指す〕の導入を挙げている。

15. ちなみに、保守派の大半が、政治的影響を受けた通貨供給の判断により経済に悪影響が及ぶことを懸念し、金融管理機関の独立を支持している。中央銀行の独立性にまつわる理論や議論に関する優れた文献には、たとえば以下がある。Paul Tucker, *Unelected Power: The Quest for Legitimacy in Central*

Banking and the Regulatory State (Princeton: Princeton University Press, 2018).

16. ニューヨーク市でテロ事件が発生した後に発表された2つのツイートを見れば、トランプが司法をいかに軽視しているかがわかる。「迅速な司法、強力な司法が必要だ。現在のよりもはるかに迅速かつ強力な司法だ。現在の司法は、ジョークであり笑いものでしかない。あんなことやこんなことが起こるのも無理はない」「裁判所は遅いうえに政治的だ！」以下も参照。Kristine Phillips, "All the Times Trump Personally Attacked Judges—and Why His Tirades Are 'Worse than Wrong,' " *Washington Post*, Apr. 26, 2017.
17. 言うまでもなく、ジョンソン大統領以前は民主党も、北部のリベラル派と南部のディキシークラット〔訳注　人種分離主義や白人至上主義を主張する南部の民主党分派〕の特異な連合体だった。
18. 当然、彼らは洗練された詭弁を用いて、今回にかぎり州の権利に反対を表明した理由を説明した。だが、最終的な結果が重要だったことは明らかである。
19. もちろん、どのような政治グループの判断であれ、そこにはさまざまな利害や考え方の妥協があるため、一貫性がないという意味で無節操に見えるかもしれない（これは、ケネス・J・アローの有名な不可能性定理の中心的な考え方である。Arrow, *Social Choice and Individual Values* (New York: Wiley, 1951)〔訳注　邦訳は『社会的選択と個人的評価』ケネス・J・アロー著、長名寛明訳、勁草書房、2013年〕)。だが、信念や利害、傾向の違いが大きくなればなるほど、一貫性のなさが拡大する可能性は高まる。
20. たとえば、投票権法や医療費負担適正化法の主要規定を台なしにした判決が挙げられる。医療費負担適正化法については、2012年の全米独立企業連盟対セベリウス裁判で医療費負担適正化法の主な規定が守られたと思われている。だがこの裁判の判決では、同法が義務づけていたメディケイド〔訳注　低所得者向けの公的医療費補助制度〕の拡大を各州が拒否する権利を認めた。その結果、19の州がそれを拒否し、およそ220万人が医療保険を失った。その大多数がアフリカ系アメリカ人である。だが2018年の選挙の際、アイダホ州、ネブラスカ州、ユタ州の有権者がこの決定を覆すことに成功した。以下を参照。Scott Lemieux, "How the Supreme Court Screwed

Obamacare," *The New Republic*, June 26, 2017.

2013年6月には最高裁が（5対4で）、1965年の投票権法の中心規定が違憲だとの判決を下した。アフリカ系アメリカ人の投票権を回復するのに重要な役割を果たした規定である。この判決は、1875年の市民権法を無効にした1883年の最高裁判決を彷彿とさせる。以下を参照。Lawrence Goldstone, *Inherently Unequal: The Betrayal of Equal Rights by the Supreme Court, 1865–1903* (New York: Walker, 2011).

21. たとえば、以下を参照。Lee Drutman, "The Case for Supreme Court Term Limits Has Never Been Stronger," *Vox*, Jan. 31, 2017. ノーマン・オーンスタインの記事も参考になる。たとえば、以下がある。"Why the Supreme Court Needs Term Limits," *Atlantic*, May 22, 2014.

22. この改革案に従えば、死去や辞職があっても、最高裁の判事を9人に保つことができる。死去や辞職がなく、最高裁の判事がすでに9人いる場合でも、大統領は定期的に被任命者を追加してもいいが、その被任命者は、定員に空きができるまで就任はできない。現職の判事の人数が奇数の場合も、2人分の空きができるまで就任できない。

23. 候補者の承認を拒否しても、次の大統領が任命できる判事の数が増えるわけではない。

24. たとえば、以下を参照。Stefano DellaVigna and Ethan Kaplan, "The Fox News Effect: Media Bias and Voting," *Quarterly Journal of Economics*, 122, no. 3 (2007): 1187–234.

25. 議会予算局（CBO）の試算によれば、メディケアの適用を受ける一部の医薬品について、政府が主要製薬メーカーに最低限の割引を行わせることができれば、納税者は年間平均110億ドルを節約できるという。以下を参照。"Options for Reducing the Deficit: 2015–24" (CBO, Nov. 2014), 51. これだけの利益があることを考えれば、製薬産業がこの仕組みを維持するために莫大な出費をしてきたというのもうなずける。「2003年1月以来、製薬メーカーとその卸売業者は、大統領や連邦議会議員の候補者、党内委員会、政治活動委員会の指導部、意見団体に1億4750万ドルもの政治献金を行ってきた」。その大半は共和党の手に渡った。引用部分は以下による。Stuart Silverstein,

"This Is Why Your Drug Prescriptions Cost So Damn Much: It's Exhibit A in How Crony Capitalism Works," *Mother Jones*, Oct. 21, 2016.

26. たとえば、シェルドン・アデルソンやスティーヴ・ウィンがそうだ。アデルソンは、自分が経営する企業や妻とともに、共和党や保守派の外郭団体の支援に、2016年の選挙期間だけで8200万ドル以上を支出した。ウィンは、違法な性行為を訴えられて失脚するまで、共和党全国委員会の財務委員長を務めた。以下を参照。"Top Individual Contributors: All Federal Contributions," OpenSecrets.org, https://www.opensecrets.org/overview/topindivs.php. 彼らは、共和党によく見られる数多くの「レントシーカー」の1グループにすぎない(「レントシーカー」とは、国民が必要とする製品の生産などを通じて国の経済のパイ全体を増やすのではなく、そのパイからの自分の取り分を増やすことで富を得ている人々を指す)。
27. 不動産信託会社に対するこの税制優遇措置は、小企業向けの税制優遇措置よりはるかに規模が大きい。小企業向けのほうは利用できる範囲に制限があるが、不動産信託会社にその制限は適用されない。
28. オバマ政権は最後の年に、マネーロンダリングを発見しやすくなるよう規制に若干の修正を加えたが、それが適用されたのは、ニューヨークなど一部の地域だけだった。しかし報道によれば、この修正により不動産価格は数百万ドル単位の多大な影響を受け、マネーロンダリングがこの市場に及ぼしている影響が明らかになった。
29. 2010年のシチズンズ・ユナイテッド対連邦選挙委員会裁判。この判決により、秘密主義的な政治活動特別委員会（スーパーPAC）が生まれ、この組織を通じて多大な政治資金が流れるようになった。SpeechNow.org対連邦選挙委員会裁判では、下級裁判所が以下のような判断を示している。シチズンズ・ユナイテッド裁判の判決は、独立した政治支出〔訳注　特定の候補者の当選または落選を明白に主張するものの、その候補者と意思を通じることなく行う支出〕を行ういかなるグループに対する制限も違憲であることを意味している、と。
30. ときにCEOは、政党や候補者への政治支援を正当化しようとして、自分の第一の使命は企業利益を増やすことにあり、こうした政治活動は企業利益

の増加につながると主張する。しかし、経済や社会を適切に機能させようとするなら、企業はもっと幅広い見地に立って考える必要がある。企業が不正行為により利益を増やすのは、明らかに間違っている。それなら、政府に企業の「不正行為」を認めさせるために選挙運動に資金を提供し、その結果利益を増やすのも、同様に間違っているのは明らかだろう。規制を行って公平な競争の条件を整えれば、不正行為を行う企業が優位に立つのを防ぐために、不正行為を望まない競合企業までが不正行為をしなければならなくなる状況を回避できる。

31. ジョン・アタナシオ教授（南メソジスト大学デッドマン・ロースクールの元学部長）の著書*Politics and Capital*（Toronto: Oxford University Press, 2018）には、シチズンズ・ユナイテッド裁判の判決と超富裕層が提供する選挙資金の増加との関連を示すデータが掲載されている。それによれば、所得階層の上位0.01パーセントによる選挙献金が、判決からわずか11カ月の間に65パーセント増えた。また判決後には、献金者を公表しなくていい501（c）（4）団体への献金がおよそ3倍に増えたという。

寄付をすることで政治に近づく権利が高まり、それが影響力の増大をもたらし、立法に影響を及ぼす。それが事実であることを証明した政治科学論文は無数にある。アタナシオは、バックリー対ヴァレオ裁判（*Buckley v. Valeo*, 424 U.S. 1［1976］）における最高裁判決の重大性を強調している。この裁判は、選挙献金の制限を無効とした。判決では、思想を広めるうえで資金が重要なことを認めながらも、それにより政治の世界へ近づく権利に偏りが生まれることについては一顧だにしなかった（本章の注35も参照）。アメリカで格差が拡大している現状を考えると、最高裁は当時から、「1パーセントの、1パーセントによる、1パーセントのための政治」を生み出すシステムを是認していたように思われる。

ベンジャミン・I・ペイジとマーティン・ギレンズは、その著書*Democracy in America?: What Has Gone Wrong and What We can Do About It*（Chicago: University of Chicago Press, 2017）のなかで、中・低所得層の意見が政策にほとんど影響を与えていないことを証明している。その原因は資金力のせいもあるが、さまざまな反民主的措置のためでもあるという。反民主的措

置としては、ゲリマンダー、小規模な州に与えられた過剰な影響力（小規模な州の上院議員も、ニューヨーク州やカリフォルニア州やテキサス州の上院議員と同じ議決権を持っている）、ハスタート・ルールなどが挙げられる。ハスタート・ルールとは、1999年から2007年まで下院議長を務めた共和党のデニス・ハスタートが導入したもので、共和党の過半数の支持を得られない法案は採決に付さないという取り決めである。

32. 経済学者はもっと下品な言葉を使い、このプロセスを「キャプチャー（虜）」と表現することが多い。この言葉は、私が世界銀行でチーフエコノミストを務めていた期間の終わりごろに、ジョージ・スティグラーの経済学用語「規制の虜」（“The Theory of Economic Regulation,” *The Bell Journal of Economics and Management Science* [Spring 1971]: 3–21）から自然発生したものらしい。スティグラーは、ノーベル経済学賞を受賞したシカゴ学派の経済学者である。

33. 金銭的利益（特に金融産業からの利益）は当然、民主党にも多大な影響を与えてきた。それでも、民主党指導者の多くは、これらの問題の改革を強く支持していた。政治における資金の無制限利用に関する裁判で、最高裁の判決がよく5対4に分かれるのは、それぞれの党の見解を反映している。

34. 実際の内容はもう少し複雑だ。公的資金を受けることを選んだ候補者は、民間からの寄付、個人的な資金、政治活動委員会などのいかなる資金も利用できない。また、その資金の上限は7万5000ドルに設定されていた。つまり、最大7万5000ドルまでの間なら、対立候補の資金と同額の公的資金を受け取れるが、対立候補が7万5000ドル以上の資金を集めた場合には、同額にはならない。

35. この州法は、市民の発案による住民投票の結果生まれたものだった。最高裁判事エレナ・ケイガンは、反対を表明した4人の判事を代表してこう述べた。「憲法修正第1条の主目的は、十分な討議に満ちた健全で活力ある政治制度を育成することにある。アリゾナ州が反腐敗を目的に定めたアリゾナ市民公明選挙法には、この憲法に違反するいかなる規定もない」。ケイガンはさらにこうも述べている。いくつもの州が、「選挙で選ばれた役職者が利益団体に支配される状態」と闘おうとしている。この法律は、「考え方の

競い合いを活発化すると同時に、その最終目標である、住民の意思に応える政府を育むためのものだった」。以前ニューヨーク大学ブレナン司法センターに務めていたモニカ・ユンは、この判決を批判し、最高裁は「金銭的優位を守る権利」という新たな権利を生み出したと述べたが、この主張は正しい。最高裁の判事の過半数は、従来どおりこうした懸念を無視し、公平な条件をつくれば、私利私欲のために自分の資金を使う権利を個人から奪うことになるという主旨の主張を行った。以下を参照。Robert Barnes, "Supreme Court Strikes Arizona's 'Matching Funds' for Publicly Financed Candidates," *Washington Post*, June 27, 2011. この裁判は、正式にはマコーミッシュ対ベネット裁判として知られ、2011年に結審した。

36. シチズンズ・ユナイテッド裁判以降、複数の判事の交代があったが、同様の裁判がまた最高裁で審議されても、やはり5対4で同じ判決になると予想される。1人の判事の考え方を変えられれば、あるいは判事の数をあと2人増やすことができれば、この不幸な判決を覆せる。

37. 金銭が影響力を行使する仕組みは、本章で取り上げたものだけではない。たとえば、ロビー活動も重要な役割を担っている。ロビー活動の影響力を抑制する取り組みは、部分的には成功しているが、まだ改善の余地はある。また、情報公開を進め、政府職員と会った人のリストを公表したりすれば、効果があるかもしれない。トランプ政権は、ホワイトハウス訪問者の記録の公開を拒否しており、外部からの影響が一段と不透明になっている。以下を参照。Julie Hirschfeld Davis, "White House to Keep Its Visitor Logs Secret," *New York Times*, Apr. 14, 2017.

38. ドナルド・トランプは二重の意味で少数派の候補者だった。トランプは、ほかの16人の候補よりは支持を受けていたかもしれないが、明らかに共和党員の半数以下の支持しか得ていなかった。それなのにアメリカの選挙制度により、共和党の支配権を掌握するとともに、対立候補よりはるかに少ない得票数で大統領に就任した。民主党にも同様のことが起きているという者もいるが、両者の間には根本的な相違がある。共和党の場合は、極右が党の支配権の掌握に成功した。下院ではティーパーティが、反対する法案の成立を阻止できるほどの力を手にしている。一方民主党の場合は、

バーニー・サンダースやエリザベス・ウォーレンでさえ主流の「社会民主主義者」であり、ヨーロッパの社会民主主義者と変わらない（やや右寄りの場合さえある）。

39. 政治学者のラッセル・J・ダルトンらが指摘しているように、政党制度への幻滅には長い歴史があるが、アメリカの民主主義を機能させるには、政党制度が欠かせない。以下を参照。Russell J. Dalton, David M. Farrell, and Ian McAllister, *Political Parties and Democratic Linkage: How Parties Organize Democracy* (New York: Oxford University Press, 2011) and Sean Wilentz, *The Politicians and the Egalitarians* (New York: W. W. Norton, 2016).

40. トランプやFOXニュースのうそや歪曲に有権者が影響されやすくなっているのは、言うまでもなくアメリカの教育制度の不備による。だが、富裕層が公教育を排除したり、自分たちに有利な教育の場を設けたりできるようになれば、公教育制度も役に立たなくなる。

41. 新たなテクノロジーにより、富裕層が社会を形成する力はさらに高まっているかもしれない。これについては第6章を参照。

第9章　万人に仕事やチャンスを提供する力強い経済を回復する

1. これまで市場を批判してきた民主党が、市場を機能させる役割を担わなければならないとは皮肉な話である。共和党が、現在のような歪んだレントシーキング経済を求める企業や利益団体の力に屈してしまったからだ。

2. 実際、第2章でも述べたように、1人あたりの国内総生産でさえ生活水準の優れた指標にはならない。生活水準の標準的な指標で見れば、アメリカの生活水準は、1人あたりの国内総生産が高い諸外国に比べるとかなり低い。GDPが優れた指標とならない理由に関する議論については、以下を参照。Joseph E. Stiglitz, Jean-Paul Fitoussi, and Amartya Sen, *Mismeasuring Our Lives: Why GDP Doesn't Add Up* (New York: The New Press, 2010)〔訳注　邦訳は『暮らしの質を測る　経済成長率を超える幸福度指標の提案』ジョセフ・E・スティグリッツ＆アマティア・セン＆ジャンポール・フィトゥシ著、福島清彦訳、金融財政事情研究会、2012年〕. これは経済的成績および社会的進歩の計測に関する国

際委員会の報告書で、私が委員長を務めた。

3. 出生率については向上させる方法がないわけではないが、現在直面している問題（気候変動がもたらす課題など）を考えると、出生率の向上が望ましいのかわからなくなる。

4. 以下の論文を参照。Case and Deaton, "Rising Morbidity and Mortality in Midlife among White Non-Hispanic Americans in the 21st Century."

5. この減税法案を擁護する人は、これにより民間投資が増えると主張していた。だが前述のように、企業の金庫に入った余分な利益は、配当や自社株買いに使われる場合が圧倒的に多い。

6. この減税法案が可決された数週間後の2018年1月、私がダボス会議に出席していたときに、トランプ政権の運輸長官であるイレーン・L・チャオが、インフラへの関心を繰り返し述べつつも、問題点の1つとして資金不足を挙げた。これにより、図らずも政権の優先事項が明らかになった。あの制度設計のつたない富裕層向けの減税でさえ、インフラよりも重要なのだ。

7. 州の所得税や財産税の控除を制限する規定があるため。

8. レーガンは、減税には多大な経済成長効果があり、いずれ税収が増えると主張した。結果は言うまでもなく、赤字が大幅に拡大した。

9. 個人の貯蓄率は2.2パーセントにまで落ち込み、金融危機に至るまで低いままだった。貯蓄・投資・経済成長を推進するブッシュ減税の失敗については、第1章の注44を参照。

10. イノベーションを促進する社会の構築については、言うべきことがほかにも山ほどある。たとえば、以下を参照。Stiglitz and Greenwald, *Creating a Learning Society*（『スティグリッツのラーニング・ソサイエティ』).

11. 「産業政策」という言葉は誤解を招くおそれがある。これは必ずしも産業を推進するものではない。経済の一分野またはあるテクノロジーを推進したり、企業を特定の地域に誘致したりすることを指す。

12. 積極的な労働市場政策が批判されることもある。スカンジナビア諸国など一部の国では機能しているが、ほかの国ではある程度の成功しか収めていないからだ。しかし、それらの失敗には理由があり、そこから重要な教訓を学ぶこともできる。たとえば、失業者が新たな仕事の訓練を受けても、

その仕事が存在しなければ、失敗は目に見えている。マクロ経済政策によりその仕事を生み出すことができなかったり、存在している仕事と訓練プログラムとを適切に結びつけられなかったりすると、そうなる。

産業政策も、正統的な新自由主義信奉者から批判されてきた。政府が勝者を予想するようなことはすべきでないというのだ。しかし現実には、成功した国はどこも産業政策を行っている。一方アメリカの産業政策は、そのほとんどが国防省に組み込まれてきた。政府の研究プログラムがなければ、アメリカがインターネットで指導的地位を築くこともなかっただろう。いずれにせよ政府は、教育制度やインフラの設計について、国の将来の見通しに基づいた長期的な判断を行うべきだ。さらなる議論については、以下を参照。Stiglitz and Greenwald, *Creating a Learning Society*（『スティグリッツのラーニング・ソサイエティ』), and Mazzucato, *The Entrepreneurial State*（『企業家としての国家』).

13. 一部の経済学者のほか、社会学者も同様に、コミュニティに存在する組織資本や社会資本に言及している。コミュニティが破壊されれば、これらの資本も破壊されてしまう。たとえば、以下を参照。Robert J. Putnam, *Bowling Alone* (New York: Simon and Schuster, 2000)〔訳注　邦訳は『孤独なボウリング　米国コミュニティの崩壊と再生』ロバート・D・パットナム著、柴内康文訳、柏書房、2006年〕; and Robert J. Sampson, *Great American City: Chicago and the Enduring Neighborhood Effect* (Chicago: University of Chicago Press, 2011).

14. 一般的に、経済活動の空間的配分は効率的ではない。過密が促進されるほか、地域特有の外部性があるからだ（外部性は、個人の判断のあらゆる影響が、その人が負わなければならないコストに反映されない場合に生まれる。外部性がある場合、市場は効率的ではなくなる）。

15. 農業中心の経済から製造業中心の経済へ移行する際に政府が果たした役割については、第二次世界大戦の副産物として意図せず行われた部分もある。当時の政府は、軍需生産を推進するため、地方の住民が都心へ移住するのを奨励した。また戦後は復員軍人援護法を通じて、戦争から帰国した人々に、新たな工業経済に参加するために必要なスキルを提供した。この点に

関する詳細な解説については、第6章の注7に引用した研究を参照。

16. 非対称情報に基づく現代の経済理論により、なぜそうなるのか、その問題の原因がどこにあるのかが明らかになっている。

17. この考え方は、以下で詳しく解説されている。Joseph E. Stiglitz and Jungyoll Yun, "Integration of Unemployment Insurance with Retirement Insurance," *Journal of Public Economics*, 89, no. 11–12 (2005): 2037–67; and "Optimal Provision of Loans and Insurance Against Unemployment From A Lifetime Perspective" (NBER Working Paper No. 19064, 2013).

18. この問題に関する議論については、アラン・クルーガーに教えてもらった。たとえば、以前の仕事と新しい仕事の賃金の差額を一定期間だけでも政府に支払ってもらい、働きながらもっといい仕事を探し続ける、といった方法も考えられる。この場合、その人はいずれもっといい仕事を見つけるか、自分の期待値を下方修正することになるが、どちらにせよ仕事につくことはできる。

19. この自動的な安定化装置により、標準的な指標（GDPの成長率や失業率）が悪化する前から、経済システムに資金を投入できる。政治制度が麻痺しているアメリカのような国では、問題に気づいていてもすぐには対処できない。金融危機への対応がいい例だ。経済への資金投入を連邦議会が可決するまでに時間もコストもかかる。

20. 最低所得保障を推奨する著作は無数にある。たとえば、以下がある。Guy Standing, *Basic Income: A Guide for the Open-Minded* (New Haven: Yale University Press, 2017)〔訳注　邦訳は『ベーシックインカムへの道　正義・自由・安全の社会インフラを実現させるには』ガイ・スタンディング著、池村千秋訳、プレジデント社、2018年〕; Annie Lowrey, *Give People Money: How a Universal Basic Income Would End Poverty, Revolutionize Work, and Remake the World* (New York: Crown, 2018); and Philippe Van Parijs and Yannick Vanderborght, *Basic Income: A Radical Proposal for a Free Society and a Sane Economy* (Cambridge, MA: Harvard University Press, 2017). これらの書籍は、最低所得保障がこの社会に革新的な影響を及ぼすと訴えている。

21. 政治的利点があると主張する人もいる。国民全員が恩恵を受けられる社会

保障制度を提案すれば、まさにそのためにより多くの支持を得られると思われるからだ。資産調査に基づいた制度（所得に応じて資格の有無を判断するなど）はけちくさい、という古い言いまわしもある。

22. 超低金利を維持すれば、資本集約型のテクノロジーへの過剰投資が進み、リスクプレミアムが著しく低下するなど、経済（特に金融部門）をゆがめるおそれがある。金融政策に頼れば、金利に敏感な産業に不当な負担をかけることにもなる。
23. OECDのデータによる。
24. 以下を参照。Peter Wagner and Wendy Sawyer, "Mass Incarceration: The Whole Pie 2018," Prison Policy Initiative, Mar. 14, 2018.
25. "Employed Full Time: Median Usual Weekly Real Earnings: Wage and Salary Workers: 16 Years and Over," St. Louis Fred Economic Data, https://fred.stlouisfed.org/series/LES1252881600Q（2018年7月14日にアクセス）. 労働参加率が低いのは、新たに生まれつつある仕事に必要なスキルがない人が多いからだとの主張もある。だが、こうしたスキルのミスマッチだけでは、労働市場の現状を説明しきれない。もしそのとおりだとすれば、供給不足のスキルを持つ人の賃金が上がると予想される。一方、賃金には下方硬直性があるため、そのほかの分野の賃金はわずかしか減少しない。したがって、平均賃金は急増するはずだが、実際にはそうなっていない。
26. アメリカはイラク戦争やアフガニスタン戦争で外国の軍事会社を雇っていた。以下を参照。Stiglitz and Linda Bilmes, *The Three Trillion Dollar War: The True Cost of the War in Iraq* (New York: W. W. Norton, 2008)〔訳注　邦訳は『世界を不幸にするアメリカの戦争経済　イラク戦費3兆ドルの衝撃』ジョセフ・E・スティグリッツ＆リンダ・ビルムズ著、楡井浩一訳、徳間書店、2008年〕.
27. 社会的コスト（環境への損害など）を支払わないのは事実上、助成金を受けているに等しい。炭素税がなければ、企業は自社が引き起こした環境被害のコストを負担しようとしない。社会に与えた損害の弁償を汚染企業に強制する制度がないと、結果的にその企業に助成していることになる。
28. 環境の改善という利点を考慮しなかったとしても、これらの利点がある。炭素税による収入の一部は、公共インフラの改修など、「環境に優しい」経

済への投資に利用できる。それによる民間・公共の雇用創出を含め、こうした政策は「グリーン・ニューディール」と呼ばれる。

なかには、炭素価格ハイレベル委員会（私がイギリスの著名な経済学者ニコラス・スターンとともに議長を務めた）の提言に沿って炭素税の導入を支持するが、それによる収入は納税者に還元するべきだと主張する人もいる。だがそのような主張は、環境に優しい経済を実現するのに必要な新たな投資（公共投資など）について委員会が行った重要な警告を無視している（この委員会は、当時フランスの環境大臣だったセゴレーヌ・ロワイヤルとオランダのある著名実業家が議長を務めるグローバルな企業・政府コンソーシアムの要請を受けて設置された。パリ協定やコペンハーゲン合意により定められた、地球の平均気温の上昇を1.5度から2度に抑えるという目標を達成するのに必要な炭素税制を確立するためである。以下を参照。“Report on the High-Level Commission on Carbon Prices,” also known as “The Stern-Stiglitz Report,” Carbon Pricing Leadership Coalition, https://www.carbonpricingleadership.org/report-of-the-highlevel-commission-on-carbon-prices/［2018年7月4日にアクセス］)。

炭素税にはさらに、炭素排出を削減する（つまり地球を救う）研究を奨励するという利点もある。現行制度では、企業が炭素排出のコストを負担する必要がないため、排出を削減するイノベーションへのインセンティブがほとんどない。

29. その理由は至って簡単で、政府支出による拡大効果が課税による縮小効果を上まわるからだ。超富裕層に課税する場合、課税による縮小効果はきわめて小さい。一方、教育やテクノロジー、環境などへの投資による拡大効果はきわめて大きい。

30. 以下を参照。Mazzucato, *The Entrepreneurial State*（『企業家としての国家』).

31. “Some Dates and Figures,” European Investment Bank, http://www.eib.org/about/key_figures/index.htm（2018年7月4日にアクセス).

32. トランプ政権初期には、ヘッジファンドに大幅な税制優遇を施し、それによりインフラ投資への助力を求めようとする提案があった。だがもちろん、ただでこうした税制優遇が行えるわけではない。誰かを優遇すれば、ほか

に使える政府の資金が奪われることになる。一方、国営のインフラ銀行を通じて資金を集めれば、一般大衆に及ぼすコストは、ヘッジファンドに投資を促すコストよりもはるかに少なくなる。いずれにせよヘッジファンドは、空港など、そこから直接利益を引き出せるインフラには投資するだろうが、田舎の道路など、これまでおろそかにされていたインフラには見向きもしないだろう。

33. すでに証明されているように、都市の清掃や美化には、生活の質を高める効果だけでなく、学習意欲を高め、犯罪を抑制する効果もある。

そのほか、病院や学校、養護施設を支援する仕事が必要とされている。公共サービスを待つ人の数を減らすことには大きな価値があるが、こうした価値は国民所得統計に反映されない。

34. インドの雇用保障制度については、以下を参照。Jayati Ghosh, "Can Employment Schemes Work? The Case of the Rural Employment Guarantee in India," in *Contributions to Economic Theory, Policy, Development, and Finance: Essays in Honor of Jan A. Kregel*, ed. Dmitri Papadimitriou (London: Palgrave Macmillan, 2014), 145–71. もちろん、インドの労働市場の構造はアメリカの労働市場とは著しく異なるため、異なる制度設計が必要になる。それでも言いたいことは変わらない。インドはアメリカよりもはるかに貧しく、正業についている労働者の割合がアメリカよりもはるかに少ない国でありながら、雇用保障制度を実践できる余裕があり、それを成功に導くことができた。それならアメリカにもできるはずだ。

この制度を導入するにあたっては、解決しなければならない問題が無数にある。たとえば、適正とは言えない賃金で労働者を雇うのは間違っている。しかしその一方で、民間の雇用を阻害するような状況は好ましくない。

ただしこの制度は、最後の手段として考えるべきだろう。できれば、適切な金融・財政政策であらゆる集団の完全雇用を達成するのが望ましい。しかし、それは難しいかもしれない。実際、アフリカ系アメリカ人は差別などのため、ほかの人口集団に比べると失業率が2倍も高い。つまり、政府が全体の失業率をきわめて低く抑えておくことができなければ、一部の集団で容認できないほどの失業率が続くことになる。

雇用保障制度はワークフェア〔訳注　生活保護などの福祉を受ける人に、一定の就労を義務づける制度〕に似ているが、ワークフェアにはさまざまな失敗の歴史がある。割り当てられた作業が働きがいのある仕事ではなかった、作業に合った訓練を受けていなかった、労働市場に復帰できるようスキル形成を促す取り組みがなかった、などだ。これらの失敗から得られた知見を、雇用保障制度の設計に活かすこともできる。

長期失業の社会的コストがきわめて大きいことを考えれば、設計が不完全な制度でも、ないよりはましかもしれない。長期失業が、一部の地域や特定の人口集団に集中している場合は特にそうだ。

35. 右派のなかには、何もかも市場に任せておいたほうがいいと主張する人もいる。労働の純利益（育児の代価など）が不十分であれば、労働者が働くはずがない。それなのに育児に助成すれば、労働市場がゆがめられる、という論法である。だがこの考え方は、蔓延する性差別など、労働市場や社会にすでに存在する無数のゆがみを考慮していない。また、社会がまともな仕事に与える社会的価値や、労働により増加する人的資本を無視している。
36. 言うまでもなくこれには、労働市場の需要に合ったスキルを労働者に提供することも含まれる。
37. 当初分配については、以下を参照。Jacob S. Hacker and Paul Pierson, *Winner-Take-All Politics: How Washington Made the Rich Richer—And Turned Its Back on the Middle Class* (New York: Simon & Schuster, 2010); and Stiglitz, *The Price of Inequality*（『世界の99％を貧困にする経済』）.
38. 賃金格差の決定要因に関する網羅的な議論については、第2章の記述（注23など）を参照。
39. 同様に、商業銀行と投資銀行を分離するグラス・スティーガル法が撤廃されると、銀行産業の集中が一気に進み、さらに市場支配力を高めることになった。商業銀行の総資産に占める5大銀行の資産の割合は、1998年（グラス・スティーガル法が撤廃される前年）には29パーセントだったが、2015年には46パーセントに増加した。“5-Bank Asset Concentration for United States,” St. Louis Fred Economic Data, https://fred.stlouisfed.org/series/

DDOI06USA156NWDB（2018年7月14日にアクセス）.

40. 最低賃金を上げるほうがいいか、賃金に対する助成金を上げるほうがいいかについては、激しい論争がある。私は、アメリカにはどちらも必要だと思う。

41. マイルズ・コーラックは、所得の格差と機会の格差との関係を実証した。オバマ政権下で大統領経済諮問委員会の議長を務めたアラン・クルーガーは、この関係を「グレート・ギャツビー・カーブ」と呼んでいる。以下を参照。Corak, "Income Inequality, Equality of Opportunity, and Intergenerational Mobility," *Journal of Economic Perspectives* 27, no. 3 (2013): 79–102; and Krueger, "The Rise and Consequences of Inequality in the United States," speech at the Center for American Progress, Jan. 12, 2012.

42. 教育省のデータによれば、所得階層の上位25パーセントの学区は、下位25パーセントの学区より、使える資金が15.6パーセント多い。Data from the Education Finance Statistics Center, http://nces.ed.gov/edfin/xls/A-1_FY2012.xls（2018年7月4日にアクセス）. C・キラボ・ジャクソン、ラッカー・C・ジョンソン、クラウディア・ペルシコの共同研究によれば、12年の教育期間に費やす生徒1人あたりの支出を10パーセント増やすごとに、後に獲得する賃金は7パーセント増加し、年間の貧困率は3.2パーセント減少するという。以下を参照。Jackson, Johnson, and Persico, "The Effects of School Spending on Educational and Economic Outcomes: Evidence from School Finance Reforms," *Quarterly Journal of Economics* 131, no. 1 (2016): 157–218.

　これらの結果は、生まれ育った地域によって成功する可能性が変わるという前述の主張（第2章）と一致している。

43. 教育の重要性を考えれば当然のことだが、改革の試みや、代替案を提示する書籍は無数にある。だがこの少ない紙面では、豊富な文献を十分に評価することはできない。本文では、改革の試みの1つとされる報奨金の問題を取り上げたが、そのほか、新たな学校の設立を認めたチャータースクール制度の問題もある〔訳注　チャータースクールとは、従来の公的教育規制を受けない公立学校を指す〕。この学校は、平均的に見て公立学校ほどの成績を収めておらず（Philip Gleason, Melissa Clark, Christina Clark Tuttle, and Emily

Dwoyer, "The Evaluation of Charter School Impacts: Final Report (NCEE 2010-4029)" [Washington, DC: National Center for Education Evaluation and Regional Assistance, Institute of Education Sciences, U.S. Department of Education, 2010])、ある程度の成功を収めている学校もわずかしかない。チャータースクールは、成功したプロジェクトを公立学校に組み込むための「教育改革の実験室」と見なすべきであって、公立学校に代わるものと見なすべきではない。ほぼ間違いなく、経済的・社会的（あるいは人種的）に分離された学校制度へと発展するおそれがあるからだ。さらに改革すべきは、教職員組合に対する攻撃である。きわめて成績のよい公立学校のなかにも組織化が進んでいる学校があることを考えれば、これはおかしい。民間企業に蔓延する反労働者的・反組合的な考え方が、教育改革論議にも入り込んでいるのだろう。

44. シェルビー郡対ホルダー裁判で、この投票権法の主要規定が違憲と判断された。投票権法では、歴史的に有権者差別がある地域を連邦政府の監視下に置いていた。この制約がなくなると、該当地域の多くで、アフリカ系アメリカ人の投票を妨害するような措置がとられた（投票所の閉鎖や変更など）。投票ができなくなると、公的資源の配分に影響が出る。最高裁の判決など、この問題に関する詳細な議論については、第8章を参照。

45. 以下のデータによる。World Prison Population List, International Center for Prison Studies.

46. この大量収監は、「新たな黒人差別」と呼ばれるようになった。第8章でも指摘したように、これはアフリカ系アメリカ人の選挙権を剥奪するという政治的目的につながっている。以下を参照。Alexander, *The New Jim Crow.*

　大量収監は搾取にもつながる。これもすでに指摘したように、現在のアメリカの産業労働人口のおよそ5パーセントを受刑者が占めている。受刑者は一般的に、最低賃金よりはるかに低い賃金で働かされている。

47. 金融危機により、アメリカの経済制度や司法制度が最悪の状態にあることが明らかになった。ウェルズ・ファーゴなどの銀行は、アフリカ系アメリカ人を対象に略奪的貸付を行っていた。だがこの金融危機（あるいはこの差別）の責任を負うべき富裕な銀行家は、ほとんど責任を果たしていない。

この危機では、もはや負債がない人でさえ家を奪われた。なかには、銀行家が適切な書類をそろえないまま不正に融資を行った人たちもいた。以下を参照。"Justice for Some," in Stiglitz, *The Great Divide*, 70–73（『世界に分断と対立を撒き散らす経済の罠』).

48. 以下を参照。Andrea Flynn, Dorian T. Warren, Susan Holmberg, and Felicia Wong, "Rewrite the Racial Rules: Building an Inclusive American Economy," Roosevelt Institute, June 2016.

49. トランプ支持者に話を聞くと繰り返し出てくるのが、ほかの人は人生の階段を昇る「通行証」をもらっているように見えたという言葉である。ゴルフでは、公平な条件でプレイするためハンディキャップをつける。人生においても同様に、初めから不利な立場にあり、支援により真に公平な条件を提供すべき人がいることを認識する必要がある。

50. この部分の内容は、トランプ政権の温暖化対策に対して21人の子どもが起こした訴訟から引用している。このジュリアナ対アメリカ合衆国裁判は、最高裁判決（7対2）により子どもの訴権が認められ、現在はオレゴン州ユージーンで審理待ちの状態にある。私はこの裁判に専門家証人として参加している。

51. 以下を参照。Stiglitz, "Reforming Taxation to Promote Growth and Equity," Roosevelt Institute White Paper, May 28, 2014. そのほかに必要な改革としては、配当やキャピタルゲインや地方債の利子への完全課税や、数々の抜け穴の排除が挙げられる。抜け穴の排除には、たとえば、資産相続時のキャピタルゲインの課税基準を強化する、などの方法が考えられる。現行の税制では、資産の売却価格と相続時の価格との差にのみ課税し、前の世代の間のキャピタルゲインは課税対象とされない。

52. その一例が、1986年の内国歳入法にある「成功報酬」規定である。これにより、未公開株式投資会社で働いている人は一般的に、所得に対するキャピタルゲイン税率が低くなる。ほかの分野で働いている人は、それよりもかなり税率が高い。

53. ただしこれらのケースのいずれも、一般的にさほど大きな影響はないことが証明されている。経済学的に言えば、これらは租税弾性値が低い。

54. 以下を参照。Henry George, *Progress and Poverty: An Inquiry into the Cause of Industrial Depressions and of Increase of Want with Increase of Wealth* (San Francisco: W. M. Hinton & Company, printers, 1879), 38〔訳注　邦訳は『進歩と貧困』ヘンリー・ジョージ著、山嵜義三郎訳、日本経済評論社、1991年〕.
55. 別の見方もある。土地の価値は今後下がっていく。そのため、個人がたとえば退職後の生活のため一定の資産を保有しておきたい場合、資産に占める生産的な資本の割合を増やしておいたほうがいい。
56. 本章の注28で紹介した以下の文献を参照。"The Stern-Stiglitz Report."
57. 当然、化石燃料への大規模な助成を削減するのも効果的だ（この助成の規模は年間205億ドルと推計されており、その大半は税制による。これをよそにまわせば、かなりの資金になる）。David Roberts, "Friendly Policies Keep US Oil and Coal Afloat Far More than We Thought," *Vox*, Oct. 7, 2017, based on data from Oil Change International. このデータには、消費者に直接行う助成など、さまざまな助成が考慮されていない。IMFの試算によれば、2015年のエネルギー産業への助成（大半は化石燃料産業への助成である）は5兆3000億ドルであり、世界のGDPの6.5パーセントに相当する。David Coady, Ian Parry, Louis Sears, and Baoping Shang, "How Large Are Global Energy Subsidies?," *International Monetary Fund*, 2015. この試算では、アメリカの助成金は年間6000億ドルである。
58. 自然災害による世界の損失総額は3350億ドルだった。つまり、世界の経済的損失の88パーセントをアメリカが占めている計算になる。*Natural Disasters 2017*, www.emdat.be/publications（2019年1月28日にアクセス）. 以下も参照。Pascaline Wallemacq and Rowena House, "Economic Losses, Poverty and Disasters 1998–2017"（United Nations Office for Disaster Risk Reduction and Centre for Research on the Epidemiology of Disasters, 2018), https://www.unisdr.org/we/inform/publications/61119（2019年1月24日にアクセス).
59. 実際これは、金融市場の効率を阻害する。マイケル・ルイスが2014年の著書*Flash Boys: A Wall Street Revolt* (New York: W. W. Norton)〔訳注　邦訳は『フラッシュ・ボーイズ　10億分の1秒の男たち』マイケル・ルイス著、渡会圭子・東江一紀訳、阿部重夫解説、文藝春秋、2014年〕で指摘しているように、大半の

高頻度取引はテクノロジー的に進化した「フロントランニング」でしかない。これほど洗練されたものでなければ違法とされる行為である。こうした取引に利用される資金は、トレーダーの手に渡らなければ、経済の全体的効率を高める真の情報に投資する人の手に渡っていたかもしれない。以下を参照。Joseph E. Stiglitz, “Tapping the Brakes: Are Less Active Markets Safer and Better for the Economy?,” presented at the Federal Reserve Bank of Atlanta 2014 Financial Markets Conference: Tuning Financial Regulation for Stability and Efficiency, Apr. 15, 2014, http://www.frbatlanta.org/documents/news/conferences/14fmc/Stiglitz.pdf.

第10章　万人にまともな生活を

1. 1人あたりの国民所得がアメリカの4分の1しかないコスタリカでさえ、アメリカより平均余命が長い。コスタリカには、全国民に高品質な医療を提供する制度がある。
2. アメリカ経済分析局のデータによる。第二次世界大戦後には、負債総額がGDPの119パーセントに達した。“Gross Federal Debt as Percent of Gross Domestic Product,” St. Louis Fred, https://fred.stlouisfed.org/series/GFDGDPA188S（2018年7月15日にアクセス）.
3. 教育投資の効果は大きく、議会の説明によれば、1ドルの投資に対し7ドルの効果があったという。ただし、効果については人種間で大きな差があり、高等教育機関に進学した割合は、白人が28パーセントだったのに対し、アフリカ系アメリカ人はわずか12パーセントだった。こうした差が生まれた仕組みについては、エドワード・ヒュームが以下の論文で説明している。“How the GI Bill Shunted Blacks into Vocational Training,” *The Journal of Blacks in Higher Education*, no. 53 (Autumn 2006): 92–104. 復員軍人援護法は、北部では学業成績の向上に効果を発揮したが、南部ではさほど効果を発揮しなかった。以下を参照。Sarah Turner and John Bound, “Closing the Gap or Widening the Divide: The Effects of the GI Bill and World War II on the Educational Outcomes of Black Americans,” *The Journal of Economic History* 63,

no. 1 (2003), 145–77. 復員軍人援護法では住宅購入資金の援助も行っていたが、やはり融資に差別があり、アフリカ系アメリカ人は十分な支援を受けられなかった。以下を参照。Edward Humes, *Over Here: How the G.I. Bill Transformed the American Dream* (New York: Diversion Books, 2006).

4. 本章では、アメリカ国民全員にまともな生活を保証するうえで政府の役割（公的な選択肢の追加など）が重要だと述べているが、前章で述べた規制の枠組みも同様に重要だということを指摘しておきたい。労働者が雇用主に容易に搾取されたり（分断勤務やオンコール・スケジューリングなど）、環境が汚染されたり、市民が利用せざるを得ない会社（インターネットプロバイダーや携帯電話会社や航空会社など）に絶えず搾取されたりする状況では、まともな生活は送れない。
5. そのため、政府だけに特定のサービスを提供させるよりも、公的な選択肢を加えるほうがいいかもしれない。
6. 皮肉なことに連邦議会は、限定的ながらメディケアに「民間の選択肢」を導入したが、競争への参加を促すため、民間のサービス提供会社にかなりの助成を行うはめになった。
7. トランプが医療費負担適正化法を骨抜きにする前からすでに、アメリカの成人の12パーセント強（およそ3000万人）が保険に加入していなかった。以下を参照。Zac Auter, "U.S. Uninsured Rate Steady at 12.2% in Fourth Quarter of 2017" (Gallup, Jan. 16, 2018); and Edward R. Berchick, Emily Hood, and Jessica C. Barnett, "Current Population Reports, P60–264, Health Insurance Coverage in the United States: 2017" (US Government Printing Office, Washington, DC, 2018). 2017年11月に議会予算局が公表した推計によれば、2017年の税制改正に伴う措置により、2027年までにさらに1300万人が無保険になるという。以下を参照。"Repealing the Individual Health Insurance Mandate: An Updated Estimate" (CBO, Nov. 8, 2017).
8. この最後の選択肢は、これまで民間の保険サービスを通じて健康な人から病気の人に行っていた援助を、税制を通じて実現することを意味する。
9. 以下を参照。Peter R. Orszag and Joseph E. Stiglitz, "Rethinking Pension Reform: Ten Myths about Social Security Systems," in *New Ideas about Old Age*

Security, eds. Robert Holman and Joseph E. Stiglitz (Washington, DC: World Bank, 2001), 17–56. 大半の市民は、ほかの年金プランにどれほどの手数料が課されているか知らないため、手数料が退職年金に及ぼす影響に気づかない。推計によればアメリカでは、個人年金口座（IRA）の取引費用により、30パーセントほど退職年金が目減りしている。以下を参照。Robert Hilton-smith, "The Retirement Savings Drain: The Hidden and Excessive Costs of 401(k)s," New York: Demos.org, 2012, https://www.demos.org/publication/retirement-savings-drain-hidden-excessive-costs-401ks（2019年1月24日にアクセス）.

10. 第5章の注21を参照。トランプ政権は、利害の衝突を利用して退職者から利益をせしめようとする銀行家に味方し、ほかの先進国で実施されているような受託者責任基準の実施を遅らせた。その後、テキサス州、ルイジアナ州、ミシシッピ州を担当する第5巡回裁判所が、この規制を破棄した。これらの事実はいずれも、公的な選択肢の提示がいかに重要かを示している。詳細な議論については、以下を参照。Alessandra Malito, "The Fiduciary Rule Is Officially Dead. What Its Fate Means to You," *Market Watch*, June 25, 2018, https://www.marketwatch.com/story/is-the-fiduciary-rule-dead-or-alive-what-its-fate-means-to-you-2018-03-16.
11. 「オリジネート・トゥー・ディストリビュート」システムでは、銀行が住宅ローンを販売し、住宅ローンブローカーがそれを投資銀行に売り、投資銀行がそれを証券としてパッケージ化し、多様なポートフォリオを求めている年金基金などに売る。第5章を参照。
12. 以下を参照。Laurie Goodman, Alanna McCargo, Edward Golding, Jim Parrott, Sheryl Pardo, Todd M. Hill-Jones, Karan Kaul, Bing Bai, Sarah Strochak, Andrea Reyes, and John Walsh, "Housing Finance at a Glance: A Monthly Chartbook," Urban Institute, Dec. 2018, https://www.urban.org/research/publication/housing-finance-glance-monthly-chartbook-december-2018/view/full_report.
13. この経済モデルを「ヘドニック価格設定」という。立地や快適性など、家のさまざまな特性にかかわる市場価値を確認する。
14. たとえば、住宅ローン会社や投資銀行はよく賃貸物件を、所有者が居住し

ている物件と表記していた。これには重大な違いがある。後者よりも前者のほうが債務不履行のリスクがはるかに高い。

15. 経済学者はこれを「範囲の経済」と呼ぶ。大半の個人の支払いは給与と直接結びついているため、限界費用はほぼゼロとなる。この提案については、対処すべき現実的な問題がいくつもある。それに注意を払わなければならないのはもちろんだが、ここで言いたいのは、既存の仕組みよりもはるかに効率のいい公的な貸出機関をつくる余地は十分にあるということだ。既存の仕組みでは結局、政府がリスクを負い、ローン費用を負担することになる。

16. 実際、この30年住宅ローンは、変動金利のローンやバルーン返済型ローンなど、金融危機前に民間市場がよく提供していたローンに比べ、はるかに債務不履行に陥る割合が少なかった。だがこのローンより、本文内で提案したローンや、諸外国で提供されている一部のローン（デンマークの担保付債券が有名）のほうが効率的に、リスクの分散や経済の安定を図れる。

17. たとえば、以下を参照。Deirdre Bloome, Shauna Dyer, and Xiang Zhou, "Educational Inequality, Educational Expansion, and Intergenerational Income Persistence in the United States," *American Sociological Review* 83, no. 6 (2018): 1215–53.

18. 以下を参照。James J. Heckman, "Invest in early childhood development: Reduce deficits, strengthen the economy," https://heckmanequation.org/www/assets/2013/07/F_HeckmanDeficitPieceCUSTOM-Generic_052714-3-1.pdf and Ajay Chaudry, Taryn Morrissey, Christina Weiland, and Hirokazu Yoshikawa, *Cradle to Kindergarten: A New Plan to Combat Inequality* (New York: Russell Sage Foundation, 2017).

19. これらの代替案は、所得の世代間分配に多大な影響を及ぼすことになるが、所得の世代間分配は、社会保障（年金）制度の設計など、ほかの政策の影響も受ける。所得連動型ローンは、教育を受けている世代に教育費の負担を負わせるものであり、授業料の無料化は、その負担を現役の労働者に負わせるものである。

20. 民間ローンを返済するための資金を政府から借りられるようにするべきだ。

またそれに伴い、いかなる前払い罰金も違法とすべきである。

21. 格差と経済的住み分けの相関関係については、以下を参照。Sean F. Reardon and Kendra Bischoff, "Income Inequality and Income Segregation," *American Journal of Sociology* 116, no. 4 (2011): 1092–1153.

第11章　市民社会を再生する

1. もちろん、この2つは完全には分離できない。第5章で詳しく述べたように、銀行家のモラルの崩壊が、金融システムの機能不全を引き起こす重要な要因となった。
2. 19世紀の作家ホレイショ・アルジャーの一連の小説に、この考え方がみごとに表現されている。貧しい少年が、持ち前の強い意志と努力で成功を勝ち取る。
3. アメリカの大半の選抜制の学校は、入学の際に学業成績を優先し、親の財政事情にかかわらず生徒を受け入れ、誰もが入学できるよう資金援助もしている。それでも、所得階層の下位50パーセントの子どもは、ごくわずかしかいない（10パーセント未満）。アイビー・プラス（アイビーリーグの8校に、マサチューセッツ工科大学、スタンフォード大学、デューク大学、シカゴ大学を加えた私立の高等教育機関）では、所得階層の上位1パーセントの学生が14.5パーセントを占めているのに対し、所得階層の下位50パーセントの学生は13.5パーセントしかいない。Anthony P. Carnevale and Stephen J. Rose, "Socioeconomic Status, Race/Ethnicity, and Selective College Admission," in *America's Untapped Resource: Low-Income Students in Higher Education*, ed. Richard D. Kahlenberg (New York: Century Foundation, 2004); and Raj Chetty, John N. Friedman, Emmanuel Saez, Nicholas Turner, and Danny Yagan, "Mobility Report Cards: The Role of Colleges in Intergenerational Mobility," NBER Working Paper No. w23618, July 2017, https://www.nber.org/papers/w23618.pdf.
4. 現代の行動経済学では、これらの問題がある程度修正されている。だが、アメリカなど先進国の現在の経済政策の大半は、こうした最新の行動経済

学の知見ではなく、従来の経済学の考え方に基づいている。従来の経済学には、人間は完全に合理的で、利己的で、十分な情報を与えられているという非現実的な認識がある。

5. 前者の態度は、「改革」を主張する政治指導者を称賛する人々に見られる。その改革が、他者や経済全体を犠牲にして一部の人間だけが利益を得るためのルール改正だったとしてもである。実際、レーガンの改革は成長の鈍化と格差の拡大をもたらし、富裕層のみが得をすることになった。

   後者の態度は、最高裁判所の判事に見られる。判事は、建国の父たちが想像もできなかった問題に直面しているときでさえ、彼らを指針とすべきだと信じているらしい。

6. アダム・スミスの最初の著作は『道徳感情論』であり、1759年に出版された。

7. この価値観や信念の一覧は網羅的なものではなく、本書で取り上げた主要問題に関連したものを重点的に記載している。また、これらの価値観それぞれに誰もが賛同していると主張するつもりはない。だが、法の支配や寛容の精神に対して堂々と異を唱える人がさほどいるとは思えない。ただし、自分に都合のいい方向へ話を持っていくためだけに、これらの価値観を主張する人ももちろんいる。

8. 2018年末から2019年初頭にかけてトランプが政府機関の一部を閉鎖に追い込んだ際、アメリカ国民は、経済や社会を機能させるうえで政府がいかに重要かを実感したに違いない。

9. 2017年、連邦政府は219万人の職員を雇っていた（郵政公社は含まない）。1967年はおよそ213万人だった（U.S. Bureau of Labor Statistics, All Employees: Government: Federal, Except U.S. Postal Service［CES9091100001］, retrieved from Fred, Federal Reserve Bank of St. Louis; https://fred.stlouisfed.org/series/CES9091100001. 2019年1月24日にアクセス）。

10. 自動車安全法が可決される前はそうだった。ラルフ・ネーダーの以下の古典的著作を参照。*Unsafe at Any Speed: The Designed-In Dangers of the American Automobile*（New York: Pocket Books, 1965）.

11. 大統領が自分や自分に仕える人間を自由に赦免できる権利を要求するのは、無制限な独裁的権力を要求しているに等しく、憲法の弾劾制度により抑制

すべきだ。弾劾制度は、憲法に規定された、権力を抑制する究極の仕組みである。だがトランプは、共和党内で支持を固めており（大統領の弾劾には上院の3分の2の賛成が必要）、五番街で「誰かを射殺」しても支持者は減らないと豪語するほどの自信を持っているため、それを恐れている様子はほとんどない。

12. 重要な変更の多くが、ほとんど注目を浴びないまま行われている。たとえば、障害者の審査手続きで以前は重視された医師の判断が割愛されたが、それだけで多くの障害者が給付を受けられなくなるおそれがある。

13. OECDのデータによれば、アメリカの1人あたりの実質GDPは、2017年にはOECD加盟国の平均をやや下まわったが、2018年にはやや上まわった。

14. *Rewriting the Rules of the American Economy*（『スティグリッツ教授のこれから始まる「新しい世界経済」の教科書』）のなかで私は、世界の基調となっている力としてグローバル化とテクノロジーの発展を挙げ、それが経済を構成するルールを通じて、格差や排除といった市民の日常経験となって現れると述べた。しかし、話はもっと複雑である。グローバル化やテクノロジーの発展といった世界的な力でさえ、たいていは政策により生まれ、政策により方向づけられる。テクノロジーは基礎研究により推進されるが、民間企業で行われる場合も含め、その方向性は政策の影響を受ける。たとえば、気候変動政策をもっと強化すれば、炭素排出量を減らす研究への投資が増える。金利を引き下げれば、労働コストに対して資本コストが減り、労働力を節約する研究などへの投資が促進される。グローバル化も主に、モノ、サービス、資本、人の国境を越えた移動に影響を及ぼす政策により推進される。

15. この言い方は正確ではない。第8章の注11で述べたように、低い投票率を考慮すれば、トランプは「選挙権年齢人口の26パーセント」の票しか獲得していない。

16. *The Price of Inequality*（『世界の99％を貧困にする経済』）および*The Great Divide*（『世界に分断と対立を撒き散らす経済の罠』）でも同様に述べている。これは私だけの意見ではない。たとえば、以下を参照。Piketty, *Capital in the Twenty-First Century*（『21世紀の資本』）; and Angus Deaton, *The Great*

Escape: Health, Wealth, and the Origins of Inequality (Princeton: Princeton University Press, 2013)〔訳注　邦訳は『大脱出　健康、お金、格差の起原』アンガス・ディートン著、松本裕訳、みすず書房、2014年〕.

17. ウスター対ジョージア州裁判（*Worcester v. Georgia*, 31 U.S. [6 Pet.] 515 [1832]）。アンドリュー・ジャクソンがジョン・コフィ准将に語ったとされる実際の言葉は次のとおり。「最高裁判所の判決は無意味だ。命令に従うようジョージア州に強制する力などないのは判事たちもわかっている」

18. 南部諸州は、小作制度を通じて従来の奴隷所有階級の支配権を維持する経済体制を築き上げた。南部は、教育、所得、医療など、社会的・経済的福利のあらゆる指標で北部より劣っていたが、これはアフリカ系アメリカ人に限ったことではない。そのため南部の政治指導者は、人種差別を利用して白人貧困層の怒りを黒人に向けさせた。

　やがて、南部の指標は改善に向かった。これは、フランクリン・D・ルーズベルト政権下で1938年に可決された全国的な最低賃金の導入、アフリカ系アメリカ人の南部から北部への大規模移住、安価な労働力を求める産業の南部への移動などによる。1960年代、長期に及ぶ経済的・人種的差別に反対する大衆運動の結果、市民権法が成立すると、それにより流れが変わることが期待された。実際、少なくともしばらくの間は、事態が改善したかのように見えた。しかし四半世紀もすると、保守勢力（特に司法における保守勢力）が、時計の針を元に戻すほどではないにせよ、進歩を妨害するようになった。その後、経済的住み分け、人種間の経済格差、政治的な権利の剥奪が急速に進んだ。

19. 政治的優位を確立するため人種差別を利用するトランプの行動には、言うまでもなく先例が無数にある。たとえば、リンドン・B・ジョンソン大統領が市民権法を成立させると、共和党は南部に蔓延している人種差別を利用し、有権者の大々的な囲い込みを図った。

20. 一部の人が主張するように、戦争はときに、格差を縮小する役割を果たす場合がある。実際、第二次世界大戦により団結心が生まれた結果、きわめて累進的な課税が可能になり、戦後の一時期に格差が異常なほど縮小することになった。だが、平等な社会を実現するのに、戦争が必要なわけでも

なければ、戦争さえあればすむわけでもない。戦争は非効率的であり、犠牲も大きい。

21. これは、未来の世代のため国の天然資源を政府を通じて管理するという考え方につながる。こうした考え方は「公益原則」と呼ばれ、ユスティニアヌス法典に由来する。19世紀後半にアメリカ法に組み込まれたが、現在これは、気候変動に対する適切な措置を怠り未来世代の利益を害しているとして、21人の子どもがトランプ政権に対して訴訟を起こす根拠の1つとなっている。詳細は第9章の注50を参照。
22. 連邦預金保険公社と全国信用組合管理機構（信用組合の規制機関）によれば、金融危機以前の信用組合の債務不履行率は、営利銀行の債務不履行率とほぼ同じだったが、金融危機のさなかにはその債務不履行率は著しく低かった。また、2008年から2016年の間に、小企業への銀行貸出は1000億ドル近く減少したが、信用組合の貸出は300億ドルから600億ドルへと2倍以上増えた。以下を参照。2017 NAFCU Report on Credit Unions, https://www.nafcu.org/sites/default/files/data-research/economic-credit-union-industry-trends/industry-trends/Annual%20Report%20on%20Credit%20Unions/NAFCU%20Report%20on%20Credit%20Unions%20-%202017.pdf; and Rebel A. Cole, "How Did Bank Lending to Small Business in the United States Fare After the Financial Crisis?"（Small Business Administration, Jan. 2018）.
23. たとえば、アメリカ最大のバター製造業者であるランド・オレイクスがそうだ。ミネソタ州乳製品製造協同組合としてスタートしたこの組織は、現在ではアメリカ50州および50以上の国に1万人もの従業員を抱えるまでに成長し、その純売上高は140億ドルに及ぶ。そのほか、公益事業や農業など6万4000を超える協同組合があり（住宅協同組合を除く）、サンキストやオーシャン・スプレー（クランベリー生産）などがよく知られている。
24. 共同行動や社会福祉の役割をきわめて力強く否定したのが、イギリスの元首相マーガレット・サッチャーである。サッチャーは1987年に、「社会など存在しない」と述べた。
25. たとえば、以下を参照。Paxton, *The Anatomy of Fascism*（『ファシズムの解剖学』）.